本书系浙江省"钱江人才计划"（社会科学类）项目研究成果

出版获浙江省重点学科——浙江工业大学新闻传播学学科建设经费资助

传媒之思

王哲平 等著

中国社会科学出版社

图书在版编目（CIP）数据

传媒之思/王哲平等著. —北京：中国社会科学出版社，2021. 10
ISBN 978－7－5203－9044－6

Ⅰ.①传… Ⅱ.①王… Ⅲ.①新闻学—传播学—文集
Ⅳ.①G210－53

中国版本图书馆 CIP 数据核字（2021）第 179913 号

出 版 人　赵剑英
责任编辑　史慕鸿　王小溪
责任校对　师敏革
责任印制　戴　宽

出　　版　中国社会科学出版社
社　　址　北京鼓楼西大街甲 158 号
邮　　编　100720
网　　址　http://www.csspw.cn
发 行 部　010－84083685
门 市 部　010－84029450
经　　销　新华书店及其他书店

印　　刷　北京君升印刷有限公司
装　　订　廊坊市广阳区广增装订厂
版　　次　2021 年 10 月第 1 版
印　　次　2021 年 10 月第 1 次印刷

开　　本　710×1000　1/16
印　　张　24.5
插　　页　2
字　　数　401 千字
定　　价　138.00 元

目　录

目 录

第二部分　　新媒体传播研究

第三部分　　文化产业与传媒研究

第四部分　新闻传播教育研究

自 序

本书是我从事新闻学和传播学教学与研究心得的辑集，它由影视传播研究、新媒体传播研究、文化产业与传媒研究、新闻传播教育研究四个部分构成，故名之《传媒之思》。

"影视传播研究"是我涉足新闻传播学科的起点。与影视传播结缘，始于21世纪初。彼时奉调省教育电视台任职的我，亦是复旦大学新闻传播学博士后流动站的博士后。流动站的理论研究开阔了我的学术视野，电视台的管理实践则提供了我学以致用的平台。经过一段时间的广泛调研和深入思考，结合具体的媒体实践，我的博士后出站报告《中国教育电视：历史、现状与发展》得以顺利完成。该报告从频道专业化的视角出发，从历时性中找出同一点，从多元性中觅得融合点，概述了我国教育电视的发展历程，揭示了教育电视的历史使命，论析了当下教育电视的生存境况与发展机遇，阐述了教育电视的功能与定位，考辨了教育电视的典型个案，探究了教育电视的经验借鉴，求索了教育电视的创新策略，进而从理论构架和实践导向两方面为探寻一条适合中国教育电视可持续发展的路径做出了努力。2006年，报告由中国社会科学出版社出版，后获浙江省高校优秀科研成果一等奖。本书收录的相关片论，即为当时的一些粗浅认识。

继之的研究靶向之所以瞄向美国公共电视，主要基于两点考虑。一是已进入浙江大学中国语言文学博士后流动站从事传播学研究的我，试图将前后研究的内容予以联通。美国公共电视的前身是教育电视，然在既有的公共电视研究成果中，研究者多半聚焦于以英国、德国为代表的欧洲公共电视，而对美国公共电视研究甚少；二是当时幸获国家留学基金委公派赴美国南加州大学访学的机缘，此行无疑有助于相关研究。访学归来后，我以"美国公共电视的运行机制及其启示意义"为题的研究获教育部人文社会科学规划基金项目立项资助，《美国公共电视的现实困境及其解困之策》《美国公共电视的启示》《美国公共电视如何突破发展的"路径依赖"》等论文即是这一研究的阶段性成果。以此为基础形成的专著《美国公共电视：观念、价值与规制》由中国社会科学出版社出版发行。此著以观念、价值、规制三个关键词为研究核心，对美国公共电视的观念发生、补偿功能、运行机制、规制变迁、启示意义进行了深入探讨，旨在揭示支撑美国公共电视观念的社会、文化、制度根基是什么；美国公共电视如何克服电视的商业属性与文化属性之间的巨大冲突；美国公共电视如何处理与政府、协会、民间团体和各种社会力量之间的关系；美国公共电视在其演进过程中，规制产生过怎样的变迁；导致这种变迁的内部力量和外部力量是什么；美国公共电视对于中国电视发展的启示意义与借鉴价值何在。借此抉发和彰显美国公共电视研究的学术价值与实践意义，实现对美国公共电视研究的视角转换。

此外，应《视听界》《声屏世界》等刊物之约，我还撰写了多篇专题论文，如《美剧产销模式归纳与分析》《市场化、个性化、多元化：制播分离的意涵探析》《变化的电视与电视的变化》《韩剧"男神"是这样炼成的》《弱水三千 只取一瓢——从影视 IP 崇拜看大众文化"迷"的辨识力与创造力》《乱花渐欲迷人眼——IP 剧热潮刍议》《2016 年中国广播电视研究十个关键词》《2017 年中国广播电视研究十个关键词》《2018 年中国广播电视研究十个关键词》《2019 年中国广播电视研究十个关键词》《2020 年中国广播电视研究十个关键词》等，追踪影视行业的前沿动态，分析影视传播的变化特征，探索影视传媒的发展规律。

"新媒体传播研究"的相关思考主要围绕三个研究课题展开。一是"网络传播与当代审美文化研究"。进入 21 世纪，随着传播技术的更新迭代，网络空间不断被打破重塑，各种媒介的边界和属性日益模糊。电子媒介带来的技术变革，深刻地影响了文学形态及其审美变化，因网而生的网络文学以一种崭新的大众文化样式，贵为媒介融合时代的新宠。对于许多研究者来说，"以虚拟审美光大俗文学传统"的网络文学如何"既避免'奥威尔式'的文化禁锢，又谨防'赫胥黎式'的'娱乐至死'，调适电子化媒介制造的无节制欲望和对欲望的娱乐化满足"①，成为学人聚焦的热点话题之一。在论文《网络文学的审美特征》中，我们提出：作为一种新型的文学样式，网络文学不仅完全打破了有史以来纸介质印刷文学独占文坛的垄断格局，而且以其迥异于纸介质印刷文学的创作方式、存在方式、传播方式、接受方式及价值取向，呈现出自由言说的快乐审美、虚拟世界的临场审美和读写交互的动态审美等审美特征，进而向传统文学发起了挑战。由"第四媒体"引发的文学革命，则有可能从整体上改变文学格局，乃至打造出崭新的文学社会学和文学美学。这一观点后被中国人民大学复印报刊资料《文艺理论》摘要转载。

二是"民主与问责：传媒多样化背景下网络执政的理论与实践研究"。互联网和数字通信技术促使人类活动和社会生活的各个领域均发生了前所未有的巨变，它不仅塑造了崭新的社区组织、商业模式和媒介化社会，而且影响了社会和文化组织、政治参与和通信以及城市生活，凸显了大众舆论不同寻常的力量。

三是"大数据时代新闻生产的生命周期及其可视化研究"。"互联网之父"蒂姆·伯纳斯-李（Tim Berners-Lee）预言："数据新闻就是未来，记者需要成为'数据通'。"② 作为一种新的新闻类型，由大数据衍生的数据新闻，颠覆了人们对传统新闻生产的认识，其革新意义在于新闻从业者通过对数据的统计、挖掘、分析和可视化呈现，叙述复杂的"故事"，阐明深刻的"洞见"。借助"大数据时代新闻生产的生命周期及其可视化研究"，进一步深化了对生命周期与产品创新机理关系的认识。整体地看，新闻产品的保鲜期都较短，与一般产品相比较，新闻栏目、节目、版面等产品的生命周期存在着总跨度较短、生命力指标复杂等特点。生命周期的短暂性要求新闻产品不断创新，以创新求生存。而新颖和快速创新是新闻生产的内在属性。《用数据传递新闻价值——新华网数据新闻生产的特征及启示》借助个案分析，具体论述了数据叙事的简单、直观、表达力较强等特征是数据新闻的竞争优势所在，这种特征和优势有助于实现新闻传播话语体系、表达方式和传播方式的创新。

---

① 欧阳友权：《网络文学虚拟审美的娱乐边界》，《社会科学辑刊》2021 年第 1 期。

② 转引自方洁、颜冬《全球视野下的"数据新闻"：理念与实践》，《国际新闻界》2013 年第 6 期。

自 序

　　"文化产业研究"是我用力较多且跨时较长的一个方向。"随着全球化、信息化的发展，世界发达国家正步入后工业经济社会，面临着社会经济的全面转型、驱动经济增长的主导要素发生了结构性的变化，文化和人的创造力对经济发展的贡献率不断增长"①，文化产业已经成为一个产业链长、波及面广、辐射性强的支柱型产业。赫尔曼和麦克切斯尼在《全球媒体：全球资本主义的新传教士》中所展示的翔实数据、宏阔视野和深刻洞见，启发了我在《"全球化"背景下世界文化产业发展的新趋向》一文中的立论：如今文化产业已经成为一些发达国家国民经济与社会发展的支柱产业，跨国文化产业集团将成为影响国际文化版图构成的重要力量，文化产业的数字化趋势正在给文化产业的存在形态和发展趋势带来革命性变化。该文发表后，中国人民大学复印报刊资料《文化研究》随即全文转载，2006 年获浙江省第十三届哲学社会科学优秀成果学术进步奖。

　　新闻传播学研究既可以致力于理论建构，也可以服务于社会治理。格局视野和问题意识于应用型研究尤为重要。若能把学者的对策转化成领导的决策，进而由领导的决策上升为政府的政策，以促进社会变革和进步，无疑是应用研究的至境。《论中国传媒集团的成长机制》是探讨中国传媒集团的成长机制与政策导向的专论，本文认为，中国传媒集团的成长，一方面可能会受到外部有效性资源的限制而呈现一个有限的规模区间；另一方面可以依靠内生成长动力，通过加大供给、优化结构、集聚人才、革新技术等手段，创造新的机会和成长的空间。中国传媒集团的健康成长，迫切需要建立政府引导机制、市场驱动机制、人才集聚机制、立法保护机制、文化整合机制、技术创新机制和风险规避机制，这是由中国传媒产业的发展特点和现实状况所决定的。《文化创意产业国际化发展的前提条件和战略选择——以世界主要发达国家为研究对象》一文通过对美、英、德、法、日、韩等国文化创意产业发展战略选择的探讨和比较，为杭州打造"全国文化创意中心"的决策提供了咨询参考。

---

　　① ［英］约翰·霍金斯：《创意生态：思考在这里是真正的职业》，林海译，北京联合出版公司 2011 年版，第 4 页。

　　随着我国文化创意产业的不断升级、产品运营思维的日渐成熟和消费文化浪潮的初步形成，越来越多的文化创意品牌正在用全新的思维模式颠覆行业，甚至倒逼整个行业转型升级。文化创意产业本质上是一种注意力经济，它内涵了文化、创意、产业三个要素。文化体现深度，创意指向高度，产业意味宽度。与他人合撰的《创意城市与创意产业案例教程》从"一城一品"的角度，撷取中外十五个创意城市及其创意产业发展典型案例，围绕创意集群、创意内容、创意设计、创意活动、创意品牌、创意传播等方面进行有选择且具个性化的撰述，全面深入地考察文化创意城市与创意产业发展的内在规律和外在条件，既有宏观的环境透视，又有微观的对象把握，反映了时下文化创意产业实践的最新成果。《文化：涵养城市气质和形象　活化产业结构与功能——〈创意城市与创意产业案例教程〉前言》一文对此做了专门评述。

　　"新闻传播教育研究"是我志业的应有之义，其原动力多半来自现实问题的牵引。媒体是社会之公器，揭示真相、守护良知、匡扶正义是新闻工作者的职责，教书育人则是教师的本分。从立德树人的角度讲，培养"有理想的新闻人，负责任的媒体人"可谓"经国之大业"。媒介融合是人类社会步入网络时代出现的新场景。面对传播技术日新月异而人文精神日渐失落的环境，新闻传播教育何为？十分重要的一点就是，大力改变当前我国新闻传播教育普遍存在的过窄的专业教育、过强的功利主义和过弱的人文精神的倾向。针对这一困窘，我以浙江省新世纪高等教育改革重点课题"基于媒介融合理念的新闻传播学课程体系改革与实践"为依托，从教育理念、培养方案、课程体系、人才培养模式、实践教学等维度，对时下新闻传播教育的改革与实践进行了多向度的审思，先后撰写了《经典原著阅读与研究生创新思维能力的培养》《中国新闻传播教育：约束条件与可能的突破口》《"三跨""四向"：移动互联时代新闻传播教育的新向度》《智媒时代新闻传播教育的价值塑造、知识重构与能力再造》《智能时代新闻传播教育"操作系统"的再审视》等论文。有感于时下学生对原典的轻视甚或忽视，我们在《经典原著阅读与研究生创新思维能力的培养》一文中强调，经典原著既是昔日划时代科学成就的创造性总结，又是未来科学活动的理性依托，加强对经典原著的阅读，是提高研究生创新思维能力、进行科学研究最重要且最有效的途径。

从传媒的视野看，2000 年以来，新闻传播学领域值得探讨的问题不胜枚举，本书所涉仅为一二，它粗略地展示了本人近二十年来的研究脉络和心迹旨趣。至于许多尚未触及的重要命题和问题，囿于作者"才、胆、识、力"的罅隙，只有留待来日再做研思。祈望这段学术旅程能够成为重新出发的一个起点。

需要说明的是，书中各篇论文曾在《新闻大学》、《现代传播》、《当代传播》、《新闻界》、《编辑之友》、《中国出版》、《中国广播电视学刊》、《中国编辑》、《中国高教研究》、《中国新闻传播研究》、《中国传媒报告》、《南京社会科学》、《电视研究》、《新闻知识》、《视听界》、《声屏世界》、《传媒观察》、《南昌大学学报》（人文社会科学版）、《浙江传媒学院学报》、《广东行政学院学报》、《浙江工业大学学报》（社会科学版）等杂志刊发，其中有的还被中国人民大学复印报刊资料《文化研究》和《影视艺术》、《长江学术》及中国社会科学网、人民网、腾讯网等媒体转载。在此，谨对上述期刊/媒体主编、编辑的抬爱深致谢忱！

感谢本书中多篇论文的合作者，他们对许多问题的讨论贡献了自己的智识，也让我收获了彼此间弥足珍贵的信任与默契。

中国社会科学出版社编辑王小溪博士对本书的审核编校费心费力，她的敬业和专业精神把作者和读者连在了一起。

敝帚自珍，是为自勉。

王哲平

2021 年 2 月 26 日

于杭州翰墨香林苑

第一部分

影视传播研究

论中国教育电视的历史使命

综观中国教育电视从无到有、从稚嫩逐渐走向成熟的历史发展轨程，既有筚路蓝缕、以启山林的艰辛开拓，亦有励精图治、星火燎原的高歌猛进。电视业界曾用三个"一千"——一千个综合无线台、一千个有线台、一千个教育电视台——来描述和赞誉教育电视台三分天下有其一的盛况，以及其在全国电视事业中举足轻重的地位。教育电视兼具公益性服务和产业化运作的双重属性。客观地说，由于历史和现实的诸多原因，当下的中国教育电视在固有的体制和机制方面的弊端未能根本革除，又遭遇日甚一日的商业化侵蚀的情势下，确有风雨飘摇、逐渐式微之态，俨然无法与其他实力媒体或强势频道比肩而立，而且，在网络时代，教育电视可能会继续处于边缘化和非主流化的境地。但是，所有这些变化并不会压缩教育电视的发展空间，教育电视并没有消失，也不可能消失。目前中国教育电视遭遇的困境只能证明其体制改革的必要与迫切，并不能证明教育电视没有存在的必要。相反，教育电视区别于商业电视的本质及其使命却恰恰是其存在以及发展的理由。因为"电视作为大众媒介的一分子，必须有起码的责任，不能完全由市场来决定一切"①。

考察中国教育电视的基本出发点，必须明确当代中国国情对教育电视的基本定位，必须明确电视传媒改革对教育电视的基本要求。事实上，中国教育电视的历史使命是与我国经济发展和社会进步的战略目标紧密联系在一起的。构建开发和提升人力资源的学习平台、营造未成年

---

① 彭芸：《振荡下公共广电制度定位与竞争策略》，《广播与电视》（台湾）1996 年第 1 期。

人健康成长的媒介环境、打造"频道时代"富有竞争力的专业品牌，已成为当代中国教育电视责无旁贷的历史使命。

一　构建开发和提升人力资源的学习平台

如果说新闻频道以即时传递新近事实变动的信息为职志，综艺频道的功能主要是娱乐身心、陶冶情感、和谐社会，那么，普及文化科学知识则是教育电视台或频道的核心诉求。与其他综合或专业频道的频道宗旨、目标定位相区别，教育电视是教育与教学的重要园地，其主要功能是传播科学知识、传承优秀文化、传递教育信息、传扬先进教育理念，为全社会和各级各类教育、教学服务。教育电视姓"教"，其特色在"教"，优势也在"教"。作为专业电视台或频道，"教育"是其内在本质，"电视"是其外在形式。在当今乃至未来的教育中，教育电视仍然是最重要的信息传播工具，仍然承担着社会教育、远程教育、电大教育和现代教育技术等诸多重要使命。

据调查，在13—18岁年龄段收视动机排序中，"学习各种知识"的动机得分仅次于"了解国内外时事"，位居第二，青少年在"学习各种知识"上的动机得分明显高于其他年龄段观众[1]。电视已成为青少年获取信息、掌握知识的重要渠道。因此，有论者断言："21世纪真正的教育在学校外面，是在电视网和电视机面前。"[2]

随着知识经济时代的到来，科学知识与个人的关联度呈上升趋势，对于科学知识的掌握，对个人就业，对家庭经济收入、经济地位，对个人参与民主决策的能力、政治地位，对个人生活质量、健康状况、交往能力、社会生活都会产生日益重要的影响。提高公众科学素养，有利于促进高科技的发展，有利于提高综合国力和国际竞争力，这已经成为各国政府的共识。我国是一个拥有电视机3.5亿台、观众对电视的依赖程度很强的大国，但科学节目占电视播出量的比例还不到1%。世界各国尤其是发达国家对科学宣传十分重视，许多国家的电视节目安排表上，

---

[1]　参见刘建鸣等《1997年全国电视观众调查分析报告》，《电视研究》1998年第11期。

[2]　转引自郭劲松《所有的电视，都是教育的电视?》，《江苏教育报》1999年4月30日第4版。

科教节目都占相当大的比重。号称"科教立国"的日本通过立法形式，明确规定电视中科教节目不应少于15%。美国的电视节目中，科教类节目时间已经达到20%。相形之下，我国的教育电视节目尚有较为广阔的发展空间。

联合国开发计划署发表的《人类发展报告》指出："人的发展是一个扩大向个人提供可能性的过程。……无论发展水平如何，对于人来说，有三个可能性是主要的，那就是健康长寿、获取知识和拥有体面的生活所需的资源。如果没有这三个基本可能性，其他很多机会就仍然无法得到。"教育电视正是这样一种帮助人们获取他赖以立足社会和改造社会的知识，从而有能力主宰自己命运的有效工具。

2002年，党的十六大将教育列入"全面建设小康社会"的重要目标之一，强调要形成比较完善的现代国民教育体系，人民享有接受良好教育的机会，基本普及高中阶段教育，消除文盲，形成全民学习、终身学习的学习型社会，促进人的全面发展。我国要完成全面建设小康社会的宏伟目标，实现对发达国家的经济追赶，必须站在国家发展和民族振兴的战略高度，把人力资源作为经济社会长期持续发展的第一资源，把全面开发人力资源作为全面建设小康社会的第一目标，把全面开发人力资源作为实现富国强民的第一国策，把全面开发人力资源作为各级政府的第一责任，以人力资源的能力建设为重点，调整国家战略重点布局，重新规划人才培养规格目标，实现从教育者为主体到学习者为主体的转变，构建现代国民教育体系和终身教育体系，形成世界上最大的学习型社会。

我国的基本国情和奋斗目标决定了教育电视必须充分发挥和利用自己的特色和优势，服务于"科教兴国""人才强国"的基本国策，为贯彻落实《面向21世纪教育振兴行动计划》创造条件，使之成为人们认知未知世界、探求客观真理的重要窗口，成为开发和提升人力资源的学习平台。目前，尤其是要充分利用集视听教育（广播、录像、电视）、卫星、计算机、通信网络于一体的现代远程教育，来打破传统教育的时空和年龄限制，使学习者可以在没有围墙的学校学习，共享国内外最好的学校、最好的老师、最好的课程，构建一个新型的、交互的、开放的终身学习体系，弥补当下我国公共教育资源尤其是优质教育资源还不能完全满足所有人的需求之不足，为我国现代化建设提供强有力的智力支撑和人才保证。从这个意义上说，实施"科教兴国"战略和建立"学习型"社会的目标为中国教育电视的发展创造了十分难得的机遇。

二　营造未成年人健康成长的媒介环境

威尔伯·施拉姆在《电视对儿童生活的影响》一书中指出：电视基本上占据了儿童的早期生活。他们调查发现，2—5岁的美国儿童每天看电视的时间为3.8小时，6—11岁的儿童为3.6个小时；据估算，美国儿童6—18岁期间要用1.5万多个小时看电视，相比之下，只有1.3万个小时在学校。也就是说，儿童受电视教育的时间比受学校教育的时间长。

据《中国青年报》载，我国中小学生最经常的课外活动是看电视，多数孩子每天看电视时间长达100分钟。电视收视率调查显示，在晚上黄金时段，4—14岁的孩子在中央电视台1套的平均收视率2002年为3.5%，也就是说仅这一个频道在这个时段就有约833万未成年观众。节假日收看电视节目的儿童还会更多。[①]

大量数据表明，电视和网络是当前影响儿童和青少年的最主要的大众传媒，社会学家已把大众传媒视为除家庭、学校、同辈群体之外的"第四种教育力量"。但是，正如1982年罗马俱乐部的第12份报告中所指出的："微电子技术所带来的改善人类处境和消灭贫穷的许诺，是相当有力的；而愚蠢地开发这项技术所造成社会堕落的可能性也同样巨大。"这种预言在电视传媒所引发的各种青少年社会问题中得到了印证。

当前的大众传媒存在许多问题，其中与教育关系最密切的有两个方面：第一是大众传媒所宣传的参照系过多且混乱，导致儿童的榜样群体多元化，儿童在社会学习和社会参与方面反而无所适从。我国正处于从传统农业社会向现代工业社会转型的过渡时期。由于转型时期整个社会结构在不断加速分化，旧有的社会规范不断受到冲击，新的社会规范体系尚未建立，人们的价值取向和道德观念呈多元化和不确定的态势。这

---

① 参见陈家华等《中国儿童喜欢和相信电视广告吗?》，《新闻与传播研究》2002年第4期。

就使得对价值观缺乏理性理解的儿童和青少年，在依据价值观的要求指导自己行为时陷入无所适从、无所依傍的境地，进而引起适应性障碍并导致心理迷惘和行为偏差。

第二是大众传媒的"教育功能缺失"。从广义而言，我们可以把所有的电视都看作"教育电视"，但是电视在体现教育的功能和价值方面，则往往与学校、家庭甚至社会主流文化相冲突、相背离。从某种角度说，电视削弱了父母和学校的影响力。"屏幕上太多的霓虹闪烁、腰缠万贯、美人翔集、情深缘浅，这不仅造成了观众自身的生活状态与电视的巨大隔膜和疏离，而且是对中国社会主义初级阶段国情的严重误读和歪曲。面对电视中的富丽堂皇和缠绵悱恻，观众在感叹'看看人家活的'的同时，极易引发一种人生无奈，抱怨自身命运的悲凉哀叹。当人们把自己的真实生活与屏幕上的人物生活相比较感觉差距太大时，自然会觉得心里不平衡，觉得社会分配不公，所谓误导由此可见一斑。电视里灯红酒绿、大款富婆、白领丽人之类的'活法'，冲击着电视本来就必不可少的平民感和底层情绪，动摇着电视传播对民族生存状态的当下关注和对民族命运的殷切关怀……电视中过多的商业气息和脂粉气味，对中华民族长期形成的道德积累是一种潜移默化的消耗，这是一种巨大的社会代价。"① 改编自日本漫画、曾风靡港台和大陆的20集青春偶像剧《流星花园》，除了青春、浪漫的爱情和无厘头的男女主人公外，剧中F4富豪子弟挥金如土的生活方式，更令未成年观众羡慕不已，如痴如醉，以致西安等地的中学生竞相模仿，一时间街头巷尾充斥于耳的几乎都是该片的主题曲《流星雨》。有学者指出，很多偶像的风靡，都是媒体造就的。媒体往往从商业利益出发，跟在这种现象后面追捧，而很少站在这种流行的前面进行引导。媒体发出的往往仅是一种声音，很少有不同的观点。近些年我国青少年犯罪在整个刑事犯罪中所占比例高达70%—80%②的严峻现实与此不无关系。有权威机构的调查显示，对于电视节目，40.6%的观众认为"部分娱乐类节目有庸俗化倾向，要提高文化品位"，38%的观众认为"节目形式互相抄袭，雷同"，28%

---

① 时统宇：《电视影响评析》，新华出版社1999年版，第7页。
② 参见康树华主编《比较犯罪学》，北京大学出版社1994年版，第50页。

的观众认为"高水平的音乐会、演唱会太少"，18.4%的观众认为当前电视综艺类节目"过分追求豪华形式"。① 有人甚至强烈抨击一些电视节目"故事是瞎编的，人物是丑陋的，观念是陈腐的，审美是低俗的，堪称无聊之极！可却整天在好几家电视台那里轮番播放，弄得屏幕上神神叨叨的"②。

　　传播学家霍夫兰等根据多次实验，在《传播与劝服》和《个性与可说服性》等著作中得出这样的结论：想象力丰富，对周围事情比较敏感的人，较容易被人劝服、接受影响。这恰好符合儿童的特点。处于早期社会化阶段的儿童与青少年生理、心理都不够成熟，缺乏独立思考和判断的能力，大都以模仿甚至盲从的形式接受外界环境的影响，并对新奇的东西感受特别强烈；而从社会化的环境条件来看，早期社会化受到来自多方面环境因素的影响，如家庭、学校、邻居和同龄群体等，而随着现代大众传播媒介的发展，电视、书报、杂志对儿童和青少年的影响越来越大。早期社会化的这些特点，需要社会为儿童与青少年的成长提供特定的条件：一是相对稳定、统一的社会规范和价值观念；二是令人敬佩的榜样或社会权威形象供其模仿。

　　在现代社会，电视传媒不仅以其独特的视角和特定的话语报道、解释、分析社会，还以它独立的意志和价值标准影响、建构和引导社会。这就是电视传媒为大众所认同的气质。与其他大众传媒不同的是，教育电视从一开始就肩负着启人心智、教化灵魂这一不可移易的社会职责。作为传播人类文明的重要窗口，作为实现人由"动物的人"向"社会的人"提升的重要手段，教育电视不仅要教怎样求知，更要教怎样做人。它每天向观众提供着可资仿效和学习的社会或群体的行为模式或行为规范，提供社会认可的文化内容，一切的低级趣味、庸俗无聊、暴力丑恶等都应与之形同陌路。教育电视对伦理规范和社会责任的自觉遵循与承担，是其节目生产与传播获得积极、正面效应的有力保障。唯其洁身自好，矢志靡它，才能成为观众心灵的一片绿洲，成为传媒领地的一

---

① 中国科学院系统研究所、国家统计局农村调查总队、央视市场调查股份有限公司等机构共同完成的"2002年全国电视观众抽样调查"的数据。

② 吴若增：《人物丑陋观念陈腐　电视节目到底应怎样定位?》，《人民日报》2004年2月19日第11版。

方净土，成为社会文明进步的一股动力。从这个意义上说，营造未成年人健康成长的媒介环境，教育电视责无旁贷。

三　打造"频道时代"富有竞争力的专业品牌

计划经济讲究"总量"的概念，市场经济注重"核心竞争力"的诉求。从总体上看，中国电视既没有在昔日完成原始资本的总量积聚，又未能在今天觅得与他国电视传媒同场较量的制胜法宝。有例为证。根据《中国广播电视年鉴（2004）》的最新统计，2003 年，我国有广播电台 308 座，电视台 363 座，广播电视台 37 座，县级广播电视台（转播）1441 座。全国开办广播节目 2064 套，日平均播出广播节目 26489 小时；开办电视节目 2262 套，日平均播出电视节目 27499 小时。广播人口覆盖率为 93.72%，电视人口覆盖率为 94.97%。有线电视网已近 400 万公里，有线电视用户达 1.06 亿。以此数据，我国足可称冠世界。然而，与此形成鲜明对照的是，我国电视频道专业化的实践孜孜以求 20 年，打造一个像探索、野生动物、MTV、卡通、历史、ESPN、HBO 这样风靡全球的专业电视频道，以示传媒竞争力的高强，却始终只是电视人魂牵梦绕的期盼。而众多的教育电视台积贫积弱，在夹缝中顽强挣扎已是不争的事实。曾有学者批评，昔日的"中国教育电视台是卫视频道中声音最为微弱的一支，巨大资源与巨大浪费形成惊人反差，典型的计划经济之态在节目中一览无余"①。

如今，电视已经进入"频道时代"，观众在收看电视节目时首先是根据频道的知名度、影响力来做选择。而品牌节目和栏目又是吸引观众"眼球"、赢得市场占有率的关键。教育电视如何积极参与电视传媒改革、有效应对电视传媒竞争？何时且怎样走出"专业频道不专业"的窘状，尽快提升专业化水平？如何在当今"诸侯割据"的电视传媒版图上异军突起，确立并巩固其他大众传媒无法替代的地位，获得应有的"话语权"，赢得广电传媒的认可、尊重与赏识？这不仅是教育电视求

---

① 罗明主编：《电视媒介的市场对策——中国电视经济节目运营》，人民出版社 2003 年版，第 31 页。

生存图发展的内在需要，也是当代电视传媒改革赋予它的历史任务。

大众传媒已成为知识、资讯和文化最主要的传播和教育手段，大众传媒的巨大影响力也为教育电视的发展带来了前所未有的历史机遇。从教育发展的视野来看，当前迫切需要在全体国民中传播 21 世纪的文化价值观念，并据此改革教育模式，在新一代人身上塑造信息时代所必需的品格、能力、思维与行为方式，使我国广大国民尽快适应日新月异的数字化生存新环境。这是世界教育改革发展的大趋势，也是加速我国教育现代化的必由之路。联合国教科文组织发表的著名报告《学会生存》指出："自从第二次世界大战结束以来，就全部经费而言，教育已经成为世界上最重大的事业了。……人们正在要求教育执行日益广泛而繁重的任务，这和过去所分配给它的任务是不可同日而语的。教育是人类在发展与前进过程中所做努力的一个重要组成部分，而且在制定国家政策和国际政策时占日益重要的地位。"由此报告提出了"学习化社会"的两个原则，这就是：第一，"学习化社会"是一个让社会所有机构和行为都成为教育提供者的社会；第二，全体公民都能够充分利用这些机构，都参与学习，都在促进学习化社会的形成和建设。显然，这一美好愿望的实现需要以教育电视的传播和普及为基础。但这同时也为教育电视创造了广阔的节目市场和受众基础。

从电视频道专业化的规律看，在当代电视日渐沉醉于"社会集体参与"的互动嬉戏和电视剧带来的感性狂欢，有意无意地回避了对于整个社会的理性思考与人文关怀的现实情势下，教育电视的存在与发展是否有必要继续执行并强化电视的这一"释放"功能？社会生活的内容是否除了娱乐就别无其他？答案是否定的。《中国电视市场报告》关于"2002 年全国市场不同文化程度和收入观众收看各类节目的人均收视时间"的统计显示，"小学""初中""高中""大学及以上"文化程度的观众在"电视剧"节目上花费的时间分别是 5756 分钟、6653 分钟、6242 分钟、6193 分钟，收看"教育"类节目所花时间则分别是 67 分钟、69 分钟、63 分钟、85 分钟。两者相比，收看"电视剧"节目的时间分别高于"教育"节目 84.9 倍、95.4 倍、98.1 倍、71.9 倍。即便是"戏曲"这样的专业节目，其收视率也高出"教育"节目 4—5 倍。这从另一方面说明了目前教育电视节目竞争乏力的情状。毋庸置疑，教育电视台或频道传播的节目内容因其专业特点而无法像大众化节目那样将各类受众"一网打尽"，但是，这丝毫不能成为教育电视无所作为或不思进取的遁词与借口。如何像浙江电视台教育科技频道那样，从"专业"定位出发调制"大众化"口味，从"大众"兴奋点出发寻找"专业"切入口①，打造"频道时代"富有竞争力的专业品牌，的确是亟待广大教育电视从业者们破解的一道复杂"方程"。因为小众化从来就不是专业化的必然结果，著名的美国"国家地理"频道就是成功的范例。

（原载《新闻大学》2006年第4期，本文与张骏德教授合著）

---

① 参见夏陈安、赵瑜《专业化生存——浙江教育科技频道的创新策略》，中国传媒大学出版社2004年版，第54页。

教育电视传播风格定位的三个维度

如今，电视传媒已进入频道专业化、受众分散化、传播模式互动化的新传播时代，独特的个性和鲜明的风格无疑是电视频道生存和发展的根本，任何表面形式的标新立异和哗众取宠都无法形成特征明显的受众群。一个成熟的专业频道的可持续发展，不仅需要对电视的功能与手段进行开拓，还必须形成鲜明独特的频道传播风格，借此打造出一个出色的专业频道。

多年来，教育电视的传播风格少有变化，总是给人严肃有余、活泼不足的"布道者"的印象。教育电视固然要以启智教化为基核，但却需要匠心独具的智慧策划，平等、平和、亲切的平民化视角和轻松自然、通俗愉悦的电视化表达。美国公共广播先驱维廉姆·西尔莫英指出："（教育电视的）词语是经过选择的，它的声音是平静的。它的节目具有一种理性的气氛，一种幽默感，给人以希望，它不时地证实着，在这个金钱至上的世界上确实还有值得我们谨慎乐观，甚至为之庆贺的理由。"[1] 在目前电视频道竞争白热化的情势下，教育电视台/频道若要成为一个具有更强活力和更大成长性的台/频道，传播风格重新定位至关重要。笔者认为，教育电视传播风格定位的关键词应该是轻松活泼、智慧幽默，这可以从传播心理、电视文化、"愉快教育"三个理论维度予以考量。

---

[1]　转引自中国教育电视协会主编《中国教育电视的改革与发展》，苏州大学出版社 2001 年版，第 39 页。

一 从传播对象的心理特点看，轻松活泼、智慧幽默的传播风格有助于降低观众对教育电视节目接受的"费力"程度

传播学理论认为，在传播实践中，受众对于媒体的情感忠诚度和行为忠诚度有时是统一的，有时则是分离的。如果受众对于某个媒体的行为忠诚度高于其情感忠诚度，表明该媒体对于受众的凝聚力主要是由于获得的方便性所造成的，而行为的忠诚度如果缺少情感忠诚度的有力支撑，则是不可靠、不长远的，一旦遇到强有力的竞争者，便很可能一夜之间"兵败如山倒"；如果受众对于某个媒体的情感忠诚度高于其行为忠诚度，表明该媒体对于受众的凝聚力作为一种潜在的可能还没有得以充分发挥。在传播竞争的时代，"酒香也怕巷子深"。

从传播心理的角度看，人们对于电视节目的关注可以分为两种：一种是无意注意型收看，吸引其收视的原因在于收视过程的趣味性；另一种是有意注意型收看，吸引收看的原因在于某种功利目的的达成，过程的乏味可以因为功利目的而被暂时忽略。《全国省级教育电视台问卷调查情况》的数据印证了这一收视规律。调查显示，我国"各省级教育电视台最容易被4A公司认可、接受的节目"有两类：一是以收视率为原则，聚焦在剧场及少量卡通、综艺等收视率比较高而稳定的大众化节目，如上海教育电视台的《绿叶新剧场》、江苏教育电视台的《MOVIE艺术》；二是以特色为原则，聚焦在招考节目和新闻资讯节目，如浙江电视台教育科技频道的《招考热线》。应当承认，目前的教育电视对于观众而言，是一个需要非常"专注"和"费力"的收视过程，收视过程的愉悦性显然还有所不足。因此，在专业性的电视节目中适度融入一些轻松愉悦的元素，力争使传播过程成为一种兴趣盎然的事，可以降低观众收视过程的"费力"程度。

教育电视面对的受众群体，主要是最具生命热情与活力的青少年学生，他们最少保守思想，敢于标新立异，敢于挑战权威，观察问题与发现问题往往与常人有不同的角度，兴趣广泛，爱好易变。处于青春期的青少年求知欲望强烈，思维活跃，想象力丰富，对抽象事物的认识能力正在不断增长。他们追求时尚、前卫、新潮，拒绝正襟危坐，讨厌空洞

说教，厌倦一成不变，蔑视居高临下。教育电视轻松活泼、智慧幽默的传播风格定位符合青少年学生的心理和精神特征，有助于培养他们对教育电视较高的忠诚度。英国教育与科学部在其提供的《大众电视与中小学生》的报告中总结道："应当避免陷入这样的怪圈：不要以为以教育和传播知识为宗旨的节目会为那些以娱乐为初衷的人带来多大价值。这对教师来讲，尤为重要……对少数孩子来讲，电视产品可能是极大地影响他们对某些群体形成想象的主要资料来源。"①

为了主动适应现代电视传播风格的变化，中国教育电视台根据专业化频道的特点和要求，采用具有现代和动感的橙色，突出其引领社会新时尚，充满活力与朝气，大胆创新、锐意进取的全新形象。浙江电视台教育科技频道针对专业化频道节目的趣味性相对较低的特点，抓住儿童好动、好奇、好胜的心理，尽可能采取能够刺激他们兴趣、诱发他们好胜心的方式来策划制作节目和栏目。如《不可能完成的任务》运用竞赛加点评的方式架构传统的科普类节目，使之不仅生动活泼而且让知识更深入浅出；为中小学生、少儿观众摄制的大型少儿科普电视系列片《十万个为什么》，采用虚拟背景加上真人、木偶实拍及三维动画的先进制作方式，通俗易懂地解释少年儿童最感兴趣的科普问题，全系列的卡通人偶为科普栏目注入了活力新元素；《伽利略教室》以有趣的科学实验解答在生活中遇到的疑问和不可思议的事情，展现最新科学技术成果，普及科学知识。每个有趣的实验都会呈现令人惊奇的结果。轻松幽默的气氛，充满科学性、知识性的实验和简单明了的解答让观众受益匪浅，流连忘返。

二　从电视文化的特有品性看，轻松活泼、智慧幽默的传播风格应成为当下教育电视节目的理性选择

从审美上讲，"游戏"（即审美活动）是"人性的完满实现"，"只有当人充分是人的时候，他才游戏；只有当人游戏的时候，他才完全是

---

① ［英］安德鲁·古德温、加里·惠内尔：《电视的真相》，魏礼庆、王丽丽译，中央编译出版社 2001 年版，第 118 页。

人"。① 换言之，只有通过最符合人追求自由本性的审美活动，人才能从片面走向完整、从单一走向丰富、从被肢解的实际人生中找回已经失落了的本真世界。

美国学者威廉·史蒂文森的"游戏理论"对此做了精彩的分析与诠注。他认为，包括电视在内的大众传播媒介，其主要功能是满足人们闲暇时间游戏的需要，因为游戏可以产生"交流快乐"。与此相反的是工作。工作也是一种交流，但由于它"是为了谋生，是进行生产"的手段，所以产生的是"交流痛苦"。正是由于电视观众的这种心理需求的存在，所以大众媒介应该像其他有趣的游戏活动一样，"为人们的闲暇时间提供内容，使他们生活得更容易一些。……对日间肥皂剧的经典性研究已显示，这些节目对于每日收看的家庭妇女，在繁重的家务劳动中是多么明显的支持力量"②。由于娱乐是一种简单的、不复杂的快感，而如何制造和传达这样的娱乐性声色快感，成为满足并抚慰、补偿观众身心的要素。对此，施拉姆等曾做过特别的强调："我们在大众媒介中寻求大量的娱乐，即使在我们的最认真的公开发言中，即使在我们最严肃的报纸或新闻广播中，我们也重视轻松的风格。"③

电视文化是一种消费文化，也即快感文化。电视文化固有的内在规定性，提醒我们应深刻理解教育电视的风格定位与教育电视的功能价值实现之间的相互关系。为了有效地实现教育电视的传播功能，规避"意识形态操纵"之嫌，免除"传经布道"之虞，轻松活泼、智慧幽默乃是教育电视传播风格定位的理性选择。

应当强调的是，轻松活泼并非教育电视对大众传播媒介通俗、浅近、娱乐特征的迎合与屈就，甚或是"缴械投降"，而是对电视规律的应有尊重与把握。如果说轻松活泼是电视媒体的普遍旨归，那么智慧幽默则是教育电视的特有品格。事实上，以轻松的话语消解沉重，以活泼的形态彰显深刻，以知性的品格守望文化，以文化的内涵诗意栖居，更能凸显教育电视在当今喧嚣缤纷的荧屏上"淡泊明志、宁静致远"的

---

① 转引自朱光潜《西方美学史》下卷，人民文学出版社1964年版，第96、101页。

② 郭镇之编译：《游戏理论》，《电视艺术》1992年第1期。

③ [美] 威尔伯·施拉姆、威廉·波特：《传播学概论》，陈亮、周立方、李启译，新华出版社1984年版，第39页。

独特追求和另类风格，更能体现共性与个性的交融统一。

在众多的讲坛类节目中，上海教育电视台的《世纪讲坛》并非首创，类似的节目还有中央电视台的《百家讲坛》，香港凤凰卫视的《世纪大讲堂》，湖南卫视的《新青年讲坛》，等等。《世纪讲坛》在选题策划、节目样式、嘉宾人选等方面确立了自己的标准，俨然形成了自身的独特风格。例如在选题上，《世纪讲坛》侧重三个"关注"：一是关注学术最前沿的信息，以学术研究成果为依托，但又摒弃其专业复杂的术语，而要求嘉宾选用一种生动有趣的语言，深入浅出地将最新的科研成就和发展动态娓娓道来，寓趣于教，引人入胜，即所谓的"大师讲科普"，使观众对所讲的科学知识充满一种持续的求索期待；二是关注最有思想、最有力量的声音，弘扬理性光辉，秉承人文精神，探讨人类社会生存与进步的命题，诚如节目开篇语"万象更新，思想为先"所宣示的那样；三是关注社会生活热点话题、突发性事件，力图透过专家视点对事件进行全方位、多角度的剖析，揭示其背后所隐藏的深刻内涵和决定性因素，满足广大观众对热点话题"为什么"和"怎么样"的求解需求。《世纪讲坛》将访谈与演讲结合，穿插 VTR 画面，生动有趣。而杨福家、金庸、葛剑雄、曹锦清等院士、教授的倾情加盟，则奠定了栏目高品位的成熟风格，实现了其用知识改变命运，用思想缔造未来，踏响时代节拍，张扬理性光芒的传播效果。由此，《世纪讲坛》独特的"这一个"也就打上了"防伪"或免遭"克隆"的标志。

三　从现代教育的发展趋势看，轻松活泼、智慧幽默的传播风格契合了"愉快教育"的理念诉求

如果说电视新闻频道以及时传递新近事实变动的信息为职志，综艺频道的功能主要是娱乐身心、陶冶情感、促进社会和谐，那么，普及文化科学知识则是教育电视频道的核心诉求。与其他专业频道的办台宗旨、目标定位相区别，教育电视是教育与教学的重要园地，其主要任务是传播各种文化科学知识，为各级各类教育、教学服务。教育电视台/频道姓"教"，其特色在"教"，优势也在"教"，但教无定法，贵在得法。

大教育家夸美纽斯在《大教学论》中指出，教学应该是一种教起

来使人感到愉快的艺术，它不应使教学双方感到烦恼和厌恶，相反，它应使教师和学生都得到最大的快乐。在他看来，教育办得不好的原因不是人的智力不够，也不是学科太难，而是因为教学方法不好。错误的教学方法使学生厌恶学习、害怕学习，正确的教学方法则使学生在愉快中懂得科学，从而"纯于德行，习于虔敬"。被誉为"幼儿教育之父"的德国教育家福禄培尔特别重视游戏的作用。他认为，儿童教育阶段的各种游戏是整个未来生活的胚芽，因为整个人的最纯洁的素质和最内在的思想就是在游戏中得到发展和表现的。儿童在各种游戏中不仅可以发展体力、感觉力和判断力，而且可以感到自由和快乐，激发生命的活力。游戏是儿童生活的最美表现。游戏中有规律、有节奏的动作和声调不仅可以培养儿童一种合乎自然的适度的生活习惯，消除其行为中的粗野和蛮横，而且通过这样的陶冶，也有助于其形成对自然和艺术、音乐和诗歌的深刻鉴赏力。

人的心理过程主要包括认知过程和情意过程。认知过程即是对信息的选择和加工的过程。而人的情绪和情感能促进或阻止人的认知过程。在良好情绪的状态下，人的认知过程所表现出来的特征是：思维敏捷、解决问题迅速；而心境郁闷消极时，则思维凝阻，操作迟缓，不能创造性地解决问题。脑科学的研究也表明：大脑在完成一个特定任务时，只有一个半球产生优势兴奋中心。在教育过程中，如果只有抽象的、概念式的教育，而缺乏形象生动的情感教育，影响儿童大脑右半球的激活与兴奋，那么必然会压抑甚至损伤儿童创造才能的发挥。可见，学习的过程应该是愉快的，学习的最终目的也必须使人产生愉悦。"愉快教育"的实施有利于教师与学生以愉快的心情投入教与学之中，从而提高教学的质量与效率。而教育电视轻松活泼、智慧幽默的风格恰好有助于营造一种无忧无虑、赏心悦目的"愉快教育"氛围，培养观众积极主动的学习态度。

英国传播学家罗杰·西尔弗斯通指出："'活泼的'这个词之所以被选来描述作为观众的儿童，是因为人们发现儿童在与电视的对话和游戏中，以及在儿童的观看行为中，他们并不是被动的回应者。相反，他们正从事着一项人类工作：在他们的心理发展和社会发展的范围之内，利用手边的任何方便，把自身的生活结构和生活意义呈现出来。'活泼的'指的是儿童有意识地选择中意的节目，以及他们在电视机面前的活动。这两个方面都证明了儿童与电视的关系是以在节目的突出特征以及在其他有竞争力的活动中做出决断为基础的。"①

　　美国 Discovery（探索频道）的节目之所以在世界各国大行其道，深受广大观众的喜爱和欢迎，一个关键因素就是它以探索的形式营造出一种娱乐的氛围，从而达到轻轻松松学知识的目的。节目分别由 Information（知识）、Education（教育）、Entertainment（娱乐）构成。"在纪录片的范围里，它根据知识的分类，再将节目进行细分。例如，'自然生态'以专业的观察角度针对各种生物作深入的介绍；'人类探险'以报道人类各种挑战自身体能极限、艰苦卓绝的冒险事迹为主；'科技新知'是针对科学界最新的研究和发展所制播的新闻性或专辑节目；'科学新焦点'针对科技在新闻事件背后所扮演的角色作深入报道；探索频道的'历史世界文明'是介绍世界上各种已逝去或是现存的文明成就和逸事的各种专题报道和纪录片。从观众所熟悉的世界万物和自然常态入手，介绍常识；根据常人的好奇心态，带领观众畅游一般很难亲身经历或接触的大千世界；紧跟时代潮流，解说新近出现的新闻、现象、问题；注重与观众的互动性……虽然节目内容都逃不出知识这个范畴，但是它落笔抓得准，内容挖掘得深，范围包括得广，角度变换得多，使知识变得丰富多彩，真正成为一种喜闻乐见的形式。"② 显然，充分把握和运用电视传媒规律，形成独特、稳定、成熟的传播风格，对于教育电视从业者来说将是一个矢志靡它的追求目标。

（原载《现代传播》2006 年第 4 期）

---

① ［英］罗杰·西尔弗斯通：《电视与日常生活》，陶庆梅译，江苏人民出版社 2004 年版，第 230 页。

② 夏陈安、赵瑜：《专业化生存——浙江教育科技频道的创新策略》，中国传媒大学出版社 2004 年版，第 47—48 页。

教育电视功能探析

正如麦克卢汉在《媒介的延伸》中所强调的那样，电视不只是大众的娱乐工具，还是陶冶现代人心灵、改变整个生活情境的新力量。美国传播学家威尔伯·施拉姆等认为："所有电视都是教育的电视，唯一的差别是它在教什么。"① 换言之，所有的电视都是教育的电视，关键在于运用电视的人即教育者或学习者如何运用电视的教育功能或者从电视中学习到什么。"教育电视的主要功能，就是以各种题材，从人类迷人的故事开始，以至于天文学，来做启发性的服务，消除文化的贫穷，并提高国民的文化水准。"② 从功能定位看，教育电视以传播科学知识、传承优秀文化、传递教育信息、传扬先进教育理念为己任，透过新闻信息、资讯服务、访谈对话、纪录片、综艺节目、情景剧等节目形态，完成与目标观众群之间的传播与交流。教育电视传播将使学习超越时空，校园界限延伸到家庭、职场、社区；学习、生活与工作打成一片，教室的隔墙将会逐渐隐形化，甚至消失。由于电视实际上已经成为一种新的教育工具，因此，电视用于教育被人们称为教育手段的"第四次革命"③。

① ［美］威尔伯·施拉姆、威廉·波特：《传播学概论》，陈亮、周立方、李启译，新华出版社1984年版，第261页。

② 转引自中国教育电视协会主编《中国教育电视的理论与经验》，上海教育出版社1999年版，第242页。

③ 1978年底，原美国驻中国联络处印发了一本名叫《美国教育技术》的小册子，其中有这样的叙述："历史学家已经确定了教育史上曾发生的三次重大革命。第一次是将教育年轻人的责任从家族转移到专业教师手中；第二次是用书写文字作为与口语同样重要的教育工具；第三次是发明印刷术和普遍运用教科书。第四次教育革命正发生于西方国家，尤其是美国。这是近年来电子学、通信技术及数据处理技术飞跃发展的结果。"美国教育传播与技术协会前主席伊利（Ely）所描述的教育技术领域，主要涉及三类资源，即教学人员、教学工具和教学活动。教师和（转下页）

一 传播科学知识

教育改变命运，知识成就未来。1995 年联合国开发计划署发表的《人类发展报告》指出："人的发展是一个扩大向个人提供可能性的过程。……无论发展水平如何，对于人来说，有三个可能性是主要的，那就是健康长寿、获取知识和拥有体面的生活所需的资源。如果没有这三个基本可能性，其他很多机会就仍然无法得到。"教育电视正是这样一种帮助人们获取他赖以立足社会和改造社会的知识，从而有能力主宰自己命运的有效工具。

全国电视观众调查显示，在 13—18 岁年龄段收视动机排序中，"学习各种知识"的动机得分仅次于"了解国内外时事"，位居第二，青少年在"学习各种知识"上的动机得分明显高于其他年龄段观众。① 电视已成为青少年获取信息、掌握知识的重要渠道。因而有论者断言："21 世纪真正的教育在学校外面，是在电视网和电视机面前。"②

如果说新闻频道以及时传递新近事实变动的信息为职志，综艺频道的功能主要是娱乐身心、陶冶情感、促进社会和谐，那么，普及文化科学知识则是教育电视频道的核心诉求。与其他专业频道的办台宗旨、目标定位相区别，教育电视是教育与教学的重要园地，其主要任务是传播各种文化科学知识，为各级各类教育、教学服务。教育电视台姓"教"，其特色在于"教"，优势也在于"教"。

根据教育电视的这一核心诉求，全国各级教育电视台教学类、社教类、益智类节目在整个节目构成中占绝大部分比重。这从中国教育电视台 2004 年节目简表中可见一斑（详见下表）。

（接上页）教科书曾经是教育史上最重要的人力资源和工具资源，而教学活动则表现为各种教学形式和方法。无疑，教育史上的以教师司职突破家庭熏陶，由文字教材突破口耳相传，由班级授课突破个别教学，是时代发展的必然，同样，"教师中心""书本中心""课堂中心"也一定会被更新、更富有生命的事物所代替，这也是时代发展的必然。这种更新、更富有生命的事物就是信息技术，教育电视则是信息技术的具体运用。

① 参见刘建鸣等《1997 年全国电视观众调查分析报告》，《电视研究》1998 年第 11 期。

② 转引自郭劲松《所有的电视，都是教育的电视?》，《江苏教育报》1999 年 4 月 30 日第 4 版。

利用"空中课堂"进行远距离教学是教育电视传播文化科学知识的独特优势。多媒体的交互性、声像显示，创造出更加生动活泼的学习环境，既提高学生的学习兴趣，又为教师和学生提供了更丰富的教育资源。这一优势在2003年全国各地抗击"非典"的非常时期功效十分显著。当时，许多地区纷纷开通形式多样的"空中课堂"，确保中小学生"放假不停课"。5月6日，北京市面向中小学生的"空中课堂"全面开通。同日，唐山市广播电视局联合唐山市教育局开设的"空中课堂"节目正式开始播放。5月12日，南京市教育局为停课的中小学生开设了

中国教育电视台一套（CETV-1）2004年节目简表

时段	5：50	5：55	6：25	8：00	8：15	10：18	10：50	11：18	12：10	12：40	13：15
星期一	晨曲预告	E-DATE资讯版	农业新天地	中国教育新闻	开放课堂	端木看点	健康新时尚	我为老师打分	动漫驿站	青春的选择	概念中国
星期二		E-DATE娱乐版									
星期三		健康新时尚									
星期四											
星期五											
星期六						走进今天	周末进军营	西部教育		学术报告厅	
星期日						青苹果红苹果	EPD在行动	风行一周		第一观察	

时段	13：45	14：15	14：57	15：26	16：15	18：00	18：30	19：00	19：15	19：18
星期一	保险中国	小学英语同步课堂	端木看点	中国职场	校园影视	动漫驿站	伴随成长	中国教育新闻	校园气象	关注
星期二	我想知道									
星期三	保险中国									
星期四	青苹果红苹果									
星期五	保险中国									
星期六	荧海导游	我想知道	考试节目	E-DATE资讯版						
星期日	第一观察	生命因你而动听	艺术争鸣	E-DATE娱乐版						

续表

时段	19：30	20：05	20：32	20：35	21：30	22：00	22：30	1：20	1：35	1：45	2：12
星期一	青春的选择	概念中国	空气质量日报	我为老师打分	保险中国	中国职场	真实50分	中国教育新闻	关注	伴随成长	预告夜曲
星期二					艺术争鸣						
星期三					保险中国						
星期四					生命因你而动听						
星期五					保险中国						
星期六	风行一周			周末进军营	第一观察						
星期日	西部教育			EPD在行动	学术报告厅	荧海导游					

资料来源：中国教育电视台网站，www.centv.cn，2005年8月28日。

"远程视听课堂"，与此同时，西安市教育局和西安电信合作的空中课堂"家校直通车"项目紧急启动。这些"空中课堂"虽然形式各不相同，但均由电视、广播、网络这三种远程教育方式构建。尤其是中国教育电视台新开通的"空中课堂频道"不仅将北京市的"空中课堂"的优质教育资源送到全国各地，还新上一批优质教育课程和节目，为全国广大停课在家的中小学生服务。"空中课堂"启示我们，也许传统的学校不会自动消亡，但教育电视必定会为人们提供更多更好的受教育的机会，针对青少年和成年人的不同教育也会更加有效地进行，人们的知识水平由此会大大提高。

应当强调的是，教育电视实施的"教育"应该以"立足大教育，服务大社会"为旨归。它不仅要教育学生同时也要教育广大观众；不仅要传播科学知识，而且也要传播社会知识。继续教育、终身教育为教育电视开辟了更广阔的用武之地。那种把教育电视台看作教学台，完全服务于学校教育的观点是对教育电视的片面理解，既缩小了教育电视的内涵，同时也弱化了教育电视的服务功能与影响。将学校教育、家庭教育、社会教育结合起来，将课堂教育延伸至校园之外更广泛的领域，教育电视具有其他教育手段所无法比拟、无法替代的特殊功能。

二 传承优秀文化

所谓"文明"，是指人类借助科学、技术等手段来改造客观世界，通过法律、道德等制度来协调群体关系，借助宗教、艺术等形式来调节自身情感，从而最大限度地满足基本需要、实现全面发展所达到的程度；所谓"文化"，是指人在改造客观世界、协调群体关系、调节自身情感的过程中所表现出来的时代特征、地域风格和民族样式。文明与文化是两个既相联系又相区别的概念：文明是文化的内在价值，文化是文明的外在形式。文明的内在价值通过文化的外在形式得以实现，文化的外在形式借助文明的内在价值而有意义。①

电视是文化科学的承载物，它具有继承和传承文化的作用，由此电视便具备了文化传播的属性。文化传播是对社会意识形态、道德规范和文明规则的一种启蒙与宣扬。社会的风俗、习惯、伦理道德、宗教信仰、哲学及法律等意识形态和社会观念，通过文化传播不仅影响人们的社会心理和价值观念，而且向人们提供行为规范，制定"游戏"规则以协调和控制人们的社会活动，实现社会的稳定与平衡，促进人类社会和文明进步。

正是由于人类的优秀文明成果有着"化性起伪"、陶冶人格的教化功能，所以当今世界没有哪个国家不重视通过现代大众传媒来传输和移植它的文化精神、文化价值。放眼当今世界，各个国家和民族一方面为了自身的发展已别无选择地把自己的经济汇入世界经济的大潮；另一方面，又将更加顽强地坚守国家的独立和民族的完整。而后一方面目标的实现将主要取决于对本民族文化血脉相连的守持承传和与时俱进的创新发展。因此，置身于"全球化"时代思考文化传播的影响，寻求各民族文化的交往、对话、沟通，既可防止威胁文化的多元发展、使文化多样性日益削弱进而导致世界文化资源无可挽回地流失的"西方文化中心论"的压制，也能避免文化相对主义所造成的文化孤立和隔绝所引起的一种文化与他种文化的对抗，甚至由此引发自身文化的式微或

---

① 参见陈炎《"文明"与"文化"》，《学术月刊》2002 年第 2 期。

灭绝。

教育电视既是文化传播的一种重要手段，也是人类文明的一种重要载体。由于教育电视的强大传播功能，受众抑或可以在一个更大的文化时空中搜索信息，体验感悟，沉潜思索。换句话说，一方面，受众置身于教育电视传播的信号区域内，不仅可以穿越时空的隧道，演绎今人与先贤的对话，而且可以突破疆域的囿限，纵览不同国度的文化奇观，实现足不出户而知晓天下事的梦想；另一方面，教育电视那直观形象、通俗生动的影像符号，即便是蹒跚学步、乳臭未干的幼童也能明了其结构与含义。受众通过观赏、交流和沟通共享人类的智慧与文明，使社会主体间达成一种普遍的共识和认同，促进社会整合，以保持整个社会系统的动态平衡和稳定。从这个意义上说，教育的本质属性就是文化传播，教育的功能就是主体与主体之间进行交往的文化传播的功能。事实上，教育的过程就是文化的过程，教育的内容就是文化的内容，教育的形式就是文化的形式。

中国教育电视台的大型文化类电视栏目——《索尼世界遗产》，受众定位是高中生以上年龄层中修养较高的知识群体。节目每集介绍一处世界遗产（个别遗产介绍分为上、下两集），根据表现对象的特征，运用包括航拍在内的各种电视手段，调动画面、音乐和旁白，对拍摄对象进行全面的描述，较好地满足了广大受众系统了解人类和自然遗产的文化需求。

"寻常巷陌藏根宝，半壁江山在申城"的《收藏大观》，是上海教育电视台摄制的一档文化艺术类栏目，集收藏知识、藏品鉴赏、收藏家的故事、艺术品市场行情分析、收藏活动的历史沿革与时代特征等丰富内容于一体，旨在拓宽知识领域，陶冶高雅情操，充实内心世界，提高文化素质。节目短小精悍，但是信息量丰富，观众不仅可以目睹李可染、傅抱石等许多大家的作品，还可以知晓紫砂壶、邮票、火花等物品的收藏方法和交流情况，更有许多民间收藏博物馆的生动展示和民间收藏家的传奇故事。每一集节目都精致雅趣，让观众有所感、有所思、有所得。

三 传递教育信息

一般来说，"信息是指与人类的认识过程和传播活动相关的知识积累"。而新闻学里的信息"即消除受信者不确定的东西"。"接受信息和使用信息的过程就是我们对外界环境中的种种偶然性进行调节并在该环境中有效地生活着的过程。"① 换言之，不确定性越大，信息就越多。当一个情景可以完全预测时，那就无所谓信息了。

市场经济的基本特征就是讲求信息的快速传递和效率。没有及时完备的信息，就没有完善的市场，就失去了市场机制在资源配置方面的优越性。一个知识和信息匮乏的社会，也必然是一个经济落后的社会。而经济的落后，又会大大加深知识和信息与发达社会的差距。这种差距也是今日世界贫富悬殊的主要原因之一。就个人而言，在信息时代，一个人拥有知识，如同在农业时代拥有土地、在工业时代拥有资本；就国家来说，当今世界社会和经济的发展对信息资源、信息技术和信息产业的依赖程度越来越大，在激烈的国际竞争中，谁掌握了信息并使之转化为经济、科技优势，谁就获得了发展的主动权。信息产业的发展水平已成为衡量一个国家综合国力的重要尺度。抢占信息技术及应用的优势也就成为发达国家着眼于 21 世纪国力竞争的一个焦点。

从传播学角度看，人们在接受信息传播时，其信任程度与传播层次成反比，即传播层次越少，可靠性越强，可信度也越高。比如电视直播节目与一般的录播节目相比，由于去掉了中间的转述层次，减少了信息的变异或流失，因而它更容易受到观众的青睐和信任。

对于教育电视台而言，一年一度的高招宣传报道和资讯服务是其最大的看点与"卖点"，诸如《招生快讯》之类的栏目也是许多教育台的特色甚或"专卖"。它以传递招考信息，解读招考政策，在招生办、招生学校与考生及家长之间架设"沟通和服务"的桥梁为宗旨。由于它社会关注度高，行业"垄断"性强，因此，各级教育电视台十分重视这一"黄金时间"的开发挖掘，充分利用自己背靠教育行政部门的优

---

① 转引自李良荣《新闻学概论》，复旦大学出版社 2004 年版，第 39—40 页。

势，在第一时间发布"最权威、最及时、最全面、最准确"的招考资讯，做到"人无我有，人有我新"，尽可能满足广大考生和家长的知情欲，借此提高节目收视率，扩大市场占有率，争取社会效益和经济效益的双丰收。例如，2004年高招期间，江西教育电视台为进一步扩大原有品牌栏目《招考快递》的知名度和影响力，一方面针对考生和家长渴望获得尽可能多的、可靠的阅卷及录取现场信息的普遍心态，集中精兵强将做足现场报道，动态反映高招的全过程，增加招生工作的透明度；另一方面，把电视传播与网络传播的优点结合起来，投资开通"江西高招咨询网站"，免费为广大考生与家长提供信息服务。不到三个月的时间，网站累计点击人数达686万人次，日最高点击量达25.7万人次，社会各界纷纷称赞它"信息服务最好、最及时、最贴近民意"，是一片"没有被铜臭污染的'绿洲'"。

　　注重对信息的快速传递、细致分析、深度解读，是当下电视传媒呈现的一个突出特征。教育电视台的性质决定了它传播的是具有很强针对性的专业类资讯。例如，随着生活水平的不断提高，人们更加追求生命的质量，同时人们的健康观念也在发生着深刻的变化，开始由疾病治疗逐步转向疾病预防，着意选择正确的生活方式并养成良好的生活习惯。因此，人们期望了解更多的医疗信息、保健常识，健康教育与现代人的生存关系也就愈加密切了。针对观众的这一需求变化，教育电视台开设保健类栏目更具有资源优势。上海教育电视台1996年开办的《健康热线》是一档每周1小时的现场直播节目。其独特的现场直播方式，拉近了节目主持、嘉宾与观众的心理距离，具有较强的观赏性；倾情加盟的吴孟超院士、陈灏珠院士、汤钊猷院士、张涤生院士、沈自尹院士、顾玉东院士、邱蔚六院士等400多名一流医学专家通俗易懂的解答，有理有据的分析，大大增强了节目的权威性、科学性、知识性和可靠性，因而迅速赢得了广大观众的青睐。其收视率稳居上海市同类栏目之首，平均达到3%—4%，累计收视观众逾千万人。1999年新增的《生命之源》专题栏目则以浓郁的人文关怀，把性健康方面的知识信息送入千家万户，节目收视率稳定在2%以上。

四 传扬先进教育理念

教育的发展过程是不断满足人的生存和生命的发展的过程，也是不断革除有悖于人的生存和生命的发展的各种观念、思想、制度和历史性障碍的过程。随着时代的进步，许多曾经深刻影响过人们的教育观念、教育内容、教育方式、教育手段如今已不合时宜，新的教育理念诸如终身教育、素质教育、《新课程标准》等已应运而生并日益显示出其广泛而深刻的影响。因此，若不更新教育理念就会影响甚至阻碍教育教学的发展。当代教育实践表明，教育正在超出历史悠久的传统教育的内涵与外延，逐渐在时间上和空间上扩展到它的真正领域——整个人的各个方面。在这一领域内，教学活动让位于学习活动。学习者对生活采取一种学习的取向，社会成为一个"学习的市场"①，这一"学习的市场"促使社会相关机构为每一个怀有学习动机与愿望的主体提供持续有效的教育"服务"，以不断促进人类社会整体素质的全面提高。

现代电视传播较之原始的口头传播、人际传播，其传播的速度、广度、深度和效果已不可同日而语。电视强化了当代工业社会的社会引导型文化，以它那立体化的视听系统，操纵着人们的无意识。电视传播的无孔不入，形成了它对人的心理结构、思维方式、行为方式和价值标准的全方位强烈渗透，以至于人们常常会有被"灌输""教育""洗脑"的感觉。"它们融入了日常生活的经纬和体验，发挥着一种温和的效力，其构成方式复杂之至，以至于抵制和颠覆都难之又难。"② 教育电视是教育改革的舆论阵地，它通过每日长时间播出的各种节目——包括新闻资讯、专题评论、访谈对话、综艺剧目、广告信息等，反复不断地宣传各种现代教育理念，以期潜移默化、深入人心，进而推动教育改革，促进社会进步。

当前，建立符合素质教育要求、具有中国特色的新的基础教育课程体系，是 21 世纪我国教育改革的一项迫切任务。新一轮基础教育课程

---

① 蓝建：《教育是社会发展的基础》，《河北师范大学学报》（哲学社会科学版）2003 年第 5 期。
② ［美］劳拉·斯·蒙福德：《午后的爱情与意识形态》，林鹤译，中央编译出版社 2000 年版，第 15 页。

改革中，课程的理念、结构、内容、实施、评价和管理等方面较以往课程有了重大的突破和创新，这对我国广大中小学教师和教育工作者提出了许多新的更高的要求和挑战。国家《新课程标准》强调以"迈向学习化社会，提倡终身学习"和"使学生学会认知，学会做事"等理念为指导，探索常规教学新模式。在这方面，教育电视理应承担比其他媒体更多的任务。浙江电视台教育科技频道曾在2003年教师节那天，依据国家《新课程标准》要求，于著名的京杭大运河河畔的拱辰桥边现场直播语文实践课《相约拱辰桥》的课堂实况。直播节目以拱辰桥的人文价值作为切入口，以看桥、走桥、说桥的形式让各位师生在大运河的背景下充分体会杭城的人文地理风貌，从而拉开了持续一个月共计16节课的全省特级教师现场直播授课活动的序幕。当时，节目摄制组动用了2辆直播车、12个讯道多角度全方位展示现场授课过程。节目充分调动各种电视元素和现场情趣，展现特级教师的总体风貌及杭州的城市文化，旨在使节目既成为教学新理念、新方法的展示舞台，又成为为广大普通观众提供视觉化的知识课堂。① 节目的制作播出，产生了很好的教学改革示范影响，并获得全国教育电视节目评比特别奖。

除了对人们进行现代教育理念的大信息量的传播外，教育电视对教学改革的影响力相当程度上是通过教学方式和手段的创新来实现的。采用电视手段尤其是利用电视媒体常设情景进行教学改革，一方面，可以引起学生的兴趣，集中他们的注意力，活跃其思维过程；另一方面，提供给学生的感知材料形象鲜明，能突出事物的本质要素，有利于学生巩固和记忆，帮助他们提高技能，开发智力。在教学过程中，通过教师的讲解，配合采用事先准备好的电视节目，创设出教材所涉及的内容情景，逼真地再现当时当地的场景，使学生对通过电视手段表现出来的教材内容，有身临其境的感觉，激发学生学习的兴趣和内部动机，营造出和谐的学习气氛。

中国教育电视台每周5期、每期50分钟的节目《我为老师打分》栏目对此进行了有益的尝试。与以往同类节目惯于采用《非常讲台》

---

① 参见夏陈安、赵瑜《专业化生存——浙江教育科技频道的创新策略》，中国传媒大学出版社2004年版，第15页。

的方式展示教师的教学理念和独特的教学方法不同的是，《我为老师打分》栏目全部以说服主人公的方式来体现教师的这些特点。它用独特的说服方式来阐释教育主题，用公益的主线来诠注能够接受教育的珍贵，用情景再现的短片反映真实生活中存在的问题。节目还综合运用多种电视元素，以打破昔日教学类节目"黑板加人头"的呆板枯燥的传统模式，例如情景再现短片的导入即收到画龙点睛之效。短片的内容以每期学生的真实故事为内容，完全按照情景短片的拍摄和制作方式进行，力求以短片的形式幽默、风趣、真实地反映学生在现实生活中存在且遇到的问题。故事情节与教师说服学生的过程紧密地结合在一起，形成清晰、可信的故事。故事的资源是无限的，故事也是观众最容易接受的电视方式。将这些融合在一起，使其与节目紧密地结合是节目创新意识之所在。

（原载《新闻知识》2006年第6期）

创新教育电视传播三策

可以肯定，当今除了内容、机制两个因素之外，保持传媒领先地位和快速发展的另一个不可忽略的因素就是技术。不仅传媒之间的竞争会越来越多地依赖技术，传媒自身是否能够站在传播业的潮头，也会越来越多地依赖技术。客观地说，曾经具有重要影响力的教育电视台，如今由于历史和现实的诸多因素，遭遇了严峻的生存困境，无法与其他实力媒体或强势频道比肩而立。但是，教育电视遭遇的困境并非不可突破，在全球科技革命的时代背景下，充分运用数字化技术打造教育电视传播的新平台，缩小与其他传媒之间的差距，乃是创新教育电视发展模式的重要内容和战略机遇。

一 突破介质壁垒，实现网、台一体的融合渗透

在高新技术突飞猛进、传媒形态层出不穷的今天，任何媒体的从业者如果仅仅着眼于把自身所处的介质做到极致，而不考虑将内容、品牌向不同的介质形态媒体延伸的话，就会陷于保守。数字化技术带给大众传媒的最大惊喜，就是可以突破过去那种以介质为壁垒的市场格局，实现跨媒体的融合互动和信息的海量储存、便捷采集，并使产品的深度开发成为可能。新媒体的市场空间和因技术特性带来的市场潜能非常大。从这个意义上讲，未来的媒体发展趋势将是在数字化基础上形成的多媒体的综合平台。正如美国传媒咨询专家米切尔·J. 沃尔夫提出的："业界领先企业意识到，规模至关重要，必须进入很多业务领域，以便满足消费者的需求……如果它们是电视广播公司，那它们再也不能只做电视

了。它们必须有个网站，可能还需要有份平面杂志，或者要有个 DVD 战略；如果它们是报纸，那就不能只在报摊上出现，或被扔在家家户户的门口。只要客户需要，它们就必须随时随地出现，不管是以小报而非大张报纸的形式出现，还是在便携式电脑或无线设备上出现。"① 瞄准新兴媒体巨大的市场潜能，主动寻求以自身的品牌和内容资源与新媒体良性合作，这将是教育电视图强崛起、重塑形象的宝贵契机。

在我国，教育电视台与互联网的融合渗透，使得教育电视节目不再稍纵即逝、有限覆盖，而是呈现出新的鼓舞人心的态势：一是跨越时空的传播。全球覆盖，世界联通，是互联网的基本特点，其广泛的信息传播覆盖面是任何一种传统的媒介所无法比拟的，就教育电视而言，借助网络传播可以获得巨大的空间优势。在时间方面，计算机强大的记忆功能，使得教育电视节目可以留存，克服了教育电视节目线性流动运作、稍纵即逝的缺点。二是实时交互的传播。互联网最大的特点在于交互性，而建立在互联网上的教育电视，能让观众享有充分的主动性，观众由被动接受转变为互动接受。三是互联网是集合多种媒介的传播，以超文本形式，集文字、数据、图表、声音和影像于一体，兼有各种媒介的优点和长处。借助多媒体技术，网上教育电视实现了文字、声音、画面同步传输，动静结合，使信息的传播真正做到了全方位、立体化。教育电视新闻报道的真实性、动态感和感染力将大大强化。例如，湖北省电化教育馆融资兴建的湖北教育网台，综合了网站传输文本资源、电视台传输视频资源的特点，集视频、音频、图片、文本等资源于一体，在网络传播的优势中注入了电视传播的魅力，为农村山区接收和应用教育资源提供了便利。它围绕所实现的功能规划，建设了新闻、信息、会议、培训、教学、娱乐 6 个专业化频道及 22 个子栏目。湖北教育网台已成为适合广大农村、山区接收资源和信息的传输方法。

在跨媒介融合浪潮的激荡下，我国许多传媒也纷纷与网络"连横"，冀望借此增强媒体的影响力和抗风险能力。据报道，2005 年 6 月 1 日，中国第一门户网站新浪与山东齐鲁电视台正式携手，广泛合作。

---

① ［美］米切尔·J. 沃尔夫：《娱乐经济：传媒力量优化生活》，黄光伟、邓盛华译，光明日报出版社、科文（香港）出版有限公司 2001 年版，第 102 页。

新浪为齐鲁台提供强大的网络平台和信息资源，包括网络展示、信息支持和网络互动，并与齐鲁台实现新闻资源和优秀节目的信息共享，齐鲁台的精品节目将在新浪网上进行展示，获得强大的网络互动功能，迅速扩大影响力。双方还将结合各自的信息资源优势和电视制作优势，共同制作新颖的电视节目，开发出全新的媒体内容。新浪网站与齐鲁电视台结成的跨行业战略联盟，开启了电视和网络媒体合作的新局面，势必会实现网络和电视媒体的互补、互动、共赢。可以预见，随着网络的普及发展和宽带技术的进步，网络媒体与电视媒体的汇合交融，定将体现出多种媒体集成的传播优势与核心价值。

从传播学的角度看，网络和电视这两种媒体完全可以优势互补，互相融合。网络可以借助电视传播界面，电视也可以借助网络实现二次传播。教育电视从业者应该抢占先机，尽快在网络中注入教育电视的"基因"，这样又将拥有一个传播教育电视节目的绝好通道。网络的兴起，为教育电视的发展提供了一个可以充分利用的理想技术平台，有利于扩大教育电视的影响力，提升教育电视的传播水平。

二　运用流媒体技术，创新现代远程教育的非线性"议程设置"

现代远程教育是随着现代信息技术的发展而产生的一种新型教育形式，是构筑知识经济时代人们终身学习体系的主要手段。抢占现代远程教育的制高点是教育电视的必由之路。《关于推进市（地）、县（市）教育电视播出机构职能转变工作的意见》明确提出：教育电视台要把工作重心转移到大力发展现代远程教育上来。省级教育电视台的主要任务之一，就是接收、转播中国教育电视台的远程教育节目和信息资源，完成本省远程教育节目和信息的整合、播出、传输；市（地）级教育电视台的主要任务之一，就是联合当地教育、教学及有关单位，开展远程教育，参与当地教育信息化建设；县级教育电视台要转变成为当地开展远程教育和教育信息化建设的"远程教育中心"或"教育信息中心"，主要任务是联合当地教育教学及有关单位，开拓远程教育市场，服务远程教育用户，参与当地教育信息化建设。因此，教育电视台应借此契机，扬长补短，努力把自己的教育优势、平台优势转化为产业优势，以获得新的生机。

流媒体是指采用流式传输技术在 Internet 或 Intranet 上传输的时基媒体，而流式传输技术就是把整个动画或视频、音频文件经过特殊的压缩方式分成一个个压缩包，由专用的媒体服务器向用户计算机连接，实时传输流媒体数据。流式传输使得用户无须等待太长的时间，可以边下载，边收看；可以根据带宽自动调整数据包的压缩方式以适应带宽；用户不必将全部流文件下载到本机上，从而节省硬盘存储空间；可以满足用户实时性的要求。

传统教育电视节目内容的播出必须严格按照节目播出的时间表，在特定的时间线性地传播某一教学内容。观众只能按部就班地被动接受信息内容，传播的教育教学内容具有明显的线性"议程设置"特点。运用流媒体技术，通过卫星 IP 宽带接入服务（主要通过中国教育卫星宽带传输网）传输多媒体信息，将突破这种局限，完成对学习内容的非线性"议程设置"。学习者可以自主选择、自由点播教育教学内容，也可以与传播者同步互动，自主、自由地选取传播信息内容，实现学习者信息选择的完全"非线性"。

流媒体技术对网络远程教学的最大贡献是实现了网上实时内容的同步传输和播放，从而可以建立教师与学生、学生与学生之间进行实时交互的网络远程教室。如果单纯使用网络远程教室进行教学，就对学生的学习时间构成了限制，即要求学生必须在教师授课的同时进行学习，这显然不利于学生的自主化学习，因此有必要在使用网络教室进行授课的情况下，配合使用基于流媒体技术的多媒体网络课件进行异步授课。这样学生不但可以享受实时交互的课堂授课模式，还可以通过互联网，按自己安排的时间和兴趣进行个别化学习，师生间通过电子邮件、OICQ等多种方式进行交流。在教师的主导下，学生还可以利用 BBS 自由发言，进行讨论学习。

2003 年 6 月，中央组织部确定在山东省开展农村党员干部现代远程教育试点工作。面对这一难得的机遇，山东教育电视台积极争取，获准以山东省委组织部党员电化教育中心和山东教育电视台为依托，建立功能完备、标准较高的省农村党员干部现代远程教育中心。该中心除负责培训内容的传输外，还承担各地培训点技术人员的培训指导工作和各地培训点设备的技术保障工作。2004 年 5 月 1 日，山东省农村党员干部现代远程教育专用频道正式开播。这一项目的实施，成为山东教育电视台 21 世纪跨越式发展的一个新亮点。

三　运用虚拟演播室的超强特技功能，提高专业化节目的表现力

虚拟演播室是近年来在计算机图形技术和传统视频关键技术基础上发展起来的一种独特的电视节目制作技术。它的实质是将计算机制作的虚拟三维场景与电视摄像机现场拍摄的人物活动图像进行数字化的实时合成，使人物与虚拟背景能够同步变化，从而实现两者天衣无缝的融合，以获得完美的合成画面。

由于制作成本昂贵，对于绝大多数教育电视台来说，虚拟演播室还是一项有待开发的新的技术工程，但虚拟演播室在节目创作中所体现出的卓越表现力特别适合教育电视台以科学性、知识性为侧重点的电视节目制作。它能够提供完善的高质量画面，可以代替真实的场景物体，具有超强特技功能，为电视节目制作人员提供了无限灵活性和创造力，为教育电视节目的创作提供了宽广的舞台。

首先，它能够虚拟环境。例如，历史老师在虚拟演播室里就可以站在巴黎埃菲尔铁塔下、置身于卢浮宫里讲授法国历史，外科教授可以进入人体模拟心脏空间讲解心脏搭桥手术的要领，让学生切身体验亦真亦幻的画面带来的震撼与激动，增强学习效果。

其次，它能够虚拟出席。虚拟演播室还可以运用在远程教学中，如学生要采访某位专家学者，最好的办法就是把被访者请到演播室。有了虚拟演播室系统后，即使被访者不能亲临其境，也可以收到同样的效果。虚拟出席可将远地演播室中专家的实况视频与本地演播室中教师的场景视频实时地结合在一个虚拟场景中，两人可以在虚拟场景中面对面地相互交谈、演示，学生觉察不到他们是身处异地，从而增强现场感、参与感。

再次，它能够虚拟物体。教育电视节目所表现的对象大到宇宙，小至细胞，远至天体的形成、人类的起源，近至眼前发展变化的客观世

界，尽管现在已有多种特殊摄像表现手段，但还不能完全适应所要表达的教学内容。例如，要表达天体的运行和结构、史前生物的生活情况、机器剖析等看不见、摸不着、拍不到的景象，传统的技术手段无能为力，但是，虚拟演播室系统却能将它们形象地表现出来。① 英国的 EPO 公司利用虚拟演播室技术只用了 6—8 周时间就制作了一部片长 30 分钟的虚拟教堂建筑结构的教学片。该教堂在第二次世界大战中被毁，制作人员先用超级计算机模拟出教堂的立体画面，再用一个虚拟的摄像机从各个角度做推拉、旋转等动作拍摄，一座宏伟的教堂便"出现"在学生面前，学生可以跟随主持人了解教堂的方方面面，这在以前是无法想象的。

最后，它能够虚拟实验。虚拟重建系统利用事先存储的实验三维模型和摄像机的参数，利用多个摄像机拍摄到的视频图像，重建要分析的视频图像的三维场景，应用于实验教学中就可以获得这一瞬间任意角度的实验实况。虚拟重放系统通过使用先进的视频跟踪技术和三维重建技术，可自动追踪物体，并凸显它们的运动轨迹或路线，测量物体的速度以及物体之间的距离，并可在视频图像上直接描绘轨迹、路线和标志。这对于体育教育中的运动动作教学训练是非常有帮助的。②

（原载《当代传播》2006 年第 5 期，此次出版有修订）

---

① 参见乌美娜等编著《教育电视节目制作》，北京师范大学出版社 1993 年版，第 169 页。
② 参见涂涛、叶永沛《虚拟演播室技术在教育教学中的应用》，《中国电化教育》2004 年第 4 期。

浙、沪、苏省级教育电视的媒介镜像与理性审视

就资产规模、网络覆盖、品牌影响、广告收益、市场占有率、媒体操作经验等要素而言，浙江电视台教科频道、上海教育电视台、江苏教育电视台，位列全国省级教育电视传媒前三甲。三台/频道又同处于我国经济增长最快和最活跃的长江三角洲地区，文化传统深厚，传媒市场的开放度和发育程度较高，媒体资源丰饶。本文运用定性与定量分析相结合的方法，对其进行个案考察，以期从特殊中见一般，尝试为其加快发展提供参考依据，亦为我国长三角地区和其他地区教育电视竞争力的增强提供借鉴与示范。

一 媒介镜像

1. 节目定位

秉持"用电视的手段传达轻松的智慧，做观众有知识的朋友"的宗旨和"知识改变命运，教育传承文明"的理念，上海教育电视台形成了"以教育节目为主体，健康节目为重点，人文节目为特色，影视节目为铺垫的节目定位格局"[①]。其中，新闻资讯类节目播出 2 小时，社教类节目播出 12 小时，影视剧播出 4 小时，分别占日播出总量的 11.1%、66.6% 和 22.2%。总体而言，节目专业特色鲜明，家庭教育、学校教育、社会教育三者之间保持了较好的内在张力。

---

① 中国教育电视协会主编：《中国教育电视：挑战与对策》，石油大学出版社 2003 年版，第13 页。

江苏教育电视台始终坚持"立足大教育，突出青少年，服务全社会"的定位，努力追求两个"结合"，即专业化和大众化相结合、教育性和社会性相结合。本着新闻立台的理念，他们强化黄金时段新闻主战场的功能，着力打造《支点》《服务到家》《新闻地理》《钟山夜报》四档新闻栏目，每天晚上播出容量为 150 分钟，为广大观众提供了一道丰盛的新闻大餐。《Movie 艺术》《黄金剧场》《经典剧场》《喜剧剧场》《经典影院》五档影视剧节目累计播出 10 小时，占整个节目播出时间总量的 52.6%，给观众带来了强烈的视觉冲击。新闻节目和影视节目是江苏教育电视台的两大亮点和看点。

浙江电视台教科频道响亮地打出了"新科学、新知识、新青年"的定位口号，办台理念和宣传语遵行"三化"，即专业化、市场化、品牌化。新闻资讯类节目、科教益智类节目和影视剧节目是其节目的基本构成。主要栏目有《走进今天》《小强热线》《招考热线》《纪实》《大侦探西门》《不可能的任务》《西部地理》《绝对 OK》《海涛电影课》《美语会话》《新青年制造》《五月的鲜花》《十月的阳光》《鲁豫有约》《震撼剧场》《黄金剧场》《午夜剧场》等。由此形成了浙江电视台教科频道在观众心目中受众指向明确、节目形态多样、风格清新活泼的"强势专业频道"印象。

表1 三台/频道节目构成比例①

	新闻资讯类节目（%）	科教益智类节目（%）	影视娱乐类节目（%）
上海教育电视台	11.1	66.6	22.2
江苏教育电视台	26.3	21.1	52.6
浙江电视台教科频道	16.6	33.3	50.0

2. 受众构成

上海教育电视台以全民教育、终身教育作为频道传播的主题。根据这一主题策划、制作或引进的节目，受众的涵盖面较广，年龄层次高低错落分布，收视对象的受教育程度没有严格的限定，职业身份呈现多元化。

---

① 根据三台/频道网站资料统计而成。

江苏教育电视台曾于 2005 年做过一次收视观众的轮廓调查分析。从性别构成看，男性观众占 51%，女性观众占 49%，两者大体相当；从观众受教育程度的构成看，高中/中专、初中/技校、大专以上的观众分别占 38%、24%、24%，三者合计达 86%，成为频道倚重的目标观众；而小学文化程度的观众由于比例太低（仅占 14%），面临被边缘化的可能；从观众年龄构成看，55—65 岁的观众比例占 19%；14 岁以下的观众比例最小，仅占 5%；15—54 岁年龄段的观众比例累计达 62%，自然成为频道锁定的收视对象。

与前述两台目标观众年龄跨度较大有所不同的是，浙江电视台教科频道目标观众的年龄更加年轻化。《浙江电视台教科频道观众职业构成》调查显示，青年学生是频道受众的主体，占 59.7%；其次是工人，占 14%；接下来依次是其他人员占 9.1%，专业技术人员占 8.9%，个体经营者占 6.8%，干部管理人员占 3.4%。为了稳定近六成的目标观众收视，使节目更多地受到青年/学生的欢迎，浙江电视台教科频道更多地关注青年/学生所关注的话题，用他们喜闻乐见的形式结构报道内容，甚至在节目的色彩、标志等方面也要尽可能满足青年/学生的审美需要。

3. 品牌认知

一般而言，观众对频道的品牌认知主要从最先想到的电视频道和经常谈论的电视频道两个方面来考量。

就"最先想到的电视频道"而言，每逢中考、高考抑或研考等各种考试关头，当许多学生和家长想要了解招考信息、剖析备考重点难点、改进学习方法、提高考试成绩时，或家长需要探求如何引导和帮助子女健康成长时，教育电视台/频道已成为他们在收视选择时最先想到的电视频道。在这方面，教育电视台/频道拥有其他任何电视频道所没有的首选优势和权威性。上海教育电视台的新闻专题节目《家长》开播仅半年就创下上海教育电视台自办节目三年来的收视新高，成为近年来首次进入上海市收视率周排行前 50 名、位居第 44 名的栏目。江苏教育电视台的品牌栏目《成长》，是全国最早的一档关注青少年成长、沟通两代人情感的电视脱口秀栏目，被观众誉为中国第一"谈"。浙江电视台教科频道的《招考热线》虽然在白天时段播出，但 AC 尼尔森收视数据却达到 3 个点，年创收 2000 万元以上，成为频道最有影响力和收益率的自制品牌节目之一。

就"经常谈论的电视频道"而言，三台/频道的节目内容在"议程设置"、影响社会认知和社会行为方面具有较为明显的影响力。经过多年的挖掘建构，上海教育电视台的健康类节目、人文类节目已得到广泛的认同，三大品牌已经形成，即以《健康热线》《生命之源》等为代表的栏目品牌，以《中国名校大学生辩论邀请赛》等为代表的活动品牌，以《院士礼赞》《一代名师》等为代表的系列节目品牌。① 新闻节目和影视节目则是江苏教育电视台的拳头产品，它们在收获较高收视率的同时也赢得了好口碑。《服务到家》自开播以来一直稳居江苏 AC 尼尔森 50 强前列，收视率达 2—6 个点，年创收 1000 万元。浙江电视台教科频道在市场化、专业化、品牌化理念指导下，重点打造品牌活动、品牌栏目、品牌主持人，成就了一批在国内业界颇有影响的品牌栏目和节目主持人。《走进今天》开创新闻杂志新风尚，引领观众收视风向近 10 年，摘得了"浙江省十大名牌节目"和"中国电视百佳栏目"的两项桂冠。

4. 编排方式

教育电视作为小众化的专业频道，要赢得更高的收视率，就必须在优化单个节目、提高节目质量的同时，努力优化节目设置，提高节目整体效应，即做好节目编排工作。

上海教育电视台一是减少白天的教学节目，根据收视人群的生活特点和不同时段的目标人群，设置不同的节目板块，实行谈话、综艺、专题节目一体化编排。二是晚上着力打造娱乐、电视剧、新闻强时段收视高峰，保持观众收视的延续性。三是不断推出新栏目，以保持观众对频道持续的新鲜感和关注度。四是利用观众的怀旧情感，老片新放，巧妙编排，让观众边看边回忆往日的美好时光，既节约了节目的制作成本，还获得了"梅开二度花更香"的收视效果。

江苏教育电视台注重以高收视率的大众化节目来借势拉动专业节目的收视率、影响力，提升不同时段的峰值与价值，以此吸引广告客户的

---

① 参见张德明主编《绿叶为什么：一个教育和电视的 10 年》，复旦大学出版社 2004 年版，第 341 页。

注意力。2006 年，他们在《服务到家》《新闻地理》《支点》三个观众熟知的品牌栏目基础上，新增一档夜新闻栏目《钟山夜报》，做到"当晚的新闻当晚看，最新的资讯最先报"。四档累计 150 分钟的新闻节目浑然一体，其集群效应不仅进一步强化了观众的视觉印象，而且形成了连续的收视高峰。

整合优秀品牌节目打造扩充晚间强势时段、加强白天时段的品牌化和资源再利用是浙江电视台教科频道节目编排的两大策略。一方面，频道在晚间黄金强势收视时段基础上积极向两头扩展；另一方面，频道加强白天时段的品牌化和资源再利用，不仅增强了自办节目的重播次数，还开辟了《栏目精读》板块，推出双休日白天的《周末剧场》，较好地将频道现有节目资源重新利用，满足了广大观众的收视需求，增加了广告创收的亮点。

二 问题把脉

1. 内容定位的单纯化还不够

由于教育电视的资源补偿形式主要依靠广告，其结果必然导致过分强调节目的收视率表现，过分倚重影视剧节目的支撑。而以收视率为导向的节目或栏目设计，难免会导致专业内容定位的模糊与庞杂，进而稀释频道的专业纯度，影响观众的期待度。在一个"内容为王"的时代，教育电视倘若依靠影视等大众化节目唱主角，其专业内涵和身份的"合法性"是否会受到业界人士的质疑？它又如何满足观众多元化的文化需求？倘若专业频道丧失了自己独特的功能、品格，一味迎合或屈从大众趣味，其蕴藏的运营风险也不言而喻。故此，在把频道专业化当作媒介版图异质的良性配置、做大教育科技类节目的增量方面，教育电视仍有较大的作为空间。事实上，单纯的东西或许更有特色，更显专业化，更易于观众辨识。换言之，专业频道若用"减法"来免除那些过多的枝蔓和负荷，集中精力做自己最拿手、最专业的活，形成品牌"专卖店"模式，则能进一步凸显频道的独特价值，降低观众的识别成本，减少被竞争对手模仿的可能。

2. 节目的观众满意度低于其知名度

理论上讲，每一个电视节目都有自己固定的收视群，目标观众效率较高，说明栏目定位比较准确，传播内容能够很好地吸引节目制作人想要覆盖的目标观众，节目的传播更具针对性和有效性。但是，目前教育电视节目的观众满意度低于其知名度。造成这种状况的原因较为复杂，主要有四个方面：一是节目内容开掘不够；二是栏目配置不当，节目构成缺少统一性、连贯性，无法形成一个单纯却不失丰富的完整频道形象；三是电视元素不足致使收视过程较为"费力"；四是节目经费短缺在一定程度上影响了节目的质量。这也说明，虽然有数量庞大的观众群不时接触教育电视节目，但它传播适时所需的东西还比较少，不对位、不"过瘾"、不满足的情况时有发生。此外，目前观众对教育电视节目的收视忠诚度也不是十分理想，非忠诚观众特别是季节性观众、游离型观众的比例偏高。

3. 观众的年龄结构失之于"泛化"

就上海教育电视台、江苏教育电视台的观众构成来看，一个较明显的问题就是观众的年龄结构参差，失之于"泛化"。"专业化"节目"大众化"收视的追求，难免导致本该锁定的目标观众却被各年龄层和各色职业人等蚕食。诚然，教育电视需要满足当代社会各年龄层次受众的精神文化需求，特别是终身教育的需求，但是，这并不妨碍它致力于主力观众服务的诉求。

从媒体操作实践而言，年龄跨度的悬殊、文化身份的落差，一方面，会使节目内容、风格众口难调，增加节目生产或引进的难度；另一方面，也有可能导致受众对节目指向的分散，出现"溢流"现象。而观众的溢流，损失的不仅仅是人气，同时也会减少广告商的广告投放量。因此，无论是从吸引广告的角度看，还是从电视栏目可持续发展的角度看，花大力气降低节目观众的平均年龄、重点吸引青少年观众的关注和参与都是十分重要的。

4. 节目的自制能力较弱

"频道过剩"时代的教育电视正面临着两种冲击：一是节目收视率将面临一个被"摊平"趋势的困扰；二是观众的收视选择将逐渐淡化"台别"意识，而强化栏目意识。换句话说，教育电视的品牌将在更大程度上取决于其优秀程度以及相关节目整体配合的优化程度。

然而，目前三台/频道日播节目还不够丰富，引进节目多于自制节目，偏多的重播节目难以使观众对其保有持久的新鲜感，凡此与其节目制作能力较弱不无关系。以上海教育电视台为例，其制作能力是每天最多可以制作 2 个小时左右的教育类节目，[①] 为其日播出时间的 1/9。这就意味着余下的将近 90% 的时间需要用非教育类节目、影视剧或重播内容来充填。由此带来的一个问题是，这些内容能否很好地体现频道的教育定位、担负起教育电视节目品牌打造的重任？

5. 经营方式较为单一

媒介经济实际上是一种注意力经济。评估一个媒介的市场"市值"大小，主要看它吸纳社会注意力资源的规模及其性质。以广告为主的商业经营性收入取代政府的财政拨款，已经成为教育电视最主要的资源补偿形式和最重要的经济支撑。但是，过分倚重广告，与完全依赖财政补贴一样，同样会导致教育电视自我发展能力受限、产业依赖性强、抗风险能力薄弱、易受商业利益操纵的弊端。

同时，我们还应看到，电视是高投入、高成本的行业，随着频道激增，教育电视的广告收益在市场日趋饱和的情势下很难大幅度攀升，而节目成本却在年复一年地增加，不少教育电视台/频道在强大的市场压力下越来越难以为继。因此，教育电视有必要根据形势的变化，充分利用现代高新技术，适时调整和改变单一的经营模式，争取新的经济增长空间。

三　几点建议

1. 组建"长三角教育电视网"，扩大传播半径和扇面，筑高收视平台

一般来说，孤立的单个资源利用率是最低的，而灵活组合的多种资源群的利用率是最高的。无论今天的传媒竞争力有多么强大，决策者必须对其资源不断投资，同时把其他的资源有机地整合进来，成为集团化

---

① 参见张德明主编《绿叶为什么：一个教育和电视的 10 年》，复旦大学出版社 2004 年版，第 39 页。

的领导者和牵头者。因此，如何实现跨区域合作，让各为其主的资源——人才资源、节目资源、网络资源、广告资源、技术资源、观众资源——在一个更大的空间里自由流动组合，最终达到最佳配置，实现效益最大化，是政府引导与市场运作相结合，资源共享、彼此双赢的必然选择。

长三角地区教育资源丰饶，文化辐射强劲，基础教育、高等教育水平位居全国前列，复旦大学、南京大学、浙江大学被誉为中国高校的翘楚。通过横向联合、纵向相加等方式，整合长三角地区的教育资源及教育电视台/频道，组建"长三角教育电视网"，进行节目制作、节目传输、节目营销三大环节的重组，实现教育电视产业资产纽带的统一和资源的优化配置，提高资源利用率，既可以凸显吴越文化的地域特色，打造特色鲜明的传媒品牌，又可以有效地扩大教育电视的传播半径和扇面，形成更宽厚的纵深腹地，筑高教育电视收视平台；同时还可以与中国教育电视台形成同场竞争的机制，相互激发，提升中国教育电视的整体水平。

2. 借助付费数字频道，做强内容产业，改变单一的赢利模式

拉动电视频道收视效果的主导力量是节目内容，这是电视传媒发展的公理和铁律。教育电视的优势更多的还是来自专业化的内容。没有强势甚至排他性极强的内容，不能让观众看见绝对的差异化，就不可能让习惯了大众化娱乐节目的观众心甘情愿地守候小众化的教育电视节目。目前，江苏教育电视台已开办"江苏招考频道"，上海教育电视台也在积极筹建"考试频道"。开办付费数字频道，是改变以往单纯依赖广告的经营方式和赢利方式的难得机遇，它将使优秀的节目和内容成为吸引观众的主要手段。因此，抓住机遇，乘势而上，整合资源，扩张内容制作与发行渠道，倾力打造教育电视内容产业链，变原有的"台"或"频道"为重要的节目生产商、供应商，这既可以达到利润的最大化，又可以赢得相对独立的市场空间，并促进教育电视发展的第二次飞跃。

3. 合理编排，强化包装，强化栏目和频道的整体传播效果

教育电视倘若缺少观众行为忠诚度的有力保障，其传播的价值与增值就不充分，就是一种价值闲置和浪费。因此，必须通过降低受众获得传播的代价来改善和扩大其传播效果。第一，合理地安排栏目的节奏、

时长、节目类型。除在单个节目上争取受众外，还要在"整数时间"固定播出大板块节目，扩大受众的信息接受面，使整个板块式节目形成有机的整体风格，最大限度地稳定现有收视群体，争取潜在的受众人群。第二，根据市场调查和收视研究，针对不同的时段和细分的收视人群，推出相应的重要栏目，有的放矢地播出有收视效果的节目。第三，重视栏目自身的视觉、听觉形象设计，强化栏目对观众的吸引力，使观众产生"一见钟情"的视觉心理感应，树立自身在教育电视领域中"领导品牌"的形象。第四，巧做节目预告，充分利用广告的播放，插播介绍节目的播出时间及内容，以弥补电视视听的选择性较差的弱点，指导观众收看，提高节目收视率。

4. 加强品牌"活动"的策划和营销，借势提升频道品质、传媒品质，这是吸引观众和商家的第一要义

加大有创意、有特色的品牌活动的力度，尤其是校园文化活动，不只成为电视节目的重要延伸，而且成为吸引观众的有效手段。对教育电视来说，校园文化活动既是常办常新、取之不竭的丰富资源，又是烙上了学院气派、青春气息、高雅韵味的独特"这一个"。而这一特殊宝贵的文化资源，恰恰是其他电视频道可望而不可即的。它对扩大教育电视的影响、提升频道品质具有重要意义。继续扩大上海教育电视台的"中国名校大学生辩论赛"，浙江电视台教科频道的"五月的鲜花"、"十月的阳光"大型广场文艺直播活动，江苏教育电视台的"青春之歌"大型电视文艺活动等品牌活动的影响，无疑是观众选择、认同教育电视的重要因素之一。

（原载《新闻界》2008 年第 1 期）

美国公共电视的现实困境及其解困之策

与专注于社会中具有旺盛消费欲望的受众的商业电视大异其趣，美国公共电视旨在寻求"服务的普遍性、内容的多样性、编辑的独立性、社会责任至上、高质独特的文化内容、公共财政、经营的非营利性"[①]。然而，在过去的十多年里，美国公共电视面对政治、商业、意识形态和新媒体的多重夹击，显露出明显的衰退趋势。长远地看，美国公共电视遭遇的现实困境与其说是"危机"，毋宁说是其"复兴"的开始。因为公共电视区别于商业电视的本质特征与使命是其存在和发展的理由，"电视作为大众媒介的一分子，必须有起码的责任，不能完全由市场来决定一切"[②]。

一 美国公共电视的现实困境

1. 运行资金严重不足

对美国公共电视来说，联邦政府拨款是其最大的一笔资金来源。但是，从 20 世纪 60 年代后期开始，资金问题就成了一个纠缠不清的政治议题而被白宫政府屡踢皮球。

资料显示，1967 年，美国总统约翰逊曾承诺公共广播电视将获得一项长期的资助计划，但该计划随着他在 1968 年总统大选中的落选而落空。新当选的尼克松总统认为，越南战争期间，公共广播电视扮演了

---

① 张军：《公共电视频道"公共利益"的缺失》，《传媒》2007 年第 5 期。
② 彭芸：《振荡下公共广电制度定位与竞争策略》，《广播与电视》（台湾）1996 年第 1 期。

自由派记者大本营的角色，他们拿着政府的资助却在公共事务上制造偏见，所以不能给予更多资助。里根政府在1981年的公共电视修正案中又进一步削减了资助份额，公共电视的联邦资助方案再次遭到围攻。在多变的政治压力下，美国的公共广播电视不得不面临着在夹缝中生存的命运。①

在过去的15年里，联邦政府提供的资金一直在减少。非联邦机构的资金虽出现了小幅增长（约3%），但是大部分已经被广播电视的数字转换项目消化掉了；基金会的资金虽然数额较大，但也是杯水车薪；来自会员个人的捐赠一直没有增加，在某些领域甚至还有所减少。

导致美国公共电视所承受的资金压力日益增大的原因，一方面是因为市场竞争格局改变之后，电视服务开始更多地强调市场因素和赢利倾向，政府对公共电视的投入开始减少；另一方面，媒体的技术转型带来了多方面的结构变化，使得公共电视的运营成本不断提高。资金压力的不断增加迫使公共电视转向市场，以多种经营策略来降低成本、扩大市场。②

与其他国家相比，美国的公共电视人均投入资金少得可怜。英国、加拿大政府在他们的 BBC 和 CBC 分别投入约人均25美元，日本的 NHK 公共广播电视网政府资金投入也达人均15美元。③ 与商业电视相比，美国公共电视普遍面临资金不足的困境，即使有联邦政府的补贴，数量也很有限。

尽管公共电视"不断地创造奇迹，并给媒体的民主化带来期望，但是其限度也是显而易见的。优质的新闻业和娱乐节目需要财源、技术设施、经验和机构的支持。缺乏上述条件，即使媒体大有益处，也只能维持小规模，限于在当地和偏远地区内发展"④。运行资金的不确定性，致使公共电视台很难制订长期的计划，公共电视节目的制作者们不得不

---

① 参见李娜《欧美公共广播电视危机与变迁研究》，中国传媒大学出版社2009年版，第68—69页。

② 参见杨娜《公共广播服务与公民社会——对香港公共广播服务检讨的审视》，载胡正荣主编《媒介公共服务：理论与实践》，中国传媒大学出版社2009年版，第167—168页。

③ Mary G. F. Bitterman, *A Public Trust Revisited*, 2005 James L. Loper Lecture in Public Service Broadcasting, USC.

④ ［美］爱德华·赫尔曼、罗伯特·麦克切斯尼：《全球媒体：全球资本主义的新传教士》，甄春亮等译，天津人民出版社2001年版，第259页。

花费大量的时间寻找资金，不得不调整目标以迎合资助者的要求。由于节目制作费用高，打入市场难度大、耗资多，因此，公共电视节目要想进一步扩大收视范围，其难度可想而知。在美国，资金的捉襟见肘已使公共电视节目的质量每况愈下。

2. 合法性身份备遭质疑

PBS 在其成立宣言中声称：PBS 是世界各国公共电视中唯一完全不受政府控制或影响的独立机构。实际情况真是这样吗？PBS 成立之初接受政府的资金，对政府自然有所依赖，想独立是不可能的。20 世纪 70 年代初期，石油公司开始大笔捐助 PBS 的文化与国际事务性节目，结果新闻报道中企业占据了主导地位，只要是有利于赞助商的内容电视新闻就会强调、就会播出，支持商业成了公共电视的特点，PBS 也因此被嘲笑为 "支持商业的电视网" [1]。

莫菲斯尖锐地批评 PBS 和 NPR（公共电台）的结构尽管与其他媒体有所不同，但是它们却与商业媒体有着相似的原则——虽然不是大公司直接拥有，但指望大公司赞助资金，同时也从政府部门获得大量资金包括公共资源。"经费问题既是重要的，又是困难的。如果一个研究机构依靠不论是善于猜疑的或者过分节俭的国会每年所给予的施舍的话，它是得不到真正的自由。然而，经费的控制最终离不开立法机关。" [2] 因此，PBS 像其他媒体一样歪曲事实，尽管它们在自由保守光谱上在自由这边不像有些别的媒体那么寡廉鲜耻。[3]

需要正视的是，一方面，广告公司和主流媒体以不会引起争论的节目吸引观众，如此，有深度的硬新闻、公共事务分析争论和纪录片纷纷从黄金收视时段消失；另一方面，商业电视为了吸引观众，不断地降低收视门槛，看似也像公共电视台那样为更多更广大的民众服务。例如，早在 1960 年，CBS 经理弗兰克·斯坦顿就辩称："一个节目获得大多数

---

① 《召闻天下：镜头里的第四势力？——〈镜头里的 "第四势力"〉读书报告》，豆瓣网，http：//book. douban. com/review/8032779，2006 年 8 月 8 日。

② ［美］沃尔特·李普曼：《舆论学》，林珊译，华夏出版社 1989 年版，第 254 页。

③ 参见莫菲斯（Morpheus）《意识形态霸权——美国社会中的思想控制》，吴万伟译，译自 "Ideological Hegemony：Thought Control in American Society"，Posted by Morpheus on Saturday April 3, 2004。https：//ptext. nju. edu. cn/b9/6b/c13482a244075/page. htm，2009 年 4 月 15 日。

观众的兴趣，仅此一点就表明……它是符合公众利益的。"更近的例子是，鲁伯特·默多克声明："在某处的法律限制之内，任何人提供了公众希望并以可能支付的价格得到的服务，都是在提供公共服务。"① 商业电视也会制作儿童、教育、历史、文化等严肃类节目，而且一些制作精良的节目还可以获得较高的收视率，从而获得很高的利润，例如 Discovery（探索·发现），History（历史）和国家地理等，就为全球亿万电视观众提供了丰盛的文化大餐。于是，公共电视的公共性并非具有"舍我其谁"的不可替代性，商业电视同样也有"公共"的一面。②

如前所述，声称代表全体公民的公共服务媒体，实际上代表的只是一种想象中的全体，公共服务媒体满足不了特殊种类节目的爱好者，不断引发一系列的抱怨。毫无疑问，公共服务沟通体系要保存并发展自己，就必须克服市场自由主义的缺点，名副其实地更加开放、更加多元化，使所有派别的公众都更容易接受。③

3. 公共领域的"再封建化"

19 世纪末，随着国家和社会的渐趋融合所出现的结构转型，报刊从纯粹的新闻报道发展成为文化思想传播。从意识传播到商业盈利，媒体的公共品格逐渐让位于商业广告，媒体的公共话语空间逐渐丧失。媒体假借公共舆论的外衣传播伪公共话语的现象成为常态，理想的公共领域也就全盘瓦解了，哈贝马斯把这种情形称为公共领域的"再封建化"④。

制定自由传播的信条、鼓励私有企业自由经营是美国宪法的制度安排。这一规制促使商业电视持续繁荣、大放异彩。与此同时，美国公共领域的完整和质量亦极有可能受到私有媒体系统的偏向性和自我新闻检

---

① ［加］马克·莱伯伊：《世界公共服务广播的形势：俯瞰与分析》，《新闻与传播研究》1997 年夏季号。

② 参见沈国麟《美国公共电视的生存空间——美国公共电视网（PBS）记者格温·艾菲尔访谈》，《新闻大学》2008 年夏季号。

③ 参见［英］约翰·基恩《媒体与民主》，刘士军等译，社会科学文献出版社 2003 年版，第 6—8 页。

④ 史娜：《从哈贝马斯的公共领域思想看网络论坛在公共话语构建中的作用——以发展论坛为例》，人民网—传媒频道，http：//media. people. com. cn/GB/22114/44110/113772/7044131. html，2008 年 3 月 25 日。

查的威胁。为此，许多国家谴责美国的商业主义，嘲讽它致力于满足人们所"想要的"，而不是评论家、专家、政府和宗教领袖所认为的人们的"需要"。①

商业电视对公共领域的侵蚀有目共睹："在市场竞争的情况下，如果暴力和色情片销量好，那电视节目中就会大量充斥此种片子，尽管这样做会对社会造成很大的危害。生产这种有负面影响、表面化的节目却能带来收益。"②

《权利法案》规定，政府不得限制信息和民众意见的流动。但是美国的建国者们没有预见到政府的专制可能被另外一个问题取代，即公司国家（认为国家是一台巨大的机器，完全不受人的控制并置人的价值观于不顾）通过电视控制了美国公众话语的流动。③

美国公共电视面对的问题是由电视的经济和象征结构造成的。那些经营电视的人从来没有限制观众获得信息，而是不断扩大观众获得信息的途径。但是，观众看到的是使信息简单化的一种媒介，它使信息变得没有内容、没有历史、没有语境，也就是说，信息被包装成娱乐。质言之，美国人从来就没有缺少过娱乐自己的机会。④

美国公共电视原本是在商业电视主导的情势下对于"市场失灵"的一种匡正补救，它属于电视业的配角。尽管大多数人认为这个配角的戏份不可或缺也十分关键，但是，我们无法不承认，配角总是很容易被主角的风头盖过，公共电视湮没在商业化浪潮的阴影之下并非一日之寒。

4. 目标观众逐渐流失

市场导向带来可供"选择"的电视频道数量的激增，同时也削弱了电视的传奇权力。电视频道数目的增长，层出不穷的新鲜节目，改变

---

① Abhilaksh Likhi, "Public Television in the United States of America: Evolution, Institutions, Issues and Relevance to India", http://portal.unesco.org/ci/en/ev.php - URL_ID = 17953 & URL_DO = DO_TOPIC&URL_SECTION.

② ［美］爱德华·赫尔曼、罗伯特·麦克切斯尼:《全球媒体：全球资本主义的新传教士》，甄春亮等译，天津人民出版社2001年版，第170页。

③ 参见［美］尼尔·波兹曼《娱乐至死》，章艳译，广西师范大学出版社2004年版，第181页。

④ 参见［美］尼尔·波兹曼《娱乐至死》，章艳译，广西师范大学出版社2004年版，第183页。

了人们的收视习惯。在频道短缺时代，除了公共电视，电视观众几乎很少有其他更多或更好的选择。随着频道资源的丰富多样，昔日公共电视垄断经营的局面从此不再，严峻的竞争与挑战摆在面前。①

根据 2007 年初的尼尔森传媒研究，平均每个美国的家庭接收 104.2 个电视频道。日益增多的频道资源，使得观众手里的遥控器拥有很大的选择权。过去，电视观众除了公共电视几乎很少有其他的选择，公共电视垄断经营的局面已被打破。儿童节目、经典戏剧、科学与历史曾是公共电视的看家产品，如今几个有线电视网均通过直播卫星像电缆系统一样传输。"公共电视台的观众数量呈减少的趋势，这被普遍视为公共电视衰败的证据。"②

播客、宽带视频、IP 地址、Slingbox 软件、手机视频、数码录影机（DVRs）、硬盘数字录像机（TIVO）、随选视讯（VOD）、网络流视频、独立的视频分享网站、YouTube 等新的收视方式正在强烈地动摇传统的电视收视方式的统治，自上而下的生产者驱动模式正在快速转向鼓励消费者参与媒体制作和分销的模式。这些重要范式的转变，使得由有线频道爆炸开启的潮流成为逻辑的必然。由于事实上媒体选择数量的无限，观众变得越发碎片化，他们离析成微小的子群，广泛地分布于网络，聚集于围绕专业和议程的轨道运行的虚拟社区。随着观众兴趣日益细分，公共电视的大众化内容，已很难全面满足小众和分众的要求。与 20 世纪人口统计学指向明确的特征不同的是，今天的观众处于持续的流动状态③。

诸如 TiVo 这样的 DVRs 设备，是使公共电视台雪上加霜的又一罪魁祸首。TiVo 是一种数字录像设备，能帮助人们方便地录下和筛选电视上播放过的节目，这种设备让"左右时间"成为现实，于是，广告被观众纷纷跳过。据调查，越是高收入家庭，使用 TiVo 时间越长，越会频繁使用跳过广告功能。甚至，新一代 TiVo 具备搜索功能，使用者只需在地址

---

① 参见叶清漪《危机四伏的美国公共电视台》，富学宝典，http：//www.iedu.com.cn/article.aspx?id=6279，2009 年 11 月 14 日。

② ［美］詹姆斯·卡伦：《媒体与权力》，史安斌、董关鹏译，清华大学出版社 2006 年版，第 245 页。

③ William F. Baker, *The New World of American Media*, 2007 James L. Loper Lecture in Public Service Broadcasting, USC.

栏输入"布兰妮"，TiVo就会显示出自动录制的所有与布兰妮有关的节目。因此，TiVo又被喻为"电视界中的Google"。据Forrester调查集团的预计，到2009年底，DVRs设备在美国家庭的使用率将超过41%。

二 美国公共电视的解困之策

1. 转变传媒治理理念，建立向市场倾斜的"新公共电视"

20世纪80年代之后，传媒技术日新月异，电波资源不再稀缺。美国联邦最高法院和美国联邦通信委员会相继改变了传媒治理理念。《1996电信法》的出台，体现了经济自由主义的思想，加快了产业的融合和行业的兼并。外部规制的变迁迫使美国公共电视努力适应新规制，而这种新规制的建立和形成必然是各方利益博弈的过程，其中充满了不确定性。

从1995年开始，美国公共电视开始努力建设一个向市场倾斜的"新的公共电视"（New PBS），其定位是21世纪的"现代媒体企业"，以适应数字化技术时代的发展需求。于是，人们看到越来越多的公共与商业资金的混合形式。过去几年，一些公共电视台已部分地或堂而皇之地做起广告或更加倾向于做广告，创造新的赞助者服务或者倡导完全的商业活动以资助他们的主要服务目标。许多企业认为，公共电视品牌是最重要的资产，它们愿意与之积极合作。例如，PBS和AOL的策略性联盟，旨在成为内容的合作者，两个公司提供网络的超链接，AOL在网络上促销PBS，而AOL可接收PBS的节目。又如PBS联合华纳兄弟唱片公司营销某个商标的录音带①，如此等等，不一而足。

2. 开辟新的自筹资金渠道，改变落伍的非盈利模式

为了生存和发展，美国公共电视需要继续寻求慈善事业的支持，此外，它还需要开辟新的自筹资金渠道。这意味着要用企业家的热情、创造力和驱动力去取代一些落伍的非盈利模式。

PBS董事局最近建立了PBS基金会，这为在全美范围内搜索、培养和接受特别的捐赠提供了通道。该基金会将致力于协调全国各成员台的

---

① 参见彭芸《汇流时代的电视产业及观众》，台北：五南图书出版公司2004年版，第75页。

关系，并且推进公共电视议程，尤其是关于节目制作机制的规划。PBS基金会已经收到了一些重要的津贴：来自麦克阿瑟基金会的资金用于资助未来数字化倡议事业；来自福特基金会的五年奖金用于新的数字化项目和 PBS 基金会建设；来自骑士基金会的资金用于支持"公共广场"建设。数字化通道主要专注于地方/国家的公共事务和市民参与活动。

除了基金会，美国公共电视机构还努力接触全国范围内的资金捐助人。这些捐助人拥有高学历、良好的文化修养、高度的社会责任感，并对在一个民主国家里建立一个强有力的、勇敢的、完全独立的公共电视机构有着清醒的认识。他们鼓励那些拥有自由权和有能力承担大型项目的个体捐赠者支持他们的新节目。这些新节目内容丰富，儿童和青年、艺术、科学、医学、公共事务、喜剧、宗教和历史无所不包。用这些资金开发出来的节目或系列产品将会变成捐赠者馈赠给世界的遗产。捐赠者资助一些有价值高品位的现有节目，也使得公共电视台有可能节省资金用于其他新节目内容的开发。

3. 重视新媒体的运用和开发，扩充媒体的内容来源

"我们媒体——佐格比交互民意测验"数据显示，55％的美国人认为博客对于未来的美国新闻业是重要的，74％的人说公民新闻将扮演重要的角色。此外，53％的人认为互联网展示了专业新闻记者未来最大的机会，76％的人说互联网对整体的新闻质量会产生积极的影响。

为了占领未来发展的制高点，美国公共电视台把注意力转移到新技术的发展上。相对于那些商业同行来说，他们对媒体新技术的前景更加敏感。他们建立了超高频频道；通过卫星交互将公共电视台与之相互连接，取代陆上电信；开发了全球使用最广泛的利用 dot-org 的网站；率先掌握完全数字通道传输技术的高清晰电视播放。

新媒体最令人羡慕的特征之一是其内在的民主意识。而这一特征恰好暗合了公共电视的根本诉求。易于使用、相对成本较低的数字技术的扩张，使今天的每一个公民都能在传媒中享有话语权成为可能。每一个公民都是生产者、评论员甚至是新闻记者。博客在以其灵活性和相对较低的启动和生产成本使出版过程民主化的同时，也赢得了越来越多的传统媒体的青睐，扩充了它们的内容来源。

美国公共广播电视 CEO 威廉·F. 贝克尔一直在努力尝试手写博

客，其目的就是帮助受众快速和便捷地了解影响受众今天生活的媒体问题。每个工作日他都在博客 13 上发出"媒体简讯"，挂在波士顿公共广播电台（WNET）13 频道的网站上。在这个简讯中，博主观察政策调节、并购、法律进展，跟踪技术进步、公共利益和消费问题，以及与媒体世界制作新闻相关的任何事情。

4. 拓展地方服务与合作，提高节目竞争力

美国公共电视如何才能从充斥着 500 个频道和数字刻录机及卫星电视的环境中脱颖而出？美国公共广播公司的运营总监凯瑟琳·科克斯认为，强化"地方观念意味着更加了解地方需求，更好地服务于他们；意味着要学会与其他的团体机构一道合作，为不断扩大的观众群提供有效的资源与服务。拓展地方服务，可以使公共电视更有文化活力，更具教育意义，可以使 21 世纪的美国更加富裕"。①

丹佛 KSDI 电视台的口号是"世界的观点，地方的声音"。该台一周之内制作了 8 个以当地公共事件为题材的电视节目，充分展示了 KS-DI 的宗旨。

费城 WHYY 的节目《爱的圆圈》把镜头对准四个地区的家庭，用第一人称的方式讲述他们日常生活中的纠葛，以及家庭成员间相互关心带来的愉悦。董事长比尔·马拉佐强调："从观众对我们本土资源节目的要求、对节目的播映反馈以及本网站的点击率可以得知，正是我们的个性化、本土化的处理方式，才使得我们的纪录片在观众中产生共鸣。"②

WYBE 的目标就是通过电视使人们更加理解跨文化交流，更加尊重多样性，增强具有不同文化背景的人们的社区共享意识。WYBE 多样化的目标追求体现在节目制作、工作人员和董事会的构成、推广工作等方面。WYBE 常年提供的独特的全球化/地方性节目，业已成为费城观众信任的信息资源。

（原载《电视研究》2011 年第 9 期）

---

① Sherri Hope Culver, "What's the Future of Public TV?", *Television Quarterly*, Spring/Summer, 2004.

② Sherri Hope Culver, "What's the Future of Public TV?", *Television Quarterly*, Spring/Summer, 2004.

美国公共电视如何突破发展的"路径依赖"

　　路径依赖（Path Dependence）是制度经济学（Institutional Economics）中的一个术语，它特指"一种制度一旦形成，不管是否有效，都会在一定时期内持续存在并影响其后的制度选择，就好像进入一种特定的路径，制度变迁只能按照这种路径走下去"①。作为一项以社会公平为价值追求的传媒制度设计，美国公共电视以其独特的文化价值赢得了历史的褒奖。然而，随着网络社会的崛起，"从全球范围到一个家庭内部，电视都不再是（如果它曾经是）孤立于其他信息和传播的媒介。再也不可能只把电视看作是一种文化工具或一种文化工业，而不把它放到技术、政治和经济交织在一起的结构中去考察；正是这个结构在支撑着电视，也正是这个结构在生产与消费的过程中把电视融汇到一个更为复杂的文化与工业整体中。同样，也不再可能只考虑电视文本而不去关注它的技术地位，这些技术潜在地或已经真实地改变着社会和文化中的各种关系"②。新的传播环境下，美国公共电视发展如何突破制度变迁的路径依赖，在媒介规制建构过程中重新调整政府、媒体和公众的利益关系，改变单一的传播渠道，增强节目的服务意识，拓展资金的多元供给，直接关系到它能否革故鼎新、浴火重生。

---

　　① 卢现祥、朱巧玲主编：《新制度经济学》，北京大学出版社 2009 年版，第 474 页。
　　② ［英］罗杰·西尔弗斯通：《电视与日常生活》，陶庆梅译，江苏人民出版社 2004 年版，第 117 页。

一 "数字化"转型：延伸服务价值链

因特网"是一种在所有活动领域中分配了信息权力（information power）、知识生产力（knowledge generation）和联网能力（networking capacity）的技术工具和组织形式"。"无法接入因特网，或者只是表面性的接入，相当于在这个全球化的网络系统中被边缘化了。没有因特网的发展就如同工业时代中没有电力的工业化一样。"①

数字电视的发展虽然会使观众进一步分化，但同时也使加强公共服务有了现实的可能，它可以成为多元交流空间的向心力和激活公民文化的媒体。为此，美国联邦通讯委员会（FCC）制定的数字化转型的战略规划，确立了重点突破的领域，以适应变革的速度。它计划用八年的时间使所有的开路电视台都播出数字电视节目。

2010 年 3 月，备受冷落的公共广播被列入联邦通讯委员会的《国家宽带计划》。FCC 提出要"建设一个更为生机勃勃的公共媒体体系"。在公共媒体的资助方式上，FCC 一方面提出广播、电信运营商们应为使用公共频谱资源缴纳租金，另一方面建议拿出部分频道资源进行拍卖，用部分所得补贴公共媒体。② 同年 5 月，CPB（美国公共广播公司）、PBS（美国公共电视网）、NPR（美国公共广播网）、APTS（Association of Public Television Stations，美国公共电视台协会）联合向国会递交了一份题为《媒体的未来与数字时代的社区信息需求》（The Future of Media and Information Needs of Communities in a Digital Age）的报告，指出数字时代美国公共广播电视体系的转型已经成为必然。新的公共媒体体系不仅包括既有公共广播电视机构及其建构的数字化多媒体服务平台，还应包括非认证的公共媒体服务提供者，提供技术、科研、经费支持的各类机构和美国公民，以及与之相适应的运行机制，即形成"公共媒体生态系统"（Public Media Ecosystem）③。为了确保数字化转型"施工图"的完

① Castells, M., *The Internet Galaxy*, Oxford：Oxford University Press, 2001, p. 269.

② National Broadband Plan, FCC, 2010, pp. 14, 108, http：//download. broadband. gov/plan/national-broadband-plan. pdf.

③ 王润珏：《数字时代美国公共广播电视的现状、问题与趋势》，《电视研究》2011 年第 11 期。

成进度，国会参议院的商务委员会要求 FCC 和美国电信和信息管理局（NTIA）每月定期向国会提交数字电视状况报告。据统计，在过去 15 年里，非联邦政府的资金虽有小幅增加（约为 3%），但是其中的大部分已经用来进行数字转换。在联邦政府授权却没有给予资金支持的情况下，公共电视从业者花费了近 20 亿美元完成了从模拟信号系统到数字信号系统的转变，并成立了首个全数字频道，专门用于高清电视播放，这一发展速度比许多商业性质的同行快了不少①。

　　一如 FCC 原主席迈克尔·科普威尔（Michael Kpowell）所言："高新技术提供了数量越来越充足的频道，这意味着未来的新闻内容发布将越来越多样化，越来越灵活。"利用数字化的优势，儿童专业频道"PBS Kids Go"不仅与四大无线电视网一样，拥有全国联播频道，而且还可以同有线电视系统以及卫星电视合作，率先跨越不同平台的限制，另外 Kids Go 也积极联系随选视频系统 VOD（Video On Demand）、线上影音节目（Videos Onlne）等多个不同的媒介，加强相互之间的合作。Kids Go 网站更是多彩多姿，各种互动式的游戏教育业已成为美国儿童最好的学习与游玩去处。美国有史以来第一个以纪录片及公众话题为主的全国性专业频道 PBS World，既为公众提供了一个全新的收视选择，也为那些高品质却往往无人问津的纪录片提供了一个绝佳的播放渠道。②

　　考虑到公共电视的教育义务，公共电视台积极采用数字化存储方式保护资料档案，并努力将其转换成数字学习对象，以提高公共电视的传播影响力。

　　位于印第安纳大学的印第安纳公共电视台（WTIU）利用国家人文基金会（NEH）的保护援助赠款，邀请顾问参与调查电视节目保护工作，提升他们对数字保护工作重要性的认识。肯塔基州教育电视台（KET）运用接收的赠款对播出节目进行数字化归档，之后还开始实施视频保存的数字化、元数据生成、归档管理及收集其他节目资源的战略。新泽西州公共电视台（NJN）将档案中被大量引用的部分进行数字化处理。范德堡大学的电视新闻档案馆是目前全美最大的新闻档案馆，

① Mary, G., F. Bitterman, "How to save public broadcasting?", *Television Quarterly*, Winter, 2006.
② 参见尔东《美国公共电视的新秀——PBS World》，《卫星电视与宽带多媒体》2007 年第 18 期。

它为公众提供了最全面的国家广播电视新闻档案。该馆由美国国家科学基金会、国家人文基金会、美国研究图书馆以及当地组织进行资助，开展电视数字化技术和数字化档案的研究工作。2015 年 4 月 7 日，美国国会图书馆、波士顿公共广播台（WGBH）和美国公共广播公司联合发起的"美国公共广播电视存储计划"的新网站（http：//american archive. org/）上线。该存储计划所汇集的资源可追溯至 1950 年，共有美国 120 多个公共广播机构的音视频资料得到数字化保存。目前，该网站提供约 250 万件数字化音视频资源的元数据信息，其中包括国家和地方名人访谈、演出等①。

二 "在地化"服务：强化媒体"存在感"

有识之士提醒，进入 21 世纪，公共电视"在不降低标准的前提下需要找到一些创新的方法。向已经打瞌睡的人播送新闻只能得到有限的职业满足感"②。这就是说，提高面向公众服务的品质是公共电视实现其公共性的根本途径。

地方性是公共电视的优势之一，也是公共电视的重要力量所在。商业电视按照商业模式运作，这种模式对有关当地的问题、新闻、文化和艺术的严肃报道支持甚少，这就给公共电视留下了空间。令人遗憾的是，一项研究表明，公共电视台晚间节目中有 60% 是全国性非公共事务性的，33% 属于全国性公众事务范畴，只有 7% 是地方性节目，导致这一偏失的要因是地方台资金不足。③

美国公共电视协会董事长兼执行总裁约翰·罗森（John Lawson）说："美国公共电视可能是被地方控制的、自由的、隔空传播的媒体的最后一个堡垒。……他们日常开销中的大部分都来自当地的经济资

---

① American Archive of Public Broadcasting Launches New Website—Local Radio and Television Records from Public Media Station across the Country to Be Made Available to the Public，http：//www. loc. gov/today/pr/2015/15－059. html，2015 年 4 月 17 日。

② 转引自［英］斯图亚特·艾伦《新闻文化》，方洁等译，北京大学出版社 2008 年版，序论。

③ 参见［美］迈克尔·埃默里等《美国新闻史：大众传播媒介解释史》第九版，展江译，中国人民大学出版社 2009 年版，第 498 页。

助。"这一观点在日本学者渡边靖（Yasushi Watanabe）的研究中得到了某种印证，后者通过研究发现："美国的地方分权现象十分严重，因而联邦政府很难实现中央集权，采取强有力的行动。需要特别指出的是，地方对于中央政府实行的信息和文化管理政策怀有强烈的抵触情绪。"①

纽约市公共电视台台长尼尔·夏皮罗（Neal Shapiro）指出：公共电视节目不聚焦于地方事务，还有谁能持续关注教育和贫困问题？公共电视台必须报道地方节目和推广 PBS 节目，因为 PBS 是它们的"衣食父母"（为它们提供分配的经费）。

美国公共电视如何才能从充斥着 500 个频道和数字刻录机以及卫星电视的环境中脱颖而出？美国公共广播公司运营总监凯瑟琳·科克斯（Katherine Cox）认为，强化"地方观念意味着更加了解地方需求，更好地服务于他们；意味着要学会与其他的团体机构一道合作，为不断扩大的观众群提供有效的资源与服务。拓展地方服务，可以使公共电视更有文化活力，更具教育意义，可以使 21 世纪的美国更加富裕"。② 公共电视可以制作有影响的地方性节目，为观众提供无法获得的信息和见解，满足他们本土化的需求。地方视角与公众参与相结合，可以使公共电视节目有关种族、社会和思想问题的报道和讨论更深层、更多样化，与更广泛的观众建立密切联系，进而强化公共电视的存在感。

丹佛 KSDI 电视台提出"世界的观点，地方的声音"的口号，他们一周之内制作 8 个以当地公共事件为题材的电视节目，充分体现了 KS-DI 的宗旨。

在地方及国家选举期间，PBS 与当地报纸以及商业电视台和商业电台合作，开展电话调查、深度访谈、焦点小组讨论以收集选民特别关注的问题；举办并播放选民自行讨论问题的辩论会；发起选民与候选人的见面会以便候选人解答选民提问。③

---

① ［日］渡边靖：《美国文化中心：美国的国际文化战略》，金琮轩译，商务印书馆 2013 年版，第 12 页。

② Sherri Hope Culver, "What's the Future of Public TV?", *Television Quarterly*, Spring/Summer, 2004.

③ 参见［美］坦尼·哈斯《公共新闻研究：理论、实践与批评》，曹进译，华夏出版社 2010 年版，第 22 页。

FCC委员迈克尔·科普斯（Michael Copps）宣称，尽管互联网、移动装置、传播渠道的拓展已经成为"美国公众主要的、关键性的信息资源，但几乎60%的成年人每天收看地方电视新闻，地方新闻仍然是美国最受欢迎的信息资源"。鉴于这一实际，科普斯提出，复核电视台执照需要制定更严格的考核内容。例如，电视台播出地方公民事务的节目吗？或者为地方社区组织预留了播出时间吗？它播出了地方政治会议和地方及国家候选人的辩论吗？社区的业主们见过地方社区领导吗？他们会对公众提出的意见给予及时反馈吗？等等。①

毫无疑问，"公共电视节目能够深化公民的地方观念。公共电视应当真实再现日常生活的原貌，成为一个可以各抒己见的论坛。它也应当变成一个家庭式的会议，阐释重要的公共决策，自由表达社区成员的期盼、不满、热情和意愿。它还能够呈现有可能被忽略的社群成员的心声"②。公共电视的重要性不仅在于向观众提供信息，还在于创造社群内部的凝聚力，任何其他的媒介或机构，包括政府在内，都无法扮演这一角色。

三 多元化供给：扩充资金新模式

钱穆在《中国历代政治得失》中指出："政治制度是现实的，每一制度，必须针对现实，时时刻刻求其能变动适应。任何制度，断无二三十年而不变的，更无二三百年而不变的。"虽然他谈的是政治制度，但同样适合于传媒制度。

多样性是全球化的一个基本方面。在复杂多变的全球传媒环境下，"媒介政策的核心目的是维护和保证公民自由获取参与经济、政治和社会生活所必需的信息的权利，因为这是现代社会公民应有的主要权利之一。为了保证这种社会公平，在公共广播电视政策安排上，就要确保节目内容的多样性和供给机构的多元化。广电公共利益的实现可以通过公

---

① William F. Baker, New World of American Media, http://www.annenberg.usc.edu, 2007 James L. Loper Lecture in Public Service Broadcasting, USC.

② Engleman, Ralph, *Public Radio and Television in America: A Political History*, California: Sage Publications, 1996, p.92.

共、商业的等多种途径"①。

长期以来，美国公共电视的资金来源主要依靠政府拨款、基金资助、私人提供等模式，随着社会的变革和观念的突破，公共服务的外延不断扩大，公共服务的供给方式更加灵活多样，既可以通过政府，也可以通过市场，尤其当财政负担过重时，鼓励公共物品生产、提供主体的多元化已成常态。"美国第104届国会已经强迫公共电视业重新评价他们的选择。当联邦政府的所有资助渠道都被撤销的时候，公共电视必须迅速做出巨大的调整，以适应新的形势。很多人断言，公共电视应该在自由市场经济的政策下得到生存和发展。另外一些人则认为，这些变化会给无线广播电视中的文化尊严带来毁灭性的影响。"② 给由来已久的有关公共电视的争论下一定论似乎并不重要，重要的是，如今的美国公共电视在保留传统的服务供给模式基础上，已经开始尝试引入新的供给机制，最典型的莫过于政策优惠模式和"以商养公"模式。

新公共服务的核心原则之一，就是重新肯定公共利益在政府服务中的中心地位。近年来，美国政府对公共电视的扶持更多地通过制定经济优惠政策而非拨款方式实行。这一方面避免了公共电视出现"官方化"倾向，同时一定程度上减轻了公共财政负担；另一方面又鼓励社会各界支持公共电视的发展，进而有利于吸引更多的社会财富用于公共电视事业。③ 例如，按照美国《国家艺术及人文事业基金法》的规定：政府对文化艺术给予优先支持的方式，是对非营利性质的文化艺术团体和公共电台、公共电视台免征所得税，并减免为其提供赞助的个人或公司的税额。美国联邦税法明确规定："凡是与非营利性文化事业（特别是公益文化事业）相关的组织或人群，均可以一律享受免税待遇。"④

值得关注的是，根据法规条款，美国公共电视禁止播放广告。但

① 李继东：《英国公共广播电视政策变迁的意识形态成因分析》，《新闻大学》2007年第3期。
② ［美］詹姆斯·沃克、道格拉斯·弗格森：《美国广播电视产业》，陆地、赵丽颖译，清华大学出版社2005年版，第165页。
③ 参见周小普、王丽雅《美国公共电视网公益性内涵浅析》，《国际新闻界》2007年第3期。
④ 参见张慧娟《美国文化产业政策及其对中国文化建设的启示》，博士学位论文，中共中央党校，2012年，第17页。

是，随着美国联邦政府拨款的萎缩，一些公共电视台已部分地或堂而皇之地做起广告或更加倾向于做广告，商业赞助的形式越来越灵活多样，公共电视中企业"鸣谢"越来越接近传统的商业广告，它可以提及赞助商的名称、电话、地址，可以出现展示其 LOGO 或产品的画面，可以客观叙述产品和服务，而且在公共电视总收入中的比例也逐年上升。[①]不过，公共电视从事相关的商业活动的前提，必须是商业活动源于公共服务目标。

（原载《中国广播电视学刊》2017 年第 6 期，此次出版有修订）

[①] 参见苏华《制度设计和财源：英、日、美公共电视要素分析》，《沿海企业与科技》2012年第 10 期。

美国公共电视的启示

美国公共电视继承了美国自由主义的历史传统，从其诞生之日起即被赋予了政治、文化和社会的多重使命，它以市场无法提供其播出的特殊节目以及为公众服务的目标而在美国电视业中占有独特地位。

然而，在过去的十多年里，广播电视发展的最突出特点之一就是公共服务体系在全球范围内的衰落。许多人把公共电视看作是早期国家统治时代一件没有效率的遗物，一个过时的概念，缺少竞争已使许多公共电视沾沾自喜和人浮于事；而商业电视在利用市场的技巧方面常常表现得更为老到，商业电视较之呆板的、熟悉的公共电视更富有进取精神和更令人兴奋①。诚然，在社会转型、商业电视大放异彩的今天，美国公共电视备受诟病，四面楚歌，但是，其独特的价值和历史功绩仍令人对它津津乐道。检视美国公共电视发展的实践经验，既是对历史的尊重，也是对未来的启迪。

一 在价值多元化和传媒多样化的时代，政府应高度重视公共电视的整合凝聚作用

人们的日常生活原本是由众多不同的现实"世界"构成的，在不同的情境下，人们运用不同的知识，套用不同的假设，履行不同的规则，扮演不同的角色。所有这些构成了人们身份的核心，并呈现出人的

---

① Monroe E. Price and MarcRaboy, *Public Service Broadcasting in Transition*: *A Documentary Reader*, Published by Kluwer Law International, P. O. Boxes. 85889, 2508 CN. The Hugae, The Netherlands, 2003, pp. 6 – 7.

多元而复合的特征——"自身的多元化"①。

美国公共电视的先驱们认为，公众是一个相当巨大、广泛散居、持久存在的集合体，他们各自有着特殊利益及意识形态，并非铁板一块，因此，在现代民主社会开放的政治环境下，有效地调动民众的注意力与情绪，在一定的公共领域彼此交锋竞争、协调合作，发挥"第四权力"监督政府和社会实力集团、制造社会舆论以影响社会政治和公众思想的功能②，避免社会经济、政治、种族、文化方面的分裂与分化加剧，进而形成社会的统一体，公共电视可以发挥独特的作用。

美国公共电视的最初理念，即是提供对公共事务、庆典以及国家大事的大范围的公共接近途径，提供一个国家与社会之间的空间，在这个被称为公共领域的空间里，建立足以将公民社会凝聚起来的共识，从而揭示和解决社会对抗，以维护公众利益。③ 换句话说，公共电视的存在前提，是面对全体社会成员——公众的，公共电视本质上是保证公众在公共领域的权利，公共电视与商业电视的根本区别在于：后者遵从市场的逻辑，只需吸引用户锁定屏幕即告完成任务；而前者永远要面对一个更大的媒介环境传播它的声音，更重要的是，要意识到应该传播什么声音，可以起到什么作用（其他机构起不到或将无法起到作用）——强调共享和共同，强调多元和分化，强调归属和参与。对此，有人称道公共电视的"呼唤真正创造了'社会联系'。'明天，在一个互动的和网络密布的多媒体的世界里，公共媒体将会比昨天扮演更重要的角色，因为它们将是个人主义的大众社会里为数不多的社会联系之一。公共媒体的目标就是在极端等级主义、个人主义的社会里继续共享某些东西。'"④

现代传媒技术飞速发展带来的一个显著而直接的社会变化，就是人们媒体选择数量的惊人增长。与此同时，由多样化传媒隔绝为四分五裂的众多亚群体，亦使得社会价值更趋多元。在此情形下，一个社会若要

① Peter Dahlgreen, "Public Service Media, Old and New: Vitalizing a Civic Culture?" *The Canadian Journal of Communication*, Vol. 24, No. 4, 1999.

② 参见郑涵《当代西方传媒制度》，上海交通大学出版社 2008 年版，第 48 页。

③ 参见郑涵《当代西方传媒制度》，上海交通大学出版社 2008 年版，第 19—20 页。

④ 郭镇之：《数字化时代的公共广播电视》，传播学论坛，http：//www. chuanboxue. net/list. asp? unid =2231，2006 年 11 月 18 日。

作为统一的整体长期存在和发展，就需要社会成员对该社会达成一种"共识"，即对客观存在的事物、重要的事物以及它们之间的相互关系形成大体一致或接近的认识。只有在这个基础上，人们的认识、判断和行为才会有共同的基准，社会生活才会实现协调。

公共电视隐含了一种在潜移默化中影响受众思想观念、价值取向甚至文化认同的"涵化"功能，它能造就一个良好的社会，通过加强公民权的体验以及身份和各种社会体验的归属感，更好地履行由公共电视向受众提供和传播信息，由受众选择、使用、理解和影响信息的重要职能。正如有学者指出的那样："文化身份是公民归属感的集中体现。这种归属感不是来自强制性的认同，而是来自经过历史和生活培育而成的油然生成的情愫。在当代，大众传媒，尤其是电视，是社会和历史的主流叙述者，是文化的传播者和历史的传承者，是公民社会化的主要渠道。通过日常的、点点滴滴的接触，公民才成为社会的、民族的、文化的群体。"①

二 公共电视的传播内容若与商业电视相差无几，其存在的合理性必然会遭到公众的质疑

基于对人类本身多样性的尊重，美国公共电视矢志"要广泛承诺提供并保护多样的、互补的节目表……有着高远的志向，不仅仅提供娱乐性节目。要努力制作出高质量、很流行的节目。它要确实能公正地评判人类的经验。它涉及的类型要尽可能地多。它要提高人们生活的质量。它的节目种类要能反映出人类的复杂性"②。

在加拿大传播学者马克·莱伯伊看来，美国公共电视提供的节目内容始终与信息、教育和娱乐这三重使命紧密联系在一起，体现出以下五个特征：（1）公正的、启蒙的信息。公共电视必须提供给观众能够形成对事件最公正的看法与信息，并进行深度阐释，细致审视，以启发民

---

① 郭镇之：《数字化时代的公共广播电视》，传播学论坛，http：//www.chuanboxue.net/list.asp？unid＝2231，2006年11月18日。

② ［美］约翰·基恩：《媒体与民主》，刘士军等译，社会科学文献出版社2003年版，第103页。

智。（2）普遍感兴趣的服务节目。公民们能够找到他们感兴趣的不同题材，所有这些节目简称为"服务节目"或"普遍兴趣节目"，它们常常涉及人们感兴趣的当代问题或实际问题，宣讲消费或法律问题，提供现实的建议，讨论健康问题，告示社区服务，等等。正是通过这样一些节目，公共电视更充分地满足了大众的特殊需求。（3）留下深刻印象的节目。必须促进艺术与文化的发展，为广大公众提供以娱乐为特征的原创作品，给他们留下深刻的印象。此外，电视的教育使命不应该被夸大，应该牢记捷克·里戈德的忠告，传媒尤其是电视，不是夜间的课程。（4）自行设计的节目。公共电视的特殊规范，要求节目设计应有特别的关注。自行设计的节目不仅要符合公共电视的宗旨，而且要保证满足常年不断的专家鉴定的要求。它应成为公共电视的校准器，一种与其他电视台相区别的身份和"信号曲"。（5）全国性的内容。内容上是全国性的，并不意味着外国节目被排除在外。但是，按照它们担当的公共论坛的角色，公共电视机构首先必须促进当前它们所操纵的社会的观点、意见和价值的表达①。

遵循这一规约，什么是公共电视的个性？什么使得公共电视必须满足特殊社会正在变化的需要？公共电视是多样化的吗？它宣讲少数人的需求和利益的方式不会被商业电视采用吗？为公民提供信息是一项义务吗？公共电视有特别的责任鼓励公民提供创作和产品吗？公共电视在文化冲突和身份认同中负有何种责任？在全球频道和数字化时代，公共电视如何才能表现得与众不同？公共电视怎样确保节目的客观与公正，反映各种政治观点？诸如此类的问题，常常成为拷问和衡量公共电视节目生产质量的准绳。

在美国公众眼里，公共电视是独立公正的消息来源。因为它是独立公正的，所以当政府有倾向的时候，如布什政府向右转的时候，公共电视台就会显得"左倾"了；而且它不追求耸人听闻的"刺激性"新闻，它的关注在于深度报道和观众参与。名动天下的《麦克尼尔—莱赫新闻时间》试图把印刷术的话语因素带入电视，舍弃了视觉刺激，由对

---

① Monroe E. Price and MarcRaboy, *Public Service Broadcasting in Transition：A Documentary Reader*, Published by Kluwer Law International, P. O. Boxes. 85889, 2508 CN. The Hugae, The Netherlands, 2003, pp. 16 – 18.

事件的详细报道和深度访谈构成。该节目每次只报道少数几个事件，强调背景资料和完整性①，长期被称为公共电视最佳新闻和信息节目之一。

众多的家长对公共电视为其孩子提供了一个比较安全的收视环境一直心存感激，《罗杰斯先生》《邻居》《芝麻街》《阅读彩虹》《克里福德》《阿瑟》《我们一家都是狮》《大千世界》等节目不仅为无数孩子所着迷，同时也赢得了家长们的口碑。

波士顿的 WGBH 台在科学、纪录片和戏剧表演的创新方面有着悠久的历史，地方生产的节目构成其主要的新闻和公共事务服务。

美国公共电视节目获得的艾美奖的数量统计相当地令人鼓舞。仅 2007 年，美国公共电视台（PBS）就获得艾美奖 8 项新闻、纪录片奖。其节目内容的质量和品位由此也可见一斑。最近的民意调查表明，PBS 是美国最受信任的全国性机构，甚至超过了国会和联邦政府。

三　政府必须依法履行公共服务的最终责任，同时完善政府、社会组织和公民之间的公共治理机制

按照新公共服务理论的观点，公共利益不是由个人的自我利益聚集而成的，而是产生于一种基于共同价值观的对话，公共利益是目标而非副产品。政府是我们用来做出公共决策的一种机制。在实现公共服务的整个过程中，政府必须承担最终责任，保障公共服务的提供和绩效，但提供公共服务的方式，却可以根据情况灵活选择和组合。

制度是人的行为规则，是一种受益或受损的权利，它直接影响资源配置效率。美国公共电视有一整套保障其公益性实现的制度设计，正是这些制度构成了公共电视保护者的社会环境。PBS 董事长埃文斯·S. 杜根之所以把美国公共电视喻为一笔伟大的国家财富，国家公园或者史密森学会无法与它相提并论，是因为公共电视奉行公民不应因为地理时限等因素而分享不到高质量的多元公共利益/价值的信息这一根本原则，象征着捍卫人类信息自由传播的理想。

---

① 参见 ［美］尼尔·波兹曼《娱乐至死》，章艳译，广西师范大学出版社 2004 年版，第 137 页。

首先，以法治业的历史传统，保证了美国公共电视生存的合理与合法。美国公共电视的整个管理过程都置于法律框架和公众监督之下，立法机构对其管理权限、组织形式、活动方式、基本职责和法律责任都以条文形式明确约定，这使它必须严格地在法定范围内运行。例如，《1927年无线电法》要求广播电视必须满足"公共利益、方便和必需"，保持中立并公平地反映政府、政党、个人、宗教、社会和赢利团体的声音；《1934年通讯法》明确将无线电频谱资源视为一种公共财产，严禁商业利益凌驾于公共利益之上，并创建联邦通讯委员会（FCC）负责监管所有的节目内容；《1967年公共广播法》在使公共电视身份合法化的同时，也确定了公共电视台的根本特征——非营利性。FCC辛克莱广播集团之所以不受宪法第一修正案的权力保护而获得一张运营许可证，是因为它无法满足公众利益。相反，最高法院判定"红狮"广播公司作为一个合法的基本标准，是希望将公众利益放在传播者之上，因为"观众和听众的权利，而不是广播公司的权利，才是压倒一切的"。①

其次，权力制衡的管理原则，保证了美国公共电视服务的公平和尽责。美国的多党制决定了公共电视的管理权须与政府脱钩，否则会有被政府（执政党）操控之虞。尽管由于公共电视的国有特征，这种脱钩并不彻底，但分工明确、各自独立的管理模式无疑减少了营私牟利的可能。作为独立的联邦行政机构，美国联邦通讯委员会（FCC）向国会负责，对广播、电视、电信进行宏观政策管理；而美国公共广播公司（CPB）作为一个非政府、非营利性机构，主要职责是进行微观业务管理，如分配联邦政府的拨款，向社会各界争取捐助，支付全国性节目的制作费，协调公共广播电视与政府以及各台之间的联系；美国公共电视网（PBS）则是一个由354个加盟电视台组成的公共电视机构，负责向全国公共电视台传送、交流电视节目，向国会提供公开透明的年度报告、接受每年一次的责任审计是PBS法定的职责。PBS严禁将节目与分配挂钩，负责节目审批归CPB。

最后，资金筹措的多元模式，保证了美国公共电视运作的秩序与效

① 《"红狮案"与"西瑞克斯案"——从"公平原则"的存废之争看美国联邦通讯委员会的管制制度环境》，胡杨林社区，http://www.my510.com/forum/article651464.html，2005年4月22日。

率。在国会拨款、基金会、企业赞助、社会捐赠等多种资金模式中，每三年审批一次的国会拨款，是美国公共电视发展的主要命脉，体现了政府对公共利益的坚定捍卫与支持。以福特、佩恩、卡内基为代表的私人基金会每每在关键时刻给予公共电视慷慨的扶持，并促成了非商业电视的成功转型。由于美国公共电视赢得了"公共信托"和"人民的事业"的美誉，除了基金会外，它还广泛地获得全国范围内的资金捐助人——那些拥有高学历、良好的文化修养和高度的国家责任感的人，以及认识到在一个民主国家里有一个强有力的、勇敢的并且完全独立的公共电视是多么重要的那部分人。他们的捐赠资金支持和开发的新节目与系列专辑，随后成了捐赠者遗留给世界的遗产。① 此外，企业赞助也是美国公共电视自我拯救的一个重要途径。上述所有这些资金筹措渠道，演绎成美国公共电视令人瞩目的公共治理现象。

四 公共电视即使肩负崇高的使命，也无法置身于市场经济的洪流之外

近年来，西方国家公共电视普遍由盛转衰，颇遭非议，主要有三个原因：一是传媒技术革命极大地缓解了频谱资源的不足，使得更多的商业电视加入竞争；二是新保守主义者当政削减公共开支；三是政府干预影响了公共电视的编辑独立原则。

其中，商业电视奉行的物竞天择的"丛林法则"，迫使公共电视不得不为生存而战，原来意义上的公共电视体制在性质上悄然发生着变化。以公共服务著称的德国电视台在第二次世界大战后建台，不久就开始吸收广告资金，如今许多公共电视纷纷在有限的范围内展开商业运作，英国BBC也不例外。美国公共电视的生存环境在20世纪90年代初出现了出人意料的转变，国内的保守派1992年在国会展开大规模游说，希望将公共电视私有化；更有甚者，1995年共和党执掌参众两院，议长金里奇指责公共电视自由派的倾向，誓将公共电视的拨款经费减至为零。一段时间内，美国联邦政府给予公共电视的资助持续下滑。据统

---

① Mary, G., F. Bitterman, "A Public Trust Revisited", 2005, http://www.annenberg.usc.edu.

计，1999 年在所有经合组织（OECD）国家中，公共广播电视财政资助占国内生产总值（GDP）比重 0.25% 以上的国家只有芬兰，公共财政资助占 GDP 比重 0.2% 以上的国家有丹麦、挪威和英国，而公共财政资助最低的国家则是美国，还不到 GDP 的 0.05%。① 显然，公共电视的资金筹措对其成功地追求目标实现具有意义深远的影响。"由于一开始就得不到足够的资金，电视公共服务模式始终面临着认同危机。"②

自 20 世纪末叶始，美国公共电视出现了微妙的变化，一些公共电视台已部分地或堂而皇之地做起广告或更加倾向于做广告，创造新的赞助者服务或者倡导完全的商业活动以资助他们的主要服务目标。例如，在白天儿童节目之前或之后，儿童卖麦片、水果糖及其他产品的广告，就引起了不少正反两方的辩驳。许多企业认为，公共电视品牌是最重要的资产，它们愿意与之积极合作。例如，PBS 和 AOL 的策略性联盟，旨在成为内容的合作者，两个公司提供网络的超链接，AOL 在网络上促销 PBS，而 AOL 可接收 PBS 的节目。又比如 PBS 联合华纳兄弟唱片公司营销某个商标的录音带③，等等。

当代美国广播电视业的发展，获益于其较为完善的市场机制方面的优势。美国联邦通讯委员会原主席马克·富勒和丹尼尔·布伦纳曾指出，资源稀缺基础上的"公共委托模式"在新的技术条件下丧失了合理性，该模式不利于提高生产效率，受众福利可以交由市场而非政府去决定。"给经营者自由，让他们应对市场，换句话说，就是给消费者主权。"他们不再把广电媒体看作社会和文化工具。在其主政下，FCC 的规制目标从促进社会平等转向提高经济效率，从保护传统广电转向鼓励引进新技术、新服务。20 世纪 80 年代，FCC 逐步解除了长期以来为提升节目多元化、地方服务等公共利益标准而设立的节目内容规约。《1996 年电信法》大幅放松了广电所有权的多元化限制，鼓励垂直合并，同时缩减其公共受托人义务，很大程度上导致了当地音乐人、政治候选人、慈善机构等接触公共电视机会的丧失。

---

① 参见李娜《欧美公共广播电视危机与变迁研究》，中国传媒大学出版社 2009 年版，第 89 页。

② ［美］约翰·基恩：《媒体与民主》，刘士军等译，社会科学文献出版社 2003 年版，第 110 页。

③ 参见彭芸《汇流时代的电视产业及观众》，台北：五南图书出版公司 2004 年版，第 75 页。

在我们看来，政策不仅是纠正市场失灵和解决竞争纠纷的工具，更是塑造传媒市场未来发展的更为基础的途径。从倘若过分依赖国会每年给予的有限拨款和无法明确预计的社会捐赠，公共电视是得不到真正的自由的角度来说，唯变所适或许是美国公共电视十分现实和明智的选择。

（原载《当代传播》2012 年第 1 期，本文与王子轩合著）

美国电视剧生产和营销模式

美国电视剧创造的诸多传媒神话已经成为炉火纯青的商业运作的经典范例。

2004 年，随着电视剧《迷失》《绝望主妇》《实习医生格蕾》的横空出世，ABC 拥有了三档收视率极高的电视连续剧，一扫在电视剧方面的萎靡态势，并从此拥有了更多可以支配的观众资源。

FOX 的新剧《豪斯医生》，每周均有 1800 万美国观众守候在电视机前观赏此剧，有媒体称此为"黄金时间之王"。CBS 强势推出的电视剧《律政狂鲨》，以其精彩激烈的法庭舌战、不拘一格的办案作风以及穿插其中的正义亲情，在开播首周就以 1400 多万的收视人数挤进收视率排行榜的前 20 位，旋即又攀升至前 10 位。

资料显示，美国控制了世界上 75% 的电视节目，每年向其他国家发行的电视节目总量时长达 30 万个小时，许多第三世界国家播出的电视节目，直接来自美国的竟占到 60%—80%，以致电视台几乎变成了美国电视节目转播站。[①] 这其中，卖得最多的就是美国电视剧。

至此，我们不难理解尼尔·波兹曼在《娱乐至死》中为何断言："在民主制度和相对自由的市场经济中，电视找到了作为一种技术可以充分发挥潜能的肥沃土地。其中一个结果就是，美国的电视节目在全世界供不应求。美国的电视节目之所以供不应求，并不是因为人们热爱美国，而是因为人们热爱美国的电视。"

---

① 参见常悦《中国电视软实力还太"软"》，《青年记者》2009 年 1 月（下）。

一　目标观众：类型化

与任何一种产品的市场一样，电视剧市场同样也由三要素决定，即人口（观众）、购买力（闲暇时间）和购买欲望（收视欲望）。"选择的或然率＝报偿的保证÷费力的程度"① 是美国传播学家威尔伯·施拉姆对受众选择大众传播媒介给出的一个测算公式。在这里，报偿的保证是指传播媒介满足受众需求的程度，费力的程度是指受众获得传播媒介所花费的代价，包括时间、精力、财力等。从这一公式看，传播媒介满足受众需求的程度越高，被选择的概率就越高。这就启示我们：电视剧若要赢得高收视率，就必须尽最大可能满足广大受众的需求，此外别无他途。

能否找准最大目标观众无疑是电视剧生产的关键。依据先进的市场统计学方法，美国根据受教育程度与收入状况、家庭生活圈、居住区域、种族与信仰、人口流动性等五大范围共 39 项细目，将其居民划分为 62 个生活方式不同的群体。显然，在此基础上再对受众进行全面、科学、定量的分析，针对目标观众的年龄结构、文化水准、教育程度、收视习惯，乃至消费能力、收入情况、生活习惯、心理状态等诸多信息进行研究，就可以根据目标观众的需求制作出适合他们的节目。

美国学者霍拉斯·纽卡姆等认为，电视类型是流行艺术"模式化"的表现，但并不意味着电视就是粗劣的陈词滥调，相反，电视是复杂的、变化的，反映了大众的情感和观念。② "电视必须跟人们的实际生活相联系，包括现实生活和想象中的生活；如果在电视中看不到我们自己的生活、愿望及梦想，那么电视对我们来说就毫无意义可言。电视必须反映社会现实，跟上时代的步伐；以描写各种冲突为主题的成功的戏剧，也开始转向目前的社会的争端及问题。"③

---

① ［美］威尔伯·施拉姆、威廉·波特：《传播学概论》，陈亮、周立方、李启译，新华出版社 1984 年版，第 114 页。

② 参见易前良《美国"电视研究"的学科起源与发展》，《中国电视》2009 年第 5 期。

③ ［英］安德鲁·古德温、加里·惠内尔：《电视的真相》，魏礼庆、王丽丽译，中央编译出版社 2001 年版，第 69—70 页。

根据美国电视播出季多年的运作经验，其"理想观众群体"的主要范围是 18—49 岁的成年观众，特别是都市女性。美国三大电视网甚至对目标观众的年龄层次进行了细致的划分，CBS、ABC 和 NBC 将其平均观众年龄分别定位在 52 岁、43 岁和 41 岁。受这些目标观众的主导和诱惑，美国电视剧的分类既严谨，又不互相冲突，能充分满足各个阶层、各种欣赏口味。① 每种类型的电视剧都恰到好处地在细分的观众市场里忠实地扮演着自己的角色：喜剧带来笑声，犯罪剧带来悬念，幻想剧带来神思，肥皂剧带来感情缠绵和泪花。此外，美剧新亮点之一的女性电视剧所形塑的性格鲜明的女性谱系——自由独立的都市白领，遭遇迷失与压力的家庭主妇，事业、家庭并重的职场金领，现代都市版的"灰姑娘"，被成长烦恼困扰的"公主"，圣母式的护犊母亲，以及女同性恋等，已在美国本土掀起一轮又一轮的收视热潮，受到"艾美奖"与"金球奖"的屡屡眷顾，被电视批评界誉为女性剧"王朝"的来临。②

美国电视剧以其传播特性与人的娱乐天性达到了最大程度的契合，给那些老弱病残以及在汽车旅馆里饱尝孤独寂寞的人带来了无尽的安慰和快乐，并使得娱乐在最大程度上实现了社会化。"通过电视，娱乐游戏更加社会化，成为现代人类生存的减压阀。"③

二　商业投资："好莱坞模式"

人类的一切经济活动就实质而言都是一种利益活动，而人类的一切利益活动又或多或少地伴随着不确定性。因此，风险在人们的日常生活中无处不在，无时不有。电视台理性地衡量和评判自身的经营状况和外部产业环境，确定自己的经营战略目标并进行相应的风险评估，从而有效地规避可以预见的风险，是其发展过程中必须予以高度重视的环节。

---

① 参见杨晓民《观众主导　营销助力——美国电视剧播出季营运模式》，《新闻前哨》2007年第 8 期。

② 参见南华《性别政治与娱乐经济——2000 年后美国女性电视剧发展之路》，《当代电影》2008 年第 12 期。

③ 朱羽君、殷乐：《减压阀：电视娱乐节目——电视节目形态研究之一》，《现代传播》2001年第 1 期。

一位好莱坞制片人承认，由于财政风险太高，拍电影意味着"既要有内容，又要风险小"。美国《剧艺报》在对 164 部好莱坞发行的影片做过调查后得出结论：预算超过 6000 万美元的影片比低成本影片更能赢利。1996 年，在好莱坞发行的 417 部影片中，仅 13 部就约占票房总收入的 30%。主要生产厂在扩大出口量以满足需要的同时，它们也集中生产"巨型炸弹"。①

从理论上讲，巨额的投资可以购买最好的本子，聘用最好的导演和大牌明星，构建豪华的演职员阵容。为了剧情的精彩，美国人的投资可谓不惜血本。ABC 的科幻剧《迷失》创下一集 500 万美元的制作成本纪录；HBO 的历史剧《罗马》更是以一季 1 亿美元及跨 7 年拍摄的纪录令人咋舌；NBC 的医疗剧《急诊室的故事》每集的制作投入更是高达 1300 万美元，超过很多电影的预算。即便是一般的剧集，成本通常也在每集 200 万—400 万美元，情景喜剧的成本约 100 万美元每集（半小时）。②

高昂的投资，有力地保障了电视剧的良好品质。无论是画面的清晰度，还是细节的精致度，无论是信息量的丰富度，还是情节的紧张刺激度，今天的美剧都有着堪比美国大片的素质。③

有人说："美国电视剧并非一块视觉文化的新大陆，但现在，它正以越来越考究的艺术品位，越来越奔放的自由创意，区别于日趋僵化的好莱坞。就像 20 世纪 80 年代初美国最优秀的那部分影视作品，它正在为我们打开一个鲜活的、具有创造力的窗口。"④ 难怪法国《电影手册》惊叹：在工业化的电影制造领域，美国电视剧的成就超越了好莱坞的大多数电影。

三　节目生产：麦当劳化

美国当代著名社会学家乔治·里茨尔在《社会的麦当劳化——对

---

① 参见［美］爱德华·赫尔曼、罗伯特·麦克切斯尼《全球媒体：全球资本主义的新传教士》，甄春亮译，天津人民出版社 2001 年版，第 46 页。
② 参见陶楠《深度解析：美剧产业运作解密》，腾讯网，http：//ent.qq.com/a/20080916/000046_3.htm，2008 年 9 月 16 日。
③ 参见陈晓倩《堪比大片的美剧》，《西部广播电视》2007 年第 3 期。
④ 刘飒：《美国电视剧的商业模式》，《中国广播影视》2008 年 9 月（上）。

变化中的当代社会生活特征的研究》一书中指出："麦当劳快餐店的经营方式典型地体现了现代社会的合理化进程。麦当劳快餐店的原则正在主导美国社会，也主导世界其余地方越来越多的部门。""各种迹象表明，麦当劳化已经成为一个无情的过程而横扫世界上那些无法渗透的机构和部门。麦当劳化为什么在全世界都无法抵御？原因在于它为消费者、工人，以及经理人员提供了效率、可计算性、可预测性和可控制性。而这些正是现代社会的合理化过程的真谛之所在。"

规范化、流程化的电视节目制作是当代电视工业化生产的最基本特征。大量的实证研究证明，在电视竞争日益激烈的情况下，流程化的工种设置和分配是欧美电视界通行并有效的做法，而且不同的节目形态要求有相应的流程化设置，它保证了节目能够符合特定受众的需求偏好。

美剧生产基本采用标准流水线来组织，一条经典的流水线一般包括这些"工序"：主笔设计情节—提纲作者编写提纲—对话作者撰写对白—总编剧汇成脚本—制作人和导演做前期筹备—前期拍摄—后期制作—发行播出。从生产周期来看也很有规律，甚至可以实行上班制，星期一读剧本，星期二改剧本，星期三排练，星期四修改，星期五实录，星期六剪辑，下一个星期的某个时候播出。[①]

科学的节目生产流程必须纳入与之相应的节目整体运行机制中，才能充分发挥其应有的效用。从宏观上讲，是指影响节目生产与运行的人事、分配体制；从微观的角度讲，栏目组的用人策略、管理办法以及节目的质量控制及其规范等都属于整体运行机制的范畴。

电视剧的核心是编剧，剧本是第一位的。编剧根据时事变动、观众反馈，随时调整剧情，目的就是让观众把剧中人当成自己的朋友甚至家人来关心，由此把观众固定在屏幕前不愿离开。但美国电视剧的编剧往往不是单打独斗，而是团队作业，分纵向、横向好几个层次来创作剧本。不同的编剧分别负责不同的情节线索以及高潮部分的设置，然后再把每集的故事内容紧密地编织起来，分工合作的专业编剧团队使情节点、主线、辅线自然交替，让观众们毫无喘息机会。例如《犯罪现场

---

① 参见《美国电视剧成为宠儿，美剧何以火遍全球？》，北方网，http://ent.enorth.com.cn/system/2006/11/16/001463286.shtml，2006 年 11 月 16 日。

调查》的责任编剧就有 8 个，而整个编剧团队有 20 多人。"程序和制度"是美剧高产又高质的重要保证。①

四 品牌营销：媒介多样化

当代传媒的景观以快速增长的服务、新技术的开发、国界的消逝以及节目内容的采购为特点。在这样的情势下，一切都日益被市场规则所统治。"在电视商业中，网络执行人和节目安排人员最关心的是维持和扩大产品的市场份额，在此过程中，他们能够增加广告收入。毕竟是这种利润冲动才能使这些节目进入百姓家里。但为了能使利润增加，这种经济利益必须转化为我们际遇到的节目的文化传播。"②

一般来说，电视剧的赢利模式有四种：一轮播映权、二轮播映权、音响网络播映权和海外播映权。美国共有四大联播网——NBC、CBS、ABC、FOX 和两个小的联播网——WB 和 UPN。美国的大多数电视剧需要首先在每年的 9 月至第二年的 4 月的播映季中，以每周固定时间播出一集的方式与观众见面，每个播映季的播出量大约在 25 集。比较受欢迎的节目还会在 5—8 月的非映季期间，在同一"联播网"上重播一次。美国电视剧普遍采取了一种多级销售的模式，并且反复出售。③

围绕电视剧行业的下游产品，美国电视台最常见的开发项目是与电视剧目有关的图书、服装、家居用品、电子游戏、卡通玩具、学习用品等。如获得多项美国电视剧艾美奖的《绝望主妇》，以其"新颖"的游戏方式摒弃了电视剧中关于性、谋杀等敏感情节，展示给"玩家"的剧情十分"健康"。设计者巧妙地借用了《大富翁》的游戏方式，以掷骰子为主的方式来推动玩家去寻找线索。玩家只有抢先到达才有可能得到线索并揭开秘密。如果错失先机，就只有重新掷骰子再来。得到线索后并不代表得到答案，游戏设计了一个问题环节，猜中答案才能过关。

---

① 参见袁超《美国电视剧的文本特征浅析》，《声屏世界》2008 年第 1 期。
② ［美］隆·莱博：《思考电视》，葛忠明译，中华书局 2005 年版，第 126 页。
③ 参见苟世祥、陶楠《美国电视剧产业运作的启示》，新浪博客，http://blog.sina.com.cn/s/blog_5409f06b0100fgda.html，2009 年 9 月 11 日。

即使对于熟悉剧集的玩家来说，要猜中答案也有一定的难度。①

以网络数字技术为基础的新媒体，不仅使声画传播手段更趋多样化，也给竞争激烈的电视剧产业带来了无限商机。NBC 的电视重放研究显示，美国电视观众正在经历从习惯性收视向新的选择转变，"视频快餐"呈现了令人不可思议的全集收看的增长。NBC 网站上尽管白天也有一些短小的视频"快餐"，但是它的大多数重放收看都安排在晚上，这种方式与电视收看相类似，但这并不意味着网上收看已取代了传统的电视收看。研究表明，网络视频导致了观众的骤增，网络视频的问世，不仅没有拆分观众，反而巩固了受欢迎节目的忠诚度。②

随着视频网站的兴起，版权问题往往成为制片商与网站纠纷的焦点。2008 年 3 月，NBC 环球和新闻集团创立了一个视频网站，该集团旗下福克斯拥有大量电影、电视节目版权，因此该网站可以顺理成章地播放电视节目和完整版电影，并以插播广告作为收入来源。这种将网络播映权下放给视频网站，并分享广告收入的做法，既调和了制片商与网站之间的版权纠纷，又使制片方多了一种盈利途径，在扩大受众群体的同时，占据了更大的市场份额，提高了社会影响力，创造了潜在价值。

除了有线电视和卫星电视，播客、宽带视频、IP 地址、Slingbox 软件、手机视频、数码录影机（DVRs）、硬盘数字录像机（TIVO）、随选视讯（VOD）、YouTube 等新型收视装置也成为收看电视剧的新宠。这些新的收视方式日益深刻地动摇甚至颠覆着传统的电视收看模式的统治。③

（原载《视听界》2009 年第 5 期，本文与王子轩合著）

---

① 参见流水时光《紫藤道的秘密——热播剧同名游戏〈绝望的主妇〉揭密》，《数字通信》2007 年第 7 期。

② "Is TV Dead? By Gali Einav and John Carey", *Television Quarterly*, Winter 2008.

③ The New World of American Media, Remarks by Dr. William F. Baker, 2007 James L. Loper Lecture in Public Service Broadcasting, Posted November 12, 2007, USC.

市场化、个性化、多元化:制播分离的意涵探析

  继 2005 年 4 月 19 日上海市文广影视局向上海影视公司、新文化广播电视制作公司和三九文化发展公司三家民营公司转发国家广电总局颁发的电视剧制作甲种许可证，标志着上海民营公司第一次同等具有独立制片资格之后，2009 年 10 月 21 日，上海文化广播影视管理局下属上海文广新闻传媒集团正式更名为上海广播电视台，同时出资设立上海东方传媒（集团）有限责任公司，上海广播电视台将改变单纯的自制自播模式，确保除影视剧外，从市场购买节目的比例原则上每年不低于播出总量的30％。这将意味着我国广电传媒领域制播分离、转企改制的大幕已经拉开。

  传媒产业的健康发展有赖于科学的传媒产业政策指导。大力吸引多元资本尤其是非公资本进入传媒产业，是实现我国传媒产业跨越式发展的重要途径。合作、应对、共赢、发展是当今世界传媒业的现状和发展趋势，制播分离回应了现代社会分工高度细化对电视传媒的要求，回应了信息时代传播内容向纵深方向拓展的要求。作为一种全球通行的广电传媒内容生产与传播机制，制播分离的运作模式对我国电视传媒的未来发展影响无疑是深远的。

  首先，由于市场化法则的导入，制播分离有助于彻底打破故步自封、画地为牢的僵化运行机制。

  全球化、市场化、信息化的洪流，正在把众多市场主体带入一个"无疆界的市场"。在市场经济条件下，凡是有资源配置、能量配置的地方，都将在不同程度上导入市场法则。作为整个经济链条上一个重要环节的电视行业也不例外。除了传统意义上的广告业务的竞争外，电视业内的信息服务市场、节目发行市场、网络增值市场、人力资源市场等，在全球化媒介竞争背景下，也将越来越顺应时代的潮流，发育成熟起来。

与市场化原则相适应，制播分离将成为电视传媒的主要运行机制。

制播分离即将制作与播出分开，电视台只制作新闻节目以及部分核心节目，大部分节目由社会上的节目制作公司提供。作为一种大规模的社会化生产方式，制播分离有两种存在类型：一种是完全从社会上购买节目，形成外部竞争机制，人们常言的制播分离一般是指这种形式；另一种就是内部竞争，电视台成立相关公司，再在这些公司内部形成节目制作的竞争氛围。如英国 BBC 在 1997 年的大改革中，将广播电视节目的播出与制作分离，创立一个内部市场——制作中心制作节目，广播中心负责委托制作、安排和播送节目，重新组合后的节目制作中心为 BBC 的所有频道提供节目，BBC 的所有频道按照内部交易规则向制作中心"购买"节目，广播中心的节目委托可以在内外制作机构中进行选择，从而在内外同时引入竞争。

当前，我国电视节目资源匮乏，市场竞争力差，很大程度上归因于传统的制作与播出捆绑在一起的自产自销的运行机制——"制播合一"。这种机制不仅存在成本浪费，而且也会造成专业分工不细、队伍膨胀、人员素质偏低、缺乏人才竞争机制等方面的弊端，严重阻碍了中国电视产业的发展壮大。它是计划经济思维模式和行政管理手段在电视领域的缩影。

"制播分离"彻底打破了传统计划经济体制下故步自封、画地为牢的运行机制，改变了回避节目市场、不问节目质量、不计节目成本、自产自销的小作坊生产格局，可以提供充足数量的节目给电视台自由选择。资料表明，我国电视台播出的节目普遍呈现出重新闻、重娱乐，轻教育、轻服务的倾向，专业性节目主要还是依靠外供，自己独立制作的仅是杯水车薪。目前我国地方电视节目中，国内、国际新闻的来源主要是各电视台自己采编占 79.9%、中央台提供的新闻占 4.2%、新华社提供的占 7.5%，兄弟台提供的则占 9.2%。对于专业频道节目（除新闻）而言，由电视台直接制作（28.8%）和直接购买（61.4%）的节目占到了 90% 以上，而委托台外节目公司制作的仅为 6.1%。[①]

---

① 参见谢新洲《地方电视台竞争态势分析》，新华网，http：//www.xinhuanet.com，2003 年 8 月 19 日。

"制播分离"还可以有效地减少人员开支，降低节目成本，提高经济效益，进而避免许多电视台投入高成本制作的节目只在本台播出后就进入带库中束之高阁，造成无法通过交换或销售实现其市场价值的令人痛心的浪费。大众文化产品的一个显著特点就是可以进行机械复制，批量生产。"复制技术把所复制的东西从传统领域中解脱了出来。由于它制作了许许多多的复制品，因而它就用众多的复制品取代了独一无二的存在；由于它使复制品能为接受者在其自身的环境中去加以欣赏，因而它就赋予了所复制的对象以现实的活力。"①

其次，由于个性化文化需求的满足，制播分离有助于培养观众对频道的认同感和忠诚度。

市场细分的过程，也就是企业致力于分析和确认顾客及其需求的差别，寻找和挖掘存在的某些共同或相关的因素，分割实际上存在差异的整体市场，整合具有同质需求的消费者，其实质是按消费者的不同购买需求和欲望来划分消费群体。美国传播学者赛佛林和坦卡德将这一理论引入传播学，形成了受众市场细分理论，即将受众分成许多小的群体，媒体的经营者可以针对不同的受众群体规划和制定不同的传播和营销策略。

现代电子传媒的发展创造了两种倾向：受众聚集和受众分散。原CBS总裁杰纳·扬科夫斯基认为："受众聚集是指大量受众同时关注少数几个节目；受众分散是指由于新技术的出现，许多曾经只有印刷符号才能表现的东西，现在都通过电子符号来表现，这种变化促使那些兴趣、爱好相近的人们形成一个受众群，在一起分享他们共同感兴趣的东西。上述两种趋势恰好满足了人们的两种不同需求，即人的社会性的归属需求和个性的自我需求。"② 这个分析客观地指出了电视传媒在满足人的高级需要方面的价值和频道专业化时代电视的地位。

马斯洛的需要层次理论的意义，在于它主要指出了每个人都有自己的潜能和内在价值，有自我实现的要求。当人们解决了温饱问题、满足了衣、食、住、行基本的需要之后，追求文化消费和审美愉悦，以丰富

---

① ［德］瓦尔特·本雅明：《机械复制时代的艺术作品》，王才勇译，中国城市出版社2002年版，第10页。

② 中国教育电视协会编：《中国教育电视的改革与发展》，苏州大学出版社2001年版，第97页。

和提升自己的精神境界是其必然的选择。大众传播为受众的自我实现创造了条件。社会文化消费需求的急剧增长和多样化,刺激和促进了电视传媒的发展。为了适应观众审美趣味和消费需求的变化,电视传媒理应努力根据自身的特点,不断开发适合观众口味的节目内容和节目形态。积极为社会提供丰富多彩的高质量电视节目,既是电视传媒不可推卸的社会责任,也是培养观众对频道的认同感、忠诚度的必然要求。

从世界同业的实践看,节目来源无非两个:自制与购买。倘若要用自制的专业节目把一个频道的所有时间填满,那么其制作成本之高,一般电视媒体难以承受。因此,完全自制节目办专业频道对目前国内大多数电视传媒来说并不现实。那么,"购买"节目又如何?在美国等媒介业十分发达的西方国家,大多实现了"节目制作社会化",即除了新闻以外的大量电视节目,都依赖其他成熟的节目制作公司提供。

但就我国现实而言,一方面,电视节目制作公司的数量严重不足,我国目前有广播影视节目制作机构近 900 家,电视剧制作机构 300 余家,要满足全国近 2200 家电视频道的节目需求难度很大。[①] 据统计,2003 年,我国电视节目播出需求达到 956 万小时,却只有 202 万小时节目可供播出,[②] 频道节目资源需求与产出严重失衡。另一方面,目前国内的电视制作公司的实力同样严重不足,光线、银汉、嘉实等已算有较强的整体实力和较高节目制作水平。多数公司资金、设备有限,人员素质不高,且制作的节目品种十分单调,几乎是"风花雪月"的娱乐片和"粗制滥造"的电视剧,那些投资风险大、利润回报周期长的专题片、教育教学类节目则无人问津。这些都造成了目前电视节目市场数量不足、品种单调的现状。再加上目前国内电视台之间的节目交易市场体系尚未形成,价格的约定、产权的归属等众多问题悬而未决,无法实现电视节目的合理流通和资源共享,因而总体上造成了目前电视频道难为"无米之炊"的窘况,节目形态变化迟缓,新鲜感不够,少有凤凰卫视丰富快捷的资讯服务,阳光卫视深邃智慧的文化访谈,央视《新闻调

---

① 参见《2004 广博会 8 月举行 中国国际影视节目展邀您加盟》,新浪网,http://ent.sina.com.cn,2004 年 3 月 29 日。

② 参见王甫、吴丰军《由内而外:电视节目制作社会化的较好路径选择》,《新闻战线》2004 年第 5 期。

查》力透纸背的深度分析，美国 Discovery 寓教于乐的知识传播。节目
资源匮缺，市场供需失调，不免导致电视频道之间的恶性竞争，节目重
播率高，回头率低，最终无法满足广大观众的文化消费需求。

市场经济环境下电视市场的取胜之道是靠"个性产品"和"特色
服务"。电视传媒只有适应电视市场的这一变化，跳出"制播合一"的
窠臼，面向市场，内引外联，优化节目资源配置，让观众根据自己的意
愿有更多的机会选择频道并"锁定"频道，才能在电视市场日趋激烈
的规模竞争中站稳脚跟，不断发展。

有专家认为，电视节目传播的时序制约性，将传播形式放大到了先
于内容的首要位置。"传播市场的现实表明：随着社会生活的丰富和节
奏的提速，大众传播已经进入了'形式选择'与'形式阅读'阶段：
报刊的大字标题、大幅图片编排，已为读者快速阅读提供了可能；网站
首页搜索目录的标题集合为人们快速寻找内容提供了方便；书籍大字图
装帧风格的流行，主旨亦是以视觉冲击引起读者首先对形式的关注。被
充分张扬的传播形式有效地降低了信息内容的'智力门槛'，为受众的
'轻易选择'、'愉快阅读'创造了条件。'形式选择'与'形式阅读'
阶段的到来，表明'传播形式'已经真正得到了张扬，张扬内容必先
致力张扬形式已是当代大众传媒人的共识。"① 故此，电视传媒在追求
专业化内容的同时，切不可低估或忽视多样化节目形态之于观众的重要
意义。

最后，基于多元化的电视产业资本结构和所有制结构的诉求，制播
分离有助于培育现代企业制度和现代产权制度。

民间资本蓬勃发展是一个国家整体经济发展的象征，也是一个国家
有活力和自信的表现。凡是政府政策没有规定不可以进入的，都应该让
民间资本进入。

要把电视产业培育成新型的现代电视市场主体，就必须按照现代企
业制度和现代产权制度的要求，在不断的创新和转换中改革和完善管理
体制，加快改革和重组，使得电视产业经营主体从单一所有制向多种所

---

① 黄匡宇：《张扬形式，优化电视节目的可能意义》，见罗民主编《电视媒介的市场对策》，
人民出版社 2003 年版，第 46 页。

有制结构转变，国有资本、社会资本和部分外资共同形成多元化的电视产业资本结构和所有制结构。

2005 年 8 月 8 日，《国务院关于非公有资本进入文化产业的若干决定》（以下简称《决定》）颁布。这是继《国务院关于鼓励支持和引导个体私营等非公有制经济发展的若干意见》（即"非公 36 条"）颁布后，国务院首次出台的关于非公有资本进入文化产业的相关政策，也是国家对民营资本进入文化产业领域的进一步明确与落实。非公有制文化企业在项目审批、资质认定、融资等方面与国有文化企业享受同等待遇，标志着我国首次从政策层面上给予非公有制经济在文化领域合法的市场主体地位和"国民待遇"。《决定》对非公有资本进入文化产业，明确提出了"鼓励与支持"、"允许、可以"和"禁止"三个层次。《决定》的出台，有助于充分调动全社会参与文化建设的积极性，进一步引导和规范非公有资本进入文化产业，逐步形成以公有制为主体、多种所有制经济共同发展的文化产业格局，提高我国文化产业的整体实力和竞争力。

造成我国传媒产业相对落后的一大根源，是管理体制的问题。多年来，我们在这一领域进行改革，往往只是在行业和部门内翻来覆去，自我修补，因此，很难想出开创性的大思路。从传媒产业的特性来看，需要高度重视金融杠杆的作用，充分发挥资本运作对于产业增长的推动作用。然而在我国，政府几乎是唯一的投入主体，因而也几乎垄断了所有的文化和传媒资源，从而导致民间资本的进入门槛太高。[1]

实践证明，"孤立的单个资源利用率是最低的，而灵活组合的多种资源群的利用率则最高。不管今天的企业竞争力有多么强大，决策者必须对公司的资源不断投资，同时，把别人的资源有机地整合进来，成为集团化的领导者和牵头者"[2]。

日本综合国力和科学技术之强，完全可以使其全国每个县（相当于我们的省）都办有自己的教育电视台，但他们却没有这么做，而是在全国为 NHK（日本广播协会）教育电视台建了 3000 多座附属台和转

---

① 参见邓聿文《制播分离：资本将与传媒"亲密接触"》，每日经济新闻，http://www.ahradio.com.cn/jmyfzx/system/2009/11/30/000385108.shtml，2009 年 11 月 30 日。

② 花建：《经济全球化与中国文化产业的发展导向》，《上海改革》2000 年第 12 期。

播台，从而避免了兄弟台之间的以邻为壑，重复建设，浪费大量的人力物力，而能够集中人力物力，制作播出一大批不仅在日本，而且在全世界范围内也富有竞争力的节目。另一个教育电视大国委内瑞拉的教育电视台同样采取了建立转播台和附属台的方式来建立庞大的教育电视网络，实现节目资源共享。

从资本市场来说，上海文广新闻传媒集团此次制播分离带给市场的一个最大想象是，未来社会资本亦有机会成为制作公司的股东。尽管目前一些广电、出版和新闻单位通过剥离非采编业务，如广告和经营等，组建了上市公司，但一来其数量和规模小；二来这些已上市的公司基本是打着政策"擦边球"，致使其上市方式的可复制性不大，影响了后续更多公司与资本市场的"亲密接触"。如今，上海文广新闻传媒集团迈出了制播分离的关键一步，使传媒产业今后走向资本市场，实现产业资本和金融资本的融合，是可以预期的。

（原载《视听界》2010 年第 1 期，本文与王子轩合著）

变化的电视与电视的变化

进入 21 世纪后，传媒技术与传媒生态的变化速度明显加快。从传媒与社会的外部关系看，变化的电视令人目眩；从传媒生产与发展的内部规律看，电视的变化刻不容缓。充分认识变化的电视和深刻把握电视的变化，关乎电视传媒的生存与发展，因此，从业者有必要对此给予足够的关注。

一 变化的电视

随着广播电视、电信、互联网为主体的三网融合的发展，全媒体时代已经到来。传统的广播、电视、报刊等媒体凭借自身有价值有黏性的内容，网络、数字杂志、移动电视、手机电视、触摸媒体等新媒体则利用既有的传播平台优势与资本优势，互相吸引，互相携手，以期实现开疆拓土、破旧立新的梦想。网络和新媒体带给传统电视传媒的变化显而易见，有目共睹。

1. 传播手段：从单一型的荧屏收视向多样化的平台终端观看转变

技术进步的推动，对于传播平台的创新厥功至伟。如今，唯有通过电视机才能收看节目的时代已经一去不复返了。现今的电视节目不仅可以在比过去或大或小的显示器上同时展现，而且还有了更多的节目传送方式。借助 Hulu、Netflix、Apple TV、Amazon Prime、Roku、iTunes、智能手机、平板电脑、手提电脑等，宽带和无线网络创造了功能强大的新视频门户。观众习惯性的收视正在或已经被林林总总的节目抵达平台取代。"视频快餐"导致了观众的骤增和全集收看者的猛涨，不少"恶补型的观众"纷纷采用重放的方式观看错过的电视节目；网络视频使重新观看以前看过的喜爱的节目或朋友推荐的好节目成为可能。由于收看方式的变化，我们有了更多的接触电视节目的时间和可能，特别是黄金时段的节目留住了那部分若不选择更换收视时间就有可能流失的观众。这就是说，网络视频不仅没有拆分观众，反而巩固了观众对受欢迎节目的忠诚度。

随着互联网分流大量年轻观众，视频网站与电视台之间的关系悄然转变，视频网站在合作中的比重逐渐加大，合作方式也更加多样，不但参与内容制作，进行大剧营销、资本合作，甚至出现了视频网站自制节目向电视台返销的情况。优酷推出的中国互联网脱口秀栏目《晓说》亮相浙江卫视，"56 出品"自制综艺节目的代表《微播江湖》洽谈安徽卫视就是例证。

由于网络视频的观看体验与内容的丰富性呈正相关，因此，网络视频用户的消费时间也日渐拉长。艾瑞咨询公布的 2013 年 4 月第一周"网络视频用户数据调查"报告显示，优酷土豆、风行和爱奇艺在"综合服务一周浏览时间"上占据行业前三甲，其中优酷土豆以单周浏览时间 24527.9 小时遥遥领先，风行和爱奇艺则以 17145.6 小时和 15447.3 小时分列行业第二和第三的位置。而 PPLive、PPStream、腾讯则分居行业的第四至第六位。

有学者指出，"电视借助于新媒体拓展了传播疆域，突破了频道制生存，实现了点播收视，获得了搜索引擎，电视凭借内容优势纷纷抢滩新媒体领域"[①]。网络与新媒体时代，与其说电视面临新数字平台与技术的威胁，不如说电视业将迎来传媒的黄金时代。这是一个为内容创新和内容细分提供巨大新机会的时代，更重要的是，这是一个消费者的时代。

2. 传播功能：从娱乐电视向信息电视、商务电视和文化电视方向转变

当代中国已从商品短缺时代过渡到了商品过剩时代，大规模的消费是当代社会的一个显著特征，现代消费文化已经成为当代中国的宏

---

① 高晓虹、李智：《试析传播新格局下电视与新媒体的相互借力与共赢》，《国际新闻界》2013 年第 2 期。

大叙事主题。大规模的物的消费不仅改变了我们的生活方式、传播方式，而且改变了我们的思维方式、社会心理和社会关系。因此，有效地培育和引导消费，是大众传媒特别是电视传媒富有时代特色的新的社会功能。

值得注意的是，在消费主义和快乐主义大行其道的今天，"被市场控制的媒体不仅会以牺牲公共领域为代价，通过娱乐节目追求大批观众；甚至还要冲淡娱乐节目的深度和严肃性，以避免干扰传递商业信息"①。电视传媒在以绚丽多姿的声像符号编织富有象征性的消费盛宴、创造消费的文化意义的同时，也进一步强化了电视传媒信息服务、商业服务、文化服务的功能指向。恰如美国学者詹姆斯·凯瑞所言：今天美国的新闻业"正在被娱乐产业和电子商务收购，今天的娱乐和电子商务就是20世纪30年代的钢铁和化工产业"②。

事实上，2009年年末，淘宝网与湖南卫视双方投资一亿元人民币，共同组建"湖南快乐淘宝文化传播有限公司"，同时在淘宝网上设立专门的潮流购物频道和外部独立网站，打造与网购有关的电视节目及影视剧，贯通网络与电视的平台终端，创建电子商务结合电视传媒的新商业模式。仅过半年，淘宝网与浙江华数传媒网络有限公司投资的"华数淘宝数字科技有限公司"（"华数淘宝"）鸣锣开张。淘宝网负责人深信，通过与华数传媒的合作，淘宝网可以利用广电有线网络实现更广泛的用户覆盖，为更多的家庭用户提供丰富的网购服务。

不仅如此，据尼尔森数据报道，广州、杭州、武汉、青岛、长沙等城市的数字家庭研发与应用示范步伐加快，部省共建广东国家数字家庭应用示范产业基地建设初显成效。例如，广州以番禺、云浮、中山三个试点基地分别重点发展广电网络的高清双向互动服务、三网融合以及数字医疗等家庭产业应用，广州数字家庭基地成为全国第一个在广电网络上开展信息文化服务的试点单位，目前已完成9万户互动数字电视试点，初步实现娱乐电视向信息电视、商务电视和文化电视的发展转变。

---

① ［美］爱德华·赫尔曼、罗伯特·麦克切斯尼：《全球媒体——新资本主义传教士》，甄春亮译，天津人民出版社2001年版，前言，第10页。

② ［美］比尔·科瓦齐、汤姆·罗森斯蒂尔：《新闻的十大基本原则：新闻从业者须知和公众的期待》，刘海龙、连晓东译，北京大学出版社2011年版，第25页。

3. 传播内容：从线性的信息与新闻生产向水平的 "微内容" 集成加工转变

传媒技术的快速发展引发了媒体消费模式的新变化，也带给我们新的体验。在新媒体时代，新闻与信息在传递与接受方式上的改变无疑是深远的。传统媒体模式提供的是一条垂直的新闻流，它在源头上由主流媒体的记者生产，然后再传播给被动的消费者。而新媒体模式提供的则是横向的新闻流，消费者处于来自不同消息来源的信息流的中心位置。

换句话说，新的传媒技术使公民从消费职业新闻工作者生产的新闻的被动消费者，逐渐转变为积极的参与者。他们使用不同地方的资源，组合成自己的新闻。当人们在谷歌上搜索信息时，在近乎无限的信息渠道间跳跃式浏览、阅读或写作博客时，他们正在成为自己的编辑、研究员甚至通讯员。

在由网络和新媒体创造的 "变平" 的世界里，传播不再有 "门槛"，人人都可能成为传播内容的生产者，传播市场正呈现出 "无限生产、无限渠道、无限需求" 的全新特征。"人们可以任意编辑和发布信息，独立的视频制作者、论坛主、博主可以随意地发布独创的业余作品，没有人愿意雇人来评估这些作品的真实性和技术含量。"①

在美国，"一些新进入新闻行业的公司根本不从事新闻采集工作，而是像谷歌和雅虎新闻这样主要集纳由他人生产的新闻。2002 年上线的谷歌新闻甚至不用人工编辑来进行新闻的选择和安排。全部工作由计算机的算法规则来完成"②。

博客在以其灵活性和相对较低的启动和生产成本使得出版过程更民主化的同时，也赢得了越来越多的传统媒体的青睐，扩充了大众传媒的新闻信源。一份来自皮尤网络和美国生活项目的研究表明，大约 1200 万的美国人都拥有自己的博客，其中三分之一的博主认为自己正是新闻业的一部分。博客和微博的迅速走红，DV、iPad 及手机拍摄的简便自如，使得大量的 "公民记者" 直接挑战了传统新闻媒体的把关。传媒亟待破解的难题是，新媒体时代的内容生产，如何从海量、芜杂、价值

---

① ［美］安德鲁·基恩：《网民的狂欢》，丁德良译，南海出版公司 2010 年版，第 18 页。

② ［美］比尔·科瓦齐、汤姆·罗森斯蒂尔：《新闻的十大基本原则：新闻从业者须知和公众的期待》，刘海龙、连晓东译，北京大学出版社 2011 年版，第 25 页。

意义模糊的"微内容"中去粗取精，去伪存真，进而实现充分而深度的共享。

4. 传媒理念：从"内容为王"向"用户为王"转变

一个时期以来，"内容为王"被奉为现代传媒业的圭臬，人们似乎没有疑义地认为，频道过剩时代的一个基本特征，是电视传媒作为载体的优势渐渐失去，而作为内容生产者的比较优势则是其他市场竞争参与者无法替代的。对于具有市场潜力的电视传媒而言，专业化的内容供应具有赢家通吃的效应，电视的内容生产迫在眉睫。

然而，由于受众需求日趋个性化，市场日趋碎片化，今天的电视已经无法仅靠一种旗舰节目来获得大批受众普遍而持久的青睐。因此，电视若要获得大批受众，必须提供针对不同目标受众的系列化节目产品。与此同时，还须注意培养受众积极主动的参与意识，实现信息传播的双向化以及受众反馈的透明与及时。而电视媒介与网络媒介的融合发展为实现这一功能提供了可能。

"新媒体的用户不仅能够享受到传统电视所有可以带给我们的新闻信息传播以及影视、音乐、游戏等各种娱乐服务，还可以完成购物、存钱、交费、预订等生活琐事，并能够将聊天、会谈、炒股、搜集查找资料、分析写作等工作转移至这方寸之间，甚至还有不少人利用新媒体在家里足不出户就可以赚钱谋生。"[1] 面对新媒体视频声势浩大的用户争夺，传统电视竞争乏力的疲态已为调查机构频频曝出的电视用户向新媒体终端转移的数据信息所证实。

2013 年被人们称为"大数据元年"。大数据时代的精准营销，势必引起网络广告购买方式的变化。研究机构 DDCI 数据显示，目前中国网站超过 230 万个，网页超 866 亿个，App 应用超 135 万个。有专家表示，可以预见，中国网络广告投放的焦点将从传统的大众化营销转向个性化营销，从流量购买转向人群购买。以人为中心，主动迎合需求，是未来营销的重中之重。[2]

在美国，大数据主导俨然已成电视黄金时代的新法则。Trendrr 和

---

① 许莉：《新媒体时代传统电视的传播策略》，《新闻爱好者》2011 年第 24 期。

② 参见高少华《网络广告迎大数据时代 营销转向"受众购买"》，媒介 360，http：//www.chinamedia360.com/newspage/102311/25F428361947B088.html，2012 年 11 月 8 日。

Bluefin Labs 都是在 Twitter、Facebook 和其他社交平台上获取用户言论数据。其中 Trendrr 会通过问卷调查的方式直接收集用户的性别、地点、移动设备等信息，Bluefin Labs 则会通过机器学习和认知科学研究的方式来提炼用户数据和调查结果——不仅有用户对节目的反馈，也有用户对广告的反馈。[①]

二　电视的变化

面对传媒生态环境的急剧变化，电视传媒该如何调适好自己的身份与定位？当有人讨论传统电视未来是否会从一种媒体演变为一种媒介使用终端时，意味着电视传媒的转型升级已别无选择。

1. "意见领袖"的"在场"及其"话语权"，成为"亮化"电视荧屏、提升传媒影响力的利器

如何既满足多元受众的信息需求，又提高意见传播和舆论引导的艺术，这是网络与新媒体时代电视传媒必须高度重视和妥善解决的一道难题。

喻国明教授认为，现代社会要求传媒和传媒人从过去那种简单的资讯提供者的角色转变到"信息管家、时事顾问、意见领袖"这样一种智慧型信息提供者。无论是进行信息管家式的服务，还是成为社会的舆论领袖，都意味着媒介不但要为社会的发展提供更加及时、充分、周到的资讯服务，而且同时要把自己的重点转移到对资讯的解读、整合以及进行价值判断的标准上。在这方面，谁操作得更成熟、更专业，谁就可以在传媒的竞争中获得更多的优势。

实践证明，无论是中央电视台的新闻时事评论员白岩松、杨禹、蒋昌建、周庆安，还是《中国红歌会》赛场的"四大天王"点评专家阎肃、滕矢初、万山红、牟玄甫；无论是《中国好声音》选秀节目中的四大明星导师刘欢、那英、杨坤、哈林，还是《职来职往》节目中的职场达人刘同、苏琳、杨石头、唐宁……他们的"在场"和"话语

---

① 参见苏格《美国电视黄金时代新法则：大数据主导》，腾讯科技，https://tech.qq.com/a/20130414/000007.htm，2013 年 4 月 14 日。

权"，不仅是"亮化"电视荧屏的利器，也是提升电视传媒影响力的推手。

《有报天天读》的意义，在于打破了电视与报纸之间的界限，符合多媒体信息整合的趋势，同时使电视新闻向深度和广度拓展。《有报天天读》突破了新闻与评论分开的定式，采用夹叙夹议的方式，既读报，又点评，大大增强了新闻的深度，为电视深度报道开创了一条新路。

2. 在大众传媒中融入人际传播元素，凸显多媒体传播的鲜明特征

人际传播是社会生活中最直观、最常见、最丰富的传播现象。人际传播具有的即时信息传递与反馈的特点，使得节目参与者的观点始终处于碰撞、交流、争论、融合的过程当中。不仅如此，人际传播还为大众传媒营造了一种"自己人"的情感氛围，"缩小了观察者与视觉经验之间的心理和审美距离"①。

综观当下形色各异的电视节目，不难发现，"有效的传播节目往往是大众传播与人际传播的结合"②。借鉴红遍全球的《奥普拉脱口秀》节目的经验，央视的《实话实说》节目以其鲜明的人际传播特性极大地满足了人们平等交流的心理需求。在角色感上，主持人更像是邻家兄弟，像一个朋友，以聊天、拉家常的方式，把自己的所见所闻、所思所悟讲述给嘉宾和观众，从而使信息传播带上强烈的个性色彩。《实话实说》在取得70%高收视率的同时也引得各地方台竞相模仿，一时间荧屏上掀起一股"谈话风"。

在央视二套的《交换空间》节目中，主持人王小骞作为人际传播的重要符号被刻意放大。从节目中我们可以看到，主持人不仅是节目内容的组织者，而且是规则的制定者（旧物改造环节），更是整个节目节奏的掌控者。《交换空间》将人们在日常生活中形成的独有的经验、观念和感受纳入栏目当中，并反馈给大众。正是在这种互动当中，艺术与生活不断融合，使文化能走出宗教的、神本的影响，不断走向人本主义，突出了当下的生存空间和意义。

---

① ［美］丹尼尔·贝尔：《资本主义文化矛盾》，赵一凡等译，生活·读书·新知三联书店1989年版，第155页。

② ［美］沃纳丁·赛弗林、小詹姆斯·W. 坦卡特：《传播学的起源、研究与应用》，陈韵昭译，福建人民出版社1985年版，第142页。

《非诚勿扰》节目红遍大江南北，究其原因，一是它把个人婚恋、择偶、创业这类以往属于人际传播的主要内容，属于人们茶余饭后的谈资和比较避讳的话题呈现在亿万观众面前，极大地满足了观众的需求，这种新鲜感必然带来高收视，从而带来频道知名度和收视份额的快速提升；二是得益于"铁三角"孟非、乐嘉和黄菡角色分明且搭配得当的上佳表现，尤其是他们各自风格迥异、特色鲜明的语言表达。孟非的圆熟老到，黄菡的温婉平和，乐嘉的率真犀利，使得他们之间以及他们与女嘉宾之间的言语交流始终保持着内在的张力和机锋，不时的话语冲突极大地激发了观众的兴趣。这种经由你来我往而形成的一种独特且具魅力的语言交流场，是其他电视节目中很少见到的。

3. 数据挖掘和数据监测，成为衡量信息传播效率和媒介价值的标尺

信息利用水平是构成媒体核心竞争力的重要部分。今天，人们的信息采集手段和效率越来越高，信息来源越来越多，信息收集的重要性相对让位于信息整理和加工的重要性。一个媒体如果想胜出，要拼的就不完全是信息的收集，而是信息的加工和整理。

大数据技术的战略意义不在于掌握庞大的数据信息，而在于对这些含有意义的数据进行专业化处理，亦即提高媒体从业者对数据的"加工能力"，通过"加工"实现数据的"增值"，提高其附加值。电视传媒"必须适应新的信息生产和传播方式，以多元化的媒介来承担信息传播的职能"[1]。

数据驱动新闻（DDJ），作为一种新兴的新闻数据挖掘工具，是用来分析和过滤海量新闻数据的工具，它通过对数据进行整合，从而挖掘新闻。香港城市大学祝建华教授认为，新闻经历了1980年开始的精确新闻，1990年开始的电脑辅助的新闻，2000年开始的数据库新闻，直到2010年开始的数据驱动新闻。2020年我们是否会经历大数据新闻时代，这是一个值得探讨的问题。[2] 高度重视和充分利用新闻数据挖掘工具，无疑会极大地拓展信息传播的效率与空间。

2012年8月，随视传媒在北京发布全新的社会化媒体服务平台

---

① 张意轩、于洋：《大数据时代的大媒体》，《人民日报》2013年1月17日第14版。

② 参见祝建华《数据驱动新闻——大数据时代传媒核心竞争力》，搜狐网，http：//media.sohu.com/20120718/n348442131.shtml，2012年7月18日。

"随视社交＋"。该平台旨在通过深度挖掘与分析 2.0 社交网络用户行为数据，并整合数百位演艺明星与体育明星资源，以基于理性的数据分析为基础，增强社交营销的科学性及其价值。"社交＋"系列包括社交管家、社交风云榜、名社汇、随视社会化品牌观察等系列工具，为社会化媒体营销提供技术和数据库支持。

为了回应大数据时代的挑战，"尼尔森网联"着力打造电视收视率实时监测的海量收视数据库，并在此基础上深入挖掘家庭信息平台价值。"尼尔森网联"执行副总裁张余认为，数据监测机构是传媒产业链中的重要组成部分，承担着第三方监测和数据服务的重要职能，它同时也提供了一个衡量信息传播效率和媒体价值的标尺。一方面，数据监测机构需要站在公正、客观、独立的角度，向市场提供准确、权威的数据信息，并在此基础上提供专业、科学的服务；另一方面，数据监测机构自身对传媒产业的发展应该负有使命感和责任感，需要密切追踪大产业的每一个新动态和新变革，不断提高自身的技术创新和研究创新能力，以更敏锐、更灵活的触觉把握产业发展方向，支持和推动传媒行业整体的进步与拓展。[①]

4. 节目资源的二次开掘，成为电视传媒扩大市场份额的重要手段

电视传媒竞争的本质是对传媒资源的争夺与分割，传媒资源是一切电视传播活动的基础和要素。电视传播的价值，在于节目资源的流通和开发能够使它在更大的时空范围内重新配置，并通过这种资源共享实现电视传媒与社会的互动，进而推动文化的繁荣和社会的发展。

节目资源包括信息资源、环境资源、媒介资源和受众资源。对节目资源的开发，首先依赖于传媒主体对节目资源的发现和鉴别，其次在于对节目资源的有效转化和整合，最后实现资源的增值。

"多重新闻业"（Multiple-journalism）是美国和欧洲非常流行的资源开掘方式，其要义是对素材进行再思考和再组织，使其能以数种形式加以表现。《媒体广场》是央视新闻频道开设的一个摘播其他媒体信息资源的早间新闻栏目，其宗旨是"集内外媒体，解读天下报章"，设立了"媒体浏览""媒体导读""媒体聚焦""媒体数字""媒体言论"几

---

① 参见《新时代的创新海量样本收视监测与研究》，《媒介》2012 年第 5 期。

个子栏目，通过主持人解说和编辑视频内容两种形式的组合，将不同报纸的有关信息组织进上述子栏目中。《媒体广场》这种共享报纸信息资源的栏目形式，很好地实现了电视媒体对报纸信息的再度利用、二次开发。

从 2013 年 4 月 22 日起，导演郑晓龙的电视剧《新编辑部的故事》在东方卫视黄金时段热播，与此同时，修复版的《编辑部的故事》在非黄金时段独家播出。这让观众每天在体味新编辑部的故事后，还可重温 20 年前《人间指南》编辑部中戈玲、李东宝、余德利、刘书友、牛大姐等人的趣事。东方卫视此次引进好莱坞级别的设备，专门修复《编辑部的故事》的磁带，不仅让老版由当时的标清转换成高清，适应了现在的电视机和观众的要求，而且在颜色上也进行了调整，重新着色，使修复后的电视剧看上去仿若新拍，颜色鲜亮如新。此次东方卫视的试水，被一部分网友认为有望开启电视剧修复的新市场。

湖南卫视播出的角色互换类纪实节目《变形计》，以对社会热点问题的关注、真实而充满悬念的故事，引起了观众的强烈反响，创下了很高的收视率。湖南科学技术出版社在捕捉到《变形计》的深刻内涵后，决定与湖南卫视合作，并邀请台湾著名心理学家张怡筠博士在改写节目文本的基础上，抓住互换角色的行为细节，进行深入的心理分析，帮助读者获得应对相关实际问题的方法和对策。如今，《变形计》由电视版摇身"变形"为图书版，继续发挥其影响。

（原载《视听界》2013 年第 3 期，此次出版有修订）

韩剧"男神"是这样炼成的

最近有个教授特别火，玉树临风、相貌堂堂，既有通天彻地之能，又有富可敌国之财，对友人肝胆相照，为爱人生死置之度外，在其冷漠帅气的面孔背后有一颗柔软无比的心，此人名叫都敏俊。

都敏俊堪称内在与外在360度无死角的完美典范，唯一的潜在不安因素是他外星人的身份。自古才子身旁必有佳人，都敏俊也不能免俗，他身边"赖"着一个顶着国民偶像光环的小女人——千颂伊。这样一个外星男人和地球女人之间相遇、相知、相爱、相守的故事被拍成了一部20集的电视剧——《来自星星的你》，并且非常受欢迎。

一　韩剧的爱情进化论

爱情是人生永恒的主题。很多时候人们在现实社会中难以寻觅到理想中的完美爱情，但是在影视剧作品里总能找到麻痹自己的精神鸦片。在众多的"精神类药物"中，韩剧的药效在用户反馈中无疑是名列前茅的。

早期的韩剧以《蓝色生死恋》和《冬季恋歌》为代表，一连串的反转剧情令剧中男女主人公的感情世界里写满了"纠结"二字，也让观看电视剧的观众们心甘情愿地跟着揪心，后者流泪哀叹的次数与前者流行风靡的指数成正比。然而在习惯了"各类绝症和车祸"之后，观众也逐渐产生了抗药性，改变成为韩剧不可抗拒的选择。

苦情戏已经无法令观众们产生共鸣，甚至只能引来奚落和成为笑料，于是韩剧另辟蹊径自我颠覆。同样是灰姑娘和王子，或者是灰小子和公主，爱情童话里的男女主人公开始像普通人一样谈一场与生离死别说再见的恋爱，虽偶有起伏，但贯穿全程的都是些观众们再熟悉不过的现实生活里随手可拾的嬉笑怒骂。一言以蔽之，类似《红豆女之恋》、《浪漫满屋》、《我爱金三顺》和《豪杰春香》这种走爱情轻喜剧路线的韩剧更接地气，观众们观看此类剧目在满足个人对于爱情的幻想之时，更可以在剧中的某些剧情里找到属于自己的影子。

时代在改变，但是爱情的主题不会变，如何让两者结合在一起是韩剧在发展过程中必须解决的一个命题。在最极端的虐心苦恋和最普通的欢喜冤家过后，韩剧近年开始用悬疑、科幻等看似无厘头的方式来包装爱情这瓶老酒。在前几年流行的《秘密花园》中，男女主人公实现了灵魂互换，虽看似荒诞，但是并没有给观众丝毫雷人的感觉；在最近的《来自星星的你》中，男主人公的身份直接变成了天外来客，有意思的是，在剧中大众对于这种不可思议的恋情并没有如男主人公所担忧的那样表现出惊恐和排斥，反倒是毫不疏离地接受，甚至还有些羡慕。

在推出了一部又一部爆红剧作之后，韩剧上演着属于自己的爱情进化论，给观众编织了一个又一个童话，原来爱情可以这样。相比于韩剧造梦者的角色，国产电视剧似乎更喜欢将生活中的冲突放大到极致，即便很多时候最后会安排一个大团圆式的结局，中间的曲折与残酷已经足以令人梦碎幻灭，其实爱情不是那样。

现实生活大多是平淡而乏味的，人生多艰，在做梦与梦碎之间，前者获得更多的拥趸也就并不令人意外了。

二 拒绝性爱的纯粹爱情

有一种流行的说法是，对于女人而言，韩剧是为她们量身定制的"A片"。有意思的是，在这种女性专属的"A片"中却丝毫没有刺激性的性爱场面，韩剧是性爱的绝缘体。

在美剧中，性爱场面司空见惯，如果一部爱情戏中没有些许爱情动作戏的场景反倒是有些匪夷所思，性爱更是著名美剧《欲望都市》的主题之一。相比于美剧的直接露骨，国产电视剧在性爱场面的表达上要含蓄了许多，摇曳的烛光或者是晃动的窗帘都可以成为男女主人公爱至浓烈时迸发的象征。

在关于性爱的选择题中，韩剧的选择是弃权，男女主人公可以牵手，可以拥抱，可以接吻，就是不能够上床，甚至连稍显撩拨的爱抚也极少出现。韩剧就像是一个白衣飘飘的清秀女生，沾不得半点肉欲，否则便是亵渎。这种近乎变态的"爱情洁癖"在男性观众看来未免有些不可理喻，但是对于女性观众而言却是反击所谓"爱我就给我"爱情观的有力武器。

在《来自星星的你》中，男女主人公接吻的节奏已经比传统快了许多，但是剧情的一个关键设置让所有人对于男女主人公是否会滚床单的猜想提前终止——来自外星的都敏俊不能接触地球人的体液，否则便有性命危险。无性在韩剧中的体现这一回可以说是达到了极致，但是这看似非常规的剧情却俘获了大量的女性观众，后者在揣测都敏俊与千颂伊能否突破身体限制的同时，又会发自肺腑地对自己的男伴说："瞧瞧，人家这才是真爱！"

虽然拒绝性爱，但是韩剧对于爱情的刻画另有所长。相思与单恋、闲愁与痛楚、自欺与欺人、伤害与原谅等，韩剧能用最恰当的方式诠释爱情字典里的每一个关键词，时而细腻时而热烈地将一个个爱情故事呈现在观众面前，剧终人散依旧留有余味。

或许有人会认为韩剧是在刻意地装纯，实际上并非如此。因为韩国的影视剧有着明确的分级规则，所以如果有人想看点刺激的也有片可看，韩国的情色电影（非 A 片）就相当出名，例如《色即是空》。而且韩剧的目标人群中包含一大部分未成年人，所以制作方在性爱剧情上的取舍也是可以理解的，非不能也，是不为也。

三　铁打的韩剧，流水的男神

长腿"欧巴"李敏镐登陆央视春晚后没多久，他的风头就被另一名同胞抢了去，他就是在《来自星星的你》中饰演都敏俊的金秀贤。在前不久刚结束的北京车展中，为现代汽车站台的金秀贤因为粉丝过于热情而导致的现场安保不达标不得不临时取消活动，其新一代"男神"的地位毋庸多言。

几乎每隔 5 年的时间，就会有一批不同类型的韩国男星通过韩剧走红成为"男神"。最早为国内观众所熟知的韩剧男星应该是安在旭，和他一样属于"72 派（出生于 1972 年前后的韩国男星）"的还有裴勇俊、张东健、柳时元和车仁表等人，走的是俊朗儒雅的成熟男人路线。在"77 派"的代表男星中，元彬、车太贤、宋承宪和苏志燮等人，这几人风格各异也得以在不同时间各领风骚。"82 派"的韩剧男星第一次打出了"花美男"的旗号，其代表人物便是李准基和玄彬，其精致的面容足以令不少女性掩面失色。近段时间蹿红的张根硕、李敏镐和金秀贤属于"87 派"，"长腿欧巴"是他们的标签，粉嫩的外表更是针对女性观众的致命武器。

一代又一代的"欧巴"通过韩剧这个舞台蹿红、成神，也很快因为过季被残忍地下架。毕竟娱乐业极其发达的韩国已经形成了一条能够成熟运转的造星流水线，而且能够在保持稳定的同时不断地根据观众的需求调整自身产品的特色，从而达到生生不息的结果。

成为"男神"的第一步是成为经纪公司的一名"练习生"。经纪公司在选拔"练习生"时对候选人的外貌要求很高，男性如果身高不够 180 厘米就很容易被拒绝收录，另外经纪公司还会主动要求练习生整形，或直接与整形单位合作。据韩国《朝鲜日报》报道，明星在"练习生"时期的生活模式大概分两种："半练半读"或"集体住宿"，简而言之相当于"兼职"和"全职"，不过个人的业余时间基本上被经纪公司安排的各种训练填满，练至午夜甚至是凌晨属于家常便饭。[①]

金秀贤签约裴勇俊旗下的 Keyeast 公司后，已经小有名气的前者第一年没有参与任何影视剧的拍摄，包括跳舞、唱歌、演技、体态、表情、礼仪，甚至媒体应对课在内的一系列培训就是他的生活。与此同时，裴勇俊还规定金秀贤每天必须阅读一定量的新闻报道，要做明星必须保持头脑清醒，会做人，多阅读新闻能使艺人不与社会脱节。

经过一整套严格的培训之后，经纪公司在将艺人正式送进娱乐圈之

---

① 参见李熙《韩式明星：流水线制造的优质产品》，网易新闻，http://view.163.com/special/reviews/kpop0731.html，2013 年 7 月 31 日。

前还会准备一个完整的推广计划，其中包括目前市场上最需要的部分是什么？大众渴望但是市场的空白是什么？参加哪个电视台的什么节目会提高人气增加收视？通过对市场和目标正确的分析，预判出正确的目标群体和定位，将得到的数据都进行逐一的分析后，经纪公司最终制定出艺人的活动内容及宣传方向。

金秀贤的培训结束后，经裴勇俊力荐在韩剧《Dream High》中担任男主角获得好评，随后出演电视剧《拥抱太阳的月亮》和电影《隐秘而伟大》，也都风评上佳，直至凭借《来自星星的你》中都敏俊一角达到巅峰。

四 我是编剧我做主

前段时间，著名演员宋丹丹一席话掀起了一场编剧们的"维权运动"，剧本到底由谁说了算？这样的问题在韩剧的制作过程中几乎是不可能出现的。韩国著名编剧苏贤晶 2009 年凭借《灿烂的遗产》（最高收视47.1%）声名大噪，2010 年她在出席亚洲编剧会议时曾说："在韩国电视剧的制作过程中，编剧通常拥有主导权。"[1]

韩剧制片人对编剧、导演甄选完毕后，编剧的工作要贯穿整个剧集制作始末。前期编剧要跟制作人策划探讨主题，完成剧本大纲；中期导演根据大纲制订拍摄计划，编剧开始写剧本；后期编剧参与挑选演员，开拍前所有演员要去电视台对词。一些久负盛名的资深编剧甚至有权选择合作导演、演员。

《爱情是什么》和《澡堂老板家的男人们》这两部早期在中国享有盛名的韩剧出自韩国著名女作家金秀贤之手，也成就后者在韩国电视剧编剧界的权威地位。业内地位如她可以丝毫不给明星演员们面子，以"言语刻薄"闻名的她经常在台词中加入一些直言不讳的贬损。在 2000年由她编剧的电视剧《火花》中，李英爱饰演的编剧作家不止一次地讽刺了金喜善。

---

① 《中日韩最牛编剧聚集首尔 "媳妇"编剧看好韩剧发展》，国际在线，http：//gb.cri.cn/27564/2010/09/10/4945s2988019.htm，2010 年 9 月 10 日。

韩国国家教育电视台节目组导演李翰奎 2014 年 2 月在接受《华商报》采访时表示："在韩国，电视剧编剧和电影编剧之间的界定比较明晰明确。韩国的电影导演一般习惯于自己写剧本，除了很少数同时涉及电影电视领域的青年作家以外，大多数的职业编剧都只专注于电视剧本创作。金牌职业编剧收入甚至比主演片酬还高，他们跟电视台或外包公司签约，享受金额不等的签约费和工作室。"① 金秀贤曾经在 2008 年与韩国 SBS 电视台签署一份总价值约为 2550 万人民币的协议，为后者第二年播出的电视剧撰写剧本。

随着韩剧的发展，韩国的编剧们也都纷纷选择了扬长避短的战略，有针对性地进行创作，在某一题材的领域内树立自己的江湖地位。拥有《继承者》和《秘密花园》两部代表作的金恩淑擅长刻画令人心动的爱情又不忘爱情中的轻松幽默；创作了《大长今》的金英贤能够用通俗手法表现重大历史题材，《善德女王》和《树大根深》均是其手笔，堪称韩剧古装戏编剧的金字招牌。

五　制作追求量少质优

2013 年，韩国共生产了 24 部周播剧和 7 部日播剧，按照周播剧每部 20 集，日播剧每部 120 集计算，韩国电视剧的年产量大概在 1320 集。而这个数字，还不到去年国产剧产量的十分之一。量少质优是韩国制片公司普遍认同的道理，制片公司一年也就制作 2 至 4 部电视剧，相比之下，国内影视公司一年至少打造 10 部剧目。②

一般的韩剧在播出之前会提前两到三个月拍摄，像《来自星星的你》这样规模的制作筹备期可能更长，制作费也比在棚内拍摄的家庭剧要多。韩国电视剧制作人郑泰相估计，《来自星星的你》的制作费单集在 2 亿至 3 亿韩元（约 120 万至 180 万人民币）之间。剧组官方披露的消息是仅男女主人公公寓的搭建就耗时一个多月，耗资 10 亿韩元（约 600 万人民币）。

---

① 《解密韩剧制作流程，〈来自星星的你〉幕后》，西陆网，Shizheng. xilu. com/20140807/1000150002 813494_ 2. html，2014 年 8 月 7 日。

② 参见《国产剧与韩剧的差距你知道吗?》，《南国都市报》（数字报）2014 年 3 月 29 日第 22 版。

在剧组美术部门搭建起的这个高富帅外星人公寓里，道具部门在布置时可谓煞费苦心。他们在江原道搜寻了 10 天后把麟蹄郡小山坡上的树连根搬运了回来，陶瓷或古籍等也是从踏十里古董美术商场等地购买，而且还借到了价值 3000 万韩元（约 18 万元人民币）的德国 Kieninger 牌壁钟。[1]

由于韩剧边拍边播的制播特点所限，剧集播出期间会设立电视剧讨论区，根据观众留言反馈对后续剧情和人物进行修改完善。在《来自星星的你》中，都敏俊一开始多穿着高领毛衣，这一着装并不讨人喜欢，所以在后来的剧集中，他更多的时候穿着低领。

虽然边播边拍可以灵活地调整剧情和任务设置以满足观众的收视需求，但是这也给制作方的效率提出了很高的要求。通常在六集过后，韩剧制作方会引入 B 组导演分开拍摄。虽然是 B 组，但是摄影、灯光、美术、道具等部门的工作人员的水准并不会比 A 组差，其一丝不苟的工作态度足以维持剧集的水准。

为了保证制作水准，韩剧的制作资金投入巨大，但是这并不代表制作方会毫无节制地一掷千金。在《来自星星的你》中，全智贤饰演的千颂伊所穿的服装都来自赞助商，另外手机、汽车等必备道具也都是由韩国本土赞助商提供。

赞助商为制作方节约了大量制作资金，但是制作方必须与赞助商保持相当的距离。《那年冬天，风在吹》因多次出现宋慧乔代言的护肤品，就遭到了韩国广播通信审议委员会的警告，并被要求支付高额罚金。[2]

（原载《视听界》2014 年第 3 期，本文与王子轩合著，此次出版有修订）

---

[1] 参见《〈星星〉每集制作费 2 亿韩元　选演员要先调研》，《南都娱乐周刊》2014 年 3 月 4 日。

[2] 参见《实地探访韩国娱乐产业链》，360doc 个人图书馆，http://www.360doc.com/content/14/0531/19/46388 49_ 382581352. shtml，2014 年 5 月 31 日。

弱水三千　只取一瓢

——从影视 IP 崇拜看大众文化"迷"的辨识力与创造力

突然间，IP 不再是范伟打劫时索要的长途电话卡，也不是你我上网时所需要的那个注册地址。近一两年，这两个字母的组合在影视剧制作范畴内有了"新"的含义，并且成为几乎街谈巷议的年度热词。此时此地所讨论的 IP 即"Intellectual Property（知识产权）"的首字母缩写，特指应用于影视剧改编或再创作的原创作品，其中包括一部电影，一部小说，一个故事，甚至一个角色，等等，它们都可以成为某个 IP。

其实 IP 在中国并不是什么稀罕事物。当我们现在大谈特谈《琅琊榜》《何以笙箫默》《花千骨》《盗墓笔记》《鬼吹灯》等所谓超级 IP 的开发时，不妨将时间往前推 10 年。10 年间，有对经典 RPG（角色扮演类游戏）的改编，如《仙剑奇侠传》和《轩辕剑》系列；有对时下流行小说的改编，如《金陵十三钗》《蜗居》《天下无贼》《我是特种兵》《亮剑》等；当然还少不了两个超级 IP——金庸与琼瑶，二人分别是武侠剧和言情剧的一代宗师，各路商家对其作品的改编多少年来始终乐此不疲。如果回溯的时间再长一些，《红楼梦》《西游记》《三国演义》《水浒传》《聊斋》等古典名著也都是如雷贯耳的 IP"大 V"，只是曹雪芹、吴承恩等人拿不到商家支付给自己的版权费了。

时至今日，IP 在中国影视剧制作当中的内涵与分量均发生了变化。不再局限于传统意义中知名作家的文学作品，影视剧制作人越发热衷于对当红网络文学的攫取与开发；除了最基本的文学作品改编，电视真人秀节目和经典歌曲也不再是未被开垦的处女地；与以往相比，影视剧制作人对知名 IP 的兴趣之浓厚、追逐之凶猛、争夺之激烈、依赖之严重，远超以往。一场浩浩荡荡的 IP 热席卷神州大地影视圈势不可当，大有顺者昌逆者亡之势。

有人忧心忡忡地指出，在这股 IP 热潮的背后是原创能力的严重缺失、对热点的盲目追捧和对大众的一味迎合。然而我们理应意识到，这股 IP 热的主体——IP 本身其实都是原创，其次必须给其加上一个形容词，即知名 IP。无论何种形式、何种载体、何种平台，它们已经获得了大众当中相当一部分人的认同，这一群体就是我们常说的"粉丝"，属于大众文化中"迷"的范畴。

约翰·费斯克（John Fiske）在其《理解大众文化》一书中如此形容大众文化迷这一群体："大众文化迷是狂热的读者：这些狂热爱好者的文本是极度流行的。作为一个'迷'，就意味着对文本的投入是主动的、热烈的、狂热的、参与式的。"[①] 透过这一股气势汹汹的影视 IP 热，我们恰恰可以发现影视剧制作人对大众文化迷的看重，但是这份重视似乎更倾向于对收视率和票房等投资回报的追求，而欠缺了一份诚恳与正视——千万不要低估大众文化迷的生产力与创造力，不然就是拥有再好的 IP，其最后的结果也只能是挨批。

一

达拉斯·斯迈思（Dallas Smythe）曾经在《自行车之后是什么？技术的政治与意识形态属性》中阐释自己的一个观点——看似没有阶级属性的技术背后实际隐藏了某种意识形态："具体技术应用在资本主义国家的研发过程是来自庞大的企业实验室，比如贝尔实验室，在那里数以千计的物理学家、化学家、其他科学家和工程师被组织在一起从事科研工作。资本主义企业的管理者只从这些实验室的大量提案中选择少部分进行研发，即选择那些有潜力创造新的有利可图的市场，或是可以降低旧市场的经营成本的。所以在资本主义市场关系中

---

① ［美］约翰·费斯克：《理解大众文化》，王晓珏、宋伟杰译，中央编译出版社 2001 年版，第 173—174 页。

产生的技术创新，一定体现了多种功能，其中之一就是资本主义的意识形态。"①

此刻暂且不讨论斯迈思的观点，他的这段论述着实有趣，不妨稍做改动。

各种 IP 在改编拍摄成影视作品之前，必须经历一个被大型影视公司或者小型工作室选择的过程，比如嘉禾和华谊兄弟，又或者隐匿于某间廉价写字楼的某某工作室，已经拥有各种 IP 的他们还会不断收到和寻找数以千计的原创作品。这些影视行业的管理者只会从大量提案中选择少部分进行开发，押宝那些有潜力创造新的有利可图的市场，使之成为新 IP，如《甄嬛传》《鬼吹灯》，或是选择可以降低经营风险的老 IP，如金庸系列。

弱水三千为何只取一瓢？司马迁数千年前便已一语道破天机："天下熙熙，皆为利来，天下攘攘，皆为利往。"《史记·货殖列传》无论是老 IP 还是新 IP，都有一个共同点，那就是已经具备大量的粉丝，这一群体稍加引导与利用，可以轻松转化为消费者，进而是蔚为可观的经济效益。米歇尔·德塞都（Michel de Certeau）认为，大众必须凭借他们手头拥有的东西度日，而他们所拥有的，便是文化（和其他）工业的产品。约翰·费斯克则在此基础上进一步表示："任何一种产品，它赢得的消费者越多，它在文化工厂现有的流程中被再生产的可能性就越大，而它得到的经济回馈也就越高。"②

米歇尔·德塞都视粉丝为一个文化上边缘、社会上弱势的群体。亨利·詹金斯（Henry Jenkins）曾经在《大众文化：粉丝、盗猎者、游牧民——德塞都的大众文化审美》中写道："像其他的大众读者一样，粉丝缺乏直接接触商业文化生产工具的途径，他们影响娱乐工业决策的资源也极其有限。粉丝必须乞求电视网络继续播映他们最喜爱的节目，必须游说制片人按照他们渴望的情节发展剧情或维护他们喜爱的人物形象的完美性。在文化经济内部，粉丝是农民，而不是

---

① ［加］达拉斯·斯迈思、王洪喆：《自行车之后是什么？技术的政治与意识形态属性》，《开放时代》2014 年第 4 期。
② ［美］约翰·费斯克：《理解大众文化》，王晓珏、宋伟杰译，中央编译出版社 2001 年版，第 34 页。

有产者。"①

如果将德塞都彼时的观点置于当下，他似乎有些低估了粉丝这一群体的主观能动性。这类粉丝，或者说某一文本的迷，他们与普通受众的差别并不在于性质，而是程度。约翰·费斯克之前便已指出大众文化迷在文化产品生产过程中的重要性："着迷主要包含两种行为的特殊性：辨识力与生产力。"② 正是这种特殊性，促使粉丝的数量与质量如今成为左右影视工业决策的重要因素，影视剧制作者们选择 IP 的同时也是在乞求粉丝们观看自己即将推出的节目作品。在文化经济内部，或许粉丝是农民，不是有产者，但是他们具有投票权，而这种基于个人喜好与兴趣口味的民主恰恰是他们与有产者之间进行博弈的最大资本。

乐视影业今年与高晓松签约，将对《睡在我上铺的兄弟》这首经典校园民谣进行开发，不仅仅将拍成电影，更涵盖了周播剧、音乐活动等不同项目。乐视影业 CEO 张昭透露："高晓松的歌影响了几十年，辐射力非常强，中国的音乐行业和电影行业，实际上是一个大金矿。《睡在我上铺的兄弟》，其实很多代人都知道，一唱起就会想起自己的青春、大学时代。"③

二

何为群体？一些具有某些共同兴趣与目标的人。④ 大众文化迷们就是一个庞大的群体，其中又包含了很多小群体，因为任何时候个体都不可能仅仅属于某个群体。他们的兴趣与目标成为一个标准，从而划分出某一群体着迷和不着迷的东西。

恰如张昭所言，一唱起《睡在我上铺的兄弟》，很多人便会想起自

---

① ［美］亨利·詹金斯：《大众文化：粉丝、盗猎者、游牧民——德塞都的大众文化审美》，杨玲译，《湖北大学学报》（哲学社会科学版）2008 年第 4 期。

② ［美］约翰·费斯克：《理解大众文化》，王晓珏、宋伟杰译，中央编译出版社 2001 年版，第 174 页。

③ 《实战篇：IP 怎么变成电影？》，搜狐网，http：//www.sohu.com/a/17937275_ 115325，2015 年 6 月 7 日。

④ 参见［美］约翰·费斯克等编撰《关键概念：传播与文化研究辞典》（第二版），李彬译注，新华出版社 2004 年版，第 121 页。

己的青春、大学时代。一首歌如一把钥匙，开启灵魂深处盛满记忆的木匣，唤醒了宿舍里的荒唐和疯狂，课堂上的理想和锋芒，也许还有一些操场上、花园中不足为外人道的秘密。这首歌曲所表达的青春往事和校园情怀成为这一类"青春迷们"进行辨识的标准与界限，而不再是歌曲本身的旋律与歌词是否悦耳。因此才会在除了《睡在我上铺的兄弟》以外，此前高晓松的另一首经典校园歌曲《同桌的你》已经被改编成了同名电影，何炅的青春题材歌曲《栀子花开》也一样出现了同名电影。

又比如《甄嬛传》。这部根据网红小说改编的宫斗戏的粉丝们十分清楚，自己之所以着迷，是因为后宫女人们之间的钩心斗角与闺蜜情深恰恰是自己生活中的真实写照，宫里宫外的为爱痴狂或是隐忍恰好反映了自己的内心诉求，逢凶化吉惩恶扬善的结果又正好契合了自己的"三观"。不出意外，当同为孙俪主演以秦国宣太后为主角的《芈月传》上映之后，将会有一大批《甄嬛传》的粉丝成为这部新戏的"自来水"（自费来当水军）。

铁打的粉丝，流水的 IP，影视剧制作人看准了这一点。IP 各不一样，但是拥有几乎相同的辨识标准，所以能够吸引大致相同的粉丝。约翰·费斯克早已指出："选择文本也就是选择社会效忠从属关系。对大众文化迷来说，社会效忠从属关系和文化趣味之间的关联是主动的和明显的，他们的辨识行为所遵从的是社会相关性，而非审美特质的标准。"①

看过《圣斗士星矢》的人都知道一句经典的台词："同样的招式对圣斗士是没用的。"事实上这句台词只适用于号称"青铜五小强"的五位青铜圣斗士主角，其他圣斗士，无论黄金白银，还是冥斗士、海斗士，到最后都会被星矢的天马流星拳或是紫龙的庐山升龙霸反复击倒，直至无力还击。

大多数影视剧制作人在选择 IP 之前，已经对这一部分大众文化迷的辨识行为进行了准确的判断与精确的计算，所以能将风险收益的比例把控在承受范围之内，这便是他们的天马流星拳和庐山升龙霸，最终的票房统计数字证明这招屡试不爽。《致我们终将逝去的青春》票房破 7

---

① ［美］约翰·费斯克：《理解大众文化》，王晓珏、宋伟杰译，中央编译出版社 2001 年版，第 174 页。

亿元，《匆匆那年》票房近 5.8 亿元，缺乏一线大腕儿的《左耳》票房也达到 5 亿元，《同桌的你》则拿到了 4.5 亿元票房。[1] 这些影片虽然每部都是槽点颇多，令人不吐不快，但是这并不妨碍出品方日进斗金。张昭说高晓松的歌是金矿，实际上真正具有价值的是 IP 背后的辨识力。

三

在上海读书时，班级曾人手订阅一本杂志，名曰《中文自修》。在这本杂志当中，有一个栏目类似于续写接龙，当时正是《哈利波特》在中国大陆地区刚刚红火的时间，于是赫敏与哈利（二人都是书中主人公）之间的情愫成了不少人续写的内容主线。续写这种行为就像你我买到一条不错的牛仔裤之后，也许会剪几个口子或是水洗做旧，从而达到心目中最为理想的效果。这恰恰反映出，所谓粉丝并不是被动的接受者，他们不只是盲目地跟风，还被精明的商家利用。这一类大众文化迷具有生产力：他们的着迷行为激励他们去生产自己的文本，他们主动地和富有生产力地活跃于有意义的社会流通过程中。[2]

《琅琊榜》无疑是近来人气最高的电视剧之一，被称为值得"安利"的良心大剧，甚至是国剧典范。相较于这一系列虚名，数据无疑更具有说服力。《琅琊榜》开播当晚短短两小时内，获得近 40 万的搜索指数，相关微博参与讨论总数高达 144.2 万人次。与话题热度齐飞的是不断攀升的网络播放量，该剧在优酷土豆的播放量仅上线两天便已突破一亿大关，评论超 45000 条，评分更高达 9.7 分，并且增长势头迅猛。[3]

当这部"男版《甄嬛传》"收官时，打开手机刷刷你的朋友圈便不难发现，很多人竟然被各类公众号的相关推送刷屏了，而且篇篇阅读量

---

① 参见《〈同桌〉票房超 4 亿　90 后周冬雨忙吸金》，新浪娱乐，http：//entsina. com. cn/m//c/2014 – 05 – 22/15194146381. shtml，2014 年 5 月 22 日。

② 参见［美］约翰·费斯克《理解大众文化》，王晓珏、宋伟杰译，中央编译出版社 2001 年版，第 174 页。

③ 参见《〈琅琊榜〉口碑爆棚 两天破亿播放量全网第一》，人民网，http：//ent. people. com. cn/n/2015/0922/c1012 – 27620411. html，2015 年 9 月 22 日。

轻松超过 10 万次。在这些推送当中既有该剧主演的八卦，也有相关的剧情梳理，当然还有不少只是借用了《琅琊榜》这个名字做个噱头而已。不可否认，这些出自微信公众号平台的内容有一部分来自该剧的社会化营销，但仍有一部分是粉丝的自主行为。

德塞都将粉丝这类积极的文本阅读者形容为盗猎者和游牧民，"对他人的文学领地肆意袭击"，掠夺走那些对其有益或者能够带来愉悦的东西。巴德、安特曼和斯坦曼进一步表示，游牧的读者"实际上可能是无权的和依赖性的"，而不是"不受约束、不安分和自由的"。他们指出："游牧的人不能定居下来，他们受一些无法控制的自然力量支配和左右。"对此亨利·詹金斯提出了不同的观点，他认为粉丝作为消费者，并非"受媒介聚光灯掌控，这道灯光打到哪儿，消费者的主体性就必然跟到哪儿"。在他看来，这类群体其实是一个庞大的媒介文化的挑剔的使用者。①

继续以《琅琊榜》为例，正式播出版本的结尾略有删改，所以网络中才会流传一个引人遐想的彩蛋，似乎男主角梅长苏，也就是林殊并没有死去。恰巧片方已经表示将拍摄续集，人们开始对男主角的回归充满了期待。然而此时片方予以辟谣，并表明这只是一个美丽的误会。虽然空欢喜一场，但是仍然有该剧粉丝通过漫画等形式令梅长苏起死回生，这种锲而不舍且脑洞大开的爱意颇令人感动。

约翰·费斯克曾说："原初的文本是一种文化资源，从中可以生产出无数的新文本。前者的结构可能会限制或决定新文本的范围，但是永远不可能限制使用它的'迷'的创造力和'生产者的特性'。"② 果不其然。

四

"有时候，这种'迷'的生产力甚至可以扩展至更大的范围，生产出的文本足以与原初文本相匹敌，或者对其加以拓展，甚至于彻底

---

① 参见［美］亨利·詹金斯《大众文化：粉丝、盗猎者、游牧民——德塞都的大众文化审美》，杨玲译，《湖北大学学报》（哲学社会科学版）2008 年第 4 期。
② ［美］约翰·费斯克：《理解大众文化》，王晓珏、宋伟杰译，中央编译出版社 2001 年版，第 175 页。

重写。"① 所以我们经常能够看见类似于 cosplay 的行为，或者是明星的模仿秀，又或者是对原创经典的翻拍与颠覆，例如好莱坞惊悚片有一个著名的《惊声尖叫》系列，同时还有一个一样有名的恶搞喜剧《惊声尖笑》系列。

不妨再举一个更为熟悉的例子。在前文中已经提到，《西游记》堪称超级 IP。除了老版的电视剧和《大闹天宫》这部经典动画片外，人们最耳熟能详的莫过于刘镇伟和周星驰的《大话西游》。原本一心一意斩妖除魔护送唐僧西天取经最终修成正果的斗战胜佛竟然和蜘蛛精与紫霞仙子谈起了恋爱，这种颠覆性的效果在当代青年人中产生了巨大的影响，其程度丝毫不逊于《西游记》原著。紧接着在《大话西游》的基础之上，又出现了今何在（原名曾雨）的网络小说《悟空传》，迄今为止它仍被奉为中国网络文学的经典之作。

从《西游记》这一 IP 的"进化"过程中，"迷"的创造力显而易见。这种创造力就表现在对原文本与新文本的相关性的建构之中，比如孙悟空始终都是桀骜不驯的叛逆者，但挑战规则的结局最终都是自我割舍、立地成佛。与此同时，为之着迷的观者将自己投射到孙悟空的形象之中，或是将生活中的各种桎梏投射到以唐僧为代表的清规戒律之中并产生共鸣，如此一来便将一个普通的内心幻想的形象转化为具体的、具有公共潜能的文本。

约翰·费斯克在评价《星际旅行》迷们根据原版录像带摄制的新录像带时表示，"迷"所具有的文化能力越强，就越能够识别出每一个镜头的原初文本和语境，这样他们从中建构意义与快感的资源也就越加丰富。②

在《琅琊榜》热播之际，该剧的粉丝们各尽所能，同时也是无所不用其极地表达自己对于这部"业界良心之作"的热爱。一些女观众专注于用改编的漫画和局部的影像截图表达对靖王与梅长苏这对剧中"男男 CP"的钟情；一些女观众热衷于收集和幻想患有语言功能障碍

---

① ［美］约翰·费斯克：《理解大众文化》，王晓珏、宋伟杰译，中央编译出版社 2001 年版，第 175 页。

② 参见［美］约翰·费斯克《理解大众文化》，王晓珏、宋伟杰译，中央编译出版社 2001 年版，第 177 页。

却萌态尽显的飞流如何被梅长苏保护不被蔺晨欺负；当然最多的还是"情感泛滥综合征"患者对于片中亲情、爱情和友情的梳理，甚至有人将片中词曲直接翻译成了颇具神韵的英文诗词。这些繁盛的衍生品不仅反映出了粉丝们的丰富的创造力，更是对片方的激励与认同。

大众辨识力不仅仅是从既存的文化资源库存中去选取与扬弃的过程，它更是对选择出的意义加以创造性使用的过程，在持续的文化再生产过程中，文本和日常生活被富有意义地连接起来。① 换而言之，只有以诚恳和谦逊的态度正视并不愚钝的粉丝，影视剧制作人方能选择到真正具有价值而且接地气的 IP，并加以成功的开发。否则纵使尚方宝剑在手，在他人眼中不过是咸鱼一条。

（原载《视听界》2015 年第 11 期，本文与王子轩合著）

---

① 参见〔美〕约翰·费斯克《理解大众文化》，王晓珏、宋伟杰译，中央编译出版社 2001 年版，第 179 页。

乱花渐欲迷人眼

——IP 剧热潮刍议

IP 是时下影视行业最热门的词汇之一。IP 是英语 "Intellectual Property" 的缩写，直译为 "知识产权"。现在通常所说的 IP，广义上来讲是指拥有大量粉丝基础，可开发潜力巨大的网络文学、游戏动漫等艺术作品。从 2014 年的 "小时代" 系列、《匆匆那年》、《同桌的你》等由小说或歌曲改编而成的作品在市场上纷纷取得高票房，中国影视文化界的 IP 改编热潮随即到来。近三年来 IP 改编作品数量呈现上升趋势，2014 年小说 IP 改编作品有 20 部左右，2015 年数量翻番，达到 40 多部，到 2016 年，已公布的就有 108 个大 IP 改编剧。[①] 显然，IP 剧已成为以影像物品生产和物品影像消费为主导的景观社会里一道炫目的景观。

一 当前 IP 剧生产的特征

1. 政策调控和泛娱乐趋势引发 IP 剧热潮

"一剧两星" "限外令" 调整剧播结构。从 2015 年 1 月 1 日起，"一剧两星" 政策开始实施，内容包括：同一部电视剧每晚黄金时段联播的综合频道不得超过两家，同一部电视剧在卫视综合频道每晚黄金时段播出不得超过两集。"一剧两星" 政策使得电视台购剧的成本增加，卫视在购买电视剧时更加看重电视剧制作是否精良，优质电视剧成为卫视提高收视率的抢手货。2015 年 4 月 1 日颁布的 "限外令"（《国家新闻出版广电总局关于进一步落实网上境外影视剧管理有关规定的通

---

① 参见贺佳雯《IP 在 2016 年有多热？》，《中国经济信息》2017 年第 3 期。

知》）使众多视频网站美剧下架，海外剧需要"先审后播"，国内无法同步观看，视频网站加大对于国产电视剧的填补，开始"自制剧""独播剧"的制作。在国内原创优质剧本无法满足国产电视剧的制作需求下，影视公司为了规避风险，保证收视率，短时间内实现资本套现，将目光投向了拥有一定观众基础的网络文学，网络 IP 改编剧开始火热。

泛娱乐产品的高收益导致业界追捧 IP 剧。自 2012 年腾讯正式发布"泛娱乐"战略以来，2014 年"泛娱乐"是文化部、国家新闻出版广电总局等中央部门的行业报告所载并重点强调的词语。泛娱乐指的是基于互联网与移动互联网的多领域共生，以明星 IP 为核心，利用粉丝经济构建文学、动漫、影视、游戏等领域的文化产业链。在百度、腾讯、阿里宣布"泛娱乐"战略之后，以 IP 为核心的泛娱乐布局成为中国文化产业趋势。随着网络文学的迅速发展，优秀作品频出，网络小说成为泛娱乐 IP 最主要的内容提供者。2015 年网络文学 IP《花千骨》在改编成影视剧后广受关注；紧接着手游《花千骨》推出，成功借势影视剧，更是创下月流水两亿的神话。① 泛娱乐形势下，大量影视公司欲复制《花千骨》的影游联动模式，实现同一 IP，不同文化产品的联动开发，达到资本的迅速积累和变现。由网络文学 IP 改编的电视剧引发的泛娱乐产品的高收益导致业界对于 IP 剧的追捧，IP 剧热潮持续上升。

2. 青年观众强势回归，剧作凸显年轻态

在过去，家长里短、婆媳关系、红色抗战等内容的电视剧吸引着中年人成为主要电视受众。近年来，视频网站的发展为年轻观众提供了更加便捷的观看平台，改变了年轻人的收视习惯。而五大卫视热播大剧的频频发力，吸引着年轻观众回归电视荧屏。SMG 影视剧中心主任王磊卿表示："《芈月传》《虎妈猫爸》的播出大受年轻观众的欢迎，黄金时段以'80后'、'90后'为主，年轻观众上涨近 100%。"② 观众构成更趋年轻化使得影视公司纷纷开始迎合年轻人口味，电视剧创作朝着年轻态的新路发展。

故事题材多元化，古装、都市成主流。为了满足"80、90、00后"不同的消费需求，IP 剧的出现开拓了电视剧的新类型，电视剧题材呈

---

① 参见李丹凤《浅析泛娱乐背景下网络文学的 IP 价值》，《新闻传播》2015 年第 24 期。

② 李夏至：《电视剧内容来源被颠覆　"二次元剧"将成未来爆款?》，中国新闻网，https：//www.chinanews.com/cul/2016/03－09/7790222.shtml，2016 年 3 月 9 日。

现多元化发展。从 2015—2016 年五大卫视电视剧题材数量看，谍战、玄幻、罪案、冒险等特征鲜明的电视剧不仅数量增加，而且往往成为电视剧收视的亮点。《伪装者》融合了谍战剧元素，悬念和人物命运交织，实力偶像胡歌的强势加盟、叙事视角的生活情趣化，使得其全网收视率成功突破 3%，成为年度首部现象级谍战大剧。《人民的名义》以反腐的敏感题材、剧情的悬念迭起使该剧在开播后收视一路飙升，最终以 CSM35 城 3.679% 的收视率提前锁定年度爆款剧。

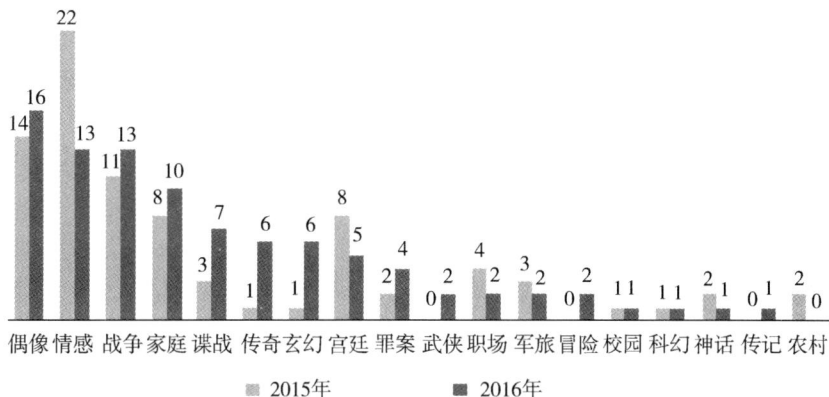

2015 年—2016 年五大卫视电视剧题材数量（部）

数据来源：https：//www.sohu.com/a/127949610_ 228914。

与其他题材相比，古装、都市更受年轻观众的喜爱。古装电视剧时代久远，满足了人们对无拘无束生活的向往，服装、造型华丽吸引着年轻观众的眼球，而都市剧真实反映当代年轻人的现实生活，事业与情感的多元景观易引起年轻观众的共鸣。2017 年年初的古装玄幻剧《三生三世十里桃花》凭借赵又廷、杨幂爆发式的演技，唯美的服装、场景，跌宕起伏的剧情使其网络播放量轻松突破 400 亿，而讲述五个背景各异的女生来上海打拼的都市剧《欢乐颂 2》成功引起网络热议，收视成绩亮眼。纵观 2017 年电视剧题材分布情况，主流制作公司均以古装、都市题材为主，无论是克顿的《三生三世十里桃花》、新丽传媒的《我的前半生》，还是慈文的《楚乔传》、正午阳光的《欢乐颂 2》，都试图以热播题材引起网络热议，争夺年度收视之王。

剧本内容言情化，演员阵容偶像化。随着年轻观众观剧回流，电视剧内容、演员阵容走向"年轻化"趋势。不仅仅现代都市剧的剧情围绕着年轻人的爱情、友情、亲情展开，一些古装剧、谍战剧、历史剧也开始将主角的感情纠葛作为主线，推动剧情的发展，使得偶像、言情被大面积泛化。[①] 为了满足年轻观众的审美需求，电视阵容开始由演技派的实力老演员转向颜值高的当红小生或流量花旦，这些偶像的青春面孔不仅拉近了与年轻观众的情感距离，而且以专业的演技、细腻的情感抓住了年轻观众的心。《琅琊榜》《楚乔传》等电视剧年轻演员开始担任主角，胡歌对梅长苏的塑造，赵丽颖对奴籍少女楚乔坚韧果敢的精彩演绎在颜值之外显示出青年演员的魅力和艺术创造力。

3. 资本流向大 IP，成本驱动大制作

回报率和附加值牵引产业的资本流向。近两年来大量资本注入影视产业，加之爆款电视剧基本源于 IP 改编，IP 的附加值被高度渲染，投资者逐渐形成了"唯 IP 论"。从 2017 年主流影视公司的制作待拍的电视剧资源来看，网络 IP 改编依然是电视剧制作主流，占到国产电视剧的一半以上。而大 IP 凭借庞大粉丝群和超高的话题热度，在影视、游戏等领域的极强可塑性，成为资本投资商站稳泛娱乐市场的内容王牌。点击量颇高的《三生三世十里桃花》小说在出版、影视、游戏等领域的全线出击使其荣登 2016 中国 IP 价值榜——网络文学榜前 10 名，各版本实体书售出超 500 万册，发行至美国、泰国、越南等国家。《三生三世十里桃花》电视剧更是平均收视率均突破了全网收视率的 1%，网络播放量突破 300 亿。同名电影票房突破 5 亿元，手游即将上线。泛娱乐市场巨额的投资回报，使得大 IP 的争夺更加白热化。

主流制作公司 2017 年电视剧资源一览表

制作公司	电视剧	平台	导演	主演	是否 IP
华策克顿	《三生三世十里桃花》	浙江、东方	林玉芬	杨幂、赵又廷、张智尧、迪丽热巴	是
	《特工皇妃楚乔传》	湖南	吴锦源	赵丽颖、林更新、窦骁、李沁	是
	《上古情歌》	东方、安徽	蔡晶盛	黄晓明、宋茜、盛一伦、张俪、沈泰	是
	《射雕英雄传》	东方	蒋家骏	杨旭文、李一桐、陈星旭、孟子义	是

① 参见尹鸿《"互联网 +"背景下的电视剧多元转向——2015 年度中国电视剧创作》，《电视研究》2016 年第 3 期。

制作公司	电视剧	平台	导演	主演	是否 IP
华策克顿	《孤芳不自赏》	湖南	鞠觉亮	杨颖、钟汉良、甘婷婷、孙艺洲	是
	《谈判官》	湖南	刘一志	杨幂、黄子韬	是
	《夏至未至》	湖南	张太侑	郑爽、陈学冬、白敬亭	是
	《盲约》	安徽	柯翰辰	蒋欣、陆毅、冉旭、宋晨	—
	《周末父母》	深圳	王为	刘恺威、王鸥、张萌、朱泳腾	—
	《锦衣夜行》	贵州	钟澍佳	张翰、朴敏英、徐正曦、魏千翔	是
新丽传媒	《如懿传》	东方、江苏	汪俊	周迅、霍建华、张钧甯、李纯、董洁	是
	《我的前半生》	东方、北京	沈严	马伊琍、靳东、袁泉	是
	《剃刀边缘》	东方、北京	文章	文章、马伊琍	—
	《风筝》	东方、北京	柳云龙	柳云龙、罗海琼、李小冉	—
	《白鹿原》	安徽、江苏	刘进	张嘉译、何冰、秦海璐	是
正午阳光	《欢乐颂2》	浙江、东方	简川訸、张开宙	刘涛、蒋欣、王子文、杨紫、乔欣	是
	《外科风云》	浙江、北京	李雪	靳东、白百何、李佳航	—
	《琅琊榜2》	东方、北京	孔笙	刘昊然、黄晓明、佟丽娅	是
	《鬼吹灯之精绝古城》	东方	孔笙	靳东、陈乔恩	是
慈文传媒	《凉生我们可不可以不忧伤》	湖南	刘俊杰	钟汉良、马天宇、孙怡、于朦胧	是
	《特工皇妃楚乔传》	湖南	吴锦源	赵丽颖、林更新、窦骁、李沁	是
	《特勤精英》	湖南	徐宗政	张丹峰、苏青、李乃文、包文婧	—
欢瑞世纪	《诛仙2》	北京	朱锐斌	李易峰、赵丽颖、杨紫、成毅、秦俊杰	是
	《盗墓笔记2》	北京	郑保瑞	秦俊杰	是
	《十年一品温如言》	北京	—	杨紫	是
	《大唐荣耀》	北京	刘国楠	景甜、任嘉伦、万茜、舒畅、于小伟	是
华录百纳	《深夜食堂》	浙江、北京	蔡岳勋	黄磊、何炅、张钧甯、陈意涵、海清	是
	《角力之城》	北京、深圳	李牧鸽	王耀庆、潘之琳、魏千翔	—
	《乱世丽人行》	天津	卢伦常	韩雪、付辛博、毛林林、张丹峰	—
青雨传媒	《猎场》	湖南	姜伟	胡歌、陈龙、孙红雷、张嘉译、祖峰	—
	《如果可以这样爱》	湖南	王雷	佟大为、刘诗诗、保剑锋	是
企鹅影业	《使徒行者2》	东方	苏万聪	苗侨伟、宣萱、陈豪、许绍雄	—
	《鬼吹灯之精绝古城》	东方	孔笙	靳东、陈乔恩	是
	《择天记》	湖南	钟澍佳	鹿晗、古力娜扎、吴倩、曾舜晞	是

制作公司	电视剧	平台	导演	主演	是否 IP
芒果影视	《秋收起义》	湖南	李骏	侯京健、刘丛丹、夏德俊	—
	《漂亮的李慧珍》	湖南	赵晨阳	迪丽热巴、盛一伦、李溪芮、张彬彬	是
	《进击吧闪电》	湖南	柯翰辰	蒋劲夫、陈娅安、胡宇崴、冯文娟	—
	《不一样的美男子2》	湖南	丁仰国	张云龙、阚清子	—
	《浪花一朵朵》	湖南	—	蒋劲夫、谭松韵	是
	《超能学院》	湖南	—	待定	—
	《封神》	山东	辛宇哲	罗晋、王丽坤、张博、于和伟	是
嘉行传媒	《三生三世十里桃花》	浙江、东方	林玉芬	杨幂、赵又廷、张智尧、迪丽热巴	是
	《谈判官》	湖南	刘一志	杨幂、黄子韬	是
	《漂亮的李慧珍》	湖南	赵晨阳	迪丽热巴、盛一伦、李溪芮、张彬彬	是
	《周末父母》	深圳	王为	刘恺威、王鸥、张萌、朱泳腾	—
海润影视	《北上广依然相信爱情》	浙江	李骏	朱亚文、陈妍希、张铎、曾泳醍	—
	《老爸当家》	黑龙江	陈国星	张国立、蒋欣、高鑫	—
幸福蓝海	《最后一张签证》	江苏、北京	花箐	王雷、陈宝国、张静静、赵擎	—
	《繁星四月》	江苏	黄伟杰	吴奇隆、戚薇、任言恺、王霏、邓萃雯	是
观达影视	《超感恋人》	东方	—	陈乔恩、张若昀（拟邀）	—
	《浪花一朵朵》	湖南	—	蒋劲夫、谭松韵	是
	《因为遇见你》	安徽、深圳	周晓鹏	孙怡、邓伦、刘敏涛、潘仪君、吴优	—
尚世影视	《转角之恋》	东方	王雷	蒋雯丽、明道、孙铱、郑凯	—
	《求婚大作战》	东方	毛小睿	张艺兴、陈都灵	是
唐人影视	《重返20岁》	深圳	高林豹	韩东君、胡冰卿、归亚蕾、秦汉	是
	《柜中美人》	深圳	李公乐	周渝民、胡冰卿、陈瑶、韩栋	是
唐德影视	《赢天下》	湖南	高翊浚	范冰冰	是
	《花儿与远方》	安徽	丁黑	蒋雯丽、王志飞	—
柠萌影业	《南方有禾木》	江苏	—	陈伟霆、白百何（拟邀）	是
	《择天记》	湖南	钟澍佳	鹿晗、古力娜扎、吴倩、曾舜晞	是
佳和晖映	《白鹿原》	安徽、江苏	刘进	张嘉译、何冰、秦海璐	是
	《我的体育老师》	安徽、山东	林妍	张嘉译、王晓晨、王维维、张子健	—
	《北京人在北京》	北京	周友朝	张嘉译、姜武、刘佩琦、迟蓬	—

制作公司	电视剧	平台	导演	主演	是否 IP
佟悦名新	《如果可以这样爱》	湖南	王雷	佟大为、刘诗诗、保剑锋	是
	《人间至味是清欢》	湖南	陈铭章	佟大为、陈乔恩、王一博	—
稻草熊影业	《蜀山战纪之踏火行歌》	安徽	黄伟杰	吴奇隆	是
	《繁星四月》	江苏	黄伟杰	吴奇隆、戚薇、任言恺、王霏、邓萃雯	是
乐视花儿影视	《急诊科医生》	东方、北京	郑晓龙	张嘉译、王珞丹、江珊、柯蓝	—
梦幻星生园	《那片星空那片海》	湖南	卫翰韬	冯绍峰、郭碧婷、黄明、隋咏良	是
新文化	《轩辕剑之汉之云》	东方	潘文杰	张云龙、于朦胧、关晓彤	是
天意影视	《龙珠传奇》	安徽、北京	朱少杰	杨紫、秦俊杰、舒畅、斯琴高娃	—
	《花开如梦》	辽宁	刘惠宁	张嘉译、董洁、王琳、张鲁一	是
完美影视	《思美人》	湖南	张孝正	马可、张馨予、乔振宇、易烊千玺	—
	《射雕英雄传》	东方	蒋家骏	杨旭文、李一桐、陈星旭、孟子义	是
	《心如铁》	江西	张国庆	聂远、舒畅、江涛	—
永乐影视	《何所冬暖何所夏凉》	深圳	—	贾乃亮、王子文、刘畅、陈晓东	是
光中影视	《白鹿原》	江苏、安徽	刘进	张嘉译、何冰、秦海璐	是
华美时空	《我的体育老师》	安徽、山东	林妍	张嘉译、王晓晨、王维维、张子健	—
华视娱乐	《那年花开月正圆》	东方、江苏	丁黑	孙俪、陈晓、何润东、胡杏儿	—
华娱星空	《飘洋过海来看你》	安徽	陈铭章	朱亚文、王丽坤、叶青、黄柏钧	—
九州梦工厂	《海上牧云记》	湖南	曹盾	黄轩、窦骁、周一围、徐璐	是
领骧影视	《一路繁花相送》	东方、江苏	刘淼淼	钟汉良、江疏影、炎亚纶、李晟	是
	《小巷名流》	江苏	从连文	黄渤、江疏影、王迅（拟邀）	—
芒果传媒	《我们的少年时代》	湖南	成志超	TFBOYS、薛之谦、李小璐	—
东阳盟将威影视	《花开如梦》	辽宁	刘惠宁	张嘉译、董洁、王琳、张鲁一	是
	《军师联盟》	江苏、北京	张永新	吴秀波、刘涛、李晨、张钧甯	—
完美时空	《人生若如初相见》	深圳	何澍培	韩东君、孙怡、方中信	是
星易和影视	《脱身者》	东方	汪启楠	陈坤、万茜	—
星映环球	《王子咖啡店》	安徽	姜信孝	杨玏、徐璐、王阳、施予斐	是

数据来源：© 2016. 12 前景广告 Change Media（以上内容为不完全数据统计，资料来源于网络）。

版权购买和生产成本上涨驱动大制作。近几年来，一些投资商、影视制作公司对于 IP 资源哄抢和"囤货"，变相推动了知名网络文学、网络游戏的版权水涨船高。2014 年以来，网络 IP 版权费一涨再涨，从三年前的 10 万元跃升至如今几百万元甚至千万元高价。大 IP + 大明星的制作已成为 IP 剧的标配。在市场经济的驱动下，演员片酬上涨、投资过亿已成常态。自 2015 年起，古装剧投资就已进入"亿"元俱乐部。近期投资 4 亿元以上的古装大剧就有《幻城》《择天记》《那年花开月正圆》等。而古装大剧《赢天下》《扶摇》《将夜》纷纷突破了"5 亿元"大关。随着电视剧走向品质化道路，强大的演员阵容、考究的造型布景、华丽的服装造型、震撼的视觉特效、精美的画面音效等将成为电视剧制作的必备要素。2017 年，电视剧制作成本比 2012 年翻了将近 7 倍，制片成本的不断攀升预示着国产电视剧制作的大时代悄然到来。

2012—2018 年国内主要爆款剧的制片成本

年份	剧目名称	主要出品公司	公开成本（单位：元）
2012	《甄嬛传》	北京电视艺术中心	7000 万
2013	《咱们结婚吧》	华录百纳等	7000 万
2014	《离婚律师》	耀客传媒	1.3 亿
2015	《花千骨》	慈文传媒	1.05 亿
2015	《琅琊榜》	正午阳光	1.1 亿
2015	《武媚娘传奇》	唐德影视	3 亿
2015	《芈月传》	东阳花儿等	3 亿
2016	《青云志》	欢瑞世纪	2.8 亿
2016	《幻城》	耀客传媒	3 亿 +
2017	《白鹿原》	新丽传媒	1.6 亿
2017	《择天记》	柠萌影业	4 亿
2017	《那年花开月正圆》	华视娱乐	4 亿
2017	《如懿传》	新丽传媒	仅片酬 1.7 亿
2017	《赢天下》	唐德影视	5 亿
筹备中	《遮天》	华策克顿	4 亿 +
2018	《扶摇》	柠萌影业	5 亿
2018	《将夜》	天神影业等	5 亿 +

数据来源：整理自网络公开资料。

4. 播出平台重新构架，台网联动多屏共播

视频网站势头强劲，先网后台成为亮点。随着互联网时代的来临，中国网络视频用户、手机网络用户数量迅速增长，使得视频网站在主流

影视领域中的话语权变得越来越重要。截至 2017 年 6 月，中国网络视频用户规模达 5.65 亿，网络视频用户使用率为 75.2%，其中，手机视频用户规模为 5.25 亿，手机网络视频使用率为 72.6%。① 与此同时，网络视频付费模式日益成熟，电视剧播出开启"先网后台"新模式。从 2014 年《蜀山记》试水先网后台打破了内地影视剧的传统先台后网的播放模式。2017 年 6 月，《军师联盟》的播出创下"先网后台"新模式，在优酷网站付费提前播放 19.5 小时后，再在江苏、安徽卫视黄金剧场进行播出。《云巅之上》《狐狸的夏天》《六扇门》《卧底归来》等多部首轮上星剧先网后台播出，使得视频网站作为"一剧两星"之外的"第三颗星"的作用日益凸显。

台网联动成常态，多屏共播齐发力。在卫视影视剧消化量有限、视频网站影响力渐强的背景下，台网联动播出模式也愈加普遍。《花千骨》《芈月传》这两部平均全网收视率突破了 2%、网络点击量上百亿的现象级大剧背后，凸显的是台网联动的强大影响力。台网的良性联动不仅解决了收视、观众分流的问题，而且实现了电视台和视频网站的双赢。视频网站可以利用网络话题和口碑拉动电视台的收视率，而网络平台独播剧的付费模式在为 VIP 用户提供先睹为快的便利的同时，也增加了视频平台的流量和会员数量，给互联网平台带来了广告收入和会员收益。

当下，观众的收视习惯发生改变，手机、iPad、电脑等新媒体端口更加方便年轻群体利用碎片化时间追剧。电视剧借助互联网、手机等多屏终端共同播出，不仅方便用户时间和场景的更高效搭配与选择，同时"线上＋线下"的合围播放也覆盖了各个年龄阶段的目标受众群体，扩大了电视剧影响力，延长了产品的生命周期。"互联网＋"时代下，电视剧播出势必向"电视端＋网络端＋移动端"的全覆盖、多屏化发展。

二 未来 IP 剧去往何方？

近年来，IP 剧的热播，一方面在表面上拓展了国产电视剧的题材

① 参见中国互联网络信息中心（CNNIC）《第 40 次中国互联网络发展状况统计报告》，中国互联网络信息中心官网，http://www.cnnic.net.cn/hlwfzyj/hlwxzbg/hlwtjbg/201708/t20170803_69444.htm，2017 年 8 月 3 日。

类型，更好地适配网生代的内容需求，引发年轻受众回归；另一方面 IP 市场的不成熟，影视制作公司的急功近利，也使得 IP 剧背后问题频现。未来的 IP 剧去往何方？业界与学界的有识之士颇为关注。

1. 精准细分拓展利基市场

2016 年，IP 剧呈现井喷之势。然而 IP 剧数量的不断增加，观众的关注度却越来越低。《青云志》《幻城》《九州天空城》等热门 IP 收视遇冷，网络热议一路走低。电视荧屏上宫恋、古装玄幻题材扎堆，故事套路化，内容空洞，毫无新意，"IP + 小鲜肉"的标配使得观众审美开始疲劳。而现实题材的 IP 改编剧也离不开霸道总裁、玛丽苏、卖萌卖腐、家庭婚姻伦理等俗套设定，IP 剧同质化明显，消费者逐渐回归理性，不再为此买单。

为了打破 IP 剧同质化，实现电视剧多元化发展，电视剧创作内容和题材亟待创新。网络文学、漫画、游戏、音乐等新生内容层出不穷，在为亿万网民用户提供新的文化宠儿和精神拥趸的同时，也为电视剧创作提供多样化的创新形式，除却网络文学的电视剧改编，漫改真人剧将成为新的电视剧创作方向。截至 2016 年底，各大影视公司公布的漫改真人剧项目数量已达 51 部，除了《秦时明月》与《画江湖之不良人》，其他 49 部都处于立项、备案、制作中的阶段。① 此外，游戏 IP、军事 IP、影视 IP、名人 IP 等新形式也成为开发热点。

在如今差异化竞争的态势下，电视剧创作的分众化和精细化也是创新的必经之路。编剧们需要针对受众的性别差异、年龄差异，通过市场调查、大数据分析把握用户的需求，精准了解分众对题材内容的需求和爱好，例如女性受众倾向古装权谋、都市情感等网络文学的题材，男性受众偏爱探险、玄幻，"95 后"钟情青春校园，等等，深入了解"90 后"的内容消费特点，创作出符合年轻人审美趣味的内容作品。《太子妃升职记》的流行正是重视了当下年轻人"腐"文化的盛行，加之天马行空的脑洞想象，反套路化的内容创新，正戳年轻受众的兴奋点，成功引领追剧新高潮。

---

① 参见《2017 注定是漫改剧投资大年？》，腾讯网，http://news.qq.com/original/dujiabianyi/quanzhigaoshou.html，2017 年 5 月 22 日。

2. 政策杠杆撬动原创供给

近些年来，IP 剧深陷原著抄袭之风。热播剧《锦绣未央》原著小说与 200 多部小说的内容高度重合，电视剧《甄嬛传》的原著小说被网友质疑抄袭《斛珠夫人》《寂寞空庭春欲晚》《和妃番外》等 20 多部作品，并最终被最早发表该小说的晋江原创网判定为抄袭。[①] 近期，热播剧《三生三世十里桃花》的原著小说作者唐七被指抄袭大风刮过的《桃花债》频登微博热搜，使得网文抄袭泛滥引起业界关注。如今资本不断涌入加速了网文 IP 的产业化，在日更万字的压迫式生产和巨大的商业利益诱惑之下，网络文学"千字一面"，成为了流水工厂的作品。而抄袭作品被改为大 IP 不仅会助长抄袭者的嚣张气焰，伤害原创者，还对电视剧行业的创新生态同样造成破坏性影响。

IP 热潮下的网络文学抄袭究其原因还是电视剧行业编剧、网文作者的原创能力不足。提升电视剧创作的原创力是提高电视剧艺术质量、使其繁荣发展的关键所在。2017 年 6 月 23 日，国家新闻出版广电总局发布"2017 年度电视剧精品发展扶持专项资金剧本扶持项目"，重点扶持原创、现实题材、公益性剧本，鼓励电视剧创作者坚持原创，提升职业素养，夯实剧作基础，促进精品佳作不断产生。影视公司可以将"原创性"放入选择剧本的考核因素，以"抄袭"惩罚条约进行利益倒逼原创。剧本创作人员更应树立正确的价值取向，提升思想境界，摒弃"抄袭"的创作捷径，坚持以匠心打造原创 IP，从现实生活出发，创作出有温度、接地气、反映时代、人文内涵丰富的优秀作品，为人民大众提供更多更好的精神食粮。

3. 二度创作深化原作立意

随着《芈月传》《花千骨》等 IP 改编剧的大火，IP 剧的发展趋势空前繁荣。当下 IP 剧产量不断飙升，但质量却在不断下降。不少投资商、影视制作公司陷入误区，为追求商业利益盲目迷恋 IP 改编剧，匆匆选定一部拥有广大粉丝群的小说作品加上几个人气颇高的青年演员，一部所谓的"IP 剧"就诞生了。为了能使改编剧本快速占领市场，编剧还未深入了解原著，理清改编思路，就匆匆编写剧本进行拍摄。电视

---

① 参见陈炜敏《抄袭成为热播 IP 剧原罪?》，《济南日报》2017 年 3 月 8 日第 B08 版。

剧内容情节注水，剧情拖沓，肆意改编原著现象比比皆是。

2016 年暑期档的大 IP 剧《青云志》和《幻城》均未达到收视期待，改编质量下降成主要原因。网友反映《幻城》硬套原著，情节夸张，逻辑混乱；《青云志》更是在原著和改编之间来回切换，令"书粉"大呼失望。

在电视剧市场激烈竞争的今天，"内容为王"不再是噱头，而是关键的制胜之道。古装电视剧《琅琊榜》剧本从创作到完成初稿，整整耗时六个月。该剧在保持原著高还原度的同时，故事条理清晰，事件安排得当，悬念情节设置环环相扣，充分展现了朝堂之上的权谋与智斗，语言、行动细节刻画到位，使梅长苏这个足智多谋、义薄云天、心怀百姓的"士"的人物形象立体丰满，传递了赤胆忠心、情义千秋的价值理念。剧本内容扎实，毫无"虚笔"，内涵深刻，使其成为网络改编剧中的精品之作，广受好评。

在"内容为王"的时代，影视制作公司应严格把控内容质量。IP 剧改编不仅仅是将原作进行影像化的简单改编，而是要求"二次创作"的同时，保留原作特点，提升作品内涵，深化原作的立意，打造出超越原作、适合电视剧表现的艺术作品。原创编剧也应提高创作素养，秉承历史经典，结合现代审美观，将现代时尚元素及先进技术与传统文化相结合，以期呈献给观众情节生动、内容丰富、文化底蕴浓厚的电视剧剧本，从而实现电视剧创作精品化的发展。

（原载《视听界》2017 年第 11 期，本文与研究生邱雯倩合著，此次出版有修订）

走向广播电视 3.0 时代的视听传播

——"视觉魅力:语言、故事和研究"国际教授工作坊暨 "走向广播电视 3.0 时代"高峰论坛综述

2018 年 10 月 26—28 日,由中国广播电视学与新媒体研究会、浙江工业大学、中国传媒大学电视学院主办的国际教授工作坊和"走向广播电视 3.0 时代"高峰论坛暨中国广播电视与新媒体专业委员会 2018 年学术年会在杭州举行。来自美国密苏里大学、阿拉巴马大学、科罗拉多州州立大学、得克萨斯农工大学,中国的中国传媒大学、中国人民大学、复旦大学、华中科技大学、北京大学、武汉大学、浙江大学、中央民族大学、兰州大学、上海大学、郑州大学、河北大学、浙江工业大学、浙江传媒学院等高校的 150 余名专家学者,围绕"视觉魅力:语言、故事和研究""中国电视发展六十年""视听传播与日常生活""实践中的马克思主义新闻观与智媒时代的新闻传播教育"等主题,各抒己见,畅所欲言,拓展视界,凝聚共识,探讨智媒时代广播电视的未来走向。

一 视觉魅力:语言、故事和研究

面对新型传播技术的促进与融合,BEA 现任主席、美国科罗拉多州立大学教授 Greg Luft 指出,我们应该接受通信技术变化带来的可能性,这些可能性将使我们充分意识到通信工具可以帮助我们改变教育。在新技术不断变革的媒体环境下,教育者必须要有一种实证的态度或从实用的角度出发,利用更多的数据、宏观的本领和丰富的知识去阐释新技术,理解新概念,探求理论如何与实践有效结合。他强调教育者有责

任使学生知道传播的缺陷，如何通过实证的方法选择有效的技术。

国际中华传播学会（CCA）主席、美国密苏里大学新闻学院 Leonard H. Goldenson 广播电视学讲席教授周树华在"媒体研究趋势"的主旨演讲中，高度概括了视觉在媒体研究中的重要性，并详细阐述了视觉研究的八个关键领域——视觉分析、视觉修辞、视觉文学、视觉感知、视觉认知、视觉语言、视觉情感、视觉效果。他结合雀巢咖啡、大众汽车广告等大量逗趣视觉作品，具体展示了视觉效果对人类感官的影响，突出强调强烈的正向和负向情感是叙事成功的基本要素。

BEA 副主席、美国得克萨斯农工大学康莫斯分校教授 Tony DeMars 详述了视觉叙事的语言特征，演示了影视制作中的顺序拍摄和主镜头拍摄方法，证明镜头序列也能有效呈现视觉叙事语言。Tony 还以"MOS"（Man on the Street）为例，强调记者应该学会"走出去"，并且要特别关注那些走在大马路上的普通人，使新闻的素材更加平民化，更贴近人们的生活。Tony 还特别推荐广泛运用于深度报道的 package news（包裹式新闻），认为通过规范新闻语言和画外音制作，可以实现有效视觉叙事。

美国依隆大学副教授 Vic Costello 根据微观叙事在视觉叙事中的兴起这一趋向，集中解析了视觉叙事中的问题导向、人性导向、行动导向及情感导向等重要问题。他以微纪录片为例，探讨了时间、范围、结构、声音等微观叙述如何挑战传统叙事结构、展现技术以及制作方法，提出了微观叙事的四项约束——时间、范围、结构和声音或来源。他列举了美国将微纪录片纳入学术课程的好处，鼓励我国对微纪录片的研究与实践。

在洞察传播技术变革与电视事业、教育事业之间的良性互动基础上，BEA 前任主席、美国阿拉巴马大学副教授 Michael Bruce 建议，从媒体产业、媒体需求、职业要求三方面切入体育媒体的创新与叙事不失为一种现实的选择。媒体、体育和社会之间的关系在美国传播学研究中由来已久，它具有很强的跨学科性、多变性和包容性。有关传播学与体育的关系研究，首先要研究的是转瞬即逝的感官体验，其次是体育中的关系研究。

美国广播电视教育学会（BEA）是有重要影响的国际学术组织，它为教育工作者、学生和专业人士提供深刻的见解和卓越的媒体制作技术。BEA 执行理事 Heather Birks 在题为"广播教育的进步与合作"的演讲中，详细介绍了 BEA 的发展情况、组织内部的专业化分工、正在开展的项目、系列期刊的发行和代表性教育活动实践，鼓励学生积极参与，并向中国广大同行、专家学者、组织机构发出邀请，共同探索合作新路径，以促进广播电视教育的繁荣与进步。

二　日常生活的视听呈现

中国人民大学周小普、刘楠采用仪式传播和政策互动理论，从扶贫类节目的需求特征出发，分析了扶贫类节目的仪式化传播以及与政策之间的互动关系。作者认为扶贫类节目是一种"共同情感""共同意识"的仪式化召唤，是一种"从仪式到心灵"的互动，也是社会建构的实践，其目的是实现"政策的扩散"、"政策的互动"以及"政策的优化"。作者提醒，过分追求"仪式感"将会使节目陷入形式主义，让真正的主体农民成为"仪式道具"。要建构有序的"三农"舆论场域，应该把握好国家的政策指向，打通节目的情感渠道，让深度和温度并存。

中国传媒大学吴炜华深入阐析了视听传播研究范式变迁的三个特征，即从"时、地、人"三者合一的传统时空观走向分散、碎裂、多主体、重叠的流动时空观，从单向度、连续的视听传播经验走向多维、立体、参与的视听传播体验，从线性的视听传播生产消费走向交互、沉浸、去中心化的视听传播运用，提出智媒时代视听传播研究须从大众传播、视知觉理论中挣脱出来，吸收人机传播、虚拟传播、情绪传播、交互传播等边缘理论来进行新知识与新理论的融合，以实现视听传播实践与理论领域的自我突破。

《中国编辑》杂志社云慧霞以为，作为移动互联生态下生成与发展起来的一种媒介形式，短视频的出现进一步革新了社交化媒介形态，通过向社会的各个层面融合延伸，进而渗透到全社会的传播网络中。短视频一方面降低了制作者的生产成本，另一方面满足了移动传播用户的使用需求，从而获得了用户的青睐并得以广泛传播。基于短视频使用的普及化，它势必与其他传播媒介实现工具性整合，这一融合传播趋势将延伸至多种行业。

在宁波大学宁海林教授看来，短视频迅猛发展不仅有其深刻的时代、技术和商业背景，也与短视频的传播动力和其自身特点密切相关。公众运用短视频进行个人表达，实现公民身份和谋利（拍客）的结合；媒体机构利用短视频谋利；政府既需要短视频反映民意，也需要利用短视频引导民意。快餐性、移动性、娱乐性、垂直性、互动性等特点则为其插上了腾飞的翅膀。他提醒短视频以悄无声息的方式潜入日常生活的各个角落，成为人们生活的一部分，每个人都应成为短视频的"把关人"，理性对待短视频带来的双重影响，努力使其趋利避害。

声音作为日常生活的重要构成，能够唤醒、强化人们的地域和文化身份意识。城市听觉识别可以通过声音来建构人们对一座城市的印象与记忆，区分城市间的差异性，进而唤起对一个城市（地方）的记忆。上海师范大学周叶飞探究了声音与城市形象感知的关系机理，指出城市形象片的声音叙事，有着视觉所无法取代的功能。城市既是"可见"的，同时也具有"可听"的特质，因此，城市片的创作不能在视觉优先的逻辑下遮蔽了声音的维度，或者把声音看作仅仅是图像的补充，而是要恰当地安排声音元素，构筑独特的城市听觉风景。

内蒙古师范大学谢珍和岳筱宁以 BBC 纪录片《中国春节——全球最大的盛会》为个案，运用框架理论从意义与主题的表达、故事化叙事、多视角复合叙事和视觉化叙事四个方面具体分析了纪录片的跨文化传播叙事策略。作者认为，由于纪录片镜头中构建的都是"媒介真实"，是一种有选择的呈现和意义的构建，中国的媒体需要积极提升自己的国际传播能力和话语权，让中国有能力言说自我，更好地发出自己的声音，主动书写客观真实的中国形象。

河南工业大学刘宝庆在发言中说，"媒介化观看"俨然是现代人类感知并形塑世界和自我的新装置，脱离具体的时空成为媒介化观看的特点。媒介化观看改变了传统身体感知世界的方式，同时也改变了"人"与"物"之间的关系，它使"天人合一"的有机整体遭到破坏。媒介化观看表面上拉近了以前无法观看的"物"，实际上是推远了"物"，其主体是拥有"内面""内心"的独立主体。它让人脱离"天"的同时，也使人的存在获得了合法性。

浙江工业大学邱雯倩指出，移动视频直播为大众提供了一种全新的链接方式和社交场景，亲密关系与陌生关系不再对立，互为陌生的用户进入其中，并通过一系列的互动行为生成了一种熟人化的亲密关系——"亲密的陌生人"。直播场景下的陌生人关系并非牢不可破，常常是敏感脆弱、易转移、流动的，大部分属于弱关系。然而长期的场景互动可能会出现线上交往向线下交往的可能，少数甚至会形成线下"好友"般的强关系。

浙江工业大学李雪梅结合时下流行的"丧文化"对社交网络中的群体文化进行了分析研判。她认为"丧文化"是不同类型文化流动与集聚的结果，它兼容了消极畏惧、自我逃避的特征，结合"吐槽""恶搞"形成了具有某种娱乐色彩的文化类型。然而消费社会追求的不仅仅是商品的使用与服务价值，更应注重其符号的文化价值。消费社会和社交网络促成了"丧文化"的流行。

相较于传统大众传播时代，数字时代的受众在更深程度上被卷入资本的运行中。浙江工业大学魏丽丽通过对"头条系"短视频客户端的个案分析发现，使用者在短视频平台上花费的时间越多，他所产生的最终被卖给广告商的数据也越多。看视频的时间其实是劳动时间，而这段时间并未被付费且被无偿占有，因此受众的劳动遭到剥削。

"土味视频"是城乡结合地带的一种独特文化现象，浙江工业大学顾明敏以视听传播转型为切入口，描述"土味视频"以"味"取人的阶层社交特征，检视了新媒体技术介入当下中国城乡社会关系的文化意义和社会学意义。

三　中国电视传播的生态变迁

电视传播生态是由电视媒介与电视生态环境构成的一个相互依存、相互影响的动态平衡系统，融媒时代下电视传播生态从内涵到外延都发生了很大变化。对此，南京理工大学孙宜君指出，有必要从技术革新、制度政策、市场环境、文化融合、受众需求等维度对电视传播生态进行全面考察。随着媒体融合的深化，新兴的视听内容制播主体将不断涌现，视听内容生产主体的竞合关系也势必更加密切，各视频主体将更加专注于内容创新，以引领内容产品升级换代。

中国人民大学周小普提出，在移动互联网时代，电视组织要赋能技术，以用户数据为入口。平台媒体绝不仅仅是内容生产的集中调度和资源扁平化，其核心的立足点在于用户互动机制和数据分析对整个生产流程以及组织的反馈效果和调配力。

桂林理工大学陈波认为，电视是技术和文化的组合形式，而电视的话语生产是在社会体系中完成的，因而受到了来自政治、经济、社会、技术、文化等各方面因素的影响。具体而言，表现为政治对电视话语的生产进行引导和约束，商业资本对公共话语空间进行拓展与侵蚀，社会转型与受众收视的偏好建构了电视话语，传播技术的革新影响了电视话语的秩序。

武汉大学周红莉、张卓以《舌尖上的中国》为例，分析了生态美食传播的叙事方式、建构路径及其背后的叙事逻辑。作者认为生态美食传播的叙事在于聚焦个体，方式是"关于谁的故事"、"故事主体对抗缘由"、"谁在阻碍"以及"冲突如何解决"四个问题的呈现，人文取向在于多元价值的叙事回归，而引导背后的叙事逻辑是"资本运营"。

河南工业大学夏颖把知识社会学视域中的传播认知视作电视真人秀研究的一种理论路径。她认为，电视真人秀节目建构的虚拟"日常生活空间"，本质上是由观众、文本与社会结构互动中的知识生产机制形成的。这一"虚拟现实"既是受众自我认知的渠道，也进一步促进了社会共识的建构。

江西师范大学陈旭鑫基于"文化基因"理论和媒介传播的"仪式"观、"隐喻"论对央视《经典咏流传》节目进行了个案分析，他认为传承文化基因、激发文化共鸣已成为当前我国主流媒体传播中华优秀传统文化、实现文化价值引领的重要取向，其基本策略是遴选文化精品、创新话语表达，话语吻合与传承、拓展与转换等，以实现社会公众的情感共鸣和文化共鸣。

浙江工业大学李芸以《延禧攻略》为例探讨"网台互动"的学理与路径。依她之见，在促使人们交往更为自由、信息交换更为畅通的过程中，无论网或台都是为了将这些媒介的市场价值合理放大，达到共赢，旨在满足受众群体的最大覆盖、传播效果的最大发挥等多重目标。

节目形态创新是当下电视媒体竞争的利器。在浙江工业大学郁安琪看来,《国家宝藏》之所以成为一个现象级的文化综艺节目,其原因主要是节目创新性地采用了"记录式综艺"的电视语言,在获得高收视率的同时传承中华文化;在人物选择上多角度立体式展现文物,并且使用了将访谈、戏剧、纪录片按特定顺序组合在一起的独特叙事模式,以及配以精良制作的舞台效果。作者据此提出文化类综艺节目在文化传承上应注意"坚守文化本位"、"创新传播模式"和"贴近受众需求"。

浙江越秀外国语学院何海翔认为,守正是方言类电视民生新闻的根本价值,创新是方言类电视民生新闻的内生动力。方言类电视民生新闻在选择守正、创新,融合发展路径时,尤须处理好主持风格艺术与新闻评论的融合、故事化新闻叙事与新闻真实的融合和跨媒介互动的融合关系。

浙江传媒学院李文冰以《鸡毛飞上天》为例,介绍了浙商题材电视剧在影像创作、推广传播方面存在的问题。她认为,影视创作的精品意识、交互化的新媒体传播方式和承担文化传承的公众自觉,是浙商题材电视剧影像建构和新媒体联动传播的三个关键要素。

浙江越秀外国语学院王鹏借助国内外有关女性议题的数据新闻的经典案例,从数据获取、数据分析与数据呈现三个角度阐述了数据新闻的内容生产,对数据获取的盲区和局限性、作品广度和深度的欠缺、女性隐私未能加以保护等问题进行了深入思考。

四 智媒时代的新闻传播教育

中国传媒大学高晓虹交流了该校近些年新闻传播教育的优秀案例,如"虚拟仿真实验室""好记者讲好故事"等国内实践活动,"中国媒体优秀海外雇员短期访学"等国际传播活动,激起与会代表的极大兴趣。她强调新闻传播教育要始终坚持正确的政治方向、坚持正确的舆论导向、坚持正确的新闻志向、坚持正确的工作取向。要建立完善的"全媒体+国际+外语"课程体系,加强"国情教育+国际视野"的社会实践和国际交流,探索与境外高水平大学联合培养模式,深化国际传播相关新闻单位与高校合作。

华中科技大学石长顺教授质疑目前"一流广播电视专业建设的标

准"，认为时下国内对于什么是一流大学、什么是一流专业的评定标准理解不一，从理论上回答这个问题可以避免在实践中失去方向。他根据自己访学韩国首尔国立大学的亲身体验，提出一流大学、一流专业的三大标志——追求卓越、引领发展、全球吸引力，四大特征——开明的校长、强大的师资、优秀的学生、充裕的经费。在对学科与专业建设的基本概念界定基础上，提出关于建设一流专业和一流本科（人才）的基本条件与标准的个性化思考。

中国传媒大学王晓红立足于国家发展战略，强调社会责任感之于全媒化人才培养的必要性。她通过业界和学界一系列新的实践，阐述如何肩负好新时代的广播电视教育的使命担当，指出"大学精神之要义，就在于培养'准传媒人'独立思考之素养、家国情怀之责任、批判质疑之勇气、创新实践之意识。只有这样，才能在变革中有定力，在创新中有坚守"。

中国传媒大学赵淑萍强调，影视创作要立足"大格局，大主题，高站位"，"用影像认知国情，用创作服务国家战略"，通过"精准记录，精准扶贫"，服务社会，是教育科研与社会服务互动的新途径。

中国传媒大学赵希婧以该校国际传播人才培养模式为范例，论述了坚守国家人才培养阵地、坚定马克思主义新闻观、坚持广电与新媒体专业优势的必要性，以及适应媒介融合发展格局、训练多语种的传播优势、创新多样化的培养平台、拓展多维度的国际视野的重要性。

浙江工业大学周琼把全球传播人才培养模式与创新置于"一带一路"倡议背景下予以审视，比较中外全球传播人才培养模式的差异，指陈了目前我国全球传播人才培养的困境，提出从"宣传"人才到"沟通"人才、从"单一型人才"到"一专多能型人才"、从"本土应用人才"到"国际型人才"的破局之策。

浙江理工大学包国强在"大数据时代新闻教育的挑战与出路"的发言中，强调媒体要积极利用大数据分析受众，并根据受众需求传播优质信息，制作精品节目，同时媒体应积极履行自身的社会责任，正确传播和引导舆论，担负起文化传承和构建"两型"社会的重要任务。

深圳广播电影电视集团张春朗指出，在短视/音频火爆、各新媒体平台日益成为人们所钟爱的媒体内容形式的当下，作为传统主流媒体的城市广电传媒若能充分挖掘利用所在城市及自身优势，策划制作出既有时代意义又有城市特色和广电标识的公益短视/音频，不仅能提升城市广电传媒自身影响力和竞争力，还将起到一般报道所难达到的引领作用，对于广电的发展、所在城市形象的塑造和良好的舆论氛围的营造都有所助益。

浙江大学宁波理工学院王军伟认为，"新闻而不是信息，是城市中的民风最重要的载体"，因此应以"有温度的新闻"联系"有温度的城市"。他从"暖新闻"的概念入手，辅以鄞州区广播电视台社会、民生新闻中的"暖新闻"实践进行深入分析，探讨如何通过"暖新闻"建构情感联系，从而构建城市文化、维系城市价值共同体。

中国传媒大学桂笑冬认为，VR、AR 和 AI 等技术进一步扩大了"教与学"的范围，有助于我们开阔眼界，转变教学方式。传媒教育工作者要从视野广、技术准、实践精、专业教学稳等方面着手，立足广播电视实践前沿，深耕现实问题，着眼探索创新，多维度地拓展视听作品新思路，实现从狭义到广义的转变、空间到时间的延伸、水陆空的融合以及现实虚拟的结合。

（原载《中国广播电视学刊》2019 年第 2 期，本文与研究生韩思遥合著）

区域性广电传媒的战略选择

——读《区域性广电传媒发展研究》

张春朗博士的专著《区域性广电传媒发展研究》从全球化的视角出发，以历史发展为经，以实践操作为纬，围绕区域性广电传媒在受众攻略、品牌塑造、媒介融合、跨区域发展、分合之道等多个关键命题与热点话题展开，既有宏观层面的整体梳理，也有中观层面的现象扫描，还有微观层面的话题聚焦，开拓了我国区域性广电传媒研究的新领域，丰富了我国广电传媒研究的学术成果，对当前我国广电传媒改革亦有重要的现实意义。此书具有以下三个鲜明的特色。

一　在现象描述和经验归纳中，贯穿着作者对传媒变革的敏锐把握和理性思考

跳出纷繁复杂的具体经验，洞悉当代社会生活，反思生活中出现的重大问题并把它们上升到理论高度，是获得创新实质性内涵的重要途径。《区域性广电传媒发展研究》一书的最大特色，就是在展示当代广播电视实践变化的深刻性、丰富性和复杂性的同时，努力进行传媒经验的概括和归纳。

电视传媒是一个实践性很强的行业。研究对象的特殊决定了其所运用的方法和手段不同。该书采用现象描述与经验归纳相结合的方法，直面审视电视业界的许多现实困境与问题。例如，由于电视剧对电视荧屏的主宰和垄断，致使我国电视界"没有电视只有剧"；由于传媒原有管理体制、机制与当前的社会现实不相适应，导致电视人凸显严重的

"身份的焦虑";由于资源分配的差异,导致我国东、中、西部地区电视经营收入呈现出明显的阶梯式分布,以致西部一些省台的年总收入仅有张家港这样的县市级电视台的一半。① 此书把广电传媒作为大社会中的一个子系统,通过精密分析和现实解读,让读者认识到系统思维在区域性广电传媒改革与创新中的价值,即有助于调整广电系统与其他系统之间的矛盾,有助于调整广电系统整体利益与局部利益之间的矛盾,有助于调整广电系统内部各子系统之间的矛盾,有助于调整广电传媒内部各部门和单位之间的矛盾。此书始终把对问题的敏锐捕捉、总体把握体现在占有资料的多样性与理论的综合消化能力上,这就使它因之有了较强的说服力、现实亲近感和思考问题的深度与广度。

值得一提的是,此书没有用西方的理论框架去任意地过滤、裁剪或切割中国的传媒实践,而是根据我国的具体国情,在强烈的本土化的"问题意识"主导下,去探寻适合中国的现实针对性;没有恪守严格的学科边界,画地为牢,片面肢解,而是沿着从感性到理性的思路,展开尽可能开阔的理论视野,运用诸多新知识、新理论、新方法来论述讨论对象,较好地体现了理论与实践的统一、逻辑与历史的统一、本土化和全球化的统一。

二 既研究广电传媒的独立性和独特性,又研究广电传媒与地域文化的相关性和相通性

此书不仅对区域性广电传媒参与我国广电传媒产业发展的历史进程做了系统梳理,还对其为广电传媒产业发展所做的贡献和提供的独到经验进行了深入研究,而且还从区域文化和媒介地理角度为广电传媒产业发展提供了一种新的研究视野。研究区域性广电传媒发展,应该从多维度综合思考,不仅要研究它的独立性和独特性,也要研究它与地域文化的相关性和相通性。广电传媒固然有其鲜明的特点,但区域性广电传媒却一直是在与地域文化的交融中发展的。"目前我国大致上可以分为16个文化区域,每个文化区域因为文化理念不相同和经济发展水平不一

---

① 参见张春朗《区域性广电传媒发展研究》,中国广播电视出版社2009年版,第26—29页。

样，区域内的受众欣赏理念也不尽相同，有的甚至差异很大。另外，由于长时间在具体的区域生存与发展，每个区域的广电传媒内容必然带有很强的区域特色，与其他区域的传媒内容有着很大的差异。跨区域的合作双方如何在合作与发展中生产出既具有跨区域特色又适合在各自区域播放的内容产品，这对于合作双方也是一个难题。"① 此书通过细致的考察发现，大多数地方卫视频道成功定位的背后，无不是以强大的地域文化特色作为底蕴支撑——"东方卫视的时尚特色源于其'海派'文化，湖南卫视的娱乐特色出自'湖湘'文化……而江西卫视的地域特色无疑就是'红色人文'。"② 基于此，以"区域文化"铸造地方广电传媒节目的影响力、以"区域文化"提升地方广电传媒卫视频道的竞争力、以"区域文化"释放地方广电传媒大型活动的扩张力的策略应是区域性广电传媒策略发展的现实选择。应当说，这一判断具有前瞻性，显示了作者思维的清晰和视野的开阔。

三　运用案例分析法，从个别中见出一般，从特殊中见出普遍

如果说 20 世纪 80 年代的广电传媒是节目与节目竞争，90 年代初期是栏目与栏目竞争，21 世纪的头几年是频道与频道竞争，如今则已演变为系统与系统竞争。③ 未来的广电传媒是延续此消彼长的零和博弈？还是革故鼎新，合作共赢？这是学界和业界不得不思考的一道实践难题。长期以来，我国广电传媒结构失衡、力量分散、重复建设、效益不高和资源浪费等问题，严重阻碍了自身的健康发展。这一现状与世界各国传媒正在积极地从数量规模型向质量效益型转变的趋向不相适应。面对信息技术、网络技术的日新月异，在未来的一段时间里，广电传媒可以预见的挑战仍会不少，发达地区与欠发达地区之间广电传媒的差距有可能进一步拉大；媒介融合语境下的广电传媒如何与新媒体进行同场角逐，并与其他媒体真实互动？广电传媒在内容上如何适应大信息容量

---

① 罗以澄、张春朗：《区域性广电传媒如何"跨区域"发展》，《今传媒》2009 年第 11 期。

② 王澍：《红雨随心翻作浪——江西卫视"红"定位及包装策略解读》，《声屏世界》2008年第 7 期。

③ 参见邓艳玲《欧阳常林：从局长到台长》，《资治文摘》2010 年第 5 期。

的传播和满足多层次受众的需要，在形式上又如何由小规模、单一化、低效率转向交互化、移动化、多元化、个性化和高效率、高效益？

为了更充分地论证广电传媒区域性发展的必要性与可行性，此书选取深圳广电集团为个案，以期从个别中见出一般，从特殊中见出普遍。深圳广电集团地处我国改革开放的最前沿，毗邻港澳，深受岭南文化和港澳文化传统的影响，传媒市场的开放度和发育程度很高，媒体资源丰饶，无论是人员规模、品牌影响、媒体操作经验，还是广告收益、市场占有率都为国内业界所瞩目。此书运用定性与定量分析的方法，对其进行个案考察。作者认为，深圳广电集团的传媒版图诉求显然不仅仅是让几个节目全国走红，而是要通过构建一条涉及新闻资讯、品牌活动、网络视频、网络游戏、无线增值等电视衍生产品的文化产业链，建立跨平台的节目制作和共享机制；借助与新媒体丰富的合作形式，把传统媒体、新媒体打通整合，优化配置后再向市场拓展；贯通上中下游平台，扩大媒体的辐射半径和纵深，最终使其走出深圳，走向全国，走向世界。应当说，这种实践和经验，不仅顺应了当代企业家必须对公司的资源不断投资，同时把别人的资源有机地整合进来，成为集团化的领袖和旗手的时代要求，而且为区域性广电传媒发展提供了借鉴与示范。

限于发展实践、研究时间、数据资料和研究方法等方面的制约，书中也存有某些值得进一步探讨之处。例如，广电传媒如何在规制、资本与技术三者之间保持合理的内在张力，新媒体能否成为拯救传统媒体的灵丹妙药，等等。但此书毕竟是创新之作，些许不足在所难免，瑕不掩瑜。

（原载《中国广播电视学刊》2010 年第 10 期）

《三十而已》：私人生活与公共生活的"双重连接"

电视剧《三十而已》分别通过单身、已婚、已育的三位都市丽人遭遇的或情感困境、或家庭变故、或事业波折的三十岁危机，对职业女性所需面对的社会交往、婚恋选择、职场争斗、财务自由、子女培育、家庭经营、老人抚养等问题进行了多面向的扫描，展示了人性的真实、人生的冷暖与奋斗的艰辛。该剧贴近日常的现实生活，"缩小了观察者与视觉经验之间的心理和审美距离"①，祛除了观众的"陌生"感，增强了影像表意系统对时下社会生活的文化感知。

一 观照女性内心世界的窗口

生活是艺术创作的源头活水。"电视必须跟人们的实际生活相联系，包括现实生活和想象中的生活；如果在电视中看不到我们自己的生活、愿望及梦想，那么电视对我们来说就毫无意义可言。电视必须反映社会现实，跟上时代的步伐。"②《三十而已》之所以引人入胜，十分重要的是它遵循生活的逻辑和人物性格发展的逻辑，表现日常生活的鸡零狗碎，揭示现实境遇中的家务纠结、情感纠葛、债务纠纷，展现人物命运的猝不及防、波澜起伏、悲欢离合。剧中的角色不是被标签化的"扁平式"人物，而是丰满"圆整的""这一个"。作为一种娱乐文化和

---

① ［美］丹尼尔·贝尔：《资本主义文化矛盾》，赵一凡等译，生活·读书·新知三联书店1989年版，第155页。

② ［英］安德鲁·古德温、加里·惠内尔：《电视的真相》，魏礼庆、王丽丽译，中央编译出版社2001年版，第69—70页。

消费文化,《三十而已》以展示普罗大众的梦想为旨归,引导大众从中获得一种自我认知与满足,并由此联想起某种潜在性的自我实现。

1. 构建情感性的"人的联合体"

对力臻完美的全职太太顾佳来说,经营好家庭是她最重要的生活目标。她认为,"家庭与其说是职能性的经济实体,毋宁说是情感性的'人的联合体'"。她尊崇的是责任婚姻,其人生的价值意义就是使家人过上更幸福的生活,活得更有尊严。为此,她无惧艰困幽暗,勇毅前行。儿子、老公、家就是她的战场,任何一件事都须做到优佳。她大气担当,上得厅堂,下得厨房,懂得筹划,人际交往能力更是超强,即使再细的线到她手上都能搭上关系。尽管"生活的本质,就是千难之后有万难",但在她的词典里却没有"退缩"一词。顾佳既有贤妻良母谨慎持家的理性价值观念,又有创业者开疆拓土的进取征服意识。孩子的良好教育、丈夫的事业成功与家庭的和美幸福是其全部的精神寄托。顾佳的形象承载了许多男性对其配偶的美好想象与期盼。

在顾佳看来,"当妈妈以后最大的变化就是特别憋屈,什么身材走样、情绪变坏都不是最坏的,你就活在一个叫许子言的妈妈头衔里,你得不断地做最好的自己,因为你得赶上娃碎钞的速度"。为此,她仿佛天生是一个勤奋的生物,没有停歇。合同纠纷、择校公关、茶树虫害防治、烟花爆炸事故等,无一不是靠她化解妥处。日常生活、业务往来,她都安排得井井有条。搬入新楼之前先把儿子的信息和注意事项发给物管以备万一;提醒丈夫穿西装得换一双长袜子;发现女同事给丈夫一枚橘子后立马到超市选购同款商品分发给办公室同事,以巧妙阻击家庭的"入侵者"……凡此种种都显示出她的细致入微和精明干练。难怪邻居王太太对她赞赏有加:"不是一个小格局的人,知道自己要什么,还知道怎么去得到。"垂涎不得的万总更是感叹:"每次看到她都是完美人妻的形象。"然而,得知丈夫许幻山出轨漂亮助手林有有,顾佳痛不欲生,痛定思痛后快刀斩乱麻,毅然与丈夫办理离婚手续。个性强势、渴望出人头地的她,面对阶层的固化和资本的贪婪,也无法摆脱铩羽而归的结局。苦心经营而不得的严酷,不禁令人为之扼腕叹息。

2. 解除"勒着脖子"的物质困顿

王漫妮是"Want money"的音译。她是以只身闯上海的年轻未婚女子形象出场的，其人生要义是经营好事业，努力挣钱。如其所言，"最先感知到三十将至的，也许不是我的身体也不是精神，而是物质。比起情感的不安，物质的困顿才时刻勒着你的脖子"。王漫妮清醒地意识到个人自由必须从经济依赖的束缚中获得解脱，故而对金钱有着抑制不住的渴望。

王漫妮不仅颜值和智商俱佳，而且勤勉实诚，自尊自强，渴望自由和改变。她给自己定下的一个小目标是：30岁之前升为销售主管，作为给自己的一个生日礼物。为此把自己活成了一个"拼命三郎"。她不满足于每天在固定的早摊点买早饭，搭乘固定的地铁上下班，守着属于自己的赛道；不愿过早确定自己的生活轨迹、选择平凡而幸福地活着。为了拼业绩抢客户，她上班期间不敢喝水一直憋尿，结果为此晕倒住院。入职奢侈品销售副主管不久，凭借自己诚实、周全的优质服务赢得了顾客的信任，一次完成百万元销售大单，因此获得公司豪华游轮欧洲游的奖励。

王漫妮与海王梁正贤邂逅于豪华游轮，在后者热烈的攻势下迅速坠入情网。然而，交往不久她便发现两人的观念截然不同。王漫妮祈望的是有安全感的婚姻和家庭，而梁正贤承诺的是感情性的不婚主义。当王漫妮了解到梁正贤其实已有家庭，于是毫不犹豫地与其分道扬镳。对于梁正贤施加的金钱诱惑，王漫妮镇定理智，不为所动，断然拒绝得不到尊重和平等的爱情——"我宁可当一只流浪猫，风餐露宿、低头见食，也绝不摇尾乞怜地等人圈养"。

八年单身"沪漂"的经历，把王漫妮淬炼成一个"要不停前进、不停吞食自己才有可能生存下去的小怪物"。她坚信，人需要不断改变自己以适应社会和时代的变化，套路不变是无法走远和成长成器的。"只要心气儿在，什么都可以重新再来。"从小城市到大上海再到爱丁堡，一路走来，步步艰辛，浸透了"爱拼才会赢"的泪泉，所幸生活境遇在不断改善向好。当她发现自己见过的人和看过的世界太少，上海不再能满足自己想拥有的一切时，她认为无论结果好与坏，都要出去看看，于是果断放弃刚闯出的可期前程，负笈英伦求学深造，开启人生新篇章。王漫妮用自己的拼搏佐证了"人不多折腾折腾，不知道自己有多强"的现实可能性。

3. 完成"未成年"的自我救赎

如果说顾佳的天职是经营好家庭，王漫妮的目标是经营好事业，那么钟晓芹的当务之急就是经营好感情。任性散淡的公司职员钟晓芹，一直生活在父母的悉心照拂和呵护下，性格温柔，善解人意，循规蹈矩，顺其自然，喜浪漫、有情趣、爱刷剧，却也大大咧咧。她信奉最懒的人生哲学："好的东西给我就接着，不给我也不争，做好眼前的。"平时喜欢撸猫，丈夫爱好养鱼。在她看来，不论猫或鱼，都喜欢懒懒散散的生活，但这种生活毕竟没有人能替你遮风挡雨、排忧解难。她的生活缺少明确的规划和主动性，意外怀孕、意外停孕、意外成名，就连恋爱也是经人介绍认识的，一切都好像不是自己的主动追求。虽然她的办公桌总是因疏于捯饬而显得凌乱不堪，但她对生活倒是十分有心，待人亦诚恳暖心，同事们需要的坚果夹子或针线包什么的，她都一应俱全；有人不会使用咖啡机，找她也准没错。当尚不相识的王漫妮遭受构陷面临严厉处罚时，她勇敢地站出来仗义执言，为其辩诬，内心的善良正直和不谙世故由此可见一斑。

涉世不深的她与顾佳、王漫妮相比，生活能力、自主决断能力都明显较弱。遇到烦心事或拿不定主意的事都是第一时间找闺蜜倾吐问策。闺蜜认为，钟晓芹一度是谁对她好就依赖谁，真心希望她"能从被动到主动"。丈夫认为她"不是没有成家，而是没有成年"。由于一贯被保护而养成的依赖性，致使她对婚后家庭生活缺乏足够的心理准备，对职场竞争也缺少大多年轻人具有的强大内驱力和事业心。钟晓芹与丈夫陈屿的婚姻生活缺乏应有的沟通和交流，缺少温情和甜蜜，两人更像是"合租室友"。前者期待的是呵护关爱，后者考虑的是轻松自在。性格差异和诸多误会（其中也掺杂了"小鲜肉"同事钟晓阳的追求）叠加的积怨，终致两人分手。与陈屿离婚，透露出了她的任性与不成熟。

二　透视女性公共生活的隐喻

社会性别角色理论强调，男女所扮演的公共生活中的性别角色并非由生理条件所天然定制，而是为社会文化所建构。相较于生理性别角色，社会性别角色往往具有更突出的时代特征和文化特征。《三十而已》中每个人的成长都伴有跌宕起伏、阴晴圆缺，一如主题歌所唱："已经很用力地去体会，这座城市的漆黑。卑微还是高贵，都要带着懊悔去飞。"《三十而已》在为观众开辟一个进入人物心灵世界通道的同时，也折射出了社会文化的征候和时代变迁的风向，揭示了当代女性角色丰富的社会性。

1. 从混"太太圈"到茶厂扶贫

消费是后现代社会的动力。随着人们富裕程度的提高、闲暇时间的增多以及日常生活的审美化，以符号和影像为主要特征的后现代消费，越来越依据消费活动来确定消费者的身份。置身于消费社会的大众，不由地被物所包围。在《三十而已》里，编剧对"太太圈"里的攀比和炫耀型消费给予了辛辣的嘲讽。看似靓丽光鲜的顾佳为了拉到新订单，想方设法跻身阔太俱乐部，可是贵妇们清一色的爱马仕定制包，顷刻间让她颜面尽失、自惭形秽。合影时她有意将自己价值6万元的坤包藏于身后，结果照片中她的影像被剪掉。回家后与丈夫商量，顾佳咬牙拼凑了近20万元，买下一只马耳他蓝鸵鸟皮Kelly 28。当她手挎Kelly 28闪亮出席阔太下午茶时，赢得到场者的交口称赞，让她一时挽回了一些面子。看来，为获得社会尊重而完全以奢靡炫富原则为基础的高度世俗化的文化，势必导致奢侈之风蔓延。

大规模的物的消费不仅改变了大众的生活方式，也改变了大众的思维方式、社会心理、消费观念和交友方式。《三十而已》无情地哂笑了有钱一族的虚荣、没文化和缺少修养。家住君悦府顶层的王太太，以上亿元的天价购得一幅莫奈的《睡莲》赝品充脸面的操作，让顾佳大跌眼镜。直到顾佳搬家前向王太太告辞，伪作的谜底才被揭开。更让人忍俊不禁的是，王太太还张冠李戴地把莫奈的《睡莲》当作凡·高的作品，落得个贻笑大方。

在认清并厌恶了"太太圈"的拜金、无聊及虚伪的本质之后，顾佳明智地选择"退群"，毅然从虚情假意的应酬和狭小的活动空间中抽离，转而投身更广阔的天地和更有益的事业。为了推广"空山茶"，她义无反顾一次性投入20多万元做网络大号广告，结果应者寥寥，回馈的基本上是网络水军。面对山穷水尽的困境，顾佳毫不畏惧，不停地思考如何化危为机。思路决定出路。情急之下她想出二维码加视频营销的主意：每株茶树配上一个二维码，然后配上一个视频，让认领茶树的客户能看清原生态的茶树样貌。这种方法不仅可以节约成本，还能增加用户的场景体验和信任感。多亏了她的互联网思维和对新事物的敏锐把握，茶厂及时止损，起死回生。在她眼里，乡野茶农的质朴纯良与都市太太的工于心计形成了鲜明的对照。思虑再三，她决定做一次"后会无期"的远行，带着父亲与儿子寄居于清新自然的田园之中，开始释然、踏实与温暖的平凡人的生活。

2. 从闯荡沪上到负笈英伦

时尚本质上是一种时代精神，是一种生活态度，是人们对美好生活最本能最自然的追求。《三十而已》凭借图像将时尚转化为"形象"编码，而观众则在这样的"形象"中，享受着身体的快感。这种获得快感的过程与大众在传统的日常生活中的饮食、娱乐行为并无二致。

向往都市生活的王漫妮之所以返乡不久又重回上海，一方面，是因为 8 年的"沪漂"让她早已习惯了国际大都市紧张而忙碌的快节奏生活，"时间就是金钱"的效率观念所滋生的充实型生活方式对她有着特别的吸引力，而家乡小城时间观念淡泊，平淡安稳、毫无生气的庸常生活让她觉得无聊空落，令人窒息；另一方面，是因为不同城市空间大小和文化气质的落差。沪上"城市生活的复杂性、人口的流动性及社会分工的高度发达，使人们扮演的社会角色大为增多，异质性明显增强。……城市生活的异质性增强了个人生活的独立性和隐秘性，公共生活和私生活界限分明，人际关系松散，社会关系主要依靠法律规范和公共生活准则进行调节和维系，人伦、情感、风俗、习惯等传统规范的作用相对淡化"[1]。这种自由无拘的生活空间带给她的是个性的舒展和对未来的无限想象。而家乡小城私人空间局促、人际关系紧密、应酬多、社会同质化程度高，加之有的邻里又好飞短流长，这些都让心高气傲的王漫妮心生厌烦，无法适应。当男友张志表示"一个人有权选择平凡而幸福地活着"时，王漫妮立刻反驳道："那我有权不选择。我在家里待了 20 年，就是不适应，不喜欢过安逸的日子。"在她看来，与其留在家乡如此地空耗青春，浪费生命，不如再回上海闯一闯。

---

① 肖小霞、德频：《冲突与融合：城市生活方式的变迁》，《学术论坛》2003 年第 3 期。

然而，王漫妮对未来的憧憬未免过于理想浪漫，对职场的复杂亦缺乏足够的认识。梁正贤和魏总这两个对其事业发展有着重要影响的男性，某种意义上隐喻了女性对尊严和幸福的追求，并非唾手可得的速溶咖啡。傲娇的她在认清职场的凶险与冷漠后，不得不屈服于狰狞的现实，识时务却又不失体面地选择负笈英伦留学以独善其身。这一人生的转向，对于一位急欲向上进阶、一心想证明自己能力的底层女青年来说，何尝不是编剧给她安排的最理想的归宿呢？如此她既坚守了自己的底线，又提升了个人的格调；既迎合了上海人普遍的国际化追求，又给予普罗大众积极向上的励志。

3. 从打卡职员到网红作家

随着互联网全方位地嵌入人们的日常生活，传统的生活方式和劳动形式随之发生了深刻的变革。在新媒体技术的加持下，网络写作这一新兴的数字化劳动与年轻人的劳动、创业、休闲之间产生了深刻的勾连，知识、创意、经验、情感等社会资本借助数字化劳动获得了价值变现甚至增值的可能。应当说，网络文学创作的个体化、自由性和社会身份退隐的属性，十分契合钟晓芹的"文青"性格特征。表面看，网络写作带给钟晓芹的是瞬间爆得大名和一夜暴富，意外挣得的 156 万元版权费极大地改善了她的家庭条件以及父母的生活，往深处想，这种创作方式其实是其生活方式、工作方式和生命状态的一次根本性转型。一方面，钟晓芹通过网络写作找到了实现其社会价值的理想途径，自由自在的写作方式不仅免却了她每天定时上班打卡的约束和随时被人呼来遣去的不甘；另一方面，居家在线创作也改变了小两口的相处模式，灵动的语言文字和鲜活的文学形象增加了她与从事新闻工作的丈夫的共同语言，拉近了彼此的情感距离，一扫往日下班后回到家中沉默寡言的憋闷气氛。更重要的是，这种"离场"后个性化的创意内容生产"后置为一种能随时'返场'的就业选择，以此更主动、更具弹性地应对不确定的未来生活"①，预示了未来工作方式的巨大变革。

钟晓芹的网络写作使其在完成破镜重圆的自我救赎的同时，也悄然

---

① 王斌：《自我与职业的双重生产：基于网络主播的数字化表演劳动实践》，《中国青年研究》2020 年第 5 期。

实现了网红作家"我的事情我做主"的蝶变转型。这种游离于体制之外的自我价值实现方式,喻示了时下大众观念的多样化和社会的开放进步。"日益增加的收入使个人拥有更多的机会,去追求自己个人的发展趋势。这个更加个性化的过程,加上电子媒介的爆炸,互联网、手机等的问世,使我们大家都具有更加广阔的世界眼光,使传统的社会束缚大大削弱,国家、职业、家庭、文化和地域的社会束缚都削弱了。"① 在不影响他人和社会的情况下,如何尊重不同个体自主选择的生活方式?不同生活方式的人群又如何相安相谐?《三十而已》的探讨为观众提供了某种启迪和思考。

综上分析不难见出,电视剧《三十而已》呈示的是多元化时代的女性叙事和人生选择,其真诚表达和角色冲突充满了对比的叙事张力:理想与现实、欢乐与痛苦、成功与挫折呈现巨大落差,自信、坚强、光鲜与迷茫、脆弱、不堪形成强烈对比,内心的挣扎和选择的痛苦构成了她们共同的特征。顾佳从设法跻身"太太圈"到无奈"退群",昭示了她自我认知的痛苦反转和返璞归真的选择调整;王漫妮从上海回到家乡衢州后又重回上海的漂泊曲折,展现了她人生定位和目标追求的不断校准;而钟晓芹从离婚到姐弟恋再至与前夫破镜重圆,凸显的是"宅女"自我意识的逐渐觉醒和成长成熟。让观众真切地触摸到人物的内心世界,并感受她们的公共生活,进而激发观众强烈的代入感,或许是《三十而已》成为爆款的密钥。

(原载《中国广播电视学刊》2021 年第 7 期)

---

① [法]加布里埃尔·塔尔德、[美]特里·N. 克拉克:《传播与社会影响》,何道宽译,中国人民大学出版社 2005 年版,中文版序,第 9 页。

第二部分

新媒体传播研究

传媒监督司法应遵循的几个原则

传媒与司法是现代社会的两大公器。作为承载生命尊严和社会安宁的两种独特的社会实践，传媒与司法有着广泛而密切的联系。从最基本的层面看，司法过程所蕴含或展示的内容以及司法过程本身所显示的刺激性，对于传媒来说具有永恒的吸引力；司法实践所衍生的事实与问题从来都是传媒关注的焦点。而传媒的广泛影响以及传媒所体现的公众意识，亦是司法机构所无法漠视的。不仅如此，在现代国家民主与法制体系中，传媒与司法之间始终存在相互评价的制度性结构与普遍实践；传媒与司法相互关系的恰当构造是现代国家社会统治内部协调的重要标志。① 以传媒监督权力，以司法保障权利，已成为现代社会发展的两份信条，也是构建和谐社会的有力保障。传媒监督司法功能的发挥，有赖于确定符合其内在要求和实际需要的原则，并在实践中认真执行。

一 真实性原则

据报载，至 2002 年的前十年间，由我国新闻传媒引起的诉讼达 5000 起，而媒体的败诉率高达 30%。一个重要原因就是报道失实或部分失准。新闻的本质是事实，新闻的生命是真实。真实是对传媒的一般性要求。真实性原则的核心内容就是新闻报道应事实清楚，表述准确。传媒监督的素材有一部分来源于他人的"投诉""举报"，一旦经记者采访核实写成报道，就要承担责任。设若发生纠纷，记者负有当然的举

---

① 参见顾培东《论对司法的传媒监督》，《法学研究》1999 年第 6 期。

证责任。所以，在条件允许的情况下，记者的采访必须深入，报道涉及的人名、地名和时间必须核准，证据必须确凿。任何不客观、不真实的报道，都可能误导公众舆论，煽动大众情绪，影响司法公正，同时还可能会产生影响甚至损害当事人名誉和权利的后果。这不仅降低了新闻传播的公信力，污染了新闻传播的环境，而且，由此产生的负面影响波及全社会，既损害公众的利益及党和政府的形象，更会造成因对新闻媒介的不信任而引发社会更广泛、更严重的信誉危机。

应当指出的是，由于新闻注重时效的特点，传媒对报道内容的调查核实难以旷日持久，采访具有一定的动态性和时限性，若以科学的严谨来要求记者，不仅新闻时效性谈不上，言论自由也难以实现；也由于传媒不像司法机关，能有一套公检法互相制衡的司法程序、严密的侦察手段和调查方法来保证报道案件事实真实，因此，1993 年最高人民法院出台的《最高人民法院关于审理名誉权案件若干问题的解答》中，仅要求新闻"反映的问题基本真实"，而不是绝对真实。但强调新闻的"基本真实"并非否认新闻的真实性。

二　公正性原则

传媒的力量就在于一旦它认为有谁侵犯了民众的权利，便通过报道与批评迫使侵犯方自动停止侵犯或引发正常的机制将侵犯行为纳入体制性的解决轨道。但是近年来，少数传媒记者受利益驱动等影响，在行使监督"话语权"时夹杂着些许"霸气"，动辄以刊发批评报道相要挟；有的批评报道内容过分偏激，倾向性十分明显，致使某些媒体的公正性和公信力受到质疑。新闻传媒在监督过程中要真正履行社会公众代言人的神圣职责，必须把握好以下三个方面。

一是报道要客观。诚然，传媒收集情况、向公众传递信息以保障公民知情权的权利无可厚非，但在诉讼过程中，新闻媒体却应秉持中立立场，对通过行使知情权而获得的诉讼文书（如起诉书、一审判决书、裁决书等）只作如实报道，而不发表任何评论和意见；在审判过程中，新闻媒体对案件的审理情况只作转播或客观介绍，而不能发表任何带有倾向性的意见，更不能对案件的处理定调子、下结论，误导公众，从而给司法人员带来压力。作为特定社会、特定历史时期的民心民意之表现的传媒监督倾向具有很大的不确定性和流动性。如果我们以这种不确定的、流动的传媒意愿作为审判机关活动的基础或准则，必然会使法律运行产生明显的波动，从而可能影响公正审判。

二是评论要理性。评论是对事实的意见和看法的表达，带有更多的主观评价、判断、论说的理性色彩。评论作为媒体"话语权"的重要标志和风格化的重要特征，是新闻媒体拥有高度的言论自由的集中体现。在我国，新闻媒体尤其是主流媒体是党和政府的"喉舌"，民众认为传媒发表的意见是代表党和国家的，因此，传媒在监督过程中要把握好界限，对已进入诉讼程序的具体案件，不轻易发表评论意见，尤其要注意是法庭在审判，不是记者在审判这个基本原则；在案件审结判决后，媒体在对案件本身进行评论时，必须注意它的公正性和专业性，务求以案释法，以案论理。对司法过程中的违纪违法行为的批评要准确、客观，不能主观臆断、信口开河。

三是在对一些有争议的事实的报道中，传媒应持相对超脱的态度，独立于案件之外，不偏袒司法案件当事人的任何一方，不代表任何一方指控他方，不偏听偏信，给各方当事人都提供说话和答辩的机会，让受众充分了解各方的陈述或意见。

三　合法性原则

毋庸讳言，在我国，传媒监督的地位近几年被提升为"治疗司法腐败的灵丹妙药"，其积极作用被过于夸大，而消极作用又有意无意地被忽视，以新闻自由干预司法独立，以道德评判取代司法审判，以媒介的"话语强权"代替舆论监督的现象屡见不鲜，这严重扭曲了传媒监督与司法独立的正常关系，不利于真正发挥传媒监督对实现司法独立的重要作用。

为了避免传媒沦为布尔迪厄所说的"象征性压迫的工具"，传媒监督司法的过程应该是一个遵守法律的过程，特别是应尊重诉讼程序及相关的法律规定，且不应该侵害司法工作人员和其他当事人的实体权利，以免构成侵权。传媒必须明了司法活动所具有的独立性、公开性、程序性、权威性等特性，既要按照其公开性全面监督、大胆监督，又要在监督中尊重其独立性、程序性、权威性。具体来说，在传媒监督司法的实践中应避免以下三种"非法"行为：（1）传媒基于道德立场，囿于情感性判断，较少顾及司法过程中技术化、理性化、程序化的运作方式。许多情况下，一旦道德意义上的结论形成，传媒便可能利用道德优势表达自己不容置疑的要求和倾向，甚至以道德标准去责难司法机关依据法律所做出的理性行为，从而把道德与法律的内在矛盾具体展示为公众与司法机构之间的现实冲突。（2）传媒不尊重司法的程序性，根据自己的调查或自己的观点随意对法院正在审理的案件评头论足，评判是非。殊不知，法律规定，任何证据材料都必须由双方当事人在法庭上进行质证才能作为定案的依据，未经庭审质证的证据材料不得作为定案的依据。据此，记者调查得来的证据材料，如果未经庭审质证自然也不能作为定案的依据。（3）传媒为了吸引大众"眼球"，片面追求轰动效应和卖点，庸俗炒作，大曝当事人的隐私。有的媒体在报道干部犯罪个案时，不是细致剖析其犯罪的事实和根源，而是详细描述其有几个情人，与情人关系如何，其报道依据又往往是不宜公开的侦查卷宗或纪委的内部材料，并不是法院判决或其他公开文书认定的事实。这就很容易因过度关注隐私而跌入"雷区"。

韦尔伯·施拉姆在《大众传播媒介与社会发展》中指出："如同国家发展的其他方面一样，大众传播媒介发展只有在适当的法律和制度范围内才会最合理、最有秩序地进行。"倘若"在法官做出判决的瞬间，被别的观点，或者被任何的外部权势或压力控制或影响，法官就不复存在了。……法官必须摆脱胁迫，不受任何控制和影响，否则他们就不再是法官了"。[①] 为了防止陪审团成员受媒体或其他方面的影响，美国法院对传媒介入审判采取了许多限制措施。他们往往在案件审理期间将陪审团成员"关"起来，隔断其与外界的联系，甚至禁止其看报纸、电视等。曾经轰动一时的橄榄球明星辛普森杀人案就很典型，全体陪审团成员竟被"关"了9个月，直至案件审结。可见，传媒监督司法只有

---

① 转引自［英］罗杰·科特威尔《法律社会学导论》，潘大松等译，华夏出版社1989年版，第236—237页。

坚持合法性原则，才能减少监督的随意性、片面性，避免导致传媒对司法的干预，导致司法审判的不公，进而损害法律的权威性和公信力。

四　自律性原则

大众传媒是一种有效的舆论监督力量，它在描述各个群体角色和等级的同时也显示出自身在社会结构中的重要角色和地位。传媒表达的内容之所以能够成为各个群体社会期待的识别标志，表明传媒已经获得了社会认同的话语权力。不仅如此，由于司法在社会结构和社会体系中具有很高的地位，因而传媒论说和评价司法行为及司法过程的能力，则更进一步衬托出传媒的特殊地位。① 但是，谁来监督"监督者"，使其不至偏离正常的运作轨道，不正当地干扰司法独立审判，立法均未加以规定。众所周知，没有监督和约束，任何权力都可能滋生腐败，传媒也不例外。

目前我国司法常常排斥或不配合传媒监督的一个重要原因，或许应从传媒自身寻找。例如：现行定性"人犯""流氓"等引人误解的言辞，对案件搞"传媒审判"，进行情绪化、非理性的倾向性评论和"猎奇""揭秘""炒作"等。传媒若欲最大限度地减少与司法机关的冲突，并与之达成一种和谐有序的关系，就必须加强自律，知法守法。对此，英国上诉法院法官丹宁勋爵早有警示："新闻自由是宪法规定的自由，报纸有——应该有——对公众感兴趣的问题发表公正意见的权利，但是这种权利必须受诽谤法和蔑视法的限制。报纸绝不可发表损害公平审判的意见，如果发表了就会自找麻烦。"② 质言之，传媒监督是一种不带有也不能和不该带有强制性的软监督。它只是法律性、权力性硬监督和刚性监督的一种辅助品。因此，它的影响力再大，也不能和不该代替法律和权力的力量，不能走入代法、代政的误区。它应该是比较公平地、客观地提供全面的情况，公平地为争议各方提供发表意见的园地。传媒对司法的监督，既不能越位，也不可缺位。传媒必须通过自律当好信源与

---

① 参见顾培东《论对司法的传媒监督》，《法学研究》1999 年第 6 期。

② ［英］丹宁勋爵：《法律的正当程序》，李克强、杨百揆、刘庸安译，龚祥瑞校，群众出版社 1984 年版，第 39 页。

受众之间的"守门人"①。

从辩证的角度看，传媒的自律并不是对传媒监督的限制，而是为传媒监督提供了更广阔的自由空间和发展余地。"传媒的行业自律是传媒谋求自身政治空间、争取社会广泛认同的必要措施，同时也是传媒自身独立品性的保证。在对司法监督问题上，传媒不仅需要从一般性的职业标准出发约束自己的行为，而且基于司法在政治框架和社会生活中的特殊地位，传媒更需要审慎地处理同司法之间的关系，特别是需要在公众社会要求与司法立场之间寻求恰当的平衡点。"② 总结中外传媒监督司法的经验与教训，我们不难发现，传媒如果失去必要的自律，往往走向混乱无序，走向极端，导致灾难，从而亦就失去了其成为监督主体的基本品格。因此，从某种意义上讲，"自律的媒介最自由"③。

五　有效性原则

如果说真实性旨在保证传媒监督的客观公正的话，那么有效性则是发挥传媒监督作用的主要因素。近些年的实践已充分表明，传媒在规约公共权力的运行中能够发挥重大作用。透过当下诸多的社会事件，我们看到了传媒的社会责任之所在及其不可或缺的社会功能。显然，传媒的功能性作用事实上已经构成法治实现的一个不可缺少的保障性条件。

为了增强传媒监督的有效性，做到既"开花"，又"结果"，真正达到监督的目的，以下三个方面有待进一步加强：（1）加强对司法机关内部机制和司法人员非职务违法行为的监督，尤其是司法机关内部机制所存在的一些深层次的问题。例如，我们的司法传统一直是重实体轻程序，传媒监督也多是把注意力放在了案件的实体上，而较少重视案件的程序是否合法、是否公正的问题。实际上程序不公正甚至违法问题在司法过程中比较普遍，有些到了习以为常的地步，如对被告人刑讯逼供、暴力取证、非法动用侦查手段、违法取保候审，不及时告知被告人

---

① 参见沙莲香主编《传播学——以人为主体的图像世界之谜》，中国人民大学出版社1990年版，第183页。

② 徐迅：《以自律换自由》，《国际新闻界》1999年第5期。

③ 顾培东：《论对司法的传媒监督》，《法学研究》1999年第6期。

和家属的诉讼权利，应当公开审判的案件不公开审判或者名为公开实际上先定后审，开庭走过场，应当回避的人员不回避，应当合议的案件不认真合议，等等。（2）加强对司法机关、司法人员职务行为的监督，尤其是对司法专横和司法腐败现象进行揭露。近年来，司法专横和司法腐败已成为司法机构的痼疾。司法专横集中表现在司法机构及其成员不尊重当事人或其他相关主体的法定权利，把法律所提供的特殊职业优势作为其恣意行为的条件。司法腐败则主要是指徇私枉法，暗箱操作，索拿卡要等行为。对于违法腐败行为，传媒只有抓住不放，连续出击，才能扩大影响，使公众产生强烈反响，形成舆论热点，从而引起有关主管部门的注意，加速问题的解决或处理。同时，在违法腐败行为被有关机关查处后，传媒还应及时报道其处理结果，使监督有始有终。唯其如此，传媒监督才可能成为救济司法缺失和司法不公的一种特殊的救济手段。（3）加强对干预司法机关独立办案的外部势力实施监督，使司法审裁能够在"有法可依，有法必依，执法必严，违法必究"的"纯粹"法治条件下展开。

（原载《新闻界》2005年第3期，此次出版有修订）

网络文学的审美特征[*]

人类文明的演进，依次经历了口头传播、印刷传播、电子传播和网络传播等几个不同的历史时期。自 20 世纪 80 年代互联网诞生以来，网络已成为继报刊、广播和电视之后迅速崛起的"第四媒体"。纵观历史的发展，传播媒介的演变总会引起文学样式的革命。网络文学即是一种突破了纸介质传播囿限、以数码形式发表的非平面印刷文学形态。作为一种新型的文学样式，它俨然已成为当代文化景观中颇受关注的亮点与热点。网络文学的异军突起，不仅完全打破了有史以来纸介质印刷文学独占文坛的垄断格局，而且以其迥异于纸介质印刷文学的创作方式、存在方式、传播方式、接受方式及价值取向，向传统文学发起了挑战。诚如一位学者指出的那样："第四媒体"引发的文学革命，则有可能从整体上改变文学格局，乃至打造出崭新的文学社会学和文学美学。不过，在这个文学"格式化"的阵痛期，一系列由"网络文学"诱发的学理命题，正无以回避地摆在学人面前。①

虽然网络文学只有短短几年的发展历程，但学术界围绕网络文学的研究却颇为深入。不少学人对网络文学的审美特征做出过种种富有见识的探讨和阐释。有学者认为，网络文学是传统的文学样式与网络技术相结合的文学，网络文学的特性鲜明地体现在它的技术特性上；也有学者认为，网络文学的实质就在于它由纸介质传播转换为网络传播，因此，

---

* 基金项目：本文系江西省哲学社会科学"十五"规划项目"网络传播与当代审美文化研究"成果之一。

① 参见董学文《网络文学论纲（序）》，载欧阳友权等《网络文学论纲》，人民文学出版社 2003 年版，第 1 页。

网络文学的所有特性都可以通过它所采取的传播模式而得到说明；还有人认为，网络文学归根到底仍属于文学的范畴，它不过是一种新的文学样式，文学性才是它的本质属性。

综观学界关于网络文学众说纷纭、见仁见智的审美特征设定，笔者认为，从传播载体的视野来审视网络的审美特征，网络文学是网络媒体的艺术裂变，它是直接发表在网络上的原创文学，并以交互式写作、多媒体欣赏以及虚拟性体验等为主要特征的网络作品。下面试就网络文学的审美特征作一粗浅的探讨。

一 自由言说的快乐审美

网络文学与传统文学在本质上具有共同的性质，如它们都是对社会生活能动性的反映，注重艺术形象塑造，充分抒发作者的内心情感，提供给读者一种精神消费等。但是，与传统文学相比，网络文学所承担的理性精神与价值深度则大为削弱。

中国古典文论一直信奉"文以载道""立言不朽"的古训，往往把文学的审美活动与认识活动等同起来，使作品承担了沉重的社会使命。如今，这一圭臬却被网络消解了。网络拒不服从教化活动，而是以感性娱乐为旨归，给了人们一个舒展性灵、释放情感的空间。兼容而无垠的网络空间耦合了文学艺术的自由本性，它以赏心悦目为乐事，打造了一种"无压抑性的文化"。在网络时空里，人们可以超出物质功利的束缚和生存烦恼的纠缠，成为自由的审美主体。如果说网络的人性化体现为游戏，网络的本质属性是自由，那么网络文学的审美特征之一便是快乐。网络文学的快乐审美常常表现为调侃生活、嘲弄经典、打造时尚等方式。

（一）调侃生活

网络提供给文学的是一个开放、平等、自由、匿名的言说空间，它为广大网民搭设了一个舒展性情、倾吐心扉、张扬自我的传播平台。同时，现代社会快节奏的生活方式往往给人们带来了极大的生存压力，因此，网络写手往往也会借助文字游戏来释放这种情绪。由是观之，网络写作中调侃、幽默的表达便成了对平庸、枯燥和刻板的生活的温和打击，成了对于生活现实中诸多无奈的自嘲。

网络文学对生活的调侃态度，首先在于它不断捕捉生活中一个个具有调侃意义的事物。如《小资情调随身宝典》《陪女友逛街完全手册》《办公室白领的22种死因》《蹭饭条例》《光棍歌》《男朋友的七大谎言》《女士如何面对蟑螂》等都是一些既有生趣而又凡俗的文章。《经典恋爱知识》一文便饶有兴趣地把聊天室里的美眉分为范小萱型、梁咏琪型、关之琳型、王菲型、舒淇型等几种不同的类型，逐一分析了她们的个性特点，并针对每一类型制定了不同的攻克方案。最后，作者慷慨陈词，总结了处理网络感情问题的准则，即"幽默骗取好感，宏观把握人生，痛诉革命家史，瞬间解决战斗，还有最重要的一点就是：积极组织撤退呀"①。

在这篇作品中，网络写手宁财神援引兵法，以期达到成功猎艳之目的。从此文表现的主题来看，它无疑准确地把握了人们渴求虚拟爱情的心理。

其次，网络文学对生活的描述就在于它惯用多种表现手法对生活进行讽刺和谐趣，于是，展示谐谑的技巧，巧置幽默的语言，编织搞笑的噱头便成为网络文学的鲜明特点。如上文《经典恋爱知识》最大的特点便反映在它的语言诙谐和鲜活幽默上。机智、幽默的话语贯穿全文，达到了一种轻松调侃的效果，让人忍俊不禁，发出会意的微笑。幽默作为一种吸引浏览的策略，无论是含泪的笑还是"无厘头"的搞笑，都透露出网络写手们与生活息息相关的情绪和态度。

戏谑也是网络作品的常用手法之一，在网络文学娱乐性体验式的写作中，一切被视为规范的东西退隐了，即使是生命这样严肃的事物，也可以成为调侃的对象。例如，网络写手辛心的作品《1+1：小资的八十一种死法》中，不管是真"死"还是假"死"，都被有滋有味地一一做了辨析，在这里，"死"变得多姿多彩，极富娱乐性。这种戏谑的风格无疑是一种释放自己的心灵和生命的表达，流溢出对平淡生活的反叛

---

① 宁财神：《经典恋爱知识》，百度文库，https：//wenku.baidu.com/view/7a9935926bec0975f465e2e6.html，2012年10月21日。

色彩。

（二）嘲弄经典

网络是一个"众声喧哗"的场所，创作主体可以摆脱一切束缚，甚至藐视经典，打破常规，目无等级。可以说，网络作品是网民情绪化的即兴发挥。网络文学用率真、感性、碎片式的声音消解着传统文学审美领域中既有的话语权威，带给进入这个虚拟审美空间的人们最简单的快感式审美体验。

网络文学是自娱性的宣泄，它无视现成规范，打破并消解了文学的"载道"功能，也颠覆了传统文学话语的霸权。在网络作品中，无论是搞笑的顺口溜、小品文，还是网恋故事、神怪武侠，抑或反映现实生活的作品，无不透露出一股调侃、嘲讽和"没有一点正经"的另类和叛逆。只要你点击文学网站，在"开心一刻""随笔小札""心有灵犀""菁菁校园"等栏目，你就能看到大量的戏仿与讥嘲之作。网络写手藐视成规，对经典之作也往往采取"戏仿"的手段来改写或仿写，如海天书苑有一则《沉鱼落雁，闭月羞花新解》的幽默网文，对我国古代四大美人之一——西施"沉鱼"之貌的传说就改成了这样：西施总在河边浣她的脏纱，污染了河水，鱼儿喝了有毒的水而无法存活，所以沉下去了。经此一改，美丽传说的精魂已荡然无存，但人们对环境的污染便令人心惊！

网络文学是脱冕而不是加冕的文学，它用世俗的真诚抹去了对文学的敬畏感和神圣感，用游戏化的轻松表演来对抗宏大主题的沉重叙事。被誉为"最佳网络作品"而在网上广为流传的《悟空传》，其实是网络写手今何在对我国四大名著之一——《西游记》的"去圣化"改编。

> "什么东西天上地下，唯我独尊？"唐僧问。
>
> "猴子！"孙悟空说。
>
> "不！是猪！"猪八戒叫。
>
> "都错了，是我。"唐僧说。"如来祖出生时，一手指天，一手指地，如此说的。"
>
> "佛祖说：是你？"八戒说。

"不！佛祖说：是我。"

"那是佛祖啊？"

"不是佛祖，是我。"

"那和尚有病，你别理他。"孙悟空道。

"我明白了，是佛，是你，是我。是……"猪说。

"是猪？完了，又疯了一个。"孙悟空道。

"当时我不在，我要是在时，一杖打烂，免得胡言乱语，惹人心烦！"沙僧没好气地说。

三个家伙都盯着他，沙和尚却打个呵欠，又睡去了。①

在改编的故事中，唐僧师徒四人完全没有了为求取佛经不畏艰险的大义和神圣感，也没有师父的威严与宽容和徒弟对师父的敬重，有的只是对世俗生活里权势的迷恋和彼此间的钩心斗角。今何在一改传统小说《西游记》的创作理念，在价值取向上消解崇高、颠覆神圣，把高僧超脱、高洁的形象世俗化和人间化，把神圣崇高降格为低微和平凡，一切形而上的东西都趋于形而下了，文学连同自由平等的观念一起从神坛跌落至世俗。

网络解除了束缚人们言行的种种规定，它可以容纳多样的风格和多元的话语，作者可以自出心裁，自由表达，因此，网络文学拥有了传统文学不可比拟的生气与活力、另类的构思和鲜明的生活气息。戏嘲崇高尽管并非为网络文学所独有，但由于它契合了网络"脱冕"和"祛魅"的游戏精神，因而在网络原创文学中备受推崇。如果说现代主义文学仍然以其形式的追求和隐含深邃的内容给人以美的愉悦和享受，网络作品则提供了一种叛逆的文学风格，一种回避意义的文字游戏。

（三）打造时尚

网络深深地烙印着现代文明的新特征。如果说网络是技术的时尚，那么网络文学则是高科技打造的流行时尚。所谓"时尚"，顾名思义，

---

① 今何在：《悟空传》，小说大全，http：//www.xiaoshuodaquan.com/b_ 45. htm，2006 年 2 月 14 日。

就是现实生活中广为流行的某种思潮、事物或行为方式，这种思潮、事物或行为方式弥漫、渗透于整个社会，并对全社会产生相当的影响。

网络文学的内容多为生活随感、爱情故事及其他时尚话题等。网络写手大多年轻，被冠以"新生代""晚生代"等头衔。由于他们基本上居住在都市和城镇，因此其作品带有前卫的时尚性和浓郁的都市味。他们乐于在各种时尚和流行文化中行走，也常常以灵敏的感觉追逐时尚品位，引领时尚潮流，在创造和品味时尚中实现流行快感。如《我爱上那个坐怀不乱中的女子》《往事只能回味》《性感时代的小饭馆》《你说人生忧郁我不言语》《情人酒吧》《旧同居时代》等，从标题上就给人以前卫休闲之感。这足以说明，网络文学是以大众传媒市场流行为走向，以文化时尚为内容的一种文学样式。网络写作大多没有"高深"的艺术追求，不求精致而求率真，作者不讲究作品成活率，只想在网上过把瘾；作品很少有深邃的思想、独到的"襟袍"和隽永的诗情，更多的是表现都市化进程、小资情调诱发的欲望扩张和情感释放。从这种意义上来看，网络写作的时尚意义往往大于审美意义，自我诉求多于艺术创新，自况展示胜于启蒙承担。

网络文学本能上拒斥正统、严谨的文学典范。在文学的赛博空间里，网络写手们能够"我手写我心"，因而这里便也成为打造谐趣幽默、充满个性、明白如话的流行语言的俱乐部。在这种流行话语的创作和欣赏中，创作者可以随心所欲，尽情抒写心灵的直觉与体验，接受者也无须去思索作品的微言大义，阅读就是感受文字带给你的感觉。于是，在线浏览这种无负担、无压力的轻松阅读便给他们提供了许多快活的审美体验。

触网而生的网络文学，从问世之日起便以其自娱自乐的审美向度与传统纸质文学相区别。欧阳友权教授对此做过阐述："网络文学是'脱冕'和'祛魅'的文学，它不再是文人生存方式和承担形式，而只是一种游戏休闲方式和宣泄狂欢途径，从此，文学女神走下神坛，回归民间，与民同乐，形成自由而快意的文学亲和力。"① 但是，网络文学一味追求文字游戏而回避文学深沉的学理意义，以游戏动机替代审美动

---

① 欧阳友权：《网络文学研究述评》，《文艺理论与批评》2003 年第 5 期。

机，缺乏文学应有的庄重、崇高、深邃，少了一份对文学创作的终极审美价值的追求，这又是其致命的弱点。

二 虚拟世界的临场审美

尼葛洛庞帝在《数字化生存》一书中说到，我们已经进入了一个艺术表现方式得以更生动和更具参与性的时代，我们将有机会以截然不同的方式来传播和体验丰富的感官信号。在数字化生存时代，网络技术介入艺术的感性世界和审美世界，通过文本、图像、声音、色彩、光线、图画及虚拟实在等多种媒介传达艺术内涵，也为文学的表现方式开拓了崭新的视野。网络文学的价值取向日益由艺术真实向虚拟现实变迁，从而使人们可以获得更为感性的审美体验。

网络的虚拟通过数字化构成，为人类提供了一个"赛博空间"①，这不再是一个以原子、分子构成的物质世界，而是一个以"比特"构成的虚拟化世界。网络虚拟世界是指借助视频、音频、动画、三维物体、程序等各类媒体软件，为自己营造神奇的电子世界。它既可以实现对文学审美意象的再现，也可以实现现实与虚拟之间的迷离，因此，我们也可以把它视为一种场的存在。网络文学虚拟性的审美特征表现在两个方面：立体式表达与沉浸性体验。

（一）立体式表达

网络虚拟技术制造的复合符号全面诉诸人们的感官，影像、声音、即时性与现场感为文学提供了一套富有冲击力的经验。虽然虚拟真实是一种不同于现实世界的真实，但它可以凭借信息、图像、声音、文字等形式，将抽象化为具体。在这个赛博空间里，文学意象呈现出全景式面貌已经具有了技术操作上的可能，欣赏者因而也能够获得更为直接的审

① "赛博空间"（Cyber space）这个词是加拿大科幻小说家威廉·吉布森于20世纪80年代中叶创造出来的一个奇怪术语。据说他创造这个词受到维纳提出的"控制论"（Cybernetics）的启发。吉布森用故事告诉我们，电脑屏幕之中另有一个真实的空间，这一空间人们看不到，但知道它就在那儿。它是一个真实的活动领域，其中不仅包含人的思想，而且也包括人类制造的各种系统，如人工智能和虚拟现实系统等。我国文化学者也有人将这个合成词译为"在线空间"。

美快感。

网络文学首先是艺术，而不只是一种技术产品，它是技术与艺术的审美化统一。作为一种精神产品，网络文学与传统文学一样，都是人类进行情感交流和生命体验的一种方式。艺术的世界都是虚拟的，但网络的虚拟又不同于传统文学中的"艺术真实"，这是一种对客观的、物理的现实存在形态的真实仿拟，在这个数码技术和个性化色彩相融合的虚拟审美空间里，每一个欣赏者可以感受到有别于纸质媒介线性阅读的多重审美体验。

在虚拟技术广泛应用的今天，声音的模仿和画面的再现已不再是难事，甚至音像画面的拼接与跳跃都成为可能，这就给了读者全新的视觉和听觉体验。例如，欣赏张若虚的《春江花月夜》的电子版本时，就可以伴随着它的同名江南丝竹乐，在音乐的旋律中，读者更容易领略"江天一色无纤尘"和"古人不见今时月，今月曾经照古人"这种情景交融的艺术境界，其图文并茂和动静相宜使人充分领略到多媒体的化虚幻为真实的现场体验。传统诗歌有"意境"之说，指作者的主观情感与客观物象水乳交融而达到的一种艺术境界；网络文学则有"灵境"一说。所谓"灵境"，实际上是指虚拟现实。传统诗歌的意境只有凭借想象才能领悟，而网络文学则可以借助多媒体技术和虚拟技术，营造一种虚拟现实，从而给欣赏者带来一种真切的身临其境的审美感受。

本雅明认为："人们对待艺术作品的接受有着不同方面的侧重，在这些不同侧重中有两种尤为明显：一种侧重于艺术品的膜拜价值，另一种侧重于艺术品的展示价值。"[①] 前者把艺术视为具有深厚审美意蕴的作品，人们往往对它顶礼膜拜；后者认为艺术是被审视、供人观赏和娱乐的对象，不需负载沉重的人文价值。从技术的角度来看待网络文学，我们不难发现它其实更重视的是其"展示价值"，因为网络虚拟使得艺术品的审美意象立体化、全方位地向人们敞开，作品的展示价值得到了最大限度的呈现，人们因而可以充分享受到感官盛宴带来的心

---

① ［德］瓦尔特·本雅明：《机械复制时代的艺术作品》，王才勇译，中国城市出版社2002年版，第94页。

理愉悦。

（二）沉浸性体验

虚拟真实（Virtual Reality）是众多媒体组合传送的立体的、全方位感知信号系统，在视、听、触、嗅等感知行为的逼真体验中，欣赏者仿佛置身于一个真实环境中，从而产生全身沉浸感。正如加拿大学者德克霍夫在《文化肌肤——真实社会的电子克隆》一书中所描绘的："人们认为三维图像是视觉的，但二维图像的主导感官则是触觉。当你在 VR中四处闲逛时，你的整个身体都与周边环境接触，就像你在游泳池中身体与水的关系那样。"[①]

网络作品的虚拟真实是一种人造现实，这种虚拟不是一维的，而是三维的甚至多维的。《玫若文集》就是这样的一个实验文本：优美的诗文配上一幅幅古色古香的图片，辅以温柔缠绵的 MP3 作为背景音乐，这些形式的合成全方位地冲击着欣赏者的感官，从而使欣赏者为呈现在眼前的如梦似幻的表现对象而欢欣雀跃。这种画面和文字结合、视觉和听觉互补、理性和感性相融的审美方式给予读者"耳目一新"的全新体验。利用虚拟手段再现作品的意象，将虚构与现实、幻想与实景有机交织在一起，甚至还可以使人产生不知是庄周梦蝴蝶，还是蝴蝶梦庄周的幻觉。欧阳友权教授曾指出："语言能创造间接想象的自由空间，这使得海德格尔所讲的'诗意的栖居'成为可能，这是文字符号具有审美性的一面；但语言文字却不能建构直观呈现的虚拟现实，难以提供让每一阅读主体交互沉浸的有意味的临场形式，这又形成了审美的局限和自由的桎梏。"[②] 依托于网络技术的网络文学冲破了传统文学单一语言艺术的表达局限，它把声音、文本、图像、色彩、光线、动画、想象力和互动感等结合在一起，营构了一种独特的审美氛围，欣赏者很容易沉浸其中。

在由网络虚拟技术创造的感官冲击面前，传统文学的沉静与思索逐渐让位于网络文学的直观与仿拟。毫无疑问，在一部分网络文学中，艺

---

① 转引自黄鸣奋《比特挑战缪斯——网络与艺术》，厦门大学出版社 2000 年版，第 24 页。

② 欧阳友权：《网络文学自由本性的学理表征》，《理论与创作》2003 年第 5 期。

术性灵、审美情怀、诗学深度等价值特性已不可避免地会被数字化模拟技术削平。由此，欣赏者在浅俗的内容、简单的形式和毫不费力地接受中，逐渐钝化了他们的想象力，取消了他们的自我意识和思维独立性，滋长了他们追求片面娱乐消遣的欲望。诚如马尔库塞所言，技术的解放力量转而成了自由的枷锁。① 人对技术因素的迁就和依赖，导致在艺术生产领域形成了一种潜在的足以造成创造力衰减的表征危机。当然，网络虚拟性在强化人们对图像感知的同时也发展了人们的感官审美，在强调感性舒张的现代社会，现代高科技所精心打造的文学的赛博空间无疑更加契合了人们审美体验的需要。

三 读写交互的动态审美

网络技术支撑的文学形态给予传统的审美方式以极大的冲击，艺术结构的动态流动，在线阅读，带给欣赏者一种鲜活的审美体验。在网络空间里，作者与读者可以即时交流互动，情感共鸣，心灵相通，这也形成了一种与传统文学迥然不同的审美方式和审美形态。

（一）动态化结构

网络文学动态化的结构，主要是源于超文本文学样式。超文本（hypertext）是美国学者托德·尼尔逊于 20 世纪 60 年代提出来的一个术语。它是指一个没有连续性的书写系统，文本分散而靠链接点串起，读者可以随意选取阅读。超文本作品在文本内部或文本结尾设置有超文本链接点，提供不同的情节走向以便读者在阅读时选择，不同的阅读选择会产生不同的结局，因此也称为多向文本文学。超文本文学的结构具有动态开放性特征，这是一种迥异于传统文学存在形式的文本。就传统文学本身来说，文本一旦形成，在形式和内容上具有封闭性，是一个相对自足的所在。尽管这种文本有利于接受者展开充分的艺术想象，但仍呈现出一种单维平面的静态结构，缺乏厚度感和立体的延展性。

----

① 参见［美］马尔库塞《单向度的人：发达工业社会意识形态研究》，张峰、吕世平译，重庆出版社 1988 年版，第 135 页。

传统的文学作品主要是依靠平面媒体进行传播，因此，文字只能按照固定的格式排列，且顺序不能颠倒，语句之间有严密的逻辑性，这是印刷文化的特点。按照美国学者马克·波斯特的说法，"句子的线性排列，页面上的文字的稳定性，白纸黑字系统有序的间隔，出版物的这种空间物质性使读者能够远离作者"①。这充分说明，传统的纸质文本具有封闭性和不可变异性。而网络文学赖以栖身的是网页，网页之间的链接就形成了变化多样的超文本，它从二维平面走向了三维立体，更新颖的链接超越了纯文字领域，使文学向动态延伸。这恐怕是连博尔赫斯、乔伊斯、福克纳等意识流叙述大师们也望尘莫及的。主持"涩柿子的世界"文学网站的台湾女作家曹志涟创作的《想像书》，采用网络动画FLASH技术，将作品主体链接设计成类似时钟的画面。当时钟的指针指向超文本的链接点时，文字就会变亮。它超出了以往超文本文学单纯的文字链接方式，进一步在空间上实现了网络技术与文学内容的结合。② 读者欣赏这类超文本作品时不仅有曲径通幽的浏览快感，还可以多渠道、多角度地品味和鉴赏。这种多维的欣赏角度在传统文学世界里是很难体会到的。

此外，网络文学还克服了单一的语言文字或诗画结合、图文结合的静态表现形式，呈现出不同于静态书页的动态特性，给予人们全新的审美情趣。例如，台湾的李顺兴在"歧路花园"网站上发表的小诗《西雅图漂流》就是一篇超文本实验作品，只见网页上端端正正地写着五行字：

> 我是一篇坏文字
> 曾经是一首好诗
> 只是生性爱漂流
> 启动我吧
> 让我再次漂流

---

① ［美］马克·波斯特：《第二媒介时代》，范静哗译，南京大学出版社2001年版，第84页。
② 参见徐文武《超文本文学及其后现代特性》，《当代文坛》2001年第6期。

当读者点击诗上端的链接"启动文字"四个字，诗中的文字便会抖动，歪歪斜斜地朝网页的右下方扩散，宛若雪花般飘洒开来，并逐渐滑出网页，游离读者的视线，令人油然而生一种失落和孤独感。当读者点击"停止文字"和"端正文字"按钮，诗便可以恢复原样。我们还可以通过点击诗中的"文字"或"漂流"字样，打开另一首题为《文字》或《漂流》的小诗。这种超文本实验作品的创作形式，已不是传统意义上的语言、结构、韵律等。读者的兴奋点也不在作品的内容，而在于它的动感形式，即由网络软件所操纵的"文字舞蹈"。

（二）交互式审美

任何一部文学作品的艺术价值，只有在读者的欣赏中，才有可能得到比较完美的实现。而传统文学作品的欣赏常常是单向性的，读者面对的是固定形式——书本这个欣赏对象，即便有再多的想象和创造空间，也不可能改变原作品的形态。而网络文学不同，它的欣赏是双向的、互动的。在欣赏传统文学作品的过程中，线性的阅读在划定审美界限的同时给了读者一种稳定感，一种相对的确定不移。从这个意义上说，超文本形式的网络文学最容易给人带来一种创造的、动感的审美快感。

交互性的审美方式使写作成为作家和读者的共同创作，从某种意义上也可以说，写作和阅读实现了真正意义上的民主、自由和平等，而文学活动也在这种互动传播中体现了"活性"的审美特征。此外，网上的交互跟帖，即时欣赏，也给阅读者带来了动态的审美感受。网络写手在这里自由表达自己的观点，网友发表评论呼应，就是在这种发帖与跟帖之中，作者与读者之间实现了交流。如人民文学出版社出版的 BBS 小说《风中玫瑰》，就是一部典型的读写互动小说。

风中玫瑰　张贴于 2000 - 03 - 06　14：30

可记得？那一年的这几天，我们还在玩着心的迷藏。时间过得真快，站在今天看昨天，一样的天空，一样的阳光，只是当年的那个小女孩已长大了，成熟了。也许过几天，我就可以再见到你了，想想，依然像当初一样，微微而笑，一丝温情自心底缓缓流淌过，都过去了，我们已是回不去了，有一种说不出来的奇怪感觉，那就是淡淡如水、长流不息啊！

　　可爱的小丸子　张贴于 2000 - 03 - 06　15：24

　　姐姐：丸子还不知道姐姐过去居然有这么一个动人的故事！我好感动！如果人生能够这么爱一次的话也值得了！无悔了！你说是吗？

　　……

　　风中玫瑰　张贴于 2000 - 03 - 06　16：23

　　可爱的小丸子：是的，谁不想拥有一段惊心动魄的爱情故事呢？可是，平淡的爱情，却也有她的吸引力，玫瑰爱过了，无憾了，呵呵。

　　风中的鹰　张贴于 2000 - 03 - 07　11：54

　　我整整看了一个晚上，看完你的这十七页故事不知该说些什么。

　　至少它让我暂时地忘记了自己的烦恼，谢谢你。

　　我很笨，不会写什么，只会看，以后我会常来的！

　　今天又起风了，我还在独自地飞翔，寻找着……

　　秋絮　张贴于 2000 - 03 - 07　13：50

　　雨下得多大，总有一天会停的，不开心也一样。祝你明天更美好！……

　　出前一丁　张贴于 2000 - 03 - 07　16：30

　　燕过无痕，风过无声

　　往事就让它付之东流罢了

　　这么多人给你勇气，你小小的攀登算得了什么！！

　　……①

　　《风中玫瑰》所演绎的柏拉图式的爱情故事，就是由风中玫瑰和众多网友现场参与交互完成的。在这一文本中，黑体字是作者《风中玫瑰》凄美的爱情故事，在故事讲述的同时，还穿插着网友们的跟帖，发表对这一故事的议论。这种作者与读者的沟通、交流是网络原创作品重要的组成部分，只有在线阅读，我们才能更加深刻地体会到作者的情

---

① 　风中玫瑰：《风中玫瑰》，人民文学出版社 2001 年版，第 112 页。

绪涌动，更好地理解作品的深意。

网上还有一种"网络交互小说"，这是一种发表在网上的、谁都可以参与创作、可谁都无法预知情节和结果的文学形式。作者可以设定故事的大致构架，或是开头，或是故事情节，或是故事结尾，其中留有大量的思绪空白邀请网友参与续写，网友可以按照自己的想法续写故事，最典型的例子便是网络联手小说或网上接龙。如2000年6月，"当当"网上书店推出了"中国第一部中文网络交互小说"——《E情战事》的网络接龙小说的写作。《E情战事》设定了故事的大致框架，还有一个非常白领化的开头：

> 为了不让自己哭出来，为了那个未曾谋面的网络恋人，M小姐跳了一夜的舞。

这是一个以网络时代为背景的交互小说，小说的大体脉络是：一位外语学院四年级的女生触网，迷网，直到毕业，就业两年内三次跳槽，终于进入新兴网络行业。其间故事情节的展开则交给网友继续以接龙的方式完成。由于每个网友的思维各不相同，作者和读者的互动势必形成文本意义的延伸与多重。

比起传统文学的审美解读，交互性审美虽然使读者获得参与文本构成的机会，但这种参与已不再是"解码"或理解意义，而是一种网上冲浪与享乐，传统文学作品的纯粹诗意和韵味在这种互动创作中已很难寻觅。但是这种独特的解读方式毕竟带给了人们一种全新的另类审美体验，这种体验或许恰好弥补了读者把玩和品鉴印刷文学时的缺憾。

理性地看，"网络文学是一种游历于网络之间的个体生命对于理想网络的渴望。不光具有感性，又具有人道主义的精神需求"①。但它仍有必要在当下的众声喧哗中提升其审美品格。倘若网络文学仅仅止于媒介传播和时尚文化消费的意义，而不能以自身的诗性魅力抒发人类的审美情怀，用技术的基质承载艺术的人文价值，就很容易引起视听影像对

---

① 转引自欧阳友权《网络传播与社会文化》，《桂海论丛》2004年第3期。

文字魅力的瓦解，工具理性对艺术精神的消泯。因此，"数字化生存"的目标，不只在于发扬其技术理性，更在于吐故纳新，拓展新的审美视域，自觉地将审美价值取向辐射到对技术文化的观照中。

[原载《南昌大学学报》（人文社会科学版）2006 年第 2 期，本文与研究生涂苏琴合著，此次出版有修订]

互联网时代美国报业之变局

如果说金融危机的祸不单行，进一步凸显和放大了美国报业的当下危机，那么，互联网的强劲崛起，则对美国报业的长远发展构成了持久的威胁。《谷歌何为?》（*What Would Google Do?*）一书的作者杰夫·贾维斯（Jeff Jarvis）惊呼，"新闻业已被彻底改变，Google 是导致这种改变的原因，Craigslist 也是，Facebook 也是，然而这并不意味着他们应该为这种改变负责"。

当代传播范式的转变已经使由互联网爆炸开启的传媒变革风暴成为逻辑的必然。由于事实上媒体选择数量的无限，观众变得越发碎片化，逐渐凿刻成微小的子群，广泛地分布于网络这一虚拟社区。这些群体和变革，消融与交集成当代传媒令人惊讶的流动性。与 20 世纪人口统计学指向明确不同的是，今天的受众往往处于持续的流动状态。

互联网时代美国报业呈现的变局及何去何从，业已引起全球新闻业界和学界的警觉与关注。

一 变局之证象

1. 纸媒读者纷纷流向网络新闻

由于读者与记者之间日益增强的互动，读者能够通过粘贴评论和撰写博客来提供新闻报道，也由于页面设计和排版的彻底改变，报纸网络版显现出创造新闻报道新形式的巨大潜力，浏览网络新闻的人数暴增，由此造成的印刷报纸的读者流失令人担忧。

根据尼尔森在线收视率调查，《洛杉矶时报》网站流量2007年飙升了143%，1120万独立的访问者检索了该网站。如今《洛杉矶时报》已成为继《纽约时报》之后美国最受欢迎的报纸网站，一举取代了《华盛顿邮报》网站（Washington post. com）排行第二的位置。美国报纸网站前10强中的另一家报纸是加利福尼亚《旧金山纪事报》的sfgate. com。2007年，其独立访问者也增长了20%。虽然相对于《洛杉矶时报》网站读者流量令人惊讶地跃升，这还不足为奇，但在最近，sfgate. com的读者流量已紧随latimes. com之后①。

新媒体的层出不穷，使得越来越多的小灵通和其他移动设备正被用来阅读新闻，新闻专线也把触角伸向了那里。通过登陆某些靠广告盈利的网站，读者可以直接浏览路透社和彭博社的头条新闻。彭博社高级执行主管诺曼·佩尔斯坦称，为阅读他们的新闻而下载苹果iPhone手机应用程序的人数已超过100万次，且手机报是"暂时"免费的。美联社与1200家美国报社协议商定，双方将成立移动网站，美联社负责国内外新闻，报社提供当地消息。②

2. 传统分类广告被网络广告市场切分

报纸的收益通常来自两个渠道：读者（付费订阅或报摊购买）和广告客户。由于越来越多的报纸开始把它们的内容免费提供给互联网，因而前一个收入来源就枯竭了。因为读者不需为他们在网上获得的文章付费，随着网络广告市场的骤增，报纸希望提高广告收入来弥补其销售下降。但是，传统报纸赖以生存的分类广告已被美国craigslist. com这一全球性的网上分类广告所淹没，导致报纸收益大幅缩水。此外，经济衰退亦已导致有能力投放广告的广告公司数量锐减。

如果说昔日众多豪华广告的炫示是对美国消费主义的礼赞，那么2009年超级碗杯则折射出了金融危机中美国的萧瑟景象，亦传递了广告业惨淡之年的先声。正常情况下，汽车制造商和经销商一年要投放近200亿美元的广告，但克莱斯勒和福特公司在2008年前9个月减少广告支出30%以上，预计2009年两家公司为了生存将会加大削减幅度。

---

① A Revenue Milestone at LATimes. com? Research Source：http：//californiauncovered. typead. com/index/newspaper-business/，December 23，2008.

② 参见《新闻专线：在钢丝上独自起舞》，《经济学人》（中文版）2009年2月12日。

2008 年超级碗杯的全部广告档次在 2007 年 11 月底之前早已销售一空，尽管每个档期的价格为 260 万美元；2009 年的价格升至 300 万美元，但至少有 10 个档次（占 67%）的买主仍无着落。2008 年 2 月超级碗杯星期日曾买下 11 个广告档次的通用汽车刚刚声称，2009 年它将不再续签合同。

3. 新闻编辑部急剧瘦身

近年来，美国报业一轮又一轮的裁员浪潮使得全行业人人自危。美国劳工统计局对全部报纸工作（从记者到运输卡车司机）的统计数字显示，美国报业的工作岗位从 2008 年伊始的 336000 个减至 10 月份的 313600 个，10 个月内即有 22400 个岗位被削。《圣路易邮讯报》图形设计师斯密斯的调查统计表明，美国报业 2008 年解聘 15584 人，其中一半是新闻记者。这意味着美国报纸新闻编辑部的人数从年初的 52000 人缩减了 15%，这也是美国报业编辑协会自 1978 年开始统计编辑队伍以来，新闻编辑部单个裁员最多年份[1]。《旧金山纪事报》由于连年亏损（现在每周约亏 150 万美元），2008 年 9 月，其新闻编辑部再度裁员 260 人后，如今只剩一个空壳。而赫斯特 2000 年购买该报时，它原本拥有近 600 人的强大阵容。在过去的几个月里，《纽瓦克星定报》遭受了的裁员重创也许比全国任何一家主要报纸都要多[2]。

4. 报业巨头相继破产重组

拥有《芝加哥论坛报》《洛杉矶时报》《巴尔的摩太阳报》和许多其他报纸的论坛公司，2008 年 12 月正式申请破产。虽然它旗下的报纸仍在出版，但破产申请的结果可能导致公司重组。美国三个主要的报业公司在最近几个月里也相继申请了破产：它们分别是拥有《明尼亚波里星坛报》的明星论坛控股公司、统辖《纽黑文纪事报》和东北部的一些其他报纸的康州新闻纪录报公司以及掌控费城两家顶级报纸《费城询问报》和《费城日报》的费城报业有限公司。美国报业百强的丹佛《落基山新闻报》上月末宣称，该报周五将出版最后一期即告歇业。

---

① "Is There Life After Newspapers?" Research source：*American Journalism Review*，February/March，2009.

② Is Chronicle next on the Hearst Chopping Block? Research Source：http：//californiauncovered. typepad. com/index/newspaper – business/，January 14，2009.

《图森公民报》也在劫难逃①。

二 报纸不会终结

根据"我们媒体——佐格比交互民意测验"的数据，55%的美国人认为博客对于未来的美国新闻业是重要的，74%的人说公民新闻将扮演重要的角色。此外，53%的人认为互联网展示了"专业新闻记者未来最大的机会"，而76%的人说，"互联网对整体的新闻质量会产生积极的影响"。一项新的调查发现，1.0001亿的美国成年人现在从网站上获取他们的大多数新闻，800万人转而以博客作为其主要的新闻源②。相较于互联网"气吞万里如虎"的锋芒，作为传统媒体的报纸的确显得有点老迈和竞争乏力，但是，实践表明，互联网的兴盛并不意味着报纸的寿终正寝，相反，互联网与报纸的共存共荣倒是一种现实的归宿。

1. 对互联网影响报业发展的高估

美国《新闻研究》2008年第5期刊载的《报纸的未来》一文强调，互联网对报业的深刻影响不言而喻，但是，人们对互联网影响报纸未来的发展的高估或误解也不容忽视。在传媒演变的历史进程中，技术发展所提供的动力也许会因诸多的政治、经济和文化因素的中介作用而被延缓、阻碍甚至抵消。影响报业改变的因素可能与具体的工作环境（如记者对改变的态度以及工会的力量）、具体的报纸（报纸的市场位置、发行力量、效益）、具体的公司（不同的报业公司相对愿意同意资源的改变）有关，而最终的阻力也许是具体的读者和消费者（读者对某种新闻类型的爱好，这种新闻如何表现和在哪种平台上表现，以及读者的付费意愿与能力）。

社会心理学家更愿意把工作方式和生活方式的长期变化看作报纸和读者下降的关键因素。例如，在美国和英国，报纸及一些报纸发行的衰退比网络的出现要早很久。全美数百家晚报因为人们出行方式的改变、

---

① Max Deveson, "Crisis in the US Newspaper Industry", http：//news.bbc.co.uk/1/hi/world/americas/7913400.stm, March 3, 2009.

② William F. Baker, "The New World of American Media", http：//annenberg.usc.edu/AboutUs/News/071112Loper/Transcript.aspx November 20, 2008.

报纸印刷时间（中午 12：00 而非下午 3：30）安排的不合理以及内容的同质化而告终结，这能归罪于网络吗？

2. 报纸的发行和广告体量依然举足轻重

就全球而言，根据世界报业协会 2007 年采集的最新数据，人们没有理由对报业的未来悲观。2002 年至 2006 年，付费日报的数量创下了平均 17% 的增长纪录，从 9533 家升至破纪录的 11142 家，尽管这个数据在亚洲（33.1%）、非洲（16.7%）、南美洲（12.6%）、欧洲（5.6%）和澳大利亚（1.4%）等各洲之间变化很大。付费日报的发行同期也增长了 8.7%，达到 5.1 亿份的新高，而免费日报的发行也扩大了 3 倍，从 137 亿 9500 万份增长到 408.02 亿份。

再看广告。2006 年，互联网赢得全球广告市场 4250 亿美元中 5.7% 的适度份额，而报纸获得其中的 29.4%，倘若包括杂志，比例将升至 42.3%。此外，报纸广告收入在 2002—2006 年间平均增长 15.6%，像拉美（32.5%）、亚太和印度（20.8%）、美国和加拿大（15.7%）等国家和地区则高于平均增长值。有些国家的报纸广告收益增长已达到史无前例的水平，如中国连续 5 年达到 128%①。

3. 报业"危机"只是面临失业的记者与破产的出版商的危机

互联网的巨大作用已深深嵌入新闻记者与编辑的日常采访、报道和编辑实践当中，但是，它还不足以颠覆报业的存在，亦极少有记者认为博主和公民记者会对他们的工作方式或新闻业务造成威胁。托斯滕·奎恩德对美国、法国、英国、德国和俄罗斯 10 个网络新闻媒体的编辑内容分析显示，"革命尚未发生"②。

由于美国报业相互间的竞争，以及与国际新闻供应商的竞争，对于报纸消费者来说，仍有足够的选择机会。迈克尔·金斯利认为，"即使只有半打报纸，美国报业也会比它拥有几百家时竞争更为激烈"③。竞争无疑会激发出报纸更旺盛的经营活力和更蓬勃的创新冲动，同时也创

---

① Bob Franklin, "The Future of Newspapers", *Journalism Studies*, Vol. 9, No. 5, 2008, p. 634.

② Bob Franklin, "The Future of Newspapers", *Journalism Studies*, Vol. 9, No. 5, 2008, pp. 635 - 636.

③ Max Deveson, "Crisis in the US Newspaper Industry", http：//news. bbc. co. uk/1/hi/world/americas/7913400. stm, March 3, 2009.

造出一个良好的报业生态环境。因此，报业的"危机"也许更是那些当前面临失业的新闻记者和破产的出版商的危机。如果"危机"仅仅是指衰落的报业数量而不是质量的话，那么对读者而言，也许根本就不是一场危机。

4. 网络新闻尚未形成统一的商业模式

诚然，互联网对新闻记者和报纸的未来影响深远，且大多数在线新闻网站是"支撑报纸的一个财源"，如《洛杉矶时报》网站（LA Times. com）的收入现已超过它的编辑工资成本，足以支持一个拥有近700名编辑和采访记者的新闻编辑部。但是，如何从报纸网络版获得利润尚未形成一个全行业统一的商业模式。由于报纸基本上是一个经济组织，因此，若是不能够产生利润，报纸网络版的前景是值得人们怀疑的。2008年6月出版的《英国广播公司信托基金》的首篇财经评论，特别提到了bbc. co. uk 这个欧洲最完备和最具广泛参考价值的新闻网站，2007年透支3600万英镑，超过其预算分配（7420万英镑）的48%[1]。

三 美国报纸的走向

美国乃至全球报业云谲波诡的变化，深刻地反映了技术、文化、经济和政治变化对它的广泛影响，充分认识互联网时代报业内容、形态、功能、传播方式的嬗变，对于更好地理解和把握报业发展规律至关重要。

鲍勃·富兰克林认为，面对全球报业变幻莫测的变化，我们必须及时地重新思考三个关键问题：第一，报纸网络版的有效使用，意味着我们通常把报纸理解为印刷的"影印本"已无法解释"什么是报纸"的定义；第二，在公民新闻时代，新闻荟萃，但业余记者和职业记者却较少地予以报道和编辑，"谁是新闻记者"的问题令人质疑；第三，考虑到媚俗新闻的全球趋向与传统公共服务之间的可能冲突，如果旨在提供信息和客观讨论的报纸也等量齐观地提供娱乐内容，那么，"报纸的功能是什么？"[2]

---

① Bob Franklin, "The Future of Newspapers", *Journalism Studies*, Vol. 9, No. 5, 2008, p. 636.
② Bob Franklin, "The Future of Newspapers", *Journalism Studies*, Vol. 9, No. 5, 2008, p. 630.

　　事实上，由于认识到互联网可能引发的革命性震荡，美国报业的有识之士早已开始积极的谋划，探讨相应的改革举措。

　　首先，重新思考报纸的定位。

　　全国性、区域性和地方性报纸各自如何准确定位，避免新闻的同质化或业内的自相残杀，是美国报业颇费考量并亟待解决的当务之急。素以"高质量、庄重、严肃的报业'点金术'而闻名"的《纽约时报》，面对发行量急剧下滑的颓势，报纸掌门人小苏兹贝格甚至设想将来的《纽约时报》一分为三：一份是纽约以及市郊的都市报，一份是东海岸的区域报，一份是全国版的《纽约时报》，以迎接网络时代的严峻挑战。①

　　其次，加强深度调查报道。

　　当下美国的许多主流报纸为了提高深度调查报道能力，避免沦为当前经济衰颓和报业变局的牺牲品，其新闻编辑部开始与独立新闻机构进行创新性合作，未来这种合作将更加频繁。最近一例是由加州大学伯克利分校调查报道中心的安德鲁·贝克尔与《洛杉矶时报》的帕特里克·麦克多内尔联袂在《洛杉矶时报》刊发的一篇报道。此文描述了在美国边境线上寻求避难的墨西哥人人数惊人的增长——血腥的毒品战争的一个结果就是近几年夺去了数以万计人的生命。另一个类似的案例是纽约非营利机构的调查报 ProPublica、《圣地亚哥联合论坛》和《洛杉矶时报》之间的合作，以及梅塞德孙星和加利福尼亚健康新闻中心之间的合作②。

　　再次，创新盈利模式。

　　盈利模式决定报业的生死，也是报业超常规发展的秘密武器。针对报业盈利模式和发行渠道的创新，《时代》杂志的瓦尔特·埃塞克森在最近的一篇文章中指出，报纸和杂志应该采用小额支付系统。如果读者一篇文章支付 2 分钱，那么全天的版本收益就更多，一个月累计 2 美元。但是，正如迈克尔·金斯利在《纽约时报》中解释的那样，小额支付不可能产生足够的收益以弥补广告的短缺。"《纽约时报》只有 100 万份的销量。假如 100 万个买者中的每一个人都上网，每人每月付费 2

　　① 参见《美国报业百年豪门望族——纽约时报》，《华尔街电讯》（WSwire.com），2003 年 6 月 12 日。

　　② http://californiauncovered.typepad.com/index/2009/03/newsroom-collaborations-on-the-rise.html, March 6, 2009.

美元，一年也只有 24 美元。然而，即使是遭遇经济危机，2008 年《纽约时报》的报纸广告和网络广告进账 10 亿美元，发行带来 6.68 亿美元。"显然，"每个读者每月付费 2 美元是不可能拯救报纸的"。①

最后，转换经营体制。

危机的加剧促进了改革的深化，转换经营体制业已进入业界人士的"议程设置"。南加州大学安南伯格传播学院原新闻系主任迈克尔·帕克斯教授对美国论坛公司破产的看法很有深意：他把论坛公司的破产看作是"赎回《洛杉矶时报》的一次机会"。《美国破产法》第 11 章的最好结果可能是使论坛公司的报纸名册回到集体所有②。也有一些评论员建议：作为一个非营利信托机构，报纸可以自行改组，以获得富有的赞助者的支持，而不需要靠销售和广告盈利。然而，加州大学伯克利分校新闻学院院长尼尔·亨利教授警告说，这本身可能就会导致一些问题，"如果新闻记者必须单纯依靠富人的利他主义行为而获得生存，其特殊利益总是影响新闻报道的话，那将会是一种怎样的情形？"他的同人正在尝试一种新的商业模式——在旧金山湾区被忽视的社区创造大量的数字版的地方新闻网站③。尽管这还只是一个开始，它还有很长的一段路要走，但毕竟已经迈出了创新发展的第一步。

（原载《新闻界》2009 年第 5 期）

---

① Max Deveson，"Crisis in the US Newspaper Industry"，http：//news. bbc. co. uk/1/hi/world/americas/7913400. stm，March 3，2009.

② "LA Times Editor's Fear：We Could 'Cut Ourselves out of Business'"，*Los Angeles Times*，December 18，2008.

③ Max Deveson，"Crisis in the US Newspaper Industry"，http：//news. bbc. co. uk/1/hi/world/americas/7913400. stm，March 3，2009.

回顾与展望:国内外网络欺凌研究述评[*]

一　引言

　　网络欺凌是一个新兴的跨学科研究的全球性社会问题,因其所导致的恶性事件频频出现而引起各国学界、教育部门和社会的广泛关注。"心理、情感发展不成熟的未成年人,既容易成为网络欺凌'沉默的受害者',也容易加入欺凌的队伍成为作恶者。"① 联合国对全球 30 个国家、年龄段为 13—24 岁的 17 万多名受访者的调查显示,全球"约三分之一的年轻人曾遭遇网络欺凌,五分之一的年轻人曾为躲避网络欺凌和暴力而选择逃学"②。为此,美国专门出台《梅根·梅尔网络欺凌预防法》③,英国教育大臣颁布新教师指导性文件《网上欺凌:给中小学校长和全体职员的建议》④,德国把网络欺凌和校园欺凌结合起来并案处置⑤,澳

---

　　* 【基金项目】本文系国家社科基金项目"'网络欺凌治理'的国际经验及其对我国网络治理的启示研究"(项目编号:16BXW043)成果之一。
　　①　陈昌凤、胥泽霞:《网络欺凌与防范——互联网时代的未成年人保护》,《中国广播》2013年第 12 期。
　　②　徐晓蕾:《联合国调查显示三分之一年轻人曾遭遇网络霸凌》,https://baijiahao.baidu.com/s?id=1643807248221474949&wfr=spider&for=pc,2019 年 9 月 5 日。
　　③　参见吴薇《美国应对青少年网络欺凌的策略》,《福建教育》2014 年第 8 期。
　　④　参见赵芳《反网络欺凌:英国教师"直起腰板"》,《辽宁教育》2015 年第 3 期。
　　⑤　参见董金秋、邓希泉《发达国家应对青少年网络欺凌的对策及其借鉴》,《中国青年研究》2010 年第 12 期。

大利亚实施反网络欺凌政府监管机制①，日本文部省出版《应对网络欺凌指南和事例集》② ……以期能遏制住其蔓延的势头。

如何治理网络欺凌现已成为世界各国亟待解决的难题。笔者以"cyberbullying"（"网络欺凌"）为主题，分别在 WOS 中的 springer link 等英文全文期刊数据库和中国知网、维普、万方中文全文数据库中进行检索发现，国外研究者自 2003 年开始关注网络欺凌问题，近五年来，对该主题的研究呈现出井喷式增长，截至 2020 年 12 月，共有 3232 篇相关文献探讨了"网络欺凌"问题（见表 1 – 1）；而国内研究者自 2009 年开始关注网络欺凌问题，相关研究的数量总体呈现上升趋势，尤其是近三年，研究文献数量明显增多，截至 2020 年 12 月，共有 712 篇相关文献探讨了"网络欺凌"问题（见表 1 – 2）。本文旨在通过对 CNKI 和 WOS 所检文献的阅读与分析，梳理网络欺凌研究的学术史，概述发展的前沿动态，为研究者提供可参考的问题域和方向标。

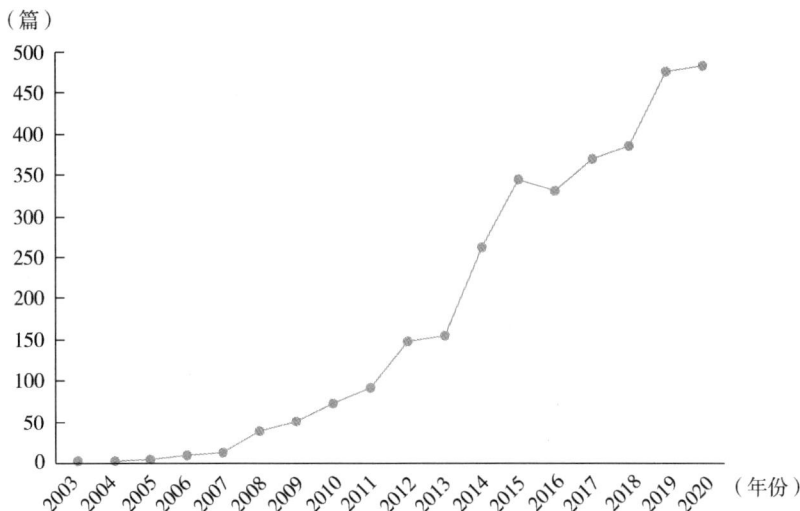

表 1 – 1　2003 年至 2020 年国外关于网络欺凌研究文献数量走势

---

① 参见肖婉、张舒予《澳大利亚反网络欺凌政府监管机制及启示》，《中国青年研究》2015 年第 11 期。

② 参见师艳荣《日本中小学网络欺凌问题分析》，《青少年犯罪问题》2010 年第 2 期。

（篇）

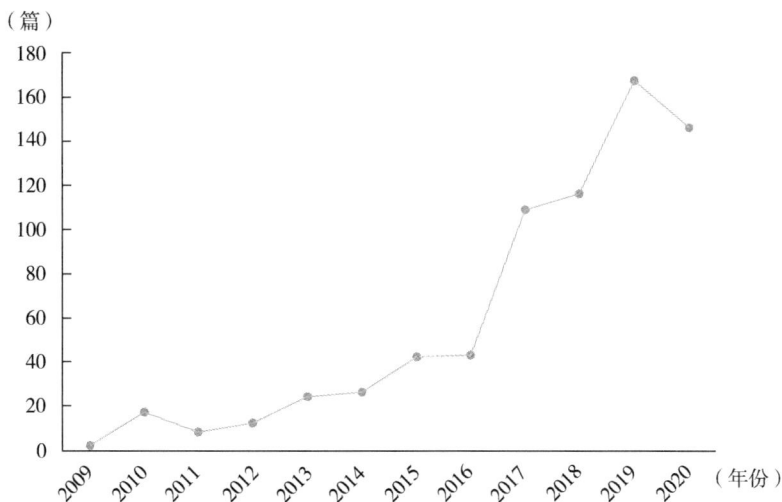

表1－2 2003年至2020年国内关于网络欺凌
研究文献数量走势

二 网络欺凌研究的相关问题

1. 网络欺凌的概念界定研究

网络欺凌是一个较新的概念，对其进行界定一直是学者们研究工作的重点，也是争议较多的焦点，尚未形成统一的定义。这一方面是由于网络欺凌问题本身具有一定的复杂性，另一方面是由于成人社会与青少年对技术影响具有认知差异，以及网络欺凌实施者与受害者具有主观感受差异。目前关于网络欺凌的概念界定，被引用频率较高的有以下几种定义。

（1）"网络欺凌是指个人或群体使用信息传播技术如电子邮件、手机、即时短信、个人网站和网上个人投票网站有意、重复地实施旨在伤害他人的恶意行为。"[1] 这一定义提出了三个要素，即通过媒介、反复性、恶意行为。

（2）"网络欺凌是发生在互联网、手机和其他电子设备上的，通过

---

[1] 参见美国"反对网络欺凌"网站，www.cyberbullying.ca。

公开或隐蔽的方式发送有害的电子邮件、图片、音频和电话等来伤害他人的行为。"① 这一定义关注到了网络欺凌的方式，认为网络欺凌与传统欺凌相比具备了一定的隐秘性。

（3）"网络欺凌指一个儿童或青少年不断通过互联网和手机等网络传播技术以文字、图片等形式折磨、威胁、伤害、骚扰、羞辱另一儿童或青少年之行为。"② 这一定义将网络欺凌的双方都明确限定为儿童或青少年。

（4）"网络欺凌是指个体或群体通过电子媒介或数字媒介反复发布具有敌对性或攻击性信息的行为，这些信息以使他人受到伤害或感到不舒服为目的。"③ 这一定义强调了欺凌者的主观故意性，将无意识中造成的欺凌排除在外。

Tokunaga 的定义被认为涵括了大多数研究者对网络欺凌的定义要素。具体而言，网络欺凌需要借助网络媒介，这是与传统欺凌相比的殊异之处。此外，网络欺凌是一种欺凌形式，它包含了传统欺凌的部分要素，如故意性、敌对性、反复性、长期性等，这些标准有助于区分网络欺凌与网络越轨（并不是故意伤害，不一定具有重复性，且是在一个平衡的权力关系中进行的）以及网络争论（属于故意伤害，但不一定具有重复性，且是在一个平衡的权力关系中进行的）。因此，网络欺凌的定义应该关注到由互联网技术带来的双方权力的不平衡性，这一点尚未引起足够重视。

此外，网络欺凌还须与网络犯罪和网络暴力区分开来。网络犯罪主要是技术性侵犯行为，表现为通过网络传播病毒、木马等有害信息，实施窃密或诈骗活动，而网络欺凌并非单纯的网络犯罪，它还具有反复性和长期性的特点，不少研究者还将其范围限定于青少年之中，因此，二者虽有重合但不能互相涵盖。网络暴力与网络欺凌在一些新闻报道或调研报告中常被混用，两者有着较多相似之处，都属于因网而生且有别于

---

① "Patch in JW. Hinduja S. Bullies Move Beyond the School-yard: A Prelim I nary Look at Cyber-bullying", *Youth Violence Juvenile Justice*, 2006 (4): 148 – 169.

② 宋昭勋:《厘清"网络欺凌"的真正涵义》，http://www.rthk.org.hk/mediadigest/20090615_ 76_122284.html.

③ Tokunaga, R. S., "Following you home from school: A critical review and synthesis of research on cyberbullying victimization", *Computers in Human Behavior*, 2010, 26 (3): 277 – 287.

传统暴力（欺凌）的破坏性行为，但网络暴力一般是指在网上发表具有伤害性、侮辱性和煽动性的言论和图片等行为，它不一定以青少年为行为主体，可以是一种快速完成的、暂时的伤害，如一些针对明星的人身攻击、人肉搜索等行为即应纳入网络暴力的范畴。

2. 网络欺凌的方式与类型研究

网络欺凌可以从不同角度进行分类，主要有以下几个角度。

（1）欺凌方式

按照直接和间接的欺凌方式，网络欺凌可以分为技术端的电子欺凌和心理上的沟通欺凌。电子欺凌包括一些技术性的活动，例如发送煽动性的电子邮件和垃圾邮件、非法入侵网页、窃取别人网站上的密码等；沟通欺凌包括一些关系攻击的行为，例如在网上取笑他人、给他人起绰号、散播谣言以及侮辱他人等。

（2）欺凌手段

从实施欺凌的手段来看，网络欺凌类型多样。日本文部科学省通过相关调查，认为青少年网络欺凌大致有以下四种类型："一、利用留言板、博客、个人主页公开同学个人隐私信息；二、将诽谤或中伤同学的信息制作成电子邮件，发送给其他同学；三、利用网络论坛或网络游戏上的聊天工具发布恶搞同学的信息、暴力动画或不雅视频；四、一些学生发送匿名信息给同学进行恐吓或要挟。"[①]

（3）发生场所

根据欺凌行为的发生场所，网络欺凌可以分为互联网欺凌和手机欺凌。"网络欺凌"通常被理解为"互联网欺凌"，而遗漏了通过手机拨打骚扰电话或者发送威胁短信等构成的欺凌行为，因此，在分类上将互联网中产生的欺凌和手机中产生的欺凌进行区分，可以使网络欺凌的概念更为明晰。

3. 网络欺凌与传统欺凌的异同研究

（1）共同点

网络欺凌是欺凌的一种形式，两者在本质上有一定联系。使受害者

---

① 田泓、王远、陈丽丹：《虚拟世界，何以制止欺凌行为》，http：//world. people. com. cn/n/2015/0513/c1002 - 26991026. html。

感到痛苦的攻击性行为是构成欺凌的重要前提，因此，传统欺凌与网络欺凌在有关故意伤害的构成要件、产生原因和发生方式上有很多共同之处。

首先，构成要件。传统欺凌和网络欺凌虽然使用了不同媒介，但仍然涵盖若干没有被网络环境颠覆的共同特征，如对受害者的伤害是蓄意而为而非无意识行为；具有长期性和反复性；欺凌者和受害者之间力量有着不平衡性。其次，欺凌方式。在传统欺凌中，欺凌行为包括直接和间接两种方式，直接欺凌是指直接的物理接触或动作攻击，比如推搡、攻击、嘲笑等；间接欺凌（亦称关系欺凌）是指隐性的攻击行为，比如通过破坏别人的社会关系来骚扰别人、制造绯闻、传播流言、起绰号、把某人排除在团体外等。同样，网络欺凌也包括直接欺凌（技术端的电子欺凌）和间接欺凌（心理上的沟通欺凌）。最后，传统欺凌和网络欺凌中的欺凌者和受害者有着类似的社会背景和心理特征，如欺凌者一般攻击性较强或者社交能力更为出众，受害者一般自我评价较低、性格较为软弱等。

（2）不同点

虽然传统欺凌和网络欺凌从本质特征到参与者都有所重叠，研究也表明两者确有显著的相关性，但是由于网络的介入，传统欺凌的一些要素、形式以及影响力都发生了变化。

从网络技术角度而言，网络具有匿名性、无界性和快捷性等特点，这使得网络欺凌界定中的反复性变得无法衡量，比如发布在网络上的诋毁性言论，虽然传播者只进行了一次发布，但这一言论可以被受害者反复收到；此外，网络技术还给欺凌行为带来了一系列变化，如发生率更高，可以不受时间空间限制的、潜在的欺凌者和受害者数量更多且变得无法确定，欺凌行为传播的速度更快、隐蔽性强，从而监控难度加大、危害更大，等等。从欺凌者角度而言，欺凌者的优势不再体现在身体素质上，而体现在使用信息技术和在网络上隐藏自己身份等的能力上。从受害者角度而言，欺凌不再只源于他们所在的社会群体，电子媒介也使其暴露于遭受陌生人欺凌的危险当中，而且，受害者对网络欺凌行为往往无法积极回应，从而使得欺凌者忽略了他们的行为后果。

4. 网络欺凌的成因研究

（1）技术层面

首先，随着互联网和手机在全世界的普及，青少年可以越来越便利地接触到网络等低成本的传播设备，尤其是在信息技术发达的国家。正是由于网络的过早、过快普及，使得缺乏辨识能力和控制能力的青少年有了更多接触和传播不良信息的机会。

其次，互联网和手机具有匿名性。匿名性扩大了欺凌者和受害者的范围，在现实生活中没有成为欺凌者，甚至本身是传统欺凌中受害者的青少年，可能会变成网络欺凌的欺凌者，从而使更多青少年受到欺凌。因为互联网的匿名性会降低个体的自我意识，导致他们难以抑制消极的情绪，并对其他个体表现出更强烈的冲击性和攻击性。正如 Ybarra 和 Mitchell 指出的，互联网的匿名性会使青少年在网络上使用比他们在现实生活中更激进的表达方式。① 由于在匿名的网络环境中，网络欺凌的欺凌者和受害者双方身份模糊，无法确定欺凌行为实施后的后果和影响。Gustavo S. Mesch 认为，网络匿名使得欺凌行为缺少反馈，这易使欺凌者失去自控能力，进而使欺凌行为愈演愈烈。② 此外，网络的匿名性为实施欺凌行为构建了一个更安全的环境。Kowalski 和 Limber 就认为，由于网络赋予了人们虚假的身份，拓宽了可接受行为的边界，所以网络环境对欺凌者来说更有吸引力。③

最后，由于电子传播的一些技术特性，比如非面对面的交流方式，使聊天和文字信息容易被误解。此外，电子传播的速度和广度使得欺凌行为发出后无法及时阻断，从而导致更多人参与到欺凌过程当中，扩大欺凌范围。

---

① Ybarra, M. & Mitchell, K., "Youth engaging in online harassment: associations with caregiver-child relationships, Internet use, and personal characteristics", *Journal of Adolescence*, 2004, 27: 319 – 336.

② Mesch, G. S., "Parental mediation, online activities, and cyberbullying", *Cyberpsychology & Behavior the Impact of the Internet Multimedia & Virtual Reality on Behavior & Society*, 2009, 12 (4): 387 – 393.

③ Kowalski, R. M., Limber, S. P., "Electronic Bullying Among Middle School Students", *Journal of Adolescent Health*, 2007, 41 (6).

（2）个体层面

欺凌是一种动态的群体行为，其发生过程中涉及多个主体，主要可分为欺凌者、受害者和欺凌—受害者。欺凌者是实施攻击行为的人，他们通常比同龄人强壮，比较受欢迎，拥有积极的自我感知；受害者是欺凌者欺凌的对象，他们往往不如同龄人强壮，对自我评价较低。欺凌—受害者是遭受欺凌后，产生攻击倾向的受害者，在面对欺凌时，他们的情绪具有挑衅性。在关于网络欺凌的研究中，这三个群体的分类发生了一定变化：受制于网络技术，受害者常常无法获知欺凌者的身份，反抗性被弱化，因此欺凌—受害者群体不再成为研究重点。此外，欺凌者和受害者的群体特征、行为产生因素也发生了改变，以下将从这两个方面对网络欺凌的成因进行总结和探讨。

①欺凌者

现有研究表明，网络欺凌中的欺凌者和传统欺凌中的欺凌者在精神个性上存在很强的关联，但仍有一定的独特性。Harman 等研究者调查了攻击性和自我评价等几个与网络欺凌相关的因素，发现不能在网络上很好地表达自己的青少年，一般缺乏社交技巧，自我评价较低，并且在社交方面表现出较高水平的焦虑和攻击性，他们认为，在不确定的自我评价和欺凌之间存在着很强的关联，当这种不现实的自我认识和网络技术结合后，网络相互影响以及隐藏身份的能力会使他们的自我意识进一步弱化，导致他们在线上表现出攻击性和冲击性，从而产生网络欺凌。[①] 关于这一问题，有其他研究者提出不同意见，他们认为欺凌者通常是更加强大的人，自我评价较高，有积极的交往态度，这在结构层面的研究中能够得到进一步解释。

②受害者

关于网络欺凌的成因，研究者进行了大量实证研究，主要从性别、年龄、性格特征等维度切入，由于样本选取、定义多样化、实验操作等原因，研究结果存在一定差别。

在现有研究成果中，网络欺凌受害者的性别差异还不甚明晰，一些

---

① Harman, J. P., Hansen, C. E., Cochran, M. E., Lindsey, C. R., "Liar, liar: Internet faking but not frequency of use affects social skills, self-esteem, social anxiety, and aggression", *Cyberpsychology & Behavior*, 2005 (8): 1 - 6.

研究者在调查中发现，女生比男生更有可能遭遇网络欺凌，而另一些研究者则在调查中得出相反的结论。陈启玉等研究者进行的性别差异分析结果表明，不管是作为网络欺凌的发起者还是受害者，男生的风险都显著高于女生。① 年龄因素对于网络欺凌受害者的影响，研究者也未达成一致意见。Ruth Festl 和 Thorsten Quandt 在一项基于校园人际网络的探究性调查实验中发现，网络欺凌和年龄之间并没有明确的联系②，这与 Patchin 和 Hinduja 等研究者得出的结论一致。而其他研究者认为网络欺凌和年龄之间存在某种联系，例如，Slonje 和 Smith 从对 360 名瑞典青少年进行的研究中发现，在 12—15 岁之间的青少年比年长的青少年受到网络欺凌的比例更高③；但是，Artemis Tsitsika 等研究者发现，高龄青少年比低龄青少年受到的网络欺凌更为频繁（分别为 24.2% 和 19.7%）④。

在早期关于网络欺凌的研究中，研究者主要关注受害者的心理特征和对其进行性格行为分析，提出了一些受害者遭受网络欺凌的个体原因，诸如自卑、社交能力较差、不合群、缺乏同龄人支持、在校成绩不佳等，或者一些群体方面的原因，例如性少数群体、智力缺陷群体等。在最近的研究中，越来越多的研究者将这一问题的切入点转移到社会结构层面。

（3）结构层面

网络欺凌不仅是个体问题，它与社会环境和社会结构也密切相关。在青少年成长的各个人生阶段中，社会环境都有着巨大的影响，尤其是大部分青少年在网络空间中，保持了和现实生活一样的社交关系，因此社会结构特征与青少年的网络欺凌行为也密不可分。Ruth Festl 和 Thor-

---

① 参见陈启玉、唐汉瑛、张露、周宗奎《青少年社交网站使用中的网络欺负现状及风险因素——基于 1103 名 7—11 年级学生的调查研究》，《中国特殊教育》2016 年第 3 期。

② Festl, R., & Quandt, T., "Social relations and cyberbullying: the influence of individual and structural attributes on victimization and perpetration via the internet", *Human Communication Research*, 2013, 39 (1): 101 – 126.

③ Slonje, R., & Smith, P. K., "Cyberbullying: Another main type of bullying?", *Scandinavian Journal of Psychology*, 2008, 49 (2): 147 – 154.

④ Tsitsika, A., Janikian, M., Jcik, S., Makaruk, K., Tzavela, E., & Tzavara, C., et al., "Cyberbullying victimization prevalence and associations with internalizing and externalizing problems among adolescents in six european countries", *Computers in Human Behavior*, 2015, 51 (PA): 1 – 7.

sten Quandt 较早从社会结构层面对网络欺凌进行了考察，发现人际网络关系中的位置是分析网络欺凌强有力的工具。[1] Vimala 设计的 SculPT 模型揭示了社会文化、心理、技术（Sociocultural-Psychology-Technology factors）等因素对网络欺凌形成的综合影响，其中以社会文化因素的影响为最[2]。

青少年的生理、心理发展阶段和"圈子文化"息息相关，他们需要通过社会交往建立同伴关系及群体认同。在网络空间中，他们更多地使用社交网站、视频分享平台、博客、微博以及微信等媒介，让自己更好地融入有意义的网络社群之中，这种网络社群与早期的社群相比，不是因兴趣、话题而聚合，而是更注重和自己的朋友、朋友的朋友进行沟通。[3] 有研究显示了社交网络中心化和欺凌行为的正相关性，Neal 认为，这种相关性是曲线相关的，处在班级或学校的社会网络中心，一定程度上增加了青少年进行网络欺凌的可能性。[4] 此外，还有一些研究着眼于学校班级层级的社会属性分析。Salmivalli、Huttunen 和 Lagerspetz 发现，网络欺凌发生在特定的学生结构中：班级中小集团越多，网络欺凌的案例越多。欺凌者通常为了在群体内达到某种社会效果，比如强化自己的群体地位或者吸引更多支持者，而与其他欺凌者建立关系，在这些关系网络中的其他学生也较为支持欺凌的行为，置身这种氛围中的青少年也更容易产生欺凌行为。[5]

对青少年而言，家庭和学校一样，是其主要的活动空间，对其社会化行为起到重要作用。方伟指出，在家庭中，家庭关系是否平等和民主，父母与人交往时是否存在欺凌行为，以及受到欺凌时的处理方式，

[1] Festl, R., & Quandt, T., "Social relations and cyberbullying: the influence of individual and structural attributes on victimization and perpetration via the internet", *Human Communication Research*, 2013, 39（1）：101–126.

[2] Vimala Balakrishnan, "Unraveling the underlying factors SCulPT-ing cyberbullying behaviours among Malaysian young adults", *Computers in Human Behavior*, 2017, Volume 75, 194–205.

[3] 参见黄佩、王琳《媒介与青少年发展视野下的网络欺凌》，《中国青年社会科学》2015 年第 4 期。

[4] Neal, J. W., "Network ties and mean lies: A relational approach to relational aggression", *Journal of Community Psychology*, 2009, 37：737–753.

[5] Salmivalli, C., Huttunen, A., & Lagerspetz, K. M. J., "Peer networks and bullying in schools", *Scandinavian Journal of Psychology*, 1997, 38：305–312.

也时刻影响着青少年对网络欺凌的建构。① 家庭环境中的消极沟通模式是导致孩子遭受网络欺凌的一个潜在风险。与未遭受网络欺凌的受害者群体相比,遭受网络欺凌的受害者的孤独感更强烈,与父母之间的沟通问题更多。

5. 网络欺凌治理的国际经验研究

网络欺凌治理的主要方式和实践逻辑是什么?如何打造网上文化交流共享平台以促进交流互鉴?如何保障网络安全以促进有序发展?如何构建互联网治理体系以促进公平正义?全球性问题检验着既有的全球治理体系是否合理与有效。毋庸置疑,网络欺凌治理需要积极汲取人类文明的优秀成果,探寻治理方案与各个国家和地区的历史传统、文化观念、传媒制度的契合点,弘扬共商共建共享的全球治理理念;需要从人类发展方式转变、国家治理模式改革、全球治理机制体制创新等方面寻找解决方案,并结合制度体系、网络架构、媒介体制和权力逻辑阐明网络欺凌治理的科学机理。

为此,一些学者深入考察了西方主要发达国家网络欺凌治理的举措,从立法保护到政策援助,从技术支持到学校教育,彰显了其可资借鉴的特色和意义。①立法干预。美国先后制定《儿童互联网保护法》(The Children's Internet Protection Act)、《梅根·梅尔网络欺凌预防法》,《美国联邦法典》还修订并增加了"网络欺凌"条款。② ②信息服务。英国内政部设立儿童网络保护特别工作组,专门为在网上保护儿童安全出谋划策;教育和技能培训部设立专门网站,向家长提供最新的网络安全信息。③ ③人性教育。"善良教育"是德国儿童接受人生启蒙的第一课,并成为德国教育体系的有机组成部分。④ ④政策规制。日本文部科学省开展网络欺凌实况调查,设立"建立保护孩子体制的有识者会议",制定应对政策。⑤ ⑤预防为先。澳大利亚政府在开发大量反网络

---

① 参见方伟《社会建构理论框架下的青少年网络欺凌》,《中国青年社会科学》2015 年第 4 期。
② 参见吴薇《美国应对青少年网络欺凌的策略》,《福建教育》2014 年第 1 期。
③ 参见屈雅山《英国应对学生网络欺凌的策略及启示》,《教学与管理》2020 年第 31 期。
④ 参见董金秋、邓希泉《发达国家应对青少年网络欺凌的对策及其借鉴》,《中国青年研究》2010 年第 12 期。
⑤ 参见师艳荣《日本中小学网络欺凌问题分析》,《青少年犯罪研究》2010 年第 2 期。

欺凌应用软件的同时，还开设有关如何安全使用互联网的网络课程 Cy-berQuoll。①

6. 网络欺凌治理的中国实践研究

政府如何推进网络环境下的法治思维和"底线"思维，实现"刚性治理"与"柔性治理"的无缝对接？如何充分掌握网络空间治理的主导权和话语权，强化宣传教育，引导治理舆论，完善预防和治理体系，提升治理威慑力？解决这些问题有赖于体系化的智慧治理。

基于我国的国情，网络欺凌治理必须贯彻"积极利用、科学发展、依法管理、确保安全"的基本方针，坚持推动发展、加强管理"两手抓"。一是坚持"刚柔并济"原则。一方面，坚持法治思维、"底线"思维，实行网络实名制，完善网络立法，实现新媒体法治的常态化和精细化；② 另一方面，把"运动式"治理与常规化治理相结合，通过"柔性治理"的方式对互联网舆论进行引导，规范互联网行为。③ 二是开展网络与道德文化建设。④ 有学者认为，"在媒介与青少年生活世界双向互动的背景下，加强青少年的媒介素养教育是预防网络欺凌行为的有效之策"⑤，开展"中国好网民"评选、"晴朗网络·青年力量"倡议——青年网络文明志愿行动、"净网2014"专项行动等活动，有助于培养青少年的"数字公民"意识。⑥ 三是加大互联网共同责任治理。共同责任治理的方式需要更加强化"政府的服务引导功能、行业的自律功能和社会第三团体的监督功能"⑦。

---

① 参见杜海清《澳大利亚、欧美国家应对网络欺凌的策略及启示》，《外国中小学教育》2013年第3期。

② 参见唐绪军主编《中国新媒体发展报告（2015）》，社会科学文献出版社2015年版，第17页。

③ 参见张志安、吴涛《国家治理视角下的互联网治理》，《新疆师范大学学报》（哲学社会科学版）2015年第5期。

④ 参见杜骏飞《网络社会管理的困境与突破——"艳照门"解析》，《传媒》2008年第4期。

⑤ 黄佩、王琳：《媒介与青少年发展视野下的网络欺凌》，《中国青年社会科学》2015年第4期。

⑥ Shari Kessels Chneider, Lydiao Donnell, Erin Smith, "Trends in Cyberbullying and School Bullying Victimization in a Regional Census of High School Students, 2006 – 2012", *Journal of School Health*, 2015（9）：611 –620.

⑦ 钟瑛、张恒山：《论互联网的共同责任治理》，《华中科技大学学报》（哲学社会科学版）2014年第6期。

三 评述与展望

尽管现有网络欺凌研究及相关治理政策均已取得相当大的进展，但它依然滞后于网络欺凌现象的蔓延速度以及造成危害的增长速度。网络欺凌研究不仅关涉媒介素养教育、心理健康，也延及媒介管理、文化传播等领域，其研究选题十分丰富。目前的研究也存在一些局限。一是研究成果多分布于教育学和心理学领域，而传播学视角的研究甚少，这情形无论是从研究人员的学科背景、职业背景还是从论文发表刊物的性质方面都可得到印证。整体地看，传播学的理论资源能拓宽网络欺凌研究破题求解的路径。例如，借助日常生活理论有助于深刻揭示被大众传播媒介符号裹挟的青少年如何被网络技术所钳制，进而导致人的异化的困境；涵化理论对网络如何影响人们的思想观念、行为习惯的探讨更为细微，透过这一视角可以进一步解析赛博空间如何塑造青少年认知发展的过程，从而帮助他们形成正确的网络观；媒介素养教育理论启示人们所有的媒介产品都宣示着一定的价值观念和生活方式；媒介生态学说体现了媒介与人的行为之间的双向互动和建构关系，其"整体优化原则"意在促进人与媒介、媒介与媒介、媒介与社会、媒介与环境的和谐共生。

二是研究方法多集中于定量研究和横向研究，即孤立地从欺凌行为发生的具体背景中进行抽象，少有通过定性研究方法（如参与性调查和深度采访）提供的关于这种现象的深层信息阐释。[①]

三是研究主题多为网络欺凌的发生率、影响及其原因探讨等，而对预防和解决网络欺凌难题的办法的探讨和关注不够。

四是研究方式尚停留于个体层面的解释，虽然性格变量和个人心理条件已经被证明是相关的，但仅从个体层面解释这一现状，在某种程度上还是比较原始的。网络欺凌不仅仅是个体问题，它还包含内嵌于更大的社会结构和环境中的加害与被害双方，网络欺凌明显与社会

---

① Heidi Vandebosch, Katrien Van Cleemput, "Cyberbullying among youngsters: profiles of bullies and victims", *New Media & Society*, 2009, 11.

结构有关。①

通过系统梳理，笔者发现未来的相关研究可从以下几方面予以深化。

一是网络欺凌的具体途径和机制研究。运用人际网络可视化分析这一新的研究范式探究网络欺凌的内在形成机理，在个体所嵌入的社会结构中揭示彼此之间的相互关联及其特征、规律，以避免艾伦·巴顿所谓的经验性的社会研究被抽样调查所主导的弊端——即忽视人们之间的互动和对彼此的影响。

二是网络欺凌的时间模型研究②。例如，探讨不同年龄、性别的未成年人网络使用时间有何差异特征，哪种网络行为有可能增加网络欺凌的风险，网络的危险使用和高频率使用对网络欺凌和网络受害会产生哪些影响，等等。

三是网络欺凌的行为动机研究③。思考网络欺凌背后的结构性因素有哪些，确定网络欺凌的受害是否会推动青少年的内化、外化和学习，它们是否与文化相关，等等。

四是更大范围内的网络欺凌经验考察研究④。回答西方发达国家网络欺凌治理的独特经验有哪些？不同国家治理经验之间的通约性在哪里？媒介素养教育的实施理念是什么？媒介素养教育的标准有何变化？借此探索有中国特色的网络欺凌治理的方针、原则、形式、路径和方法，阐述中国实践方案的构成要素，为政府相关管理部门提供加快网络空间健康有序规范发展、承担网络监管新使命和新责任的政策意见与建议。

（原载《中国传媒报告》2021年第4期，本文与研究生王凌羽合著）

---

① Ruth Festl & Thorsten Quandt，"Social Relations and Cyberbullying：The Influence of Individual and Structural Attributes on Victimization and Perpetration via the Internet"，*Human Communication Research*，2013（39）：101 – 126.

② Ruth Festl & Thorsten Quandt，"Social Relations and Cyberbullying：The Influence of Individual and Structural Attributes on Victimization and Perpetration via the Internet"，*Human Communication Research*，2013，39（1）：101 –126.

③ Özgür Erdur-Baker，"Cyberbullying and its correlation to traditional bullying，gender and frequent and risky usage of internet-mediated communication tools"，*New Media & Society*，2010，12.

④ Gustavo S. Mesch，"Parental Mediation，Online Activities，and Cyberbullying"，*Cyber Psychology & Behavior*，2009，12（4）：387 –397.

新媒体时代传媒注意力的凝聚

——基于《花样爷爷》节目的宏观环境分析

无论是从节目数量或节目质量，还是从收视率或市场份额看，真人秀节目如今都已火爆荧屏，贵为新宠。2014 年 6 月 15 日，东方卫视播出的旅行真人秀节目《花样爷爷》，经过对韩国有线电视综合娱乐频道同名节目的本土化改造，以其独特的视角、异国的情调、资深的明星、温暖的情怀绽放出异彩，瞬间吸引了众多老少的眼球。首播当日，节目即以一亿的阅读量高居微博话题榜第二位，网络热议度仅次于"世界杯"足球赛。

传媒经济本质上是一种注意力经济。衡估一个传媒（以及传媒的某一组成部分，如频道、节目）的市场"市值"大小，主要看它吸纳社会注意力资源的规模及其性质。从这个意义上说，考察一个电视节目的品牌资本的市值大小，可以通过节目品牌的外部资源与内部资源的利用窥得一斑。着眼于宏观环境分析的 PEST 分析法，是现代媒介管理中常用的重要工具。PEST 由四个英文单词的首字母集合而成，其中 P 指政治（Political），E 指经济（Economic），S 指社会（Social），T 指技术（Technological）。本文试从政治、经济、社会、技术四个维度，探究《花样爷爷》是如何巧妙地将历史记忆、文化旅游、"银发"浪潮、融媒互动四个不同要素有机地融合在共同的框架内，从而觅得一条在同类节目中脱颖而出的成功之道的。

一 政治要素：历史记忆的视觉呈现

2014 年恰逢中法建交 50 周年。围绕这一具有里程碑意义的重大事件，两国政府决定联合举办一系列庆祝活动和文化交流活动。历史地看，中国和法国都是拥有悠久历史和灿烂文化的伟大国家，两国的文化交往、文明借鉴及人员往来源远流长；两国同为联合国安理会常任理事国，对国际事务的认识存在许多共同点，在国际事务的处理上有过许多重要的合作。国家主席习近平 2014 年 3 月 27 日在巴黎出席中法建交 50 周年纪念大会时指出："两国特色鲜明的文化深深吸引着对方人民。历史上，中华文化曾经成为法国社会的时尚，在法国启蒙思想家的著作和凡尔赛宫的装饰中都能找到中华文化元素。同样，法国作家和艺术家的传世之作也深受广大中国读者喜爱。50 年来，中法两国和两国人民相互尊重、平等相待、彼此信任，为两国关系走稳走远打下了重要基础。"①

作为社会共同体共同见证和分享的历史性事件，政治记忆被"刻写"在纪念碑、博物馆、历史档案等有形的记忆载体上，也通过影像记录以及其他无形的渠道代代相传。东方卫视值此特殊而重要的关头推出《花样爷爷》节目，委实彰显了东方卫视主动配合国家重大政治任务、占据主流文化话语制高点的自觉意识和积极姿态。节目不仅及时配合和因应了政治与外交的宏大主题，而且还巧妙地通过视觉艺术把历史记忆转化为"媒介事件"，营造和烘托出中法建交 50 周年纪念的浓郁氛围。

所谓"媒介事件"，根据丹尼尔·戴扬和伊莱休·卡茨在《媒介事件》一书中的阐述，我们可以把它理解为观众对重大电视直播的历史事件的仪式性收看，它具有说服与变革、地位赋予、社会整合、人际关系协调、激活、非中介化等重要作用。需要强调的是，媒介事件的演绎通常伴随着崇敬的心理氛围和强烈的礼仪感，它激发观众对既定议题的言说热情或兴趣，引导/控制大众舆论的走向，培育观众对政治与外交事务的期待。而观众集体感受和体验事件的收视模式，又进一步加强了群体记忆和代际关系，唤醒了那些潜藏于心底的情愫与友谊。

与平面媒体借助语言叙述来进行传媒表达不同的是，电视的话语方式是视觉呈现。换句话说，电视媒体所展示的内容和形式与平面媒体是

① 习近平：《在中法建立五十周年纪念大会上的讲话》，《人民日报》2014 年 3 月 29 日第 2 版。

迥然不同的。由"浪漫的法国之旅""状况百出，刘烨玩失踪""法国巴黎之行即将结束""尼斯爱情之旅""刘烨变身挑夫""挑夫和爷爷们将如何迎接挑战""最美的小城——鲁伯隆""刘烨调侃凡·高'画工差'""爷爷们爱上了拍照""青春之旅已临近尾声""刘烨顺利毕业，爷爷许下二十年之约"等十二个篇章连缀起来的《花样爷爷》第一季节目，让我们目睹的是亦庄亦谐的人物性格、亦真亦幻的异域风光、亦苦亦乐的人生况味、亦隐亦显的沧桑巨变，感受到的是节目主创人员对法国文化传统的虔敬礼赞和对法国历史名胜的钟情流连。不同民族之间的文化交流是沟通彼此心灵的桥梁，润物无声，泽被天下。从践行"亲诚惠容"外交理念的视角看，《花样爷爷》节目的立意可谓高远，它不仅有助于中国加快融入世界的步伐，也有助于法国更直观地认识和了解中国，进一步增强中法两国的互信互鉴、友好往来。

二 经济要素：文化旅游的消费趋向

经济全球化的一个直接结果就是世界经济发展模式的转变，世界各国俨然成为一个"无疆界的市场"。随着闲暇时光的逐渐增多、"银色市场"的不断扩大、产品市场的更加细分、生活方式的相互影响，世界旅游业的市场结构和发展图景发生了深刻的变化：非物质形态商品的消费（如旅游、休闲、服务、娱乐）业已成为现代消费的一个典型特征，并在未来占据日益突出的地位；嵌入文化元素的休闲度假旅游备受青睐，进而成为现代旅游服务业的主导产品和重要支柱。

以"背着青春去旅行"为主题的《花样爷爷》节目，选取了分别来自内地、台湾、香港三个不同地区且极具个性特征的四位资深影星，他们的演艺生涯都超过 50 年，平均年龄 77 岁。旅行去往国为法国。众所周知，法国是世界公认的文化大国，一个重要的标志是它既有丰富的博物馆、美术馆、名胜古迹、世界文化遗产等传统文化资源，也有众多的诸如蓬皮杜文化中心、新国家图书馆、卢浮宫扩建工程等现代文化设施。国家文化政策的保护、国民文化生活的传统和公司文化旅游的推广，使得法国的文化旅游业在全球首屈一指。"2005 年初世界旅游组织评选出'2004 全球十大旅游胜地排行榜'，法国居于榜首，国际游客的数量达 7510 万。……卢浮宫、凡尔赛宫、巴黎圣母院等历史文化遗产引人入胜，法国南部、西部的海岸和阿尔卑斯山、比利牛斯山的滑雪场等自然景观也同样游客如织。"①

《花样爷爷》跳脱封闭而有限的演播室空间以及表演流程假定性的束缚，让节目的主角们在一个完全开放、自由却又不失陌生的自然环境/城市空间中真实展现各自的性情、气质、情状、声口。节目里，地中海畔的旖旎风光、巴黎圣母院的古老传说、戴高乐机场的浪漫奇遇、鲁伯隆自驾游的险象环生都"试图提供一种现时性的叙述方式，使观众能够以'身临其境'的感觉出发，理解他们日常生活中发生的那些具有新闻价值的事件的意义。正如霍尔指出的：电视不可能向观众传送一些事件的'原始历史'素材，它只能传送一些经过选择的图片、故事、资讯性的谈话或讨论"②。借助眼见为实的文化观光、耳濡目染的体验式旅游，《花样爷爷》节目中的四位老人获得了一种宝贵的现代性体验，重新唤醒了他们对法兰西文化的憧憬与神往。这种实践型的文化休闲，带给观众的是一种迥异于本土化的生活经验、文化体验和社会参与。日常生活中，"民众往往是通过实物和现实经历进行思考的，通过经验建立观念，并由观念的变迁引导行为的路径依赖，通过更好地参与公共生活，融入新的都市空间内，从而在注重私德的家庭空间之外，逐渐培育关心公共事务的'公共人格'"③。

应当承认，文化已成为现代消费社会的基本要素，没有任何一个社会像今天这样遍地充斥着符号与影像。急剧膨胀的符号与影像仿佛弭平了现实世界与想象世界之间的鸿沟。"受到经常性地追求新时尚、新风格、新感觉、新体验的现代市场动力的鼓舞，将现实以审美的形式呈现出来，是人们重视风尚重要性的前提性基础。"④从文化传承的意义上说，电视不愧是当代最具支配力量的媒介之一，

---

① 王海冬：《法国的文化政策及对中国的历史启示》，《上海财经大学学报》2011 年第 5 期。
② ［英］斯图亚特·艾伦：《新闻文化》，方洁等译，北京大学出版社 2008 年版，第 106 页。
③ 苏智良、江文君：《法国文化空间与上海现代性——以法国公园为例》，《史林》2010 年第 4 期。
④ ［英］迈克·费瑟斯通：《消费文化与后现代主义》，刘精明译，译林出版社 2000 年版，第 125 页。

它改变了我们的世界、我们的观念、我们的行为，以及我们的日常习惯。它使我们足不出户便能够察见异国他乡的人事情状，并使之进入我们的日常意识。

三　社会要素："银发"浪潮的共同关切

按照国际通行标准，一个国家或地区 60 岁以上年龄人口占总人口的比例超过 10%，或 65 岁以上年龄人口占总人口的比例达到 7% 以上，则标志着这个国家或地区进入老年化社会。近些年来，西方主要发达国家陆续迎来"银发"浪潮，其中英国、德国、瑞士等欧洲国家的老龄人口数量几乎是国际通行标准的两倍。统计数据表明，2004 年底，我国 60 岁以上老年人口为 1.43 亿，2051 年将达到最大值 4.37 亿，之后将一直维持在 3 亿—4 亿的规模。到 2100 年总量仍高达 3.18 亿，占总人口的 31.09%。[①]

面对"人口老龄化将伴随 21 世纪始终"的严峻现实，联合国大会高度重视，于 1991 年通过并颁布了《联合国老年人原则》，呼吁人类社会对老年人给予更多的"独立、照顾、自我实现和尊严"；20 世纪 90 年代中期，世界卫生组织提出"健康老龄化"的倡导，强调长久地保持老年人生理、心理、智能等方面良好状态的重要意义；2002 年，第二届世界老龄大会提出"积极老龄化"的概念，旨在引导老年人积极地面对"银发时代"，老有所为，充分实现自身的价值。透过国际社会有关应对老龄化社会的原则与概念的演变，我们不难发现其核心是呼唤老年文化的创新与转型。

作为一档呈现特定情境下老年人生活状态的节目，《花样爷爷》折射出的老年生活的选择少、子女陪伴父母的时间少、老龄化问题日益严重的社会横截面，很容易引起电视观众的情感共鸣。但是，要想让一档全由年事已高的老人充任主角的真人秀节目在俊男靓女的世界里"逆袭"，不能不说是对导演创新能力的一个极大考验。

导演李文好在节目中始终贯穿着明确的文化价值观引领。节目组对

---

① 参见周城雄《银发产业：老龄化社会的新机遇》，《新京报》2006 年 12 月 13 日。

"背着青春去旅行"的意义的阐释十分耐人寻味："不仅是为了开心，也不仅是为了看旅途中的漂亮风景，更不仅是重拾青春，它其实是在讲述一个个爱的故事，这里面有夫妻间的爱，有朋友之间的友情，有老人与后辈之间的相互关怀……也就是中国人的家庭观念，都在旅行中得到了展现。"① 于是，我们节目中看到了临行前四位爷爷的老伴分别写给"挑夫"刘烨诸如"老雷他毕竟是年近八十的老人，如果有可能，请让他多休息"的细心叮嘱；看到了秦爷爷乘船夜游塞纳河时心中漾开的激动与惊喜；看到了机场惜别时牛爷爷对"挑夫"的忘情挥泪；看到了硬汉老头曾爷爷与刘烨同处一室的亲密无间和敞开心扉的夜半卧谈；当然，我们还看到了作为晚辈的刘烨如何尽心尽力照顾同行长者、不辱"挑夫"使命，如何临危不惧、机智化解电梯危险。电视给鳏寡孤独、老弱病残等人群提供了心灵的安慰、情感的慰藉，给他们沉闷而单调的生活带去了快乐与亮色。尽管电视有可能钝化观众的理性思维，但是它所蕴含的巨大的情感力量却是其他媒体难以替代的。

其实，刘烨所扮演的"挑夫"角色是别有深意的。通过这一角色，我们更深切地理解了"老吾老以及人之老，幼吾幼以及人之幼"的真谛，以及由此散发出来的人性光辉。节目将四位老人不同的音容笑貌展现在观众面前，让社会更加关注、了解这一群体，为呼吁社会关注弱势群体、弘扬敬老爱幼的传统美德发挥了应有的作用。

四 技术要素：融媒互动相得益彰

因网络技术而引发的新媒体革命，彻底突破了传统媒体的思维范式和生产模式，降低了媒体与受众之间的信息落差，也改变了人们对传统意义上所谓"人际交往"的认识。从受众角度看，新媒体具有的交互、体验、对等、即时等鲜明特征，不仅将垂直的单向传播转变为横向的互动传播，也使观众从被动地"看电视"转换到主动地"用电视"。因此，新媒体环境下，一档电视节目能否赢得观众的青睐和持续关注，取

---

① 《〈花样爷爷〉昨晚收官 关注老人的内心情感》，搜狐娱乐，https://yule.sohu.com/20140901/n403952348.shtml，2014 年 9 月 1 日。

决于它如何与观众建立良好的互动关系，更好地体现服务意识，最大限度地满足观众的文化心理需求。

《花样爷爷》节目开播后始终占据收视率的前两名，这一骄人业绩得益于东方卫视成功地实行了"电视＋网络＋移动＋线下"的全媒体平台整合策略。

首先，第一季全部 12 集的节目首播权均授权东方卫视全程播出。节目首播权所产生的"磁场效应"深化了传播效果，提高了市场效益。与此同时，《可凡倾听》栏目配合制作"花样爷爷专访"，邀请四位老人走进演播室"忆往昔，笑看人生历史"，深入挖掘主角们生活中的鲜为人知的故事，帮助推介节目。

其次，东方卫视官网，新浪、网易等门户网站，以及优酷、土豆、爱奇艺、PPTV 视频网站等联袂播出。众多平台短期内的合力推展，有助于形成节目的规模效应和垄断效应，占据观众对其他同类节目的收视空间与时间。

再次，东方卫视哇啦 App 上线、百事通 App 同步播放。新媒体时代，利用微博、微信等网络社交平台进行信息发布和推广、设置热点话题形成网民参与互动以保持其持续较高的关注度通常成效显著。《花样爷爷》十分重视网络微博形成对节目的反哺回馈，利用节目的官方微博积极与受众互动交流，从而使节目的"呈现方式突破了画面、声音、文字单向输出的局限，以讨论、社区以及微访谈等各种互动方式与观众交流"[1]。例如，在 App 微视中开出"挑夫日记"专栏，用微视频的方式与观众互动，了解挑夫心路历程；游戏 App 的研发和使用，增加该节目在观众视线中的出现频率；微博话题的制造，如"爷爷的相册"，增加节目中话题讨论度，温暖且生动地展示了爷爷们的另一面；与观众的实时互动，观众在微博中的留言可能影响下一期的节目走向，每期节目的最后字幕中导演组也会对起到帮助、留下意见建议的观众表示感谢，增加了观众的参与度和积极性。据统计，《花样爷爷》比同类节目《如果爱》晚播 20 天，但是它的微博数量却是后者的 5 倍还要多，可见

① 朱晓彧、冯美：《消费文化语境下电视人文讲坛节目的突围——中央电视台〈开讲啦〉的创新价值》，《中国电视》2013 年第 7 期。

· 197 ·

《花样爷爷》在网络平台的推广与互动方面下足了功夫。①

　　最后，在线下，各城市地面活动、巡回见面会、旅行地点全球海选策应配合，扣人心弦，如火如荼。据"看看新闻网"2014年6月27日报道，在东方卫视当日举行的"花样重逢媒体见面会"上，四位主角互相爆料："牛爷爷说：挑夫和曾老大做的最多，我没起什么作用。曾爷爷却说：哪有，你在物资消耗方面起了大作用。说到牛爷爷能吃，秦汉老师打开了话匣子：牛爷爷太能吃了，一顿饭吃了十三片面包。虽然嘴上这么说，但是秦汉爷爷还是千里迢迢地带来了台湾省的面包送给牛爷爷。"妙趣横生的发布会令人捧腹，极大地满足了观众的期待。

　　（原载《中国广播电视学刊》2015年第7期，本文与研究生蔡雨晨合著，此次出版有修订）

---

　　① 　参见李尘缘《网络化运营方式对电视节目播出效果的影响——以〈花样爷爷〉和〈如果爱〉为例》，《中国电视》2014年第9期。

用数据传递新闻价值

——新华网数据新闻生产的特征及启示

依盖伊·塔奇曼（Gaye Tuchman）之见，新闻是社会建构的产品。① 新闻的基本功能乃是告诉我们想知道、需要知道以及应该知道的消息。如今，新闻与阳光、空气和水一样，已经成为我们日常生活中不可或缺的一部分。作为一种新兴的新闻形态，"数据新闻"（Data Journalism），亦称"数据驱动新闻"（Data-driven Journalism），它是基于数据的抓取、挖掘、统计、分析和可视化呈现的新型新闻报道方式。"数据新闻实质上是受众对数据所做的一次采访。"② 它不仅能够自己聚合信息，而且还能够帮助新闻从业者借助信息图表来呈现一个复杂的故事，并阐释该故事与个人的内在关联。故此，"互联网之父"蒂姆·伯纳斯·李（Tim Berners–Lee）声称，"数据新闻就是未来，记者需要成为'数据通'"③。

一 数据新闻研究简述

如果说肇始于1821年5月5日英国《曼彻斯特卫报》（现《卫报》）创刊号刊载的一幅曼彻斯特和索尔福德地区每所学校的学生人数和平均

---

① 参见［美］盖伊·塔奇曼《做新闻》，麻争旗译，华夏出版社2008年版，第17页。

② Alex Remington，"Understanding Data Journalism：Overview of Resources，Tools and Topics"，http：//journalistsresource. org/skills/research/understanding-data-journalism-overview-tools-topics#，2013年5月8日。

③ 方洁、颜冬：《全球视野下的"数据新闻"：理念与实践》，《国际新闻界》2013年第6期。

学费的表格，预示了数据表格在信息传播中的重要功能与价值，那么一个多世纪之后，1952 年哥伦比亚广播公司率先使用大型计算机进行统计运算，预测总统大选的结果，则为美国记者菲利普·梅耶（Philip Meyer）将社会调查统计方法与计算机数据分析技术相结合，创造出一种新的报道样式——精确新闻提供了可能。

"数据可视化（Data Visualization）是指利用计算机图形学和图像处理技术，将数据转换成图形或图像显示出来，并进行交互处理的理论、方法和技术……麦坎德利斯（McAndless）认为数据可视化的优势在于能够在单个作品中有效融合多维度信息，展示事件的数据结构。"[1] 1989 年，罗伯森·卡德（Robertson Card）和麦金利（Mackinlay）在《用于交互性用户界面的认知协处理器》一文中基于科学计算可视化，首次提出信息可视化的概念，即"使用计算机支持、交互性的视觉表示法，对抽象数据进行表示，以增强认知"[2]。

2006 年，被业界视为"数据新闻的创立者"的《华盛顿邮报》软件开发人员兼 Every Block 网站创建人阿德里安·哈罗瓦提（Adrian Holovaty）率先提出"数据新闻"的理念。他提倡媒体通过计算机处理原始数据，为公众提供更重要、更有参考价值的报道，这种报道方式将与以叙述为核心的报道形式互补，以适应当下媒介变革的需要。西蒙·罗杰斯（Simon Rogers）将数据新闻比喻为朋克音乐，"数据新闻带来了数据民主化，数字不再只属于专家，他们属于我们所有人，人人都能够做到这一点"。[3]

《数据新闻手册》（*The Data Journalism Handbook*）的作者保罗·布拉德肖（Paul Bradshaw）和米尔科·劳伦兹（Mirko Lorenz）比较了"数据新闻"与传统新闻的差异，针对"数据新闻"的呈现形式集中做了四点概括：即新闻报道能呈现出许多新的可能；使记者运用互动式信息图表报道复杂的新闻故事；解释新闻与每个人存在何种联系；向受众

---

[1] 李希光、赵璞：《数据可视化：数据新闻在健康报道中的作用》，《新闻战线》2014 年第 11 期。

[2] 转引自滕瀚、张双弭《国内可视化新闻生存路径初探》，《采写编》2014 年第 3 期。

[3] Simon Rogers, "Anyone Can Do It Data Journalism Is the New Punk, The Guardian", 2012, http://www.Theguardian.com/news/datablog/2012/may/24/data-journalism-punk.

公开新闻获取的过程。

我们已经处于视觉成为社会现实主导形式的社会。在一个以影像物品生产与物品影像消费为主的景观社会里，一方面新闻媒体渐渐习惯于采用图片、表格、音视频等来进行新闻报道；另一方面受众对以可视化、形象化的报道形式接收和理解信息表现出浓厚的兴趣甚至是偏好。媒体与受众的同频共振、互相推动，促使新闻报道方式产生结构性的变革。近年来，计算机辅助报道、传感器新闻、可视化新闻、机器人写作等报道方式令人目不暇接。作为媒体融合发展的先锋，老牌的英国《卫报》和美国《纽约时报》率先进行自我革命，积极利用新媒体平台开展了一系列数据新闻可视化实践，丰富了新闻产品的类型，开辟了视听传播的新领域。例如，《卫报》网站突破成规，在"增量"上下功夫，新创"数据商店"（Data Store）栏目，致力于"大数据""数据新闻""数据博客"等数读内容的开发和利用。《纽约时报》发表的专栏文章认为，"大数据时代"已经降临，各个领域的决策过程将不再凭借经验和直觉进行判断，而是有数字可循。芬兰学者的论文"A Quantitative Analysis of International Newspaper Coverage of The 1981 Hunger Strike in Northern Ireland"就当时 14 家国际主要新闻媒体有关 1981 年北爱尔兰绝食斗争国际新闻报道的起始与终结时间及每个月的报道数量，进行了周密细致的数量分析，堪称数据新闻研究的一篇力作。

相较于西方，我国对于数据新闻的研究起步虽迟，但取得的成果却相当丰硕。针对数据新闻带给新闻业的震荡与冲击，彭兰指出："大数据技术不仅使数据成为新闻报道的更重要的资源，而且在全面地影响现有的新闻生产模式与机制。大数据技术还起到了重塑新闻质量标杆的作用，并进一步提升受众反馈的价值以及拓展用户分析广度与深度。"[①] 陈昌凤将大数据带来的思维方式的改变精辟地概括为"新闻要素皆可量化"，"数据新闻使任何人能深入到数据源当中，找到与他们相关的信息。记者应公布结构化的、机器可读的数据，而抛开传统的'大量文字'、抛开以故事为中心（story-centric）。引用和

---

① 彭兰：《大数据时代，新闻业面临的新震荡》，《编辑之友》2013 年第 1 期。

共享源材料和数据背后的故事，成为数据新闻提高新闻的基本途径之一"①。

　　数据叙事的简单、直观、较强表达力是数据新闻的竞争优势所在。"可视化以通俗易懂的方式，弥补了记者不在现场的缺憾，利用各种专业软件抓取、分析并形象化呈现数据，增强了新闻的艺术性和技术性。"② 在史安斌、廖鲽尔看来，"专业记者应当擅于挖掘'数据'，将其转化为生动的'故事'和深邃的'洞见'，并且借助于新媒体使新闻报道呈现出'可视性、纵深性、互动性'的特点，满足受众对新闻报道'更精确、更深入、更直观'的要求"③。钟瑛、李苏通过对五届NICAR 数据新闻年会的"主题与讲义"的研究表明：数据新闻报道技巧类议题逐年增多，显示从新闻传播本体出发关注数据新闻发展意识正在增强；数据处理技术应用类议题逐年减少，验证了数据新闻赖以开发的关键技术正日趋成熟。④ 任瑞娟、白贵认为，数据新闻的生产过程可以概括为新闻主题发现、该主题相关数据抓取、清洗过滤、分析挖掘、交互化设计、可视化呈现、故事化讲述，其核心是数据处理、交互性设计与可视化呈现。⑤

　　对于数据新闻产品的得与失保持清醒的理性十分必要。"数据新闻在特定工具的强化和习惯使用中，借助数据采集、处理、可视化等常规手法来加工新闻事件，其本身会形成'一个读解日常生活片断的认识框架'。"⑥ 而且，"过于理性的数据呈现和分析将受众当成了机器，将新闻生产变成了工厂流水线，降低新闻记者进行精神生产的积极性，忽略了新闻报道的精神内核，空洞了受众的情感世界，缺乏应有的人文情

---

　　① 陈昌凤：《数据新闻及其结构化：构建图式信息——以华盛顿邮报的地图新闻为例》，《新闻与写作》2013 年第 8 期。

　　② 胡艳：《数据可视化在新闻报道中的应用前景探析》，《西南民族大学学报》（自然科学版）2014 年第 5 期。

　　③ 史安斌、廖鲽尔：《"数据新闻学"的发展路径与前景》，《新闻与写作》2014 年第 2 期。

　　④ 参见钟瑛、李苏《数据新闻的发展现状、问题及对策》，《新闻与写作》2015 年第 8 期。

　　⑤ 参见任瑞娟、白贵《数据新闻的理论与实践：模式、发现与思考》，《新闻大学》2015 年第 5 期。

　　⑥ 李岩、李赛可：《数据新闻："讲一个好故事"？——数据新闻对传统新闻的继承与变革》，《浙江大学学报》（人文社会科学版）2015 年第 6 期。

怀和道德精神"①。对此,"人的智能和介入不可或缺"②。

数据新闻对于从业者的素质与能力提出了更高的要求。"数据新闻是对当下传统新闻业务流程和媒体组织结构的深层次再造,它要求新的新闻思维、新的新闻叙事、新的技术能力等等。"③ 不仅如此,"今日的数据新闻需要确立明确且可细化的操作规程与张弛有度的行业规范,不断对这项新闻形态进行反思与归纳,借用大数据时代的机遇和社会关系脉络将社会从固定性中解放出来"④。

整体地看,近年来迅速升温的数据新闻探讨呈现出由国外而国内、由实践经验升华为理论总结、由趋时迎合转至冷静分析的走势。其成果内容主要包括关于数据新闻历史与现状的研究、大数据之于新闻业的影响研究、大数据对新闻生产流程的再造研究、大数据新闻的可视化研究等。其中,数据新闻国内实践研究占35.2%,数据新闻理论研究占26.7%,数据新闻的宏观发展研究占18.8%,数据新闻国外实践研究占15.8%,学科领域与专业人才培养研究占3.6%。比较地看,国内研究更偏向于初步的实践研究,对专业人才的培养研究也比较缺乏。对于数据新闻生产这样一个十分复杂的系统工程,目前的研究还亟待更多具有跨学科背景的研究者进行多维视角的交叉研究。例如,有关技术偏向下的人文主义情怀缺失、信息过载环境下的数据依赖、注意力经济时代下的新隐私观、开放连接下的认知悖论等问题,应该进入更多研究者的视野。

二 新华网数据新闻生产的特征

大数据的革命性意义在于,"巨量数据的优势,会使分析数据的方式产生三大改变,进而改变我们理解及组织社会的方式:一是能够取得、分析的数据量大为增加;二是不会坚持一切都要做到精准;三是放

---

① 莫莉:《变革与局限:从技术视角分析数据新闻》,《科技传播》2016年第1期。
② 喻国明:《人工智能的发展与传媒格局变化的逻辑》,《新闻与写作》2016年第2期。
③ 郎劲松、杨海:《数据新闻:大数据时代新闻可视化传播的创新路径》,《现代传播》2014年第3期。
④ 沈浩、罗晨:《数据新闻:现代性视角下的历史图景》,《新闻大学》2016年第3期。

下长久以来对于因果关系的坚持"①。

基于"用数据传递独特新闻价值"的理念，新华网自 2012 年起开始数据新闻的实践探索。次年，正式成立了数据新闻部，人数虽然只有 20 来人，但却年轻新锐、精干高效，他们秉承"重大活动不缺位，社会热点不失语，服务网民有作为"的宗旨，全新打造有品质、有影响的数据新闻新品牌，成为我国专注于可视化新闻生产的重要平台。笔者通过数据抓取和统计，采集了新华网数据新闻栏目中自 2013 年创办以来截至 2017 年 3 月 1 日的原始资料（核心数据为网址、发布时间、作品名称和点赞数），按照内容类目计算共计 1487 篇，按照形式类目计算共计 1565 篇，由于部分作品重复于多个类目，经过提出和整合筛选，实际得到共计 1319 篇有效数据。其中 2013 年 101 篇，2014 年 193 篇，2015 年 521 篇，2016 年 450 篇，2017 年截至 3 月 1 日 54 篇。总体上看，新华网的数据新闻产量稳中有升，渐入佳境。

（一）从新闻内容看，反映国计民生的"硬新闻"独占鳌头

在栏目分类上，新华网的数据新闻涵盖时政、财经、人文、社会、科普、突发事件等多个领域，主要分为讲习所、政经事、第一时间、数问民生、数据观、新极客、涨知识、人文说、健康解码、漫动作等十大板块（见表 1）。相较于传统媒体的政治、经济、民生分类方法，数据新闻栏目的这种分类方式直观明了，更贴近互联网语言，更容易形成栏目特色。

表 1　　　　　　　　　新华网数据新闻内容栏目分类及介绍

栏目名称	内容
讲习所	习近平总书记的相关活动图解
政经事	政治、经济类的数据报道
第一时间	突发类重大事件的报道
数问民生	贴近百姓生活相关的民生类新闻
数据观	数据挖掘类的图解新闻

---

① ［美］麦尔荀伯格、库基耶：《大数据》，林俊宏译，台北：远见天下文化出版股份有限公司 2013 年版，第 22—24 页。

栏目名称	内容
新极客	汇聚尖端、前沿的科技类新闻报道
涨知识	知识普及、科普类型的内容
人文说	人文社科类型报道，多为节日、节气等介绍
健康解码	健康生活、疾病介绍与预防等
漫动作	漫画形式的数据新闻

在选题分布上，新华网数据新闻栏目一般以国内外重大事件、社会热点、统计数据、节气变化等为主，其报道内容由表1可见一斑。其中占比最大的三类选题分别是：政经事23%（341篇）；涨知识17%（260篇）；数问民生15%（231篇）。其后是，数据观、讲习所、人文说占比分别为13%、11%和6%；占比较少的则是新极客5%、漫动作4%和健康解码4%；而内容为突发事件报道的"第一时间"占比最少，仅有2%。在新闻的地域偏向上，国内新闻远远高于国际新闻，以2016年的450篇数据新闻统计样本为例，国内新闻比重高达93.8%，而国外新闻仅占6.2%左右，涉及的内容多为国外突发事件、国际活动、体育赛事等。透过内容多样却主干突出的选题分布，我们可以感受到新华网数据新闻强大的"议程设置"能力。

在标题选择上，新华网的数据新闻尽力凸显网络时代的语言特征。除了政经等"硬"新闻外，"软"新闻的选择比较接地气，标题常常采用诸如"共享汽车""僵尸大战""葛优躺""套路""七年之痒""成长的烦恼"等比喻词语、俗语、网络热词，不仅时尚前卫，而且清新别致，颇有"吸睛"之效。

（二）从数据来源看，主流媒体和政府网站是其新闻信源的"压舱石"

新华网数据新闻栏目采用的数据来源，包括新华社、新华网数据、政府部门权威统计数据、高校和研究机构数据及各类媒体新闻报道数据等。也就是说，它更"倾向于选择体制内的信息源，而不是普通人提供的信息"[①]。通过之前的统计数据可以得知，排名前两位的数据源分

---

① ［美］盖伊·塔奇曼：《做新闻》，麻争旗等译，华夏出版社2008年版，第4页。

别是新华社或新华网、政府统计数据，共占比 52%，即超过半数的数据源均来自相对权威的官媒和政府。新华网官媒的身份使其在数据信息的接近上相对其他媒体优势明显，事实上，许多统计数据和重大新闻都须通过新华社或新华网发布方为权威或有效。

为了"让新闻离你更近"，新华网数据新闻团队在实践过程中，建立了"数据新闻资源库"，通过对大量基础数据的逐步积累及科学的分析和挖掘，将枯燥内容生动化、抽象内容具体化、新闻信息知识化，竭力生产"含金量"很高的数据新闻作品。据统计，新华网数据新闻报道的数据来源主要由新华社或新华网数据、包括政府数据在内的第三方数据、不同数据源的整合、社交媒体数据等四类构成。

在对 2017 年之前的 1265 篇数据新闻作品进行统计梳理后，我们得到新华网数据新闻来源比例图（见图 1）。大体上看，当前新华网数据新闻的数据来源多数来自新华网及第三方数据资源的整合，单一的数据源所占比例均较小，这说明新华网的新闻信息平台依然是其数据新闻不可或缺的资料和数据来源；也是构成新华网数据新闻鲜明官方色彩的重要原因；其他媒体和政府机构的资料数据也占有较大的比例；社交网络数据资源尚有可以挖掘的空间。从用户生产内容（UGC）角度来说，移动互联网时代不断做大社交网络数据资源这一变量，十分必要也十分重要。

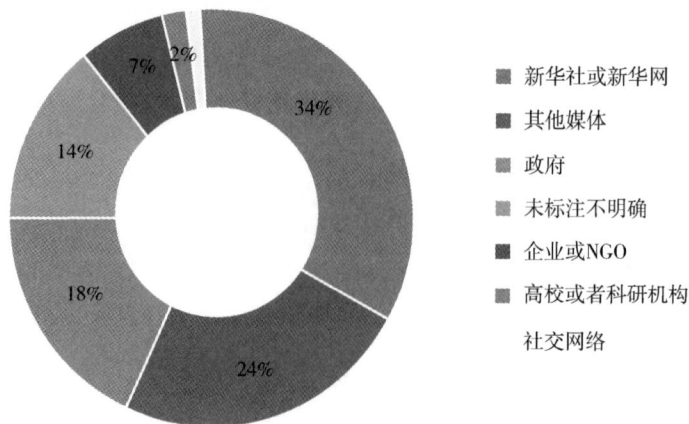

图 1　新华网数据新闻来源占比
（截至 2016 年 12 月 31 日）

（三）从表现类型看，静态数据新闻构成媒体报道的主打产品

新华网数据新闻按照表现类型可以分为信息图、图文互动、专题、PC 交互和手机交互五种；依据是否具有交互的功能，又可将其分为静态数据新闻和交互式数据新闻两类，其中"信息图"、"图文互动"属于静态数据新闻类，"专题"、"PC 交互"和"手机交互"归入交互式数据新闻类。如图 2 所示，目前静态数据新闻仍是新华网数据新闻的主打产品，占比高达 89%；而可交互式数据新闻由于其制作周期长、技术难度高等特点，所占比例较小，它们主要用于一些专题类新闻报道。

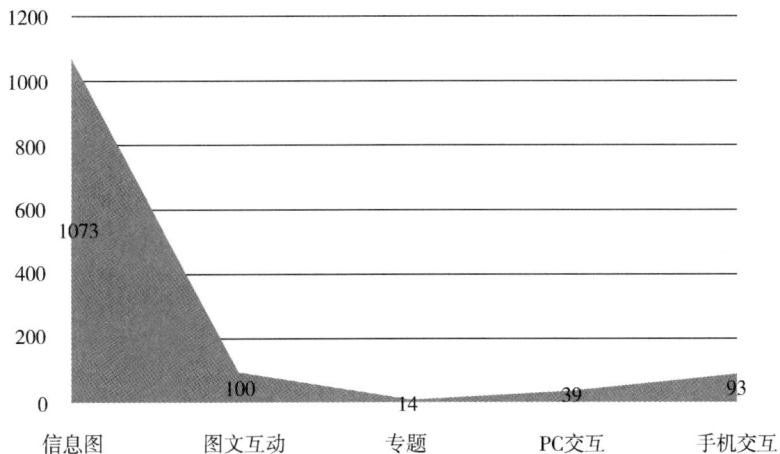

图 2　新华网数据新闻形式一览

数据新闻的呈现是将复杂的数据可视化，这个过程就离不开页面的视觉设计，好的视觉设计不仅能使人眼前一亮，更能使得内容更加形象丰满。新华网数据新闻栏目在视觉设计上引入产品思维，将每一个数据新闻作品当作产品来用心创造，从新闻选题是否能够满足用户需求的精准分析，到数据可视化的画面设计与美化，直至用户交互参与接口的适配性，无不要求力争做到极致，以最大限度地满足用户最佳的阅读体验——数读新闻，图观天下。其"信息图"多以长图形式排版，既方便 PC 端浏览，也契合移动互联网状态下轻量、快速、碎片化的阅读特征——直陈新闻要点，简化阅读过程；"图文互动"以图片为主，辅之

以少量解释性文字，强化了图片与内容的融合。静态数据新闻版式简洁美观，多采用鲜明的色调，关键词与数据图表互嵌。例如，作品《开学了，大学生在"发愁"什么》的主色调为亮绿、橙色和深蓝色，亮绿、橙色契合了大学生这一青春群体，深蓝色背景则体现了"发愁"这一主题。在关键词的运用上，标题的背后隐约可见"就业""论文""考试""恋爱"等关键词，凸显了开学后大学生所"发愁"的事情，接下来作品分别用数据图表的形式具体展开了生活费使用情况、历年毕业生人数变化、大学生毕业城市选择等问题，简单清晰，一目了然。

交互式数据新闻占比虽只占到11%的比例，但就用户体验上来看，其体验性大大胜过静态数据新闻，实现了作品与用户的双向互动。交互式数据新闻的呈现方式多种多样，如用户点击、视频交互、时间轴浏览，手机 H5 等。除此之外，它还充分结合新兴科技以增加表现方式，例如："与无人机结合，加大对融合形态的创新尝试，从单一的图表到与无人机航拍作品形成交互形态；通过传感器技术采集独家数据为数据新闻提供独特的优势；VR 技术与数据新闻融合可能会得到更广阔的视野；3D 技术在大型数据新闻项目中运用，让报道更加生动形象。"①

（四）从用户体验看，数据建模由静态单维向立体多维迁移

从单一维度走向立体多维是新华网数据新闻的一个显著特点。在新闻数据的建模方式上，新华网的"数据新闻团队借鉴了 Data Mining 中'数据立方体'的概念，将新闻事件结构为一个立方体，这个立方体由数据和信息组成，包含不同的维度和角度，维度的选择和组合符合新闻传播的需要和叙事特点"②。在数据新闻作品《45 名日本战犯侵华罪行自供》中，作品将历史维度，空间维度和个人维度结合，将中央档案馆公布的 45 名日本战犯的罪行自供资料以交互地图方式呈现出来。以日军侵华时间为历史维度，空间维度以地理位置为线索，统计了 45 名

---

① 马轶群、曹素妨：《"数"读新闻"据"焦天下——新华网数据新闻的探索与实践》，《传媒》2016 年第 7 期。

② 刘胜男：《新华网数据新闻部，从〈打虎拍蝇记〉看"以数维新"》，新华网，2015 年 8 月 17 日，http：//news. xin hua net. com/new media/2015－08/17/c_ 134526017. htm。

战犯的资料中出现的罪行种类。用户既可以通过点击左侧的相关按钮查看涉及的省份，也可以查看这些战犯在每一省份所犯下的具体罪行。个人维度以战犯的个人信息为线索，点击地图上的坐标，得到相关的战犯名单，即可从全景地图切换到个人地图，个人地图呈现了战犯个人信息和犯罪行径等资料。交互形式走向多维，是一个探索、选择和组织数据，再用多维度的表现数据，并且维持整体感和统一性的过程。

《全景游 G20 会场和新景》全景记录了 G20 相关的各大会场和名迹，让用户足不出户，即可实现身临其境，全景再现。该作选取杭州国际博览中心、洲际酒店、中国美院、浙江西子宾馆、西湖国宾馆、曲院风荷 6 个地点，设置虚拟动漫导游，点击任意地点即可进入全景画面，进行 360 度实景游览，虚拟导游和相关箭头可以进行相关指引。此外，在每一个场景中，左侧均配有相关文字说明，方便用户浏览。无人机和 VR 技术的运用是该作亮点所在，无人机以俯视角度展现相关场景的宏观景象，VR 技术以全方位的摄录展现相关场景内部的细节，宏观气象与微观场景有机互补，视觉呈现令人耳目一新。

（五）从技术迭代看，智能机器人助力传媒"弯道超车"

"Wordsmith""Blossom""Dreamwriter"等人工智能系统的问世，标志着未来机器人在辅助人类进行新闻报道方面大有可为。在媒体融合环境下如何扬长避短、竞先超越方面，新华网可谓独树一帜。2015 年 11 月，新华社发布了智能写作机器人"快笔小新"，使得机器人承担了新闻数据采集和写作的工作，这是继美、英、法等国之后，国内首次启用机器人记者进行新闻生产，紧跟当时最热的全球传媒业新趋势。除采用机器人进行数据采集外，新华网的数据新闻生产还运用了多种新兴科技，如与无人机技术结合的作品《追随春天的脚步——春天，来到你那里了吗?》，通过航拍与图表的交互，展现了神州各地的大好春光。与虚拟现实技术结合的作品《全视角体验上海迪士尼乐园》通过 360 全方位记录，通过佩戴 VR 眼镜可以让用户获得置身其中的观感。与 3D 技术结合的作品《征程——红军长征全景交互地图》以立体的方式，再现了红军长征的峥嵘岁月，使得报道更为生动。仅仅一个月之后，新华网又推出国内媒体首个生物传感智能机器人"Star"。该系统以生物传感器采集用户生理体验信息数据，通过多种算法完成分析和报道，是新一代基于生物传感器和人工智能技术的新闻机器人。新华网董事长、总裁田舒斌表示，传感技术是人工智能领域的基础技术之一，新华网将以人为中心、围绕用户体验不断进行技术与机制创新，探索"硬件＋软件＋互联网服务"的模式，开启新华网的下一程。①

新华网在数据新闻生产中导入新兴智能科技，不仅使冰冷的数据有了温度和色彩，刺激了用户的视听感官，调动了用户的阅读情绪，更重要的是，它还创新了新闻生产的思维逻辑，再造了新闻生产的生产流程。

三　新华网数据新闻实践的启示

数据是数据新闻的驱动力，数据背后的意义关联才是其核心和本质。尽管如前所述，新华网已经实现数据抓取、数据提纯、数据分析、数据可视化呈现的新闻生产流程再造，形成了数据—叙事—品牌浑融一体的新闻价值链，其新闻品质和行业影响亦位居全国同类媒体同类栏目之冠，但是，从强化资源优势，叙述好数据背后的故事，提升"情感传播"的深度与温度的角度看，新华网的数据新闻生产仍有较大的拓展空间。

（一）高度重视数据挖掘的意义阐释

数据新闻的核心是新闻，时效性、接近性、重要性、显著性、趣味性是其价值所在。新华网的数据新闻虽然不乏佳作精品，但是客观地说，也有一些作品只是做到了简单的"文字形象化"，或者"数据可视化"，即便是具有交互性质的 H5 作品，多半实现的也只是可翻页"相册"的功能，却很难真正体现数据新闻的本质要求——对数据挖掘作深层处理和意义揭示，受众/用户难以明了数据罗列或图像铺排之间的内在逻辑关联。2015 年底发布的《一图明了 2016 年中国经济工作部

---

① 参见新华网融媒体未来研究院《新华网生物传感智能机器人 Star 诞生记》，新华网，2015 年 12 月 28 日，http：//news. xin huanet. com/newmedia/2015 – 12/28/c_ 134958148. htm。

署》完全脱离了数据，貌似单纯的"图解新闻"。有专家指出，"基于海量数据的分析不但需要某个用户个体的数据，更需要整个社会所有个体数据的累积，进而挖掘寻找相关关系，形成信息和知识，这其中其他用户的数据，用户是没有渠道掌握和分析的。因此对数据的深度解读不但成了媒体的责任，更让数据新闻有了大有可为的发展空间。数据新闻不但应提供对数据的描述，更应该提供对数据的场景化和深度化的解读，用数据来讲故事"。[①]

（二）着力勘采社交网络的"数据石油"

大数据技术不仅颠覆了人们对传统新闻生产的认识，也催生了一种全新的新闻类型。对数据的挖掘、分析和可视化呈现是数据新闻的全部要义，它为新闻生产提供了一种讲故事的新方法、实践操作的新工具。新华网的数据新闻栏目目前依靠的主要还是来自官方渠道的公开数据，对于社交网络的数据挖掘力度还很不够。2012 年首届数据新闻奖获奖作品"Riot Rumour"，其数据源就是来自 Twitter 上的 260 万条用户消息，通过对这些数据的分析，作品揭示了谣言的传播机制并在后期对谣言进行了有效引导，揭示了引发英国骚乱的真正原因。研究表明，社会化媒体信息传播速度快、用户参与广、讨论内容丰富、互动性和反馈性强，借力社会化媒体，是媒体数据新闻报道预测事件走向、管窥网民态度、提高传媒影响力和增强传播效果的有效途径。因此，勘采社交网络中的"数据石油"将为数据新闻生产提供丰沛的源头活水。

（三）不断强化用户体验的交互创新

"用户体验指的是用户使用产品、系统或服务所得到的感受和反应。"[②] 从"传者本位"向"受者本位"的转换体现了互联网时代下的用户思维。尽管新华网的数据新闻交互作品在视觉呈现上融合了许多高科技元素，但统计数据显示，其交互作品的占比仅为 11%，而非交互

---

① Stephanie Yamkovenko, "Five Tips for Journalists Doing Data Visualization", *Quill*, 2013（1）.

② Roto，V.，"User Experience Research in the Design and Development Phase，Keynote at the User Experience & UserGenerated Content Workshop"，Salzburg，Australia，http：//www.icts.sbg.ac.at/media/pdf/pdf1684.pdf，2008.

作品占比高达89%；交互作品平均点赞数为264.2（见图3），非交互作品平均点赞数为129.93。占比与点赞数呈现负相关关系，说明用户对于交互式数据新闻作品认可度更高。鉴于目前数据新闻平台上用户对数据新闻作品只能进行点赞和简单的留言回复，用户参与度较低的情况，新华网应加强反馈和沟通平台建设，充分调动用户的积极性，着力从三方面加强产品交互的优化：一是增加交互性的数据新闻作品数量，提高交互作品的占比；二是要在交互方式上思考创新，在信息图中设法融入更多的音频、视频、Flash、VR等动态化的高新技术元素，改进用户在社群传播时代个性化的阅读体验；三是要建立和完善沟通平台，以此来获得用户的反馈，优化数据新闻作品。

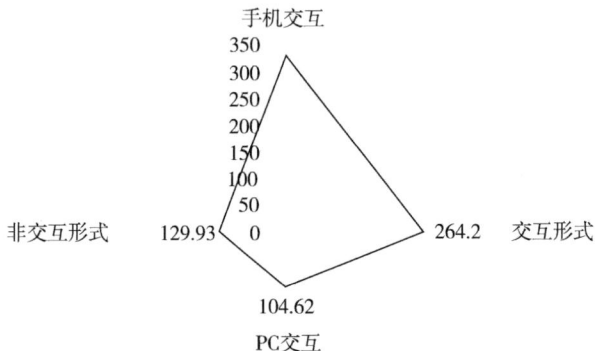

图3　新华网数据新闻不同形式作品平均点赞数雷达图

（四）亟待加快人才资源的结构优化

"信息是美的，但要将枯燥的信息与数据转换成美丽的、能给人深刻印象并且有意义的图形，需要的是新闻素养、技术素养与艺术素养的结合，这对今天的媒体人、传媒教育来说，都是一个重要的挑战。"[①]优质人才资源紧缺已成为严重制约媒体融合发展的瓶颈。麦肯锡咨询预测，2018年美国将面临14万到19万高级数据分析师短缺的现实。[②] 数据可视化（Visualizing Data）网站的博主安迪·柯克认为，一个数据新

---

① 彭兰：《"信息是美的"：大数据时代信息图表的价值及运用》，《新闻记者》2013年第6期。
② 参见张潇《大数据时代传媒业的变革》，《今传媒》2014年第1期。

闻制作团队应该至少包含决策人、数据科学家、记者、计算机科学家、设计师、认知科学家、谈判专家、项目经理8种角色，并且应该具有一人身兼多职的能力。新华网数据新闻团队目前规模还比较小，约为20名左右，主要分为采编型和技术型两类，尤其在用户分析与认知、数据的深入挖掘、项目的统筹管理领域人才还比较缺乏，亟须加强自身培养和外部引进。为了加速数据新闻人才的培养，业界与学界需要深化合作，形成交流互通机制，加大数据深度分析、数据可视化、用户行为分析、互联网化、新科技感知能力的培养力度。

［原载《浙江工业大学学报》（社会科学版）2017年第4期，本文与研究生高雪峰合著，此次出版有修订］

互联网视听传播的影响机理探析

互联网视听传播是指依托互联网和移动终端技术平台，向公众/用户提供文本、音频、视频信息内容的制作、编辑、集成、上传、下载、阅听等的一系列传播实践活动。近年来，借助信息技术突飞猛进的强力驱动，互联网视听传播在改变人的感知方式的同时，也成为社会变革的重要推动力量。

一 "自传播"延展了"他传播"的触达扇面

在移动互联时代，信息传递和信息接受方式上的改变是深远的，它颠覆并重构了过去由专业媒体人主导的大众传播的格局，受众试图改变被动接受信息的角色地位，更多地参与信息的发布与传播。

相较而言，传统媒体模式提供的是一条垂直的新闻流，它在源头上由主流媒体的记者和编辑生产，然后再传播给被动的消费者；而社交媒体模式提供的则是水平的新闻流，消费者处于不同消息来源的旋涡当中。"面对社交媒体铺天盖地的自传播，传统新闻机构发现，无论如何努力都无法跟上作为新闻当事人随时发布消息的速度，因而'时新'本身变得不再是新闻机构的专长。"① 置身于这种传播环境，"每个人都有可能成为信息来源，或成为内容的传播者，每个组织或机构也能拥有自主的信息发布渠道。无处不在的自媒体，既是对专业媒体的一种延

---

① 谢静：《微信新闻：一个交往生成观的分析》，《新闻与传播研究》2016 年第 4 期。

伸，也是对专业媒体的一种资源补充"①。据统计，美国的互联网成人用户中有几乎三分之二的人都在线创建内容，他们的媒体创作包括文本、照片、音频、视频等多种形式。

维基百科是为全球用户提供自由编辑、免费查询的百科全书，任何一位基于兴趣驱动的网络使用者都可以为其编撰贡献智慧、生产内容，其征引范围之广堪称互联网之最。维基百科的问世，意味着内容的创造和扩散不再由专业精英生产者们垄断，它不仅"重组了专家和业余爱好者之间的关系，也重新配置了人们影响世界的方式。那些有东西想要表达的人，有了新的机会将他们的声音传递出去，并且获得反馈"②。

在几年的时间里，微信公众平台孵化出超过 2000 万个大大小小的公号，彻底改变了内容传播的生态格局，也彻底改变了很多人的命运。公号的繁荣，前所未有地激发了内容创作者的创业热情。来自主流媒体的精英，来自各行业才华横溢的人们，纷纷涌入自媒体大军，以一个公号为起点，几经耕耘，几经磨难，实现华丽的蜕变。③

综上可见，互联网视听传播的受众/用户通过提供不同制式的内容和多种平台发布的媒体内容，参与媒体内容生产并使之达到一个新水平。这些个性化的内容生产（UGC 模式），"从生产内容到分享内容的闭环，既保证了内容的原创性，也加强了内容的传达效果，不仅使用户有被重视关注的感觉，也让观众获得亲近随和的观赏体验"④，其核心乃是卡斯特尔所谓的内容上自我生产（Self-generated in Content）、接收上自我选择（Self-selected in Reception）、发布上自我导向（Self-directed in Emission）。

二 "交流型媒体"匡补了"告知型媒体"的交互短板

如上所述，大众传播时代的新闻生产通常由专业机构生产并通过大

---

① 彭兰：《新媒体传播的新图景与新机理》，《新闻与写作》2018 年第 7 期。

② ［美］李·雷尼、巴里·威尔曼：《超越孤独：移动互联时代的生存之道》，杨伯溆、高崇等译，中国传媒大学出版社 2015 年版，第 183 页。

③ 参见二维酱《六年，公号改变命运》，新榜（ID：newrankcn），2018 年 8 月 20 日。

④ 余欢：《网红经济还能红多久？——基于短视频传播模式的解读和思考》，《湖北经济学院学报》（人文社会科学版）2017 年第 11 期。

众传媒发布，具有高度组织化和专业化的特征。以广播电视为代表的传统视听媒体属于单向的"告知型媒体"，它把所有参与者都变成听众和观众，并且命令式地迫使他们收听或收看对所有人都同时共在的节目，它缺少选择，缺乏快速灵活的对话交流，难以获知视听者具体细微的情感态度和价值评判。换句话说，传统媒体基本上是客观而又机械的"广而告之"。

而以互联网视听传播为代表的"交流型媒体"信息流通快速，信息交换频繁，信息生产丰富，更重要的是，它克服了"告知型媒体"居高临下、倨傲自大的缺陷，拉近了媒体与受众/用户之间的心理距离，为人们提供了"天涯共此时"的即视化在场体验。2012 年，谷歌在发表的《多屏世界报告研究》中指出：在各种屏幕，包括手机、个人电脑、平板电脑、电视等新兴数字媒体上的互动已经成为消费者日常媒体互动的主要部分。相比传统的广播、报纸、杂志，新兴数字媒体的互动占比达到了90%。除上班时间之外，人们平均每天要用 4.4 个小时使用各种屏幕。

2018 年 5 月 30 日，国资委新闻中心入驻"抖音"短视频平台，并发出第一条视频。不到 12 小时，这条 35 秒的短视频播放量破 200 万，并获得 15 万点赞。用"秒杀"来形容用户对社交媒体的快速反应并非虚言。《人民日报》资深记者李泓冰在对比信息反馈机制的今昔变化时十分感慨：那时的"读者来信"互动周期很长，要从一麻袋一麻袋的读者来信里选上几篇，然后百里挑一、千里挑一地放到"读者来信"版。从读者来信到编辑回信，周期可能是好几个月。相比之下，现今的"大江东融媒体工作室"，可以 24 小时为人民日报中央厨房供稿。一篇有关中国诗词大会冠军武亦姝的深度报道，一夜之间就有 150 多家媒体转载，点击量秒破百万，这在以前是不可想象的。

与"交流型媒体"相伴生的深度参与，是粉丝消费行为的重要特征。费斯克认为，"粉丝"是"过度的读者"，是积极的受众，也是文化的主动生产者①。粉丝是互联网视听传播的拥趸和受益者，他们通过

---

① John Fiske, *The Adoring Audience: Fan Culture and Popular Media*, London: Routledge, 1992, p. 39.

社交媒体平台结识名流，追捧偶像，进行声誉管理。詹金斯在《文本盗猎者：电视粉丝与参与性文化》一书中强调：粉丝不仅仅是文本的盗猎者，他们还是"游牧民"。粉丝总是在移动，却并不固定于某一个文本。在向其他文本挺进的过程中，粉丝不断挪用新的材料，创造新的意义①。融收视、评论功能于一体的弹幕之所以风靡全球并吸引无数粉丝，是因为弹幕的实时评论数据能够在视频界面上从右向左移动，这种创意设计不仅是对视频内容的一种补充，还能给人一种实时互动的错觉，有助于深化用户对视觉传达内容的解读，促进相同类型视频的观众之间相互交流。

"交流性媒体"在增强用户黏性方面可谓费心尽力。为了让 BBC 的网络新闻更贴近、更吸引年轻人，Ferne 和他的团队测试了不只停留在文本，而且超越文本的 12 种叙事方式，以帮助读者更好地理解新闻，提供个性化信息。其中的观点（Viewpoint）模式是：用户首先看到的是人们描述自己支持或反对某一观点的短视频，然后会收到一个话题介绍，再对此进行评价和权衡。Ferne 及其团队的目的是要把令人脑洞大开的观点放进新闻页面，同时在评论中少些恶意、多些针锋相对的争论。

三 "社群文化"汇成与"共同文化"的多重交响

李·雷尼和巴里·威尔曼在《超越孤独：移动互联时代的生存之道》中提醒我们："由少数大众传媒机构传播的共同文化已然成为过去，人们可以从更多渠道获取信息，碎片化的文化逐渐形成。"② 如今，传统的大众传媒之所以沦为没有"大众"的大众传媒——报纸订阅已好景不再，广播听众寥寥，电视开机率持续走低，一个十分重要的原因就是社交媒体的强劲崛起。昔日依靠报纸、广播、电视等"告知型媒体"获取新闻和信息的受众已改变惯习，转而每日与"交流型媒体"见面。

---

① Henry Jenkins, *Textual Poachers: Television Fans and Participatory Culture*, New York: Routledge, 1992, pp. 24–49.

② ［美］李·雷尼、巴里·威尔曼：《超越孤独：移动互联时代的生存之道》，杨伯溆、高崇等译，中国传媒大学出版社 2015 年版，第 25 页。

互联网和移动终端技术的普及开启了文化形态变革的序幕。"网络空间中的信息具有高频率流动性，这正在打破一切分割人群的边界……网络是一个'去中心化'的领域，而且网络也必将引发人类社会的'去中心化'倾向。"① 新兴而庞大的网络虚拟社群"在现代化进程中寻求身份的认同和共同体的重建，并以新媒介技术为依托构建起'小世界网络'，形成了兼具传统社群凝聚力与现代社群自由度的趣缘共同体。从本质上看，趣缘群体是一种以身份认同为基础的亚文化体系，它构建了以兴趣和情感为核心的趣缘'圈子'，并形成了"圈子化"的文化传播机制"②。虚拟社群主义者塑造了互联网的社会形式、过程和用途。全球范围内这种类型的社区都共同信奉两条价值原则：第一，他们呼吁"横向的、自由的沟通"，通常反对那种由企业、大众媒体和大型政府机构所定义的文化。第二，他们标榜"自我导向型网络，即任何人都有在网上找到自己目标的能力，如果没有的话，就去创造和分享属于自己的信息，从而生成一个网络"。③

号称"中国最大的年轻人文化娱乐社区"的 bilibili（简称 B 站）或许能够较好地诠释社群文化气质特征。我国大部分的动漫爱好者和参与者都聚集在 B 站，它不仅是年轻人的潮流文化社区，也已经成为二次元现象级事件的发源地，许多社会热点也是由 B 站的用户原创的，如成龙的"Duang"、雷总的"Are you OK"、《太子妃升职记》的爆款以及元首的愤怒、雪姨等。作为一个细分领域的视频网站，B 站的DAU（Daily Active User，日活跃用户数量）已经超过了 2200 万人，弹幕总数超过 14 亿次。其用户因为兴趣需求形成了一个个圈子，诸如科技圈、娱乐圈等。这些用户本身形成了一个潮流文化的兴趣网，其产品是具有文化属性的视频。

由此也可以看出网络虚拟社群文化形态的精神特质：第一，具有突破时空间距的开放共享性与以社会分化为背景基础的感性自由；第二，基于社群互动关系的文化身份认同和情感共建以寻求共同体归属感，是

---

① 张康之、向玉琼：《网络空间中的政策问题建构》，《中国社会科学》2015 年第 2 期。

② 蔡骐：《网络虚拟社区中的趣缘文化传播》，《新闻与传播研究》2014 年第 9 期。

③ 参见［美］玛丽贝尔·洛佩兹《指尖上的场景革命：打造移动终端的极致体验感》，平宏伟等译，中国人民大学出版社 2016 年版，第 67 页。

虚拟社群文化形成的本质与关键；第三，其促进整体社会文化向多元文化格局的方向不断演进的亚文化特征；第四，由文化因素聚合的网络虚拟社群是强有力的社会参与力量并具有重要的民主参与意义。[1]

四 心理消费扩增了实用消费的媒介功能

传播学家拉斯韦尔和赖特通过深入考察，发现大众传播的基本功能无外乎监测环境、协调社会、传承文化和娱乐大众。沿着这一思路，舒德森做了进一步阐发，认为新闻业在现代民主社会通常可以扮演六种社会角色，即"信息提供、调查报道、分析评论、社会同情、公共论坛、社会动员"[2]，除此之外，它还可以履行宣传代议制民主的职责。无论是拉斯韦尔和赖特的"四大功能"说，还是舒德森的"六大功能"说，显然都是着眼于大众传媒的实际功用消费。

当全息影像、数字仿真、数据可视化、类脑计算、VR/AR/MR、人工智能、穿戴设备、场景应用等技术全方位地嵌入人们的日常生活后，互联网视听传播便开始超越信息交流的原初功能，改变了人们对世界的认知途径、思维模式和体验方式。2016年被称为互联网直播元年，直播形态的爆发出人意料：全国在线直播平台数量接近200家，市场规模约90亿元，网络直播平台用户总数量达到2亿，大型直播平台每日高峰时段同时在线人数接近400万，同时直播的房间数量超过3000个。在此背景下，用原生态、场景化的方式来呈现新闻事件和日常生活渐成常态，娱乐化新闻、体验式报道蔚成风气，手术直播、政务直播带给受众特殊场景的全新体验。

安德鲁·基恩在《网民的狂欢：关于互联网弊端的反思》一书中，从否定的方面对互联网视听传播的心理消费现象做了深刻阐析。"据《纽约时报》报道：50%的人开博客只是为了与别人公开分享自己的私人生活和个人经历。YouTube网的口号是'展示自我'"，"不计其数的人喜

---

① 参见杨嵘均《网络虚拟社群对政治文化与政治生态的影响及其治理》，《学术月刊》2017年第5期。

② ［美］迈克尔·舒德森：《为什么民主需要不可爱的新闻界》，贺文发译，华夏出版社2010年版，第23页。

欢在谷歌引擎中输入自己的名字看看会出现哪些信息"。由于推崇自我展现，MySpace、Facebook 和 Bebo 等"网站变成了呈现个人欲望和身份的舞台。它们虽然宣称是'社会性网站'，但实际上已经变成方便个人展示自我的空间，我们的爱好和生活场景都可以在上面发布"，"这些毫无品位的网站滋生了大量身份不明的性爱狂和恋童癖者也就不足为奇了"。①

　　游戏化是互联网视听传播心理消费的另一种表征。游戏化"通过把游戏中超强的对于人的欲望不断强化并带来效益的机理引入产品或者营销中，将平凡的体验变得不平凡，进而牢牢虏获用户内心，促成交易。游戏化的精髓绝不单单是提供了一种参与机制和激励机制，它更是在推动一个非常强有力的系统革命"②。简·麦格尼格尔把电脑游戏玩家在虚拟世界中获得的情感体验称作"社会临场感"。他说："网络游戏通过虚拟现实技术生成一个非常逼真的虚拟世界，游戏者利用视觉、听觉来感受这个游戏虚拟世界中所发生的一切，这种真实的体验使游戏参与者能全方位地投入这个虚拟世界，感觉自己就是虚拟世界中的一员。"对游戏玩家来说，"媒体使用的一个重要原因就是企图'逃避现实'，通过把自己沉浸在媒体营造的虚拟世界中，使自己'从日常生活的直接制约和沉闷中解脱出来'"。③

　　也因此，有人断言："我们正在迎来一个真正的以'个人为中心'的新的'体验经济'时代。在这个时代里，产品的使用价值正在慢慢边缘化，但以'满足人内心欲望'为中心的体验价值正在慢慢占据人们日常决策的核心位置。"④

五　精确营销逆袭了大众营销的目标客户

　　移动互联、万物互联使得人与人、人与产品、人与信息可以实现

---

　　① ［美］安德鲁·基恩：《网民的狂欢：关于互联网弊端的反思》，丁德良译，南海出版公司2010 年版，序言，第6—7 页。

　　② ［美］简·麦戈尼格尔：《游戏改变世界：游戏化如何让现实变得更美好》，闾佳译，浙江人民出版社 2012 年版，"各方赞誉"第 3 页。

　　③ 吴玲玲、黎友源：《网络游戏体验分析模型建构及媒介体验性分析——以大型角色扮演类网络游戏为例》，《南京航空航天大学学报》（社会科学版）2011 年第 3 期。

　　④ 肖芃：《社会化网络的发展与文化产业的演进特征》，《湖南师范大学社会科学学报》2014年第 4 期。

"瞬连"和"续连",这种高度连接产生的可以追踪到的数据轨迹,使得消费者被比特化。营销的每个环节都可以用数据来说话,并在连接中实现消费者的参与,实现企业的动态改进。一个日益多元化、部落化的社会,迫使现代传媒的营销方式不得不做出非同寻常的调整,"选择小众作为目标市场的精确营销正悄然兴起"①。

基于大数据分析的精确营销实现了营销领域的最大转变——营销不再是营销,而是改变和用户之间的关系。企业通过传播对用户有价值的信息(并不与产品销售有关),与用户沟通和社交,让企业以一个"人"的形象,构建一个人格化的品牌。② 精确营销跳出传统大众营销通过"广泛化"撒网、以大博大的思维定式,实施数据驱动和客户中心主义的战略,出奇制胜。精确营销虽然不会取代大众营销,但蚕食其势力范围是不容置疑的。这一策略也契合了统计学上的一个悖论,即"至少有98%的广告和营销信息被忽略或引起反感,但只要有0.5%的好评率,这样的努力就没有白费,如果好评率超过了2%就会为营销带来直接的收益,事实也经常如此。所以当某人发送出1000万封电子邮件时(这种情况也很常见),他并不在乎那980万人是否忽视或厌烦该邮件。直销者希望通过互联网而不是广播电视来获得这2%的好评率,因为互联网的成本更低"③。

精确营销的关键是识别(Recognize)、到达(Reach)、关系(Relationship)和回报(Return),即所谓"4R"要素。B站弹幕有别于传统的评论,得益于"一方面弹幕文本的实时性和简洁性更有利于表达视频用户的真实观点和对视频情节及时评价;另一方面,针对不同用户群体发送弹幕文本用词习惯、表达的情绪的不同,可以以此为基础将用户群体进行分类,并根据分类结果更精确地向用户推荐适合的网络视频或者广告产品"④。

---

① 曹虎、王赛、乔林、[美]艾拉·考夫曼:《数字时代的营销战略》,机械工业出版社2017年版,第84页。

② 参见徐亮《视频红利:由制作到传播,教你如何抓住视频红利》,机械工业出版社2017年版,第190页。

③ [美]罗伯特·斯考伯、谢尔·伊斯雷尔:《即将到来的场景时代——大数据、移动设备、社交媒体、传感器、定位系统如何改变商业和生活》,赵乾坤、周宝曜译,北京联合出版公司2014年版,第195页。

④ 洪庆、王思尧、赵钦佩、李江峰、饶卫雄:《基于弹幕情感分析和聚类算法的视频用户群体分类》,《计算机工程与科学》2018年第6期。

由于传统营销方式的传播速率更接近于匀速增长，而互联网媒体营销的传播速率可以达到指数级的程度，因此美国"意外团队"通过在各种社交平台上发布《艺术很难吗》系列艺术脱口秀节目，培养特定的社群，一举获得1300万美元的A轮融资。"意外团队"的目的就是通过内容打通社群与艺术品电商。① 尼尔森网联最新一期研究报告声称，户外场景的精准化营销已剑指"Z世代"。"校园场景的固定性（校园围墙是固定的，环境是固定的，学生身份是固定的）和受众人群的固定性使其成为经常化精准营销的自然平台，校园媒体可以做到真正的精准营销。"②

诚然，"和语言一样，每一种媒介都为思考、表达思想和抒发情感的方式提供了新的定位，从而创造出独特的话语符号"③。当传统媒体的线性叙事空间已经无法满足受众多重表达的需要时，互联网视听传播的个性化言说和泛在化连接为人类的信息交互开启了机会之门，并以其极强的沉浸感与交互性，突破了主体与客体的二元对立，彰显了无限场景、无限连接的能量交换，冲破了陈旧"套路"的约定俗成。认识和把握互联网视听传播的基本特征，对于我们深切理解当今"共同"的世界与过往"区隔"的世界迥然有别、加快推进传统媒体与新兴媒体的融合发展当有裨益。

（原载《中国编辑》2018年第12期）

① 参见曹虎、王赛、乔林、［美］艾拉·考夫曼《数字时代的营销战略》，机械工业出版社2017年版，第246页。

② 参见尼尔森网联《2018年高校媒体价值研究》：户外场景精准化营销已剑指Z世代，尼尔森网联媒介研究（ID：nielsenccdat），2018年8月15日。

③ ［美］尼尔·波兹曼：《娱乐至死》，章艳译，广西师范大学出版社2004年版，第12页。

中国媒体融合的顶层设计及其发展的总体态势

自 2014 年中央提出媒体融合发展战略至今，我国的媒体融合已经走过六年的风雨历程。六年来，我国的媒体融合探索，始终坚持在基础性、战略性工作上下功夫，在关键处、要害处下功夫，在工作质量和水平上下功夫，取得了长足进展。"放眼世界，面对全媒体时代的严峻挑战，没有哪个国家能像中国这样由最高层亲自布局，没有哪个国家像中国这样把融合发展上升为国家战略，因此也没有哪个国家的媒体转型能像中国这样勇猛精进、风生水起。"① 认识和把握我国媒体融合发展的基本要求和总体态势，有助于我们不断更新观念、创新体制、完善机制、优化流程、锻造人才，创造具有中国特色的媒体融合范本。

一　顶层谋划媒体融合的"四梁八柱"

1. 指导思想：强化互联网思维，促进一体化发展

媒体融合是一项十分复杂的系统工程，要将这一概念落地、落实、落细，首要之务是"加强对各领域改革的全面评估，坚持问题导向，把各领域具有四梁八柱性质的改革明确标注出来，排出优先顺序，重点推进，发挥好支撑作用"②。纲举才能目张。

新形势下如何推动媒体融合发展？首先是在指导思想上要有清醒的认识："推动传统媒体和新兴媒体融合发展，要遵循新闻传播规律和新

---

① 卢新宁：《媒体融合如何"合而为一"》，《新闻战线》2018 年第 19 期。
② 胡浩、罗争光：《搭建改革四梁八柱——党的十八大以来全面深化改革成就综述》，新华网，http://www.xinhuanet.com/politics/2017－08/09/c_1121458833.htm，2017 年 8 月 9 日。

兴媒体发展规律，强化互联网思维，坚持传统媒体和新兴媒体优势互补、一体发展，坚持先进技术为支撑、内容建设为根本，推动传统媒体和新兴媒体在内容、渠道、平台、经营、管理等方面的深度融合。"①

2016 年 7 月 18 日，国家新闻出版广电总局在部署加快推进广播电视媒体与新兴媒体融合发展行动方略时进一步强调："树立深度融合发展理念，以深度融合思维统领广播电视发展顶层设计和媒介资源配置，推动广播电视媒体与新兴媒体融为一体、合而为一。按照一体化发展理念，推动频率频道与广播电视媒体网站、移动客户端等新兴媒介资源有机整合，推动节目、技术、平台、人才等生产要素共享融通，实现广播电视节目向产品转变、观众听众向用户转变、分类传播向协同传播转变、传媒服务向现代传媒及综合信息服务转变。"② 实践表明，当作为传统媒体的广播电视的线性叙事空间已经无法满足受众多重表达的需要时，由广播电视与新媒体融合而成的互联网视听传播，彰显了无限场景、无限连接的能量交换之前景。

2. 发展目标：形成立体多样、融合发展的现代传播体系

从根本上说，媒体融合是传媒生态发展的现实需要，也是传统媒体转型升级、高质量发展的必由之路。构建立体多样、融合发展的现代传播体系，基础和关键是要扎实抓好县级融媒体中心建设，更好引导群众、服务群众。为此，中共中央全面深化改革委员会审议通过的《关于加强县级融媒体中心建设的意见》制定了明确具体的攻坚目标："2018 年先行启动 600 个县级融媒体中心建设，2020 年底基本实现在全国的全覆盖，努力把县级融媒体中心建成主流舆论阵地、综合服务平台和社区信息枢纽。"2019 年 1 月，中宣部、国家广播电视总局联合发布《县级融媒体中心建设规范》和《县级融媒体中心省级技术平台规范要求》。同年 4 月，两部门又编制推出了《县级融媒体中心网络安全规范》、《县级融媒体中心运行维护规范》和《县级融媒体中心监测监管规范》。五项规范性文件的颁布，为指导全国县级融媒体中心建设，打通基层宣传工作的"最后

① 《关于推动传统媒体和新兴媒体融合发展的指导意见》，人民网，http：//culture. people. com. cn/n/2014/0821/c172318－25511854. html，2014 年 8 月 21 日。

② 国家新闻出版广电总局：《关于进一步加快广播电视媒体与新兴媒体融合发展的意见》，中国网信网，http：//www. cac. gov. cn/2016－07/18/c_ 1119238531. htm，2016 年 7 月 18 日。

一公里"，提供了及时的关键性、基础性技术支撑。

根据媒体融合出现的新情况、新变化，习近平指出："全媒体不断发展，出现了全程媒体、全息媒体、全员媒体、全效媒体，信息无处不在、无所不及、无人不用"，"要着力打造一批形态多样、手段先进、具有竞争力的新型主流媒体，建成几家拥有强大实力和传播力、公信力、影响力的新型媒体集团，形成立体多样、融合发展的现代传播体系"。在融合的实践过程中，尤其要辩证地处理好"传统媒体和新兴媒体、中央媒体和地方媒体、主流媒体和商业平台、大众化媒体和专业性媒体"的相互关系，"形成资源集约、结构合理、差异发展、协同高效的全媒体传播体系"。从融媒体到全媒体，表明了党中央对媒体融合认识的进一步深化。

3. 技术支撑：布局重点领域，赢得全媒体传播的先发优势

探索将人工智能运用在新闻采集、生产、分发、接收、反馈中，全面提高舆论引导能力是媒体融合的重要任务之一。2017年7月20日，国务院印发《新一代人工智能发展规划》，在"移动互联网、大数据、超级计算、传感网、脑科学等新理论、新技术以及经济社会发展强烈需求的共同驱动下，人工智能加速发展，呈现出深度学习、跨界融合、人机协同、群智开放、自主操控等新特征"，明确将"大数据驱动知识学习、跨媒体协同处理、人机协同增强智能、群体集成智能、自主智能系统"确立为我国未来人工智能发展的重点领域。据乌镇智库发布的《全球人工智能发展报告（2018）》统计，截至2018年，全球人工智能企业共计15916家，其中美国4567家，中国3341家，英国868家，分列前三位。面对世界范围内人工智能技术的激烈竞争，我国必须努力赢得产业发展的主动权，占领信息传播的制高点。

2019年2月28日，工业和信息化部、国家广播电视总局和中央广播电视总台联合发布《超高清视频产业发展行动计划（2019—2022年）》。文件强调："超高清视频是继视频数字化、高清化之后的新一轮重大技术革新，将带动视频采集、制作、传输、呈现、应用等产业链各环节发生深刻变革。"面对新的发展机遇，各有关部门要"加强顶层设计，基于产业链各环节发展基础和不同地区发展条件，围绕产业链部署创新链，围绕创新链完善资金链，实现产业链上下游协同发展"。到2020年，实现"在广播电视、文教娱乐、安防监控、医疗健康、智能

交通、工业制造等领域开展基于超高清视频的应用示范"。不言而喻，"超高清视频是继视频数字化、高清化之后新一轮重大技术革新。发展超高清视频产业，有利于促进我国信息产业和文化产业整体实力提升，有利于驱动以视频为核心的行业智能化转型升级，培育经济新动能，也有利于培育中高端消费新增长点，更好地满足人民美好生活需要，是贯彻落实党的十九大精神的重要举措"。[①]

4. 内容建设：让正能量更强劲、主旋律更高昂

内容产品是媒体的核心，价值导向是媒体的灵魂。内容永远是根本，融合发展必须坚持内容为王，以内容优势赢得发展优势。2019年1月25日，习近平主持中共中央政治局第十二次集体学习，专题研讨全媒体时代和媒体融合发展的若干重要问题，他殷切地希望加快推动媒体融合发展，使主流媒体具有强大传播力、引导力、影响力、公信力，形成网上网下同心圆，使全体人民在理想信念、价值理念、道德观念上紧紧团结在一起，让正能量更强劲、主旋律更高昂。新闻工作者要旗帜鲜明坚持正确的政治方向、舆论导向、价值取向，通过理念、内容、形式、方法、手段等创新，使正面宣传质量和水平有一个明显提高。主流媒体要及时提供更多真实客观、观点鲜明的信息内容，掌握舆论场主动权和主导权。

加强媒体融合过程中的内容建设，不仅意味着要打造一批导向正、品位高、影响大的新闻产品，还要注重打造多样化、个性化、对象化、数字化的"融合产品"，以优质的内容产品供给满足人民对美好生活的需要。基于对新媒体独特优势的深刻认识，对网络文艺巨大潜力的充分把握，《中共中央关于繁荣发展社会主义文艺的意见》适时提出："大力发展网络文艺"，"实施网络文艺精品创作和传播计划，鼓励推出优秀网络原创作品，推动网络文学、网络音乐、网络剧、微电影、网络演出、网络动漫等新兴文艺类型繁荣有序发展，促进传统文艺与网络文艺创新性融合，鼓励作家艺术家积极运用网络创作传播优秀作品。""让正能量引领网络文艺发展。"2015年12月1日，国家新闻出版广电总

---

① 《〈超高清视频产业发展行动计划（2019—2022年）〉解读》，工信部官网，http://www.miit.gov.cn/n1146295/n1652858/n1653018/c6660799/content.html，2019年3月1日。

局发布《关于大力推进我国音乐产业发展的若干意见》，要求"抓住'互联网＋'和大数据的发展契机，推动互联网的创新成果与音乐产业深度融合，实现传统音乐产业技术进步、融合创新、业态升级"。

5. 基础设施：全面推进"三网融合"，释放提速降费红利

"三网融合"是指把广播电视网（属广电部门所有）、移动通信网和互联网（属电信运营商所有）合并成一张功能更为齐全的大网，用户可通过单一终端（或接入方式）体验文字、语音、数据、图像和视频等各类信息服务，大幅提升网络资源的利用率。"三网融合"的本质是业务融合，为广大用户提供多样化、个性化的服务。

2015 年 8 月 25 日，国务院办公厅印发《三网融合推广方案》，提出了全面推进三网融合的六项工作目标：一是三网融合全面推进；二是网络承载和技术创新能力进一步提升；三是融合业务和网络产业加快发展；四是科学有效的监管体制机制基本建立；五是安全保障能力显著提高；六是信息消费快速增长，借此推动信息网络基础设施互联互通和资源共享。《三网融合推广方案》的颁布标志着我国"三网融合"工作进入全面推广阶段。

2018 年 3 月 5 日，国务院总理李克强在《政府工作报告》中提出："加大网络提速降费力度，实现高速宽带城乡全覆盖，扩大公共场所免费上网范围，明显降低家庭宽带、企业宽带和专线使用费，取消流量'漫游'费，移动网络流量资费年内至少降低 30%，让群众和企业切实受益。"取消"流量漫游费"的政策红利，不仅减轻了网民网络使用的经济负担，扩大了他们的信息触达范围，也开启了"数字中国""网络强国"的新篇章。

二　我国媒体融合发展的总体态势

1. 增设"媒体融合"奖，引领行业发展走向

随着新兴传播技术手段的突飞猛进，新闻传播个性化、分众化、场景化、体验化的趋势日益明显，融媒体矩阵亦如雨后春笋般迅速崛起。为因应媒体融合的时代背景和发展趋势，2018 年，第 28 届中国新闻奖新设"媒体融合"奖，表彰在融媒短视频等六个类别中取得创新突破的优秀作品。获奖的 50 件重量型、现象级、标杆性的媒体融合作品，

较好地凸显了新媒体的传播优势，丰富了新闻作品的样式和类型，也提供了媒体融合实践的优秀案例。短视频类一等奖作品《公仆之路》，尝试运用"一镜到底""三维投射"等耳目一新的表现手法，让习近平总书记夙夜在公、勤政为民的形象跃然眼前，全网播放量累计超过2.5亿次。互动类一等奖作品《"军装照"H5》从建军90周年纪念这一背景切入，选取我军历史上不同时期的军装款式，借助天天P图成熟的人脸融合成像技术，生成具有用户外貌特征的虚拟"军装照"，表达他们对人民军队的崇敬与爱戴之情，仅建军节当天的浏览次数就达到3.94亿，独立访客超过5700万。有学者认为："从内容角度而言，媒体融合作品反映出对传统叙事、表达、呈现、传播的突破，这一方面基于技术提供的可能，另一方面也在于我们根据用户的体验和观感而对技术的深度挖掘。一切的创意表达都是为信息的呈现和体验的友好性服务，此次的媒体融合奖获奖作品充分体现出了这一特点。"①

2. 建构评价指标体系，锻造"互联网新型主流媒体"

标准决定质量。有什么样的标准就有什么样的质量，只有高标准才有高质量。就全国而言，不同地区、不同层级、不同类型的媒体实现融合的现实条件、资源禀赋各不相同，甚或有霄壤之别。如何建构一套既能实现共同性的规范要求、又能满足多样化的发展需要的互联网新型主流媒体的评价指标体系，是媒体实现从相"加"到相"融"的关键和难点。

2018年9月20日，复旦大学新闻学院课题组完成了一份近七万字的《互联网新型主流媒体评价指标体系建构》研究报告，它以党的十八大所提出的"坚持以人民为中心"基本理念为出发点，以"主流价值""新闻专业""公共利益"为价值基础，以"增强媒体的影响力、传播力、引导力、公信力"为建设目标，在中央"新型主流媒体"战略的指引下，建构了一套真实、全面、客观、简洁的"互联网新型主流媒体"评价指标体系。该评价指标体系包括"政治性指标""专业性指标""社会性指标"三个一级指标，以及下属10个二级指标、26个

① 曾祥敏：《导向正确　融合创新　专业引领　规则探索——第二十八届中国新闻奖媒体融合奖评析》，《新闻战线》2018年第21期。

三级指标和 73 个四级指标。① 这套评价指标体系的建构，提供了一份适时、实用的媒体融合操作手册，引起学界的关注，受到业界的好评。

3. 重组媒体机构，推动相"加"相"融"

2018 年 3 月 21 日，按照中共中央《深化党和国家机构改革方案》的要求，撤销中央电视台、中央人民广播电台、中国国际电视台和中国国际广播电台等四家媒体机构，组建中央广播电视总台。新成立的中央广播电视总台作为国务院直属事业单位，归中央宣传部领导，其主要任务是加强党对重要舆论阵地的集中建设和管理，"增强广播电视媒体整体实力和竞争力，推动广播电视媒体、新兴媒体融合发展，加快国际传播能力建设。"② 中央广播电视总台的成立，成为我国广播电视事业发展史上一件有里程碑意义的大事。它的首次融合之举是"广播人"第一次为《新闻联播》配音，来自中央人民广播电台《新闻和报纸摘要》的忠诚、方亮、郑岚等几位著名播音员首次献声《新闻联播》，实现了广播人与电视人的无缝接驳。

根据《国家"十三五"时期文化发展改革规划纲要》的部署，我国自 2017 年 5 月起，已开始规范和推进电台、电视台的实质性合并。这一全新的综合性广播电视媒体的出现，打破了原有的条块分割管理体制，产生了互为联动、优势互补的聚变效应，引导媒体融合向深度和广度发力。

县级融媒体中心是一个整合县级广播电视、报刊、新媒体等多方资源的基层融合媒体平台。为推动县级融媒体中心的建设和发展，"2019 年中央补助地方公共文化体系建设专项资金预算达 147.1 亿元，比 2018 年增长 14.0%。目前中国县级融媒体中心已形成包括合作共建、独立自建和平台共享在内的三种主要模式，县级融媒体建设发展态势良好。中央广播电视总台上线全国县级融媒体智慧平台，北京、吉林等地区探索出属于自身的发展模式，长兴传媒集团进行市场化创新发展"③。显然，一

---

① 参见马作鹏《复旦大学新闻学院就如何打造"互联网新型主流媒体"锻造标尺》，澎湃新闻，https：//www.thepaper.cn/newsDetail_forward_2460787，2018 年 9 月 20 日。

② 《中央广播电视总台成立，慎海雄任中央广播电视总台台长》，搜狐网，http://m.sohu.com/a/226107950_100127697，2018 年 3 月 22 日。

③ 艾媒产业升级产业研究中心：《2019 中国县级融媒体中心建设研究与分析报告》，艾媒网，https：//www.iimedia.cn/c400/64057.html，2019 年 4 月 9 日。

场从中央到地方由上率下的媒体融合实践正如火如荼地展开。

4. 铸就 5G + 4K/8K + AI 硬核，提升智慧应用水平

前沿信息技术是促进媒体融合的酵素和催化剂。具有大带宽、低延时和广连接应用前景的 5G 数字内容传输技术和能辨析画面中每一个细节及特写的 4K/8K 数字内容显示技术，革命性地刷新了用户的屏幕视听体验，带给媒体融合更多的精彩。

从实践看，人民网与中移互联网有限公司共同构建可持续发展的联合运营体系，合力打造 5G 时代移动互联融合发展新生态。福建省广播影视集团与中国电信福建公司签署 5G 战略合作协议，携手推动 5G 技术在广播影视领域的应用拓展。2019 年 "两会" 期间，《人民日报》融媒体记者首次采用 5G 客户终端设备和 VR 全景相机，将大会现场的超高清视频等信息和互动性更强的画面内容，几乎 "同时" 传递给互联网用户，营造了身临其境的现场感。2019 年 7 月 26 日，中央广播电视总台成立技术局，拟在 2021 年开展 8K 超高清测试，为北京 2022 年冬奥会 8K 信号直播提供支撑。

AI 技术在新闻生产和传播中的开拓应用，颠覆了人们对传统新闻观念的认知和理解，推动着媒体融合走向纵深，不断突破。《人民日报》的 "小融" "小端"、新华社的 "快笔小新"、《钱江晚报》的 "微软小冰"、今日头条的 "张小明 xiaomingbot" 等写作机器人，创造了比人工写作更快的速度，从而节省了新闻生产的时间成本。以《新闻联播》主持人康辉为原型制作的 "康晓辉"，以《人民日报》女主播果欣禹为原型生成的虚拟主播 "果果"，先后走上新闻播报台，标志着智媒时代新闻内容的生产和传播不再是媒体人的专利，未来 "虚拟主播的使用场景将更多元化，在地铁、机场等公共设施上的视频信息播报中，也可能会有越来越多的虚拟主播的身影"①。旨在创建 "生活品质之城" 的 "智慧杭州" 计划，预计在 2020 年之前完成从智慧家庭、智慧卫生健康、智慧社区、智慧教育、智慧养老，到互联网金融、信息安全、电子商务、电子信息、软信息服务业、智慧城市集成运营、物联网、云计

---

① 叶晓楠、史静远、杨洁：《虚拟主播 "果果" 面世记——走近人民日报社首位 AI 虚拟主播》，《人民日报》（海外版）2019 年 7 月 26 日第 07 版。

算的智慧应用,① 以不断提高市民的获得感和幸福感。

5. 优化流程再造平台，有效配置媒介资源生产要素

通过流程优化、平台再造，实现各种媒介资源、生产要素有效整合，实现信息内容、技术应用、平台终端、管理手段共融互通，催化融合质变，放大一体效能，是媒体融合走向纵深和一体化的关键。

着眼于流程优化，中央电视台加快建设"融合云"制作系统，支持面向电视和新媒体一体化制作和分发，打造统一的移动资讯发布平台，推动整合全台"两微一端"，统一出口、统一品牌。②《温州都市报》组建新闻集成中心及中控室，打破按职能设置部门的管理方式，代之以业务流程为中心，重塑了记者的作业形态，极大地改变了新闻生产的传统流程。③ 可见，传统媒体积极利用各种新媒体开展符合现代传播形态的流程再造，有助于实现以受众/用户为核心的诉求。

从平台再造看，《人民日报》和中国国际广播电台在实现传统媒体"内容"与社交"渠道"的深度融合方面值得借鉴。2018 年 6 月，《人民日报》推出全国移动新媒体聚合平台"人民号"，旨在打造一个兼具主流价值与创新活力的内容生态，截至 2018 年 11 月，"已有 5000 多家主流媒体、党政机关、各类机构、优质自媒体及名人入驻"④。抖音爆款后，《人民日报》又果断进驻，短时间里"吸粉" 2086 万。原中国国际广播电台的微信公众号"国际锐评"，综合运用新媒体的优势，打造原创国际时事评论，2016 年 1 月、2017 年 1 月分别进驻"今日头条""一点资讯"，如今今日头条的粉丝数超过 11.3 万，一点资讯总推荐量超过 1 亿。上引两例启示我们，"一方面，传统媒体大规模入驻各类社交平台，成为社交平台优质内容的重要来源，既实现了自身向全媒体角色的转型，也提升了社交平台的可信度；另一方面，社交平台助力传统

---

① 参见王彩屏《2016 年中国广电行业发展报告》，搜狐网，http://www.sohu.com/a/150868071_152615，2017 年 7 月 21 日。
② 参见王彩屏《2016 年中国广电行业发展报告》，搜狐网，http://www.sohu.com/a/150868071_152615，2017 年 7 月 21 日。
③ 参见郭乐天、刘旭道《"三大再造"实现"三圈融合"——温州都市报的媒体融合实验》，《中国报业》2017 年第 4 期。
④ 丁伟：《新媒体内容生态演进的 8 个方向》，《新闻与写作》2018 年第 11 期。

媒体实现大众化传播，同时也提升了自身的影响力"①。

6. 挖掘媒体场景应用潜力，增强用户使用黏性

深度挖掘全景影像的应用潜力，制作高质量、高 IP 热度的全景影像作品，给观众高质量、高互动、深度沉浸感的 VR 全景体验，是当前媒体融合致力的重要方向。这种沉浸体验"通过模拟立体声、质感和触感以及温度，甚至动觉的感官全部得到整合，向观看者传达存在于自然界复杂结构空间内的幻觉"②。

新华社的融合创新项目《AR + VR 交互视频：从拾荒妹到全国人大代表——蔡群和她姐妹们的人生逆袭》首次选择 AR 交互程序嵌套 VR 全景视频的方式展示我国少数民族苗族的日常生活场景及苗绣这一民族文化遗产，彰显了新时代媒体融合的特征，它将文字报道、最新技术应用、全景声频、交互体验等完美融合、互相促进。"相较于传统的文字、图片、视频内容，AR 技术对于空间的扩展和再现能力方面效果突出，能够为用户带来强大而逼真的现场还原效果。"③

央视文化综艺类节目《朗读者》"通过互动影像设计还原人与场景之间的感知关系"，让观众从"能见的"虚拟维度中获得事物的实在感，营造出基于现实关系的知觉性沉浸体验，甚至通过知觉愉悦进化为精神沉浸体验，即获得沉浸在一种内知觉里的"想象沉浸"。

荣获中国新闻奖一等奖的 H5 作品《长幅互动连环画｜天渠：遵义老村支书黄大发 36 年引水修渠记》在设计上构思精巧，根据手机传播纵向滑动的阅读特点，把长幅连环画、动画、360 度全景照片嵌入背景音乐、歌谣、山间爆破声和山水鸟鸣之中，构成一幅场景震撼的历史长卷，用新闻媒体的社会责任感，为当地的发展历程记录下了浓墨重彩的一笔。报道刊发后被全网转载。截至 2017 年 4 月 24 日，仅在澎湃新闻平台，该报道的总点击阅读数即突破 300 万。

（原载《声屏世界》2020 年第 24 期）

---

① 中国互联网络信息中心：《第 43 次中国互联网络发展状况统计报告》，中国互联网络信息中心官网，http：//www.cnnic.net.cn，2019 年 2 月 28 日。

② ［美］奥利弗·格劳：《虚拟艺术》，陈玲主译，清华大学出版社 2007 年版，第 121 页。

③ 霍婕、陈昌凤：《人工智能与媒体融合：技术驱动新闻创新》，《中国记者》2018 年第 7 期。

基于头部 IP 驱动的 papitube MCN 模式分析

IP 是 Intellectual Property（知识产权）首字母的缩写，多指应用于影视剧改编或再创作的原创作品。伴随着 IP 经济、网红经济、知识经济的走红，"以头部 IP 为显著特征的人格经济逆势崛起，悄然成长为社会舆论场中的新势力，孕育了一场融网红经济、知识经济和分享经济于一体的'跨经济人格运动'。头部 IP 越丰富者受众越多，话语权越强，商业价值越大"①。

始于 YouTube 的 MCN，全称为 Multi – Channel Network，意为多频道网络。MCN 原指广告商和 YouTube 平台之间的营销中介者，它将平台上的"YouTuber"即自媒体号联合起来，在资本的有力支持下，保障内容的持续输出，从而实现商业的稳定变现。② 近年来，我国的 MCN 机构专业化程度越来越高，不同类型的本土化运作模式逐渐成熟，典型的有垂直内容联盟模式、头部 IP 驱动模式、内容货架转型模式三类。③ papitube 是由 papi 酱团队组建的短视频内容聚合平台，它是以头部 IP papi 酱为驱动的 MCN 模式的范例。papitube 通过专业的红人孵化体系，在极大范围内聚合各方资源，目前旗下聚集了百余位深耕各个领域的短视频博主，全网粉丝超 4 亿，播放量达百亿，整体估值过亿元。探究短

① 刘巍巍：《头部 IP 崛起："人格经济"拒绝刷脸吃饭?》，新华网，http：//www. xinhua-net. com/fortune/201702/27/c_ 1120534703. htm，2018 年 2 月 27 日。

② 参见《不破不立! 实现短视频内容变现的破局之路》，搜狐娱乐，http：//www. sohu. com/a/160947225_ 460230，2018 年 2 月 10 日。

③ 参见迪娜·约提库尔《智能媒体时代网络短视频的传播模式与思考》，《新闻世界》2019 年第 1 期。

视频 MCN 领头羊 papitube 的结构属性、组织架构、运作链条和内容矩阵，对短视频内容生产不无启发和借鉴意义。

一 papitube 的结构属性：PGC + UGC + OGC

短视频创作者 papi 酱作为第三代网红，早在 2016 年就获得千万投资、估值过亿元。2016 年，papi 酱与泰洋川禾创始人杨铭联合创办短视频 MCN 机构"papitube"。papi 酱是 papitube 头部 IP，更是 papitube 的中流砥柱。一方面，papi 酱个人的巨大流量可为旗下博主带来流量；另一方面，papi 酱个人所积累的广告资源也将流入企业资源池，为企业带来稳定的客户源和利润源。此外，papi 酱个人的巨大影响力也使得 papitube 拥有强大的知名度、影响力和人才号召力。

papitube 签约了百余位短视频博主，一部分是已经在各大平台拥有大量粉丝，与 papitube 签约合作的"原生"博主，更多的是粉丝量不多、被 papitube 发掘签约的素人博主，这些博主专注、深耕于各自的领域，每一个博主都是一个自媒体平台，背后都凝聚着不同圈层的受众人群，旗下众多博主的聚集形成了一个内容风格多元、受众面多元的聚合自媒体，全面渗透各个垂直领域，全网粉丝超 4 亿，占据短视频内容第一大阵营的位置。

在 papi 酱头部 IP 的驱动下，在旗下签约的网红群体聚合自媒体的辐射下，在泰洋川禾造星工厂的势力加持下，塑造了更具生命力的 MCN 模式，打造出了"高配版"的网红经济模式——papitube。

papitube 本质上是一种 PGC + UGC + OGC 的模式。在资本市场和信息浪潮双重冲击下，靠个人力量维系的 UGC 生产模式难以持续产出优质内容，难以实现长远发展。而在个性化、趣味性的互联网环境中，专业化的 PGC 生产模式难以引起用户共鸣，难以吸引用户注意力。在这种情况下，PUGC 的生产模式能够结合两方优势，抵消两者的不足，并通过 OGC 工业化、规模化运作，实现效益的最大化。papitube 能够以 OGC 专业的内容团队和规模化的生产模式保障内容生产力，能够用 papi 酱头部 PGC 的影响力带动旗下 UGC 的成长，打造多元化的内容格局，以强大的商业资源、渠道资源等优势保障内容变现。

二　papitube 的组织架构：制作＋市场＋商务＋支持

（一）制作组

制作组是 papitube 最关键的一个部门，因为内容创作是 papitube 的核心。制作组负责短视频内容制作，包括博主管理团队、制作人团队、编导团队、媒体运营团队、后期剪辑团队、内容脚本创作团队、音乐制作团队等。

博主管理负责根据某一垂直类别（如美妆、美食、萌宠等）进行博主挖掘、商谈和签约；负责对接博主除内容创作以外的其他业务，如上综艺、参演电视剧和电影等；根据博主类型，通过数据等方式，帮助博主找准定位，从内容拓展方向及账号逻辑等方面对内容以及运营进行有针对性的优化调整，并制订商业规划。

制作人对内要同博主对接，与博主共同促进账号成长，对外要与客户沟通，理解广告主需求，并根据广告诉求及其受众特点，确保客户需求的内容呈现和博主商业变现的顺利进行。同时制作人还需要分析市场，关注中短视频、小视频竞品内容，寻找 KOL 对标账号。

编导团队负责选题、策划以及脚本制作，具体工作为挖掘短视频选题，完成短视频脚本创作，进行现场拍摄指导和后期对接剪辑工作。

媒体运营要搜集捕获网络热点，并据此完成短视频产品的选题、主题策划、脚本撰写等相关工作，除了"跟热点"，日常内容的策划构思、资料的收集整理、亮点内容的提取等工作也要进行。媒体运营更主要的工作是负责微博、微信、今日头条、抖音、QQ 看点、美拍、A/B 站等全平台或重点平台的日常运营和账号流量的监控，分析各媒介账号的各项数据及信息反馈，对竞品产品进行跟踪、调查，优化账号运营和粉丝互动的内容形式，协助制作人对 KOL 短视频内容或节目复盘，提供多元分析角度和发展建议。

后期剪辑团队负责博主所拍摄视频的后期剪辑制作工作，根据博主整体定位和内容风格以及客户需求等内容需要，整体把控视频产品的样态，从视频创意、镜头运用、时长、画面质感、动画风格等进行综合考量，并在二次加工的过程中与对接博主或制作人进行不断的沟通调整。

制作部设有 IP 经理岗位，负责运作某些虚拟非真人的 IP 形象如"@papi 家的大小咪"的运作，负责公司虚拟形象的设定、内容规划；根据虚拟形象的特性定期进行内容发布，并及时调整；负责公司虚拟形象的商业化变现，除了商业推广，还包括 IP 产品的开发，IP 与其他品牌产品的联名等。

（二）市场部

市场部主要负责平台沟通，与投放平台或新的目标投放平台协商具体合作模式，确定平台所提供的资源服务、数据服务和扶持政策形式与扶持内容，确定推广位置等，确定与平台合作所需的媒介费用，协商广告等收益的分成。具体工作包括平台媒介资源的开发、媒介资源的定期采购、市场的渠道价格的议价与把控、重点渠道的关系维护，还要负责提升公司媒体资源数量与质量，持续关注并定期更新与已合作平台的合作模式、媒介特点、可以进一步合作使用的媒介资源等基础信息；根据公司需求提供定期的媒介策略分析，并对内容投放效果和账号流量带动情况以及成本负责；统筹整合公司媒体、渠道资源，建立公司媒体资源库，维护与各类媒体的良好关系；搜集研究各个平台、媒体的趋势和整体环境变动的信息，多渠道、多角度了解和熟悉媒体整体环境与局部环境；协调公司各部门的媒体、平台需求等其他媒介相关工作。

（三）商务部和支持部

商务部门负责客户对接，包括与广告主、品牌方、品牌代理方的商务对接，具体工作包括确定客户需求，就客户需求进行进一步的沟通和协商，就合作形式、利润分成进行洽谈，短视频内容产品的向上传达以及进一步的沟通，客户需求反馈意见向下的传递等。

支持部包括人事、财务、法务等，负责公司整体的支持业务。

以制作组为组织重点的企业架构保证了 papitube 以内容为核心的品牌属性，而以创作为核心的企业运作和以创意为核心的企业文化又反过来形塑了 papitube 的人力资源构成和企业形态。如在 papitube 的岗位招聘中，要求岗位胜任者是互联网及社交平台资深或重度用户，要有"网感"，有一颗有趣的灵魂，"脑洞"大，有坚持多年的爱好，或独树一帜的特长；了解关键平台的规则以及运营方法，了解热爱 MCN 机构，对短视频行业的动态及发展规律有自己的理解。在制作组招聘中强调"会制作'鬼畜调教'类视频更佳"。因此，papitube 整个公司的员工都是极具互联网精神、深谙互联网"套路"的短视频用户。

三　papitube 的运作链条：KOL 孵化＋KPI 考评

papitube 整体运作可分为九个环节，包括博主挖掘—博主的签约和对接—博主规划、批量账号运营管理—内容创作产出—内容分发推广—平台资源对接—流量曝光和账号导流—商业变现—KPI 考评和博主规划调整。

papitube 会在各大平台关注各个领域的短视频博主，不仅会关注在细分领域具有较大知名度、在平台拥有一定粉丝量的"原生"博主，更会重点挖掘优秀的、新生的、粉丝数量还比较小的素人创作者，寻找 papitube 所需要的人才，同时也会通过内容创作者招募收割优秀短视频创作者。在锁定目标后，papitube 专业人员会持续地对意向博主进行跟踪观察，确定合作模式。在成功签约后，分配一位经纪人与博主进行对接。针对新生博主，经纪人会在合作初期就博主个性、内容进行全方位考量，对博主进行整体规划，设计或调整博主人设构造，调整确定博主内容线和内容风格。针对已拥有一定影响力的"原生"博主，经纪人不会过多地干预其内容创作，进行过多的内容指导。papitube 另设有专业管理团队对公司旗下博主进行整体的管理。

签约后，papitube 不是以"网红"的模式对旗下红人进行管理培养，而是以"KOL"的模式和目标对旗下博主进行孵化提拔。papitube 市场团队和管理团队会根据各个博主所属领域寻找博主的"对标 KOL"，对"竞品"进行全面的跟踪分析，同时根据市场反馈和市场动向不断与博主进行沟通，共同对内容进行调整，巩固博主在所属领域的 KOL 地位。在完成视频内容拍摄后，papitube 会根据博主调性和内容产品特性匹配合适的投放平台，再根据投放平台的调性给出后期剪辑指导。在完成内容产出后，papitube 会统一进行多平台的内容分发与推广。其间 papi 酱作为一个独立 IP 账号，和旗下其他博主的账号会在各个平台进行转发点赞等互动，通过这种账号推荐、账号导流的方式进一步加大新发布内容的曝光率。在旗下新人博主通过内容的不断传播和账号的不断曝光，粉丝量达到一定的规模后，papitube 会为其接商业推广，帮助其实现流量变现。针对"原生"博主，papitube 会凭借资源优势进一步扩大其流量，增大博主的议价能力，增加博主的商业资源，帮助其更好地变现。

实现变现并不是唯一的目标，流量也不是首要的指标。papitube 管理者曾表示对于"爆款"没有太多期待。papitube 并不奉行"流量至上"，而是更看重持续的内容生产能力，因此 papitube 会设置相应的综合 KPI 考核，根据不同的流量等级，为博主设置不同的考核指标，并据此重新调整博主规划管理和内容建议，对博主进行有针对性的建设性管理。

在 papitube 的商业运作产业链中，品牌方或品牌代理方处于顶端位置。品牌方会直接与 papitube 进行商务合作，或者将商业推广业务委托给第三方，由品牌代理方与 papitube 联系对接，进行商务合作。品牌方或品牌代理方会向 papi 酱团队或者 papitube 团队提出广告需求，并给出整体预算。papi 酱团队或者 papitube 团队会就广告主需求进行对接，就合作形式、产品呈现形式、效果等详细沟通。在接到商业合作资源后，papi 酱团队或者 papitube 团队会将商业资源进行分配，根据广告主需求和品牌方调性为其匹配合适的博主进行下一步的内容生产，并将广告主预算进行一定划分，与接受商务推广的博主进行利润分成。

接受了任务的博主会进行内容策划，将选题、脚本等大概内容框架上传至 papitube 内容团队，由 papitube 内容团队进行内容方向的筛选调整，与博主一起敲定最终的内容形式，并一起完成内容创作生产。

在完成初步的内容生产后，内容会由 papitube 团队上传给品牌方或品牌代理方进行审阅，品牌方或品牌代理方提出意见建议等信息反馈，再由 papitube 将反馈传递给创作内容的博主，再进行内容调整，直至品牌方或品牌代理方认可该内容产品。

之后 papitube 会将最终的内容产品进行分发投放，根据内容产品特性与品牌调性选择不同的传播平台。papitube 和品牌方会与平台合作，平台方会提供平台专属的内容补贴并给予资源扶持，包括推广位置、专属权益、数据统计等。papitube 与平台之间合作密切，平台通过对 papitube 进行扶植与帮助，能为其提供更多的流量以及更高效的宣发渠道，使机构可以将更多的精力放在内容的产出上，提高内容质量，同时优秀的内容也会为平台带来更多的用户，从而形成良性循环。

完成内容投放后，用户或者粉丝通过各个平台接触到 papitube 的内容产品，部分粉丝会对 papi 酱或 papitube 旗下博主进行打赏，增加其利润来源。而 papi 酱或 papitube 旗下博主会抽出部分商业合作的获利作为"粉丝福利"，准备奖金或者礼物，在关注、转发、点赞互动的粉丝中进行抽奖，以提升粉丝群的关注量和活跃度，进一步扩大粉丝规模，提升 papitube 的影响力。

papitube 的主要盈利来自广告主的商业合作和平台方的补贴，这也是 MCN 机构传统的主要盈利来源，papitube 其次的利润来源是短视频＋电商的商品售卖。粉丝在各大平台对短视频创作者进行打赏，知识付费也是 papitube 的利润来源之一。

四　papitube 的内容矩阵：IP 人格化＋Tag 生活化

papitube 是一个聚合自媒体，而不是单纯的"网红"聚集地。papitube 旨在将旗下的新生博主培养为所属内容领域的"KOL"，或不断巩固强化"原生"博主的地位。papitube 的自媒体"矩阵"专注于年轻人，受众多是"90 后""95 后"的女生，旗下博主年龄段从"80 后"到"00 后"不等。

2018 年，papitube 在成立两周年之际，发布"百人计划"，以有趣的原创内容为第一要义，进行短视频创作者签约孵化。papitube 目前所涵盖领域包括美食、美妆、娱乐、萌宠、中外文化、vlog、时尚穿搭、旅行摄影、汽车数码、购物开箱等，其中美食、美妆是 papitube 的两大内容领域。

"全民拍视频"可谓 papitube 特有的公司文化，从 papitube 的 COO 霍泥芳，到 papi 酱的两只宠物猫，再到制作人、旗下博主，甚至商务、媒体运营都有自己的自媒体号，都在发布自己的短视频。如@ bigger 研究所此前是 papitube 一名负责辅导博主的普通制作人，由于对工作中博主难以实现创作想法的理解，开始在工作之余兼职拍视频，结果取得了良好的反响。因此 papitube 可以无须靠外部的扩张就能实现内容矩阵的不断壮大。

此外，签约博主的选择也影响了现在 papitube 的内容矩阵格局。霍泥芳曾在采访中表示会从内容和商业两个维度来决定是否签约。内容的维度包括内容创作者的"吸粉"能力、镜头表现力、表达欲望；商业方面则考虑博主所做内容是否足够"垂直"，专业能力是否够强，考虑其所在品类变现能力，并表示内容维度可能更占优势。

因此，在这样的签约筛选中，papitube 不仅仅是短视频博主的集合体，更是真人化的 KOL、人格化的 IP 聚合体。每位博主都有自己特立独行的性格和鲜明的人物特性，粉丝们不仅喜欢博主所创造的内容，更多的是喜欢他们的人格。papitube 旗下博主都是以个人的形象与粉丝或观众平等地交流互动，建立起类似于朋友一样的黏性关系。内容观看者可以与视频在内容上达到情感、情绪和兴趣的共鸣。

目前，papitube 旗下博主和所创作的内容已遍布各大平台，papitube 内容团队会根据不同的投放平台进行不同的内容剪辑，投放不同版本的内容产品。而大多数 papitube 旗下的博主并非覆盖全平台，而是根据自身特性重点选择调性符合的平台深度发展。

papitube 力图打造生活化的垂直自媒体矩阵，因此围绕生活化的标签如美食、美妆等的创作者则会成为其签约的重点关注对象。整体来看，papitube 内容矩阵十分强大，但以美食、美妆为主要力量的内容分布将面临同质化竞争的危险。此外，萌宠搞笑等泛娱乐内容并没有功能性和获得感，难以维持用户黏性。如何增强推陈出新的内容生产能力，如何以独特的内容产品巩固品牌特色，如何平衡针对性与普适性，是 papitube 未来内容矩阵布局调整需要思考的问题。

目前我国的 MCN 模式仍处于探索阶段，各类 MCN 机构竞相发展，头部 IP 势头尤为强劲，这其中又以 papitube 为最。papi 酱作为"顶级网红"、头部 IP，不断致力于整个 MCN 机构的发展，PGC + OGC 的运作模式聚集了越来越多的 UGC 生产者，使得内容生产团队能量不断放大，同时母公司泰洋川禾造星工厂的势力加持，不仅使 papitube 成为网红孵化器、KOL 聚集所，还可能成为明星加速器。这一强大的属性看似不可复制，但其实也可借鉴参考。流量 IP 可与 MCN 联合，MCN 可寻求娱乐经纪公司或文化企业的扶持等。papitube 的组织架构围绕其企业定位而设，整体重心在于内容生产，而其模式的成功也说明，在商业竞争不断加剧、变现难度不断加大的短视频 MCN 行业，内容仍然是生存和发展的核心所在。市场、媒介、财务等业务实则是边缘业务，不应占据企业过多的精力与资源。从 papitube 运作链条分析可知，越来越多的品牌方和平台方的加入是 MCN 机构的大势所趋。如何维持三方良好的合作关系模式，维护良好的生态环境，保持自身的地位和话语权，避免过于依赖第三方而受到流量资源限制，是 MCN 机构需要共同面对的问题。从 papitube 内容矩阵来看，做好增量和"盘活存量"是一个并不矛盾甚至可以双管齐下的命题。良好的创作环境和企业文化是盘活内部生产力的关键，而规模的扩张则需要根据企业的核心诉求进行指导。综合对 papitube 结构属性、组织架构、运作链条、内容矩阵等方面的分析，以内容为核心始终贯穿于其各个环节。对于 MCN 机构来说，回归内容或许才是立足之点。

五 papitube MCN 模式的启示与思考

papitube MCN 模式不仅为考察媒介使用行为对当代青年认识自我、认识世界、社会交往等方面的多重影响，以及视觉文化与消费文化深入人们的日常生活所造成的影响提供了新的视角，同时也为 MCN 模式的可持续发展及其未来走势带给了启发和思考。

——MCN 行业的"冰火两重天"。得益于短视频、直播等行业带动的网络营销的需求攀升，网红经济产业渠道的不断扩展，国内 MCN 机构版图持续不断扩张，衍生出了电商直播业态、经纪业态、运营业态、IP 授权/版权业态、社群/知识业态等不同类型。MCN 市场正不断扩大，包括 papitube 在内的头部亿级 MCN 占比越来越大，二八分化显现。头部机构和头部红人占据了行业中的绝大部分优质资源，而腰部尾部机构和底层红人的话语权、商业价值受到极大抑制。在此背景下，竞争与合作成为新的课题，协作或将成为新的"打开方式"。一方面，MCN 行业可适时与契合产业跨界融合，寻求外部合作。另一方面，头部 MCN 可向下进行交流扶持，非头部可向上寻求互动合作，做大"蛋糕"。

——MCN 机构的外患与内忧。马太效应不仅存在于行业，也存在于机构内部。如何摆脱对头部 IP 的依赖，扶植底部红人，培育大 IP，不仅是 papitube 的痛点所在，也是整个 MCN 行业亟须解决的问题。除了以 papi 酱为灵魂的 papitube，以李佳琦为中心运转的美 ONE，靠薇娅带动发展的谦寻文化，等等，一个头部 IP 撑起一家 MCN 机构已是行业常态。此情况下，头部 IP 的一举一动直接关系整个公司业绩，其运营的风险直线放大。由于人设、流量标签等难以复制，打造头部 IP 成为不确定的小概率事件，此外 MCN 对红人的附加值主要体现在商业化、运营等方面，而这些功能替代性高。目前，存在头部网红的个人能力大于 MCN 能力的情况，MCN 头部效应化明显。摆脱对头部 IP 的依赖，并培育更多的大 IP，成为 MCN 的痛点所在。

——IP 孵化的新认识与方法论。papitube 在 2019 年成立三周年之际推出"售罄计划"，旨在以旗下红人档期的"售罄"为目标，通过商业整合实现"多元化档期管理"，以刺激培养出更多垂直类头部账号，并解决广告主的商业诉求。"售罄计划"作为一个创新性的商业概念，对 MCN 行业在摆脱头部 IP 依赖，多元化营销提供了新的路径。在借鉴 papitube 的 IP 孵化路径的同时，头部与非头部还应有不同的侧重点。头部应着力账号 IP 强化，注重主次平台布局，非头部应注重方法论的适配性复制，账号的矩阵式打造。

——MCN 的"去 MCN 化"。除了打造强化头部 IP，深耕垂直领域、提供深度服务、搭建供应链平台、培育自有品牌、线下实体延伸、转型营销服务、发展外部合作、产业跨界融合等都是 MCN 的可突破方向。如从国民 IP"李子柒"到新消费品牌的微念，从薇娅头部主播经纪到电商供应链平台的谦寻，从打造腰部主播 MCN 到服务电商品牌的构美……无论头部腰部、无论何种业态，每一种 MCN 形态都应有其独特的发展模式。MCN 是一种属性，而不是一种模板，如何打破固有模式的天花板，打开业务与服务边界，以更新更多元的方式明确其发展定位的"去 MCN 化"行动，不仅是 papitube 待解决的问题，也是未来 MCN 机构的命题所在。

（原载《视听界》2020 年第 6 期，本文与研究生韩思遥合著）

第三部分

文化产业与传媒研究

"全球化"语境下的文化自觉

　　放眼当今世界，经济全球化浪潮汹涌，科技发展突飞猛进，文化冲突日趋激烈。各个国家和民族一方面为了自身的发展已别无选择地把自己的经济汇入世界经济大潮；另一方面，又将更加顽强地坚守国家的独立和民族的完整。而后一方面目标的实现将主要取决于对本民族文化血脉相连的守持承传和与时俱进的创新发展。因此，思考"全球化"对中国文化发展的影响，寻求各民族文化的交往、对话、沟通，既可防止威胁文化的多元发展，使文化多样性日益削弱，进而导致世界文化资源无可挽回地流失的"西方文化中心论"的压制；也能避免文化相对主义所造成的文化孤立和隔绝不能不引起一种文化与他种文化的对抗，甚至由此引向自身文化的衰微或绝灭。

　　"全球化"（Globalization）作为一个概念，自 1985 年由 T. 莱维始创以来，人们从未停止过见仁见智的考辨。然而稍加分析，我们仍不难见出它的概貌。质而言之，全球化是一种自然历史进程；具而言之，它是指在市场经济的基础上，在科技进步的推动下，不同国家和地区之间相互渗透、相互依存的程度不断加强，最终使人类活动突破了区域的限制，世界成了一个统一的发展整体。

　　如今，全球化早已越过了当初的经济和金融的域限，转而进入了文化研究者的视野。文化自觉是指一种文化心态，这种心态的最高层次要求深刻反省旧文化的锢弊，适时瞻望新文化的前景，从而清醒地意识到自身的历史使命，并付诸实践。对于全球化时代的中国文化来说，文化自觉就是一方面要洞悉美国等西方国家主导的经济全球化和文化全球化布下的"陷阱"对我们形成的严峻挑战，另一方面又要把握中国文化本身所具有的强大生命力在对外开放环境中发展自己的有利条件，以期为全球化时代的人类文明做出一个伟大民族应有的贡献。

一

当代全球范围内的信息与通信技术的巨大变化，全球网络的逐步形成，电子商务活动的大规模展开，正在把各个市场主体带入一个"无疆界的市场"；全球资本的广泛自由流动，几乎脱离世界上任何国家政府的管制，国家对资本市场的控制力日渐薄弱；跨国公司的跨地区跨国度的大规模活动，随心所欲，无所不能，主权国家政府的作用随之相形见绌；世界性的经济结构和产业结构调整带动了国际分工新体系的重组，生产全球化、技术全球化、信息全球化、投资全球化、金融全球化、贸易全球化、销售全球化、消费全球化的趋势不可阻挡。国际经济一体化和区域性合作步伐加快，欧共体已经开始用一个声音在世界舞台讲话；美国试图建立"北美自由贸易区"；日本全力营造太平洋经济圈；APEC 的规模和影响力不断扩大。近 20 年来，世界各国争相进行以市场为导向的改革，即便发达国家也在千方百计地进一步挖掘市场机制的潜力，拆除壁垒，放宽限制。从世界经济发展史的角度考察，世界经济发展模式的演变过程实际上就是经济全球化的发展过程。事实上，正是经济全球化进程的推动才导致了世界经济发展模式的依次更替。基于此，1995 年 12 月 7 日的法国《世界报》预测："5 年前市场经济还只涉及世界 6 亿人口，再过 5 年，市场经济将涉及 60 亿人口。"

但是，我们也应清醒地认识到，以美国等西方发达国家主导的全球化，绝非把亚洲、东欧、拉美和非洲几十亿人送上通往繁荣的快速电梯。它反映的是一种极不公正、极不合理的国际经济关系。联合国开发计划署发表的《1999 年人类发展报告》表明：生活在富国的人口虽然只占全世界的 1/5，但他们却占有了全世界 86% 的国民生产总值，82% 的出口市场份额，68% 的外国直接投资，74% 的电话线路。而生活在最贫穷国家的 1/5 人口，在上述各项中都只占 1%。为此，该报告呼吁："全球化不能一味追逐利润，它应当造福全人类，因此有必要重新制定全球化的运行规则。"

以信息高速公路为标志的信息技术，不仅大大缩短了世界市场各部分之间的距离，全球电脑网使几万亿美元贸易、投资、金融业务在瞬间完成，而且对于扩大人类的社会交往和社会联系的意义是革命性的：它不仅提供给人类一种崭新的进行社会交往和社会联系的工具，从而使通信手段或工具发生革命性的变化，而且，还导致人们的生产方式和生活方式发生巨大的变化。尼葛洛庞帝精辟地将这场信息技术革命喻之为"从原子到比特"的革命："过去，大部分的信息都经过人的缓慢处理，以书籍、杂志、报纸和录像带的形式呈现，而这，很快将被即时而廉价的电子数据传输所取代。这种传输将以光速来进行。在新的形式中，信息将成为举世共享的资源。"[1] 比尔·盖茨则把这种新的信息技术想象为一个市场："全球信息市场将是巨大的，在这个市场上，人类进行商品、服务、思想等交换的一切交换形式都将囊括无遗。实实在在地看，这将给予你更多事物的更广泛的选择权，包括你怎样挣钱、如何投资，你购买什么和支付多少钱，谁是你的朋友，你与他们怎样共度时光，以及在哪里和如何才能使你和你的家人安全地生活。你的工作场所，以及你对于什么才意味着'受到教育'的想法将会改变，也许变得面目全非。你的身份感、自我感和归属感等，可能会在相当大的程度上获得开放。简而言之，几乎每一件事的做法都会有差别。"[2]

依借迪士尼乐园、麦当劳、可口可乐、阿迪达斯、MTV 和 Internet，西方资本主义世界将它们的意识形态、价值观念和生活方式"合法地"传遍了全球，塑造了一个本杰明·R. 巴特称之为"麦克世界"的体系——一个由于各种跨国贸易的集中而使生活方式同质化的虚拟世界。十分重要的是，这种崭新的人类文化载体，可以突破社会体制的不同，增进各国间的文化交流，极大地促进全球范围内跨越民族的情感参与和心理认同，进而使其影响迅速扩大并且日益泛化或加剧。对此，一些西方学者欣喜之余也不无忧虑，认为这种文化渗透使各民族原有的特色文化越来越被从中心挤到边缘，这将削弱所有民族国家的文化向心力，即便经济上的强势国家亦无法幸免。

---

[1] ［美］尼葛洛庞帝：《数字化生存》，胡泳、范海燕译，海南出版社1997年版，第12—13页。
[2] ［美］比尔·盖茨：《未来之路》，辜正坤译，北京大学出版社1996年版，第7页。

Internet 和其他网络业已形成的 "赛博空间" （Cyberspace），把 "文化创作的平等化" 梦想须臾间化为现实。即使没有权威机构的先期评价和限制或鼓动，作品只要上网传播，大众的评判很可能会左右作品的命运。而大众的审美标准和情趣，反过来又会影响权威机构的评判和运作。作者—传媒—受众之间的关系，正被重新洗牌。

经济全球化极大地刺激了文化观念的更新和文化生产力的空前解放，诸如 CD、VCD、DVD、电脑艺术、网络艺术等新的文化形态层出不穷。文化工业已发展成为一个生机无限的经济增长点。据统计，20 世纪 90 年代后期，美国的电影产业就占据了全世界电影市场总票房的 2/3，达 105 亿美元，被列为居通信产业、石油和石油加工业、航空产业之后的美国第四大出口支柱产业。而资产在 100 万美元以上的 400 余家美国大众传播公司的总收入高达 1500 亿美元。澳大利亚文化产业的从业人员比例占全国劳动力市场的 10%，文化产业年产值近 200 亿澳元，约占国民生产总值的 2.5%，是澳第三产业中的支柱产业和主要出口行业。方兴未艾的文化工业使政治权利大规模地从经济和社会中退出，一元的政治社会转变为二元的政治、经济社会。市场作为一只 "看不见的手"，在经济和文化中发挥着重要作用，经济、文化强化了各自的独立性，公民权利得到尊重，文化走出政治樊篱。政治价值减弱，文化教育、审美和娱乐的价值愈益凸显，主要由少数政治精英掌握的文化权利转变为公民普遍享有的文化权利，"旧时王谢堂前燕"，如今已 "飞入寻常百姓家"。

与此相伴随，"机械复制" 以大量的技术复制品淹没了艺术的 "独一无二的存在" 以及真实性、权威性，破坏了艺术品独特的 "韵味" 和 "辉光"，引导大众观赏其世俗内容，从而肢解了文化精神；"文化工业" 堂而皇之地消解了艺术的 "个性"，使文化失去了不断创新的审美冲动和理性探求。面对喧嚣四起的大众文化（尤其是电脑文化）和由各种 "影像" 构筑的世界，文字让位于图像，思考让位于直觉；虚幻的形象置换了真切的现实，形象化生存取代了真实的生存；长时段的精神性磨炼被降格到最低的限度，心灵的玩味和孤独的冥想几乎失去了存在的地盘；商业化、泡沫化、粗疏化、平面化、模式化随处可见。人们于尽情享受虚拟世界的感性狂欢、淋漓尽致地宣泄秘不示人的意欲中，钝化了可贵的理性思维，消泯了快感与美感的边界，同时亦渐渐远离了现实人生关系中的情感交流和生命感受。

二

人类文化的生生不已，一方面包含着由新的生产力激活的反传统活力与传统的惰力之间的挑战与应战，另一方面也包含着外来文化与民族文化之间的挑战与应战。人类文化正是在这种挑战与应战的交互作用中，获得生命力，并不断赓续、变迁和超越。包括西方学者在内的许多有识之士早已明示，对于西方文明的局限性，中华文明的优长正可弥补其不足。

余英时先生认为，整体地看，中国文化的基本价值并没有完全离我们而去，只不过是存在于某种模糊笼统或"日用而不知"的状态之中。中国文化经得起现代化以至后现代化的挑战，而不至失去它的存在根据。① 中国文化代表了人类文明的特殊方向，弘扬了人性中的一些特定方面，在现代社会具有独到的价值。

诚然，儒家思想在漫长的繁衍承传的过程中，积有许多的历史尘垢。儒家的"周礼崇尚虚文，汉则罢黜百家而尊儒重道"②，倡"名教"，"无一不与社会现实生活背道而驰。倘不改弦而更张之，则国力将莫由昭苏，社会永无宁日"③。但是，"利用厚生，崇实际而薄虚玄，本吾国初民之俗"④，"温良恭俭让，信义廉耻诸德，及忠恕之道"，"乃世界普遍实践道德"⑤，却是应该弘扬的民族优秀文化传统，其巨大的人文主义价值，在今日仍具有不可忽视的世界性意义。在物欲横流的社会，儒家的修身理论可以作为人们的座右铭和清醒剂；在冲突不断、战争此起彼伏的世界上，儒家的仁学思想也许值得光大；在环境危机和生态平衡受到严重破坏的情况下，强调儒家的"天人合一"，也许可以避免人类在危险的道路上越走越远。韩国学者柳熙汶在谈到韩国与中国台

---

① 参见余英时《中国思想传统现代诠释》，江苏人民出版社1998年版，第43—45页。
② 陈独秀：《敬告青年》，《青年杂志》1915年第1卷第1号第9期。
③ 陈独秀：《敬告青年》，《青年杂志》1915年第1卷第1号第9期。
④ 陈独秀：《敬告青年》，《青年杂志》1915年第1卷第1号第9期。
⑤ 陈独秀：《敬告青年》，《青年杂志》1915年第1卷第1号第9期。

湾的经济成长之奇迹时，明确阐明了儒家文化对两地经济腾飞的影响——文化和制度与经济发展存有密切的关联性，而文化与制度也互为因果关系。他认为，韩国与中国台湾地区持续的高速经济增长均须归功于以下几个因素：高国民储蓄率、高投资率、提高对人教育的投资以及政府积极推动经济政策带动市场的策略。而上述几项因素均是受东亚儒家文化圈影响的最有力的见证。高储蓄率为儒家文化"勤俭节约"精神的体现；儒家的诚敬思想给予劳动者注入热情的工作动力；儒家的调和与共同体思想在企业经营里给予劳资双方注入和谐的增进剂；热衷于对人教育的大量投资态度源自儒家"大学"里"格物、致知、诚意、正心"的八个德目和"修身齐家、修己安人"等思想。① 马克斯·韦伯《新教伦理与资本主义精神》认为，资本主义之所以在西方产生，而不是在中国、印度产生，根本原因在于西方基督教新教的伦理观念启发教徒以积极、正面的人生态度从事世俗活动，从而造就了资本主义文明。这种理论用文化来解释一切，未免过于夸大了文化的功用。而他进一步推论，儒道会阻碍资本主义的发展，显然过于武断。现有东亚的经济奇迹为证。韦伯的败笔在于错把互补当成冲突。事实表明，儒家传统中的积极因素乃是包括西方在内的全人类的宝贵财富。

西方著名哲学家赫尔曼·凯泽林在其《另眼看共和：一个德国哲学家的旅行日志》中，不仅高度赞赏儒家伦理，而且给予道家思想以崇高的褒扬："在关于对自然的掌控方面，我们欧洲人远远走在了中国人的前面；但作为自然意识的一部分，生命却在中国找到了迄今为止最高的表现形式。……中国人对此具有充分的意识，但我们却没有。单就此点而言，中国人要比我们站得高，望得远。"当代重要的存在主义哲学家雅斯贝尔斯致力于理解道家，他在《老子和龙树——两位亚洲神秘主义者》一书中，显现了其道家接受中的偏爱："老子的情怀中无佛教轮回之威胁，不求摆脱痛苦之轮；亦无基督的十字架，没有对无法摆脱的原罪的恐惧，不需要神化作凡人赴死——救赎人类的恩典……"此外，我们由海德格尔将"无"视为充实的非虚无主义的观点也不难窥见道家和禅宗对其思想的惠予。

---

① 参见柳熙汶《儒家文化影响下韩国与台湾的经济发展》，《河北学刊》2001 年第 3 期。

　　尽管西方文明最早进行现代化，其知识系统也明显比其他文明发达，但这不意味着它在总体上是一个比其他文明更高级的文明。斯宾格勒的《西方的没落》以其崭新的文化形态史观，为世人描绘了一幅多中心的世界文化图景，这便是埃及文化、巴比伦文化、印度文化、中国文化、古典文化（希腊罗马文化）、阿拉伯文化、墨西哥文化和西方文化等八种独立的文化系统。这一"哥白尼发现"的重要意义在于，它颠覆了欧洲中心论的理论基石，启示人们除了西方文化之外，世界上还存在着其他等价的独立文化。依循斯宾格勒的学术理路，英国历史学家汤因比通过对近 6000 年人类历史的潜心研究，于《历史研究》中揭示了 26 个文明形态（或社会）的历史贡献。由此可见，当一些最古老的文明遭到断裂时，以中国文化为代表的东方传统却仍然保持着自己的生命力，甚至还可能为行将衰微的现代世界提供一线生机。

　　辜鸿铭在谈到欧洲新道德文化意识的产生和东方文化传播之间的关联时慨叹："值得奇怪的是，迄今为止一直没有人知道也估计不了这些法国哲学家的思想，究竟在多大程度上应归功于他们对耶稣会士带到欧洲的有关中国的典章制度所作的研究。现在无论何人，只要他不厌其烦地去阅读伏尔泰、狄德罗的作品，特别是孟德斯鸠《论法的精神》，就会认识到中国的典章制度的知识对他们起了多大的促进作用。如果它对杜·克罗斯所谓的'理性胚芽'的兴趣没起什么作用，至少对我们今天所讲的自由思想之迅速发展与传播是起过促进作用的。众所周知，那种'理性胚芽'最终发展成为自由主义思想，它在本世纪带来了欧洲中世纪制度的'Calutegeneral（全面解体或全面崩溃）'。"[①]

　　基于对东方文化主静、西方文化主动的特征的认识，杜亚泉在其代表作《静的文明与动的文明》中断言，西洋文明的弊端亟须通过中国固有的静的文明来救济，而中国的静的文明，具有无比的优越性，故而不应去效法西洋的动的文明。抛却文化民族主义的偏狭和自大心理，杜亚泉见解的深刻之处在于洞悉了东、西方文化交融互补的可能与前景。

---

　　① 辜鸿铭：《中国人的精神》，海南出版社 1996 年版，第 175 页。

三

当今世界已经发展为这样一个时代：政治上互相求同存异，经济上互相联系依赖，文化上互相渗透融合。就文化全球化而言，其基本内容从历时性上看，是历史性和时代性的统一，即传承和创新；从共时性上看，是世界性和民族性的统一，即冲突和融合。中国要想开辟一条适合自己的现代化道路，就必须立足于民族文化传统的根基，正确地认识和衡估其他民族的文化传统，增强融合异质文化的能力。通过对异质文化的整合，在统一性和多样性之间重新构筑一种强有力的张力场，从而增大其可能性空间，增强其生命力。一如著名马克思主义研究家戴维·麦克莱伦所说："社会主义只有站在资本主义的肩膀上，才能真正超越资本主义。"

一个上升的、具有充分自信力的民族，总是善于汲取其他民族文化之长，以为自己的养料的。鲁迅在《看镜有感》里，赞扬汉代人勇于汲取异族文化，将外来动植物毫不拘忌地拿来充当装饰的花纹，认为这是民族自信力的表现；而批评宋代的文艺国粹气味熏人，对外来东西推拒、惶恐、退缩、逃避，说这正是衰弱的表现。其实，吸收外来文化并不能动摇本民族文化传统的根基，因为我们有不同于别人的文化基因，正像吃牛肉并不会变成牛一样。在日本文化与汉文化的交往中，日本诗歌大量汲取了中国诗歌的词汇、文学意向、对生活的看法以及某些表达方式，但在这一过程中，日本诗歌不是变得和中国诗歌一样，恰恰相反，日本诗歌的精巧、纤细、不尚对偶声律而重节奏、追求余韵、尊尚闲寂、幽玄等特色就在与中国诗歌的对比中得到进一步彰显和发展。

人类文化交流史业已证明，"各个相互影响的活动范围在这个发展进程中越是扩大，各民族的原始封闭状态由于日益完善的生产方式、交往以及因交往而自然形成的不同民族之间的分工消灭得越是彻底，历史也就越是成为世界历史"①。古希腊最早的克里特文明直接受惠于古埃

①　《马克思恩格斯选集》第 1 卷，人民出版社 1972 年版，第 88 页。

及文明，克里特文明沾溉了其后的迈锡尼文明，中世纪的欧洲借鉴阿拉伯，文艺复兴时期的欧洲又仿效拜占庭，而古希腊、罗马文明则为整个西方文明奠定了基础。王瑶在总结 20 世纪中国文学研究现代化的成绩时说："从中国文学研究的现状说，近代学者由于引进和吸收了外国的学术思想、文学观念、治学方法，大大推动了研究工作的现代化进程。以中国文学史为例，过去只有诗文评或选本式的东西，第一本《中国文学简史》是外国人写的；林传甲、谢无量等早期中国人写的文学史，文学范围及概念都十分驳杂；从王国维、梁启超，直至胡适、陈寅恪、鲁迅以至钱钟书先生，近代在研究工作方面有创新和开辟局面的大学者，都是从不同方面、不同程度地引进和汲取了外国的文学观念和治学方法的。他们的根本经验就是既有十分坚实的古典文学的根底和修养，又用新的眼光、新的时代精神、新的学术思想和治学方法照亮了他们所从事的具体研究对象。"① 由此可见，任何民族或国家的文化实践行为都离不开所处历史时代的文化整体的价值，并受整个时代文化价值力量的统辖与制约。这种情形预示着人类将面临一次空前的文化整合。其结果便是，人类文化精神将在一个新层次上超越迄今为止所面临的分裂与冲突的格局。

当今的全球化现象是在信息科技革命推动下，各民族国家在政治、经济、社会、文化各个领域全面加强交流导致全球相互依赖文化的程度不断加深，产生了既有冲突又有合作、既有同化又有异化的新一轮人类社会融合过程，其本质上是人类社会趋同力量的逐渐扩大从而将导致现存民族国家体系演变的漫长历史过程。但是，全球化绝不意味着民族文化发生了根本性的、质的变化，恰恰相反，文化的全球化是以民族文化的多样性为基础的，它为民族文化的复兴提供了指导，为增进不同民族文化之间的交流、对话与沟通创造了契机。任何一种文化都葆有其无法遮蔽或消解的民族性，它是形成不同文化特征的最为本原的东西，越是成熟的、越是影响深远的文化越是充满民族性。离开文化的民族性，也就没有文化的多元化。正是在这个意义上，美国未来学家约翰·奈斯比特预言，随着越来越互相依赖的全球经济的发展，"语言和文化特点的

---

① 王瑶：《中国文学研究现代化进程》，北京大学出版社 1996 年版，第 2 页。

复兴即将来临。简而言之，瑞典人会更瑞典化，中国人会更中国化，而法国人也会更法国化"①。

《诗经》："周虽旧邦，其命维新。"历史悠久的中国文化经过全球化的挑战与自我更新之后，必将以新的风姿展现它的价值、它的博大精深！

（原载童庆炳主编《全球化语境与民族文化、文学》，中国社会科学出版社 2002 年版，本文与何玲华教授合著，此次出版有修订）

---

① ［美］约翰·奈斯比特：《大趋势》，梅艳译，中国社会科学出版社 1984 年版，第 75 页。

"全球化"背景下世界文化产业发展的新趋向

作为一种自然历史进程，"全球化"是指在市场经济和科技进步的双轮驱动下，不同国家和地区之间相互渗透、相互依存的程度不断加深，最终使人类活动突破区域限制，世界成为一个统一的发展整体。面对"全球化"这一不可逆转的世界大潮，不管是发达国家还是发展中国家，不管其是否愿意，都要自觉或不自觉地融入其中，否则就会失去生存的空间。一定的文化是与一定的经济发展水平相联系的，"全球化"必然会给全球文化带来深刻的影响。在"全球化"这个巨大推动力的作用下，世界文化产业发展呈现出三个新趋势。本文试就此作一探讨。

一 文化产业已成为一些发达国家国民经济与社会发展的支柱产业

全球经济一体化是当今世界经济发展的最重要变化之一。在全球经济一体化的态势中，各国经济在体制上进行新的改革，在结构上进行新的调整，在资源上进行新的配置，在秩序上进行新的结合。经济结构调整成为推动经济增长的根本动力。就资源配置角度而言，如果将产出效益低的部门中滞留的过剩资源转移出去，充分满足产出效益高的部门对资源的需求，经济增长总量就会扩大。反之，如果单位资源产出效益低的部门占用资源过多，而产出效益高的部门得不到充分的资源供应，经济增长就达不到应有的速度。为此，美国、英国、法国、德国甚至不惜修改法律，来促进电信、有线电视、计算机、媒体、娱乐业之间的收购和合并。1998 年，著名的摩根士丹利咨询公司发表的一份全球投资报告对 11 种产业建立有世界级竞争能力的大企业所需年限做了统计分析，发现大众传媒所需年限仅为 8 年，其收益远远快于医药、银行、电力、能源等其他产业。因其投资回收期短、利润丰厚等特点，文化产业一直受到社会资本的热切关注，并有可能引发新一轮的投资参与热潮。①

经济规律表明，世界经济的产业中心必将逐渐由有形的财物生产转向无形的服务性生产。21 世纪的经济学将由文化和产业两部分组成，文化创造价值将成为引人瞩目的问题——这已成为国外学者的普遍共识。约翰·奈斯比特和帕特里夏·阿伯迪妮在《2000 年大趋势》中预言：文化的经济意义将远远超过人们的预料，"艺术既是文化财产，同时又是经济源泉。投资艺术将对一个地方的整体经济产生影响，它有着乘数效益，艺术将使旅游业大受裨益，从而推动工业的发展，提高不动产的价值"。② 我国专家预计，2050 年以后，文化产业将超过信息产业和自动化、机器人、计算机辅助组织管理而占产业成分的 70%—80%。因为文化产业需要的自然资源不多，主要依赖智慧创造，故而信息时代把经济增长的大部分份额给了文化产业。信息产业正日益转化为负载着高知识、高文化的高技术产业。

在许多发达国家，文化产业不仅是该国文化的基本形态之一，而且越来越成为强大的经济实体，创造出了可观的经济效益。今天的文化，已实实在在成为社会生产力的重要部分，并成为一个国家综合国力的最直观最具体的反映。文化产业已发展成为一个生机无限的经济增长点，蕴藏着巨大的利润空间。据报载，现阶段世界文化市场的容量已经达到 1 兆 2000 美元，主要集中在电影、音乐唱片、动画片、电脑游戏等大众娱乐项目方面，各国都在不惜血本地争夺这块市场。

美、日、英等国的文化产业已成为最大的产业，一个国际传媒公司的产值可相当于一个中等国家的 GDP。美国 400 家最富有公司中，1/4 是文化企业。而资产在 100 万美元以上的 400 余家美国大众传播公司的总收入高达 1500 亿美元。2001 年，美国文化产品出口超过 700 亿美元，

---

① 参见张政主编《电视传播多维透视》，北京广播学院出版社 2001 年版，第 31 页。

② 参见［美］约翰·奈斯比特、帕特里夏·阿伯迪妮《2000 年大趋势》，军事科学院外国军事研究部译，中共中央党校出版社 1990 年版。

已超过汽车与航天产品的出口。美国消费者用于娱乐中的电影、家庭电视、录制音乐等国内市场总开支，在 1997 年达 350 亿美元（现价），2000 年约为 410 亿美元，预测 2004 年将达 490 亿美元。1997 年外国购买美国影片娱乐产品达 170 亿美元。一部好莱坞大片等于几十万辆汽车。美国印刷与出版业中的报纸、杂志、书籍与贸易宣传材料等销售额在 1999 年达到了 1840 亿美元，其中美国的图书市场为世界之最，每年出书 4 万种，年收入超过 50 亿美元。美国的音像业在国民经济中的位置从 1985 年的第 11 位跃居到 1994 年的第 6 位，成为仅次于飞机出口的第二大出口商品。

英国文化产业的平均发展速度是经济增长的两倍。从 70 年代中期开始，英国就取得了流行音乐喜剧市场的支配权。英国人把音乐喜剧变成了吸引游客前来旅游观光的表演项目和重要出口资源。英国旅游业收入的 27% 直接来自文化艺术，文化产业在英国拥有 170 亿美元的产业规模，与汽车工业不相上下。"歌剧幻影"已经吸引了数以千万计的游客。收入超过了 15 亿英镑（约合 25 亿美元）。

在日本，"伴随传媒工业的增长，文化部分不久将会发展成日本经济中最大的部门之一。由于艺术和文化构成了传媒节目的主要部分，传媒政策将在文化政策的发展方面发挥重要作用。文化的发展只是为了文化的看法，正在日益难以维持"[①]。诸如艺术、电影、电视节目、音乐、出版、茶道、插花、法语学校、闲暇、娱乐等文化的年收入在日本国内已达 18 万亿日元，加之文化符号促进商品买卖的收入，年收入可达数十万亿日元。汽车制造业每年贩卖新型车的收入 4 万亿日元中，有一半属于出售"文化符号"的收入，另一半才属于销售汽车的纯收入。在日本，如果印上一个"G"字，原本价值 700 日元的女式布制提包可以卖到 70000 日元，增值 100 倍。这是因为"G"是表示由米开朗琪罗、罗西尼创造的意大利超级流行文化符号。携带这种手提包的女性确信自己正在进行一种可与欧洲超一流阶层相媲美的消费行动。为了这种实践，她们情愿花费 70000 日元购买 700 日元的商品。一件 T 恤衫原本只

---

① 联合国教科文组织：《世界文化报告》，关世杰等译，北京大学出版社 2000 年版，第 136 页。

卖 10 美元，但是，印上迪士尼的图案，它就要卖到 40 美元一件。① 日本娱乐业中电子游戏的年产值 1993 年就超过了汽车工业的年产值。

澳大利亚文化产业的从业人员比例占全国劳动力市场的 10%，文化产业年产值近 200 亿澳元，约占国民生产总值的 2.5%，是澳大利亚第三产业中的支柱产业和主要出口行业。

在"全球化"背景下，投资文化资源保护，已成为帮助一个地区发展的有效途径，独特的文化资源无疑是参与未来文化竞争的品牌。如平遥古城，在列入世界文化遗产名录之前，每年的旅游收入不到 20 万元人民币，但当它被列入世界文化遗产名录后，年旅游收入已超过 500 万元人民币。这意味着文化资源的大幅升值，我国文化的潜在消费今后将逐年增加。这从近年来我国文化产业对资本的吸引可见一斑：2001 年北京国际电视周成交额达 4 亿多元；国内第一家上市传媒公司——湖南广电传媒，投入 8600 万元巨资打造的大型财经栏目《财富中国》上星后，很快便在 80 多家电视台成功落地；北大青鸟投资 1 亿元人民币成立文化发展公司；歌华公司上市成功融资 12 亿元；电广传媒增发新股、募集资金达 15 亿多元。

二　跨国文化产业集团将成为影响国际文化版图构成的重要力量

"全球化"是市场经济高度发展的必然结果。市场竞争和市场逐利行为打破了国家和地域限制，把世界各国的国民经济日益连接为一个整体的全球经济，营造了一个"无疆界的市场"。全球资本的广泛自由流动，几乎脱离了世界上任何国家政府的管制，国家对资本市场的控制力日渐薄弱；跨国公司的跨地区跨国度的大规模活动，随心所欲，主权国家政府的作用随之相形见绌；世界性的经济结构和产业结构调整带动了国际分工新体系的重组，生产全球化、技术全球化、信息全球化、投资全球化、金融全球化、贸易全球化、销售全球化、消费全球化的趋势不可阻挡。在全球化竞争中，跨国文化产业集团既能根据国际市场的变化迅速调整结构，开发出新产品，又能在全球范围内对各种资源和经营能

---

① 参见［日］日下公人《新文化产业论》，范作申译，东方出版社 1989 年版，第 3 页。

力实现优化组合。这些到处安家落户的跨国文化产业集团不可遏止地制造出一种新的世界文化。这是当今一些跨国文化产业集团具有强大综合竞争优势的根本原因所在。"经济的全球化和文化的产业化加剧了文化交流的不平等。全球一体化的市场不可能期望会对弱势经济和强势经济产生对等的收益。世界上存在着一些强势的经济集团和文化产业集团，它们造成了并维持着在各国国内和各国之间不平等的发展。"① 美国有线电视新闻网（CNN）独占全球 24 小时新闻广播领域 15 年之后，美国全国广播公司（CNBC）开始向欧洲和亚洲提供节目；英国广播公司（BBC）1995 年开办了全天候世界娱乐报道；德国之声、日本 NHK 也实现了全球电视广播。

20 世纪 90 年代经历了一场史无前例的全球媒体巨头之间的合并、收购浪潮。迪士尼买下 ABC，西屋买下 CBS，时代华纳收购 CNN，这就使得广播、影视、报纸、杂志、音像制品的所有权归为一综合性媒体巨人，出现了全球性的"巨无霸"传媒公司。当前，全球媒体市场是以集团形式出现的。

第一集团由大约 10 多个规模庞大、纵向一体化的媒体集团构成，全部拥有全球分配网。全球最大的媒体公司——时代华纳 1989 年由时代集团和华纳通讯集团合并而成，它在全世界拥有 4200 多家子公司，是世界上最大的电影院拥有商之一，在美国以外拥有大约 1000 家电影院，1997 年的销售额将近 250 亿美元。2000 年 1 月，时代华纳公司又与世界上最大的网络服务公司——美国在线公司宣布合并，以建立一个强大的、具有综合性的因特网、大众传媒及文化娱乐优势的"巨型航空母舰式企业集团"——美国在线—时代—华纳集团公司。它所涉及的金额高达 3500 亿美元，同时控制着美国在线公司、时代公司、美国有线电视新闻网、华纳兄弟公司、美国计算机服务公司、沃纳音响集团、《人物》杂志、《财富》杂志、《娱乐周刊》和网景公司等在世界上有很大影响的企业，预计新公司成立后每年的销售额高达 300 亿美元以上。一直在娱乐和动画两方面实力雄厚的迪士尼，在全球市场开拓上运

① 关世杰：《把握世界文化发展趋势　寻求中国文化发展对策》，《国际新闻界》2002 年第 1 期。

作顺利，1997 年销售额近 240 亿美元。20 世纪 90 年代初期，迪士尼将其发展重心从它的主题乐园及旅游业转到了电影及电视方面。贝塔斯曼 1996 年以近 150 亿美元的销售量而位列全球第三。它建立在全球图书及音乐俱乐部网的基础上，31% 的收入来自音乐及电视，33% 来自图书出版，20% 来自杂志及报纸，其余收入来自一家全球印刷企业。贝塔斯曼正努力加强其音乐控制地位，以便占据世界第一。维亚康姆规模虽然较小，但它拥有 2 件主要武器——廉价电影节目和音乐电视（MTV），1997 年的收入超过 130 亿美元。总经理雷特斯通的战略是要使维亚康姆成为全世界"第一位靠生产软件驱动设备发展的公司"。拥有世界各地 109 家日报、双周刊和 15 周周报的新闻集团（其中英国 40% 的报纸被其控股），1996 年的销售额约为 100 亿美元，位居世界第五，但其志向却是"拥有各类节目，新闻、体育、电影以及儿童表演，并通过通讯卫星或电视台播送到美国、欧洲、亚洲和南美洲的千家万户"。美国电信公司在媒体行业中的独特地位已使其成为全球媒体中的一个中心角色，并对其他所有媒体巨头都有直接影响。公司的根基是作为美国有线电视新闻网的主要供货商，它居于支配地位。1996 年公司收入约为 70 亿美元。第一集团的其他四家公司包括宝丽金（Philips 所有）、全球广播公司（通用电气所有）、环宇（Seagram 所有）和索尼。

第二集团由大约 36 家规模相当大的媒体公司组成。它们的年销售额一般在 20 亿—100 亿美元之间。这些公司倾向于签订工作协议或者与一家或更多的第一集团公司巨头以及第二集团公司彼此之间创办合资企业。媒体巨头也有可能同其他营销和零售组织结成独家战略联盟，以便交叉销售。

跨国公司组建大企业集团的目的远非企业资产和人员的集中归并，或者是同行业内部单位数的简单相加，更重要的是实行技术、市场、人才、经营和品牌等综合优势的互补，增强企业的整体竞争力。1996 年，迪士尼与麦当劳签订了一份长达 10 年之久的协议，只允许这家快餐连锁店在全球各店内销售其产品。迪士尼可以利用麦当劳 18700 个分店提高其全球销售量，而麦当劳也可以利用迪士尼支持自己，从而控制世界每一个市场。一些跨国集团还把新兴的信息网络优势与传统的影视制作、旅游娱乐等专业优势结合起来，实行文化资源的高效组合，打造传媒业的新经济神话。

三 文化产业的数字化、网络化趋势正在给文化产业的存在形态和发展趋势带来革命性变化

文化产业是知识密集、信息密集、技术密集的领域，各种先进的高科技正与高文化整合成高新文化产业形态，数字化、网络化已成为必然发展趋势，许多发达国家都借此壮大自己的文化产业。

20 世纪 90 年代，各种形式的数据向数字传送转换的步伐明显加快。经济实力因电子、通信、传媒业的革新而回升的美国，如今更是大力推动信息产业，于 1997 年制定了实现数字电视的时间表，在 WTO 中不断倡导"文化产品"的贸易自由化（文化产品已成为美国对外出口的第二大商品）。为了适应全球一体化的竞争，谋求向数字化和卫星化的突破，1998 年，日本富士产经集团提出了"彻底数字化"口号，启动了数字化通信卫星广播，1999 年又启动了新的卫星数字广播站，开通了新的传播网络。它还以"国际巨型媒体"作为目标，积极谋求和澳大利亚传媒业巨子鲁伯特·默多克的媒体集团、新闻公司，索尼公司等一起组建一个巨大的数字卫星广播公司，向数字化国际媒体集团迈进。富士产经集团参加的日本广播公司（NHK）现在每天用 2 个卫星广播系统和 5 个卫星广播站、22 种语言向全世界广播，年预算高达 50 亿美元。名列世界 500 强第 31 位的索尼公司同飞利浦公司和先锋公司结成数字视盘专利联盟，竭力抢占数字化视盘产业的上游技术，再扩大推广，然后向从事数字视盘生产的其他公司收取专利费。1999 年，加拿大集中了一批优秀的未来学家和技术专家，制定了《未来计划蓝本》，明确提出加拿大要在 21 世纪全球文化竞争中抢占数字化技术的12 个制高点。

在发达国家，先进的计算机已用于生产数字虚拟道具和虚拟演员，复杂的数字设备用于生产电视节目或歌星的个人光碟。直接广播卫星（DBS）和 DVD 技术将对娱乐业产生巨大影响。"孟莱坞"的两位印度实业家和一位电影开发商利用卫星技术，开辟了 24 小时的数字频道，向世界各地播放"孟莱坞"的影片 1000 部以上，覆盖世界 100 多个国

家。如今，音乐录音已成功地转为数字形式，音乐光盘现已占总收入的70%。从1992年到1995年，全球销售增加了38%。以日本为例，DVD光盘的销售额从1999年的302亿日元增至2000年的1000亿日元。美国动画片《恐龙》是一部充分运用现代数码技术进行制作的巨片。该片利用电脑动画特技、数字影像使史前的动物"复活"了。《泰坦尼克号》导演詹姆斯·柯麦隆运用高科技数码合成和多种手段，细致逼真地重现了历史上泰坦尼克号的恢宏外观和船撞冰山沉入海底的触目惊心的过程，制造了一种原生质的视觉效果，使人身临其境，身历其难。《哈利·波特与密室》不俗的票房，亦得益于数字技术立下的大功。

事实表明，数字化将使影视艺术突破实景拍摄的局限，走向更加广阔的表现领域。数字化时代的电视技术最大的特点就是可以虚拟。目前较成熟的虚拟技术是虚拟演播室、虚拟主持人。虚拟技术的诞生，使影视艺术的纪实性特征受到挑战，也使电视节目的创新更加轻而易举。通过电脑做几个虚拟演播室，经常变换，就可以给人有几个演播室的感觉。同时，虚拟演播室的制作只需要人们的想象力，而不需要太多的人力、物力、财力等物质资源，这也降低了电视节目的制作成本。

当影视节目逐渐融入网络电视，电视与计算机合为一体，传统的电影、电视节目的形式和长度都会发生变化，电影电视节目制作发行的费用也会大幅降低。随着电影播放方式的变化，电影可以直接由卫星数字传输到用户终端，不用再为把电影发行到电影院而复制许多拷贝，节约了大量人力物力。此外，制片厂可以创造出自己拥有的超真实数字电影明星。在电视屏幕上，这些"虚拟明星"看上去和真人毫无二致。这样，制片厂就可以省去现在付给大牌明星们天文数字般的巨额薪酬。因特网为每一个人提供了以最低成本向全世界发布信息的机会。通信和制作技术的发展降低了影视市场资金方面的准入门槛，为世界各国文化产业走向国际舞台提供了条件。事实表明，文化产业正在与信息产业形成互动，文化为网络充实内容，网络为文化穿越国际疆界提供了载体。

面对文化产业数字化的必然趋势，一些敏感的中国企业迅速做出了回应。海南海虹企业（控股）股份有限公司2001年下半年发展计划中，适时确立了将原有网络资源进行整合，将"在线游戏"向"数字娱乐"业务主线逐步整合和转变的策略，提出现有在线游戏要逐步过渡到在线娱乐并最终形成规模化、国际化经营的数字娱乐产业。特别是2001年8月26日迪士尼中国网站的开通，标志着海虹已经实现了由在线游戏向在线娱乐、由国内走向国际的飞跃。中影集团、上影集团已初步建立电影数字工作站。数字电影技术已在电影集团的影片生产中发挥着重要作用并向产业化方向发展。

文化创意产业国际化发展的前提条件和战略选择

——以世界主要发达国家为研究对象

文化创意产业是后工业化社会和体验经济时代的战略性新兴产业和主导产业，也是 21 世纪国家"软实力"竞争的制高点。联合国贸发会议等五家机构共同发布的《2010 创意经济报告》指出：即使是在世界金融危机的影响下，创意产业依然是全球贸易的新引擎，对音乐、动漫、电影、手工艺品、多媒体以及广告等创意产品和服务的需求持续保持增长态势，创意产业成为目前世界经济最具活力的产业之一。面对经济发展由"要素驱动"转向"创新驱动"、由"消费驱动"转向"出口驱动"的挑战，以世界主要发达国家为研究对象，探究文化创意产业国际化发展的前提条件和战略选择，对于我国实现从"文化大国"向"文化强国"的跃升当有借鉴意义。

一 文化创意产业国际化发展的前提条件

市场经济和科技进步双轮驱动的"全球化"浪潮，在使世界逐渐成为一个统一的发展整体的同时，也为文化创意产业的国际化发展提供了历史的契机。

1. 国家经济实力强健

一个国家的经济社会发展水平是文化创意产业国际化发展的根本要素和内生动源。依据经济学原理，一个国家或地区的食品支出总额占个人消费支出总额的比重（即恩格尔系数）如果降至 50% 以下，亦即人均 GDP 超过 3000 美元，意味着其文化支出总额将会超过消费总量的

30%—40%，文化创意产业就有可能获得较大市场空间，并成为新的经济增长点。这就是说，文化创意产业是由生产力大幅提高而带来的一种经济形态更替。高水平的经济发展不仅可以为文化创意产业国际化发展创造广阔的市场空间，还可以提供诸如技术、资金和优秀人才投入的物质保障。

文化创意产业国际化发展，其实质是本国文化与他国文化在世界范围内的同场竞争，其力量强弱既反映外部世界对本国文化的了解认知，也彰显本国文化的精神价值。但是，文化创意产业的国际竞争力归根结底有赖于经济社会发展水平的提升。环顾世界文化创意产业发达的国家，像欧洲的英国、德国、法国、瑞典、芬兰、荷兰，北美的美国、加拿大，亚洲的日本、韩国、新加坡，澳洲的澳大利亚、新西兰等，无一不是以其强大的经济实力作为助推器，把自己的创意产品和文化价值观推向世界的。支撑欧盟"创意欧洲"计划落实的，是高达 18 亿欧元的预算。打造美国创意品牌的诸多神话，离不开过去 30 年时间里其文化创意产业研发支出的稳定增长。

2. 科学技术水平发达

随着文化业态、商业模式和竞争格局发生的深刻变化，以数字技术、信息技术为代表的高新科技将成为文化创意产业国际化发展的"点金术"。高新科技不仅使创意人的奇思妙想成为可能，大大提高了文化要素的附加值，而且还通过技术投入使文化创意产品市场化，获得巨大的创利前景。美国、日本的动漫生产商将数字技术、电脑技术与影视制作技术相结合，使其产品不仅生动活泼，有极强的视觉冲击力，同时还大大降低了生产成本，具有强大的国际竞争力。电影《马达加斯加2：逃往非洲》通过电脑特技制作出广阔的非洲大草原，模仿每年夏季都会出现的东非大迁徙，给观众以身临其境之感。押井守的《攻壳机动队：无罪》、渡边信一郎的《星际牛仔》、大友克洋的《阿基拉》、野村哲也的《最终幻想4》等动画作品热衷于把对哲学的思考和人性的拷问寓于前卫的科技表现之中。难怪迪士尼和皮克斯动画影业首席创意官约翰·雷斯特夸赞："3D 技术和电脑特效能帮助我们以最好的方式讲述故事。"[1]

---

[1] 张守荣：《美国动漫的特点及运作模式》，《新闻爱好者》2011 年第 12 期。

如今，建筑节能、新能源汽车、4G 移动通信、电子标签、智能交通等新技术与文化创意产业的耦合随处可见。2010 年上海世博会上日本馆的未来"生活墙"不但能与现实中的人进行互动，还能演绎 2020 年人类居家出行信息沟通等新型生活样态；2015 年米兰世博会上英国馆充满创意的超级铝制"大蜂巢"造型，有助于人们更深刻地理解生物的多样性与技术所扮演的角色等问题。这些科技与文化交融的杰作，让观众不仅感受到了工业文明的震撼，也加深了对创意文化的感知，进而激发出对未来生活的向往。

3. 投资融资渠道多元

文化创意产业的国际化发展有赖于多元的投融资渠道和有效地利用国际文化资本。解析美国文化创意产业的资金投入总量，国际资本的比例要远远高于国内资本。实力超强的"八大金刚"思科、IBM、谷歌、微软、高通、英特尔、苹果、甲骨文，背后都有国际大金融财团的直接支持。完备成熟的投融资体系、名目繁多的文化基金使美国电影产业如鱼得水。在 2005—2006 年间，Magic Film 基金曾向迪士尼集团投资 5.05 亿美元，而 Gun Hill Road 基金也积极加入索尼公司和环球影业公司的募资活动中。英国文化创意产业资金主要由政府的公共资金和民间的私人资金构成，每年来自政府部门的公共资金超过总数的四分之三。"英国政府还与行业共同推动成立了众多的基金，建立起政府、银行和行业基金及创意产业之间紧密联系的融资网络，解除了创意产业发展的后顾之忧。"[1] 德国联邦政府每年为文化事业提供相当可观且逐年增长的财政预算，以此促进文化创意产业的蓬勃发展。例如 2009 年的预算为 11.4 亿欧元，比 2005 年增长了 20%；德国还十分重视为文化创意产业的投资和融资牵线搭桥，设立诸如"电影促进基金"等多种基金。对韩国来说，政府直接投入是文化创意企业资金的最主要来源。韩国政府专门设立"文化产业基金"，对文化创意产业的投资增至国家预算的 1%。与政府投入相得益彰的是银行贷款、债券融资、股票融资等多种金融手段的灵活运用。

---

[1]　蔡荣生、王勇：《国内外发展文化创意产业的政策研究》，《中国软科学》2009 年第 8 期。

4. 知识产权保护有力

日本学者梅田久指出："20 世纪是专利的时代，21 世纪是版权的时代。"英国文化创意产业之父霍金斯把版权视为全部文化创意产业的基核。由于文化创意产业的各个环节，从构思、开发、制作、销售到最终为消费者所接受，都与知识产权密切相关，且文化创意产业在经济和社会发展中的贡献率远远高于其他传统产业的贡献率，其增长率几乎是英国、德国、荷兰、奥地利、新西兰等国 GDP 增长率的两倍，于是许多国家纷纷从国家战略的层面认识知识产权保护的重要性，全面推进保护知识产权的各种法律法规。

为增强国际贸易中知识产权保护的强制性，最大限度地维护美国的知识产权利益，1996 年，美国主导和推动世界知识产权组织通过了《世界知识产权组织版权条约》和《世界知识产权组织表演和录音制品条约》，以满足互联网时代美国文化创意产业在海外扩展的需要。"按照美国国际知识产权联盟的最新统计数据，美国总体版权产业增加值占美国 GDP 的 11.05%，核心版权产业增加值占 GDP 的 6.44%。"① 日本的《21 世纪文化立国方略》明确提出，要将日本建成世界第一知识产权国家，并把文化创意产业作为其重点发展战略。与此相应，日本国会通过了《高度情报通信网络社会形成基本法》、《知识产权基本法》以及旨在明确振兴文化艺术的基本理念和方向的《文化艺术振兴基本法》等多部新的法律，以顺应文化创意产业发展的新趋势。法国新总统奥朗德就任后，立即着手酝酿多部文化法案，试图通过制度创新和政策引导驱动文化创意产业的发展。奥朗德认为，文化是一种具有经济效益的投资。实施"文化例外法案"，既能保障公民通过互联网接触文化的权利，又能有效地遏制非法下载行为。②

5. 产业集聚特色鲜明

在美国学者阿伦·斯科特看来，"地理特征和地方文化创意公司集群的相互影响而产生的产业氛围是集聚地产业发展的特征之一，特定的

---

① 阎晓宏：《21 世纪为什么是版权的时代》，《光明日报》2011 年 7 月 10 日第 5 版。

② 参见梁建生《法国总统奥朗德：制度创新是文化繁荣的关键》，《中国文化报》2012 年 8 月 17 日第 2 版。

地理位置具有提高文化创意产业集群内企业创新行为的功能和作用"①。美国纽约、英国伦敦、日本东京、法国巴黎等城市之所以能成为各具特色的国际文化创意中心，一条成功的经验是这些国家都充分发挥了文化创意产业集群优胜劣汰机制的重要作用。

1980—2001 年，美国文化产业园区的数量从 12 个迅速发展到了 900 个以上，旧金山湾区的数字多媒体产业集群，洛杉矶电影、音乐唱片、娱乐产业集群名闻天下。英国伦敦享有"国际设计之都"的美誉，汇聚了全英 1/3 以上的设计机构，这些机构中近 3/4 在世界各地分别设有分部。伦敦设计产业产值占全国设计产业总产值的一半以上。"动漫之都"东京凭借 4000 多家出版机构、200 多家动漫出版商以及一大批自由职业的卡通画室的资源及区位优势，创造了一种多重交互性产业网络模式。韩国"自 2001—2010 年的 10 年期间，在全国建设 10 多个文化创意产业园区，10 个传统文化产业园区，1 至 2 个综合文化创意产业园区，形成全国的文化创意产业链……提升研发生产能力和文化创意产业的整体实力"②。

6. 文化输出能力超群

依照约瑟夫·奈的观点，"软实力"是源于文化、政治价值观及外交政策等非物质因素产生的吸引力和同化力。文化是一个国家的核心竞争力，亦是终极竞争力，文化输出表征着一个国家的"软实力"。从本质上说，"发展文化创意产业就是要促进文化内容和形式的创新力，扩大文化价值观的影响力，增强文化对产业的辐射力，提高文化传播的吸引力，提升全民族的文化素质，以推动文化强国的建设"③。

从世界范围看，目前美国文化创意产品的出口数量遥遥领先，位居其后的分别是日本和德国。数据显示，"全球影院 85% 的片源来自美国好莱坞，美国传媒业控制世界 75% 的电视节目和 66% 的广播节目的生

---

① 王乾厚：《发达国家文化创意产业集群发展及启示》，《河南大学学报》（社会科学版）2015 年第 4 期。

② 佟贺丰：《英国文化创意产业发展概况及其启示》，《科技与管理》2005 年第 1 期。

③ 厉无畏：《创意文化产业是文化强国的重要动力》，新浪财经，http://finance.sina.com. cn/hy/20111219/092911015611.shtml，2011 年 12 月 19 日。

产与制作"①。以电视真人秀节目《美国偶像》为例，除向全球 85 个国家直播外，还被 33 个国家仿制成"偶像"系列，如"加拿大偶像""印度偶像""澳大利亚偶像"等，全球产品授权效益达 10 亿美元。随着到达率更高、个性化更强的智能手机的普及，以手机为媒介终端的内容服务迅速进入美国创意产业在全球的业务领域，迪士尼一举成为目前全球最大的手机内容提供商之一。日本实行产、学、政一体化的独特模式，学、政机构为企业有效地提供国外市场的背景资料、发展前景和产业预测，以便他们能够更精确地掌握他国文化的特性，源源不断地把文化创意产品输往亚洲和世界各地。为了促进文化创意产品出口，英国成立创意产业输出顾问团，为创意产业提供咨询，协调创意产品出口；通过退税等措施鼓励创意产业发展海外市场，如规定游戏企业能在中国等国家展开海外合作，该企业将会获得最高 50% 退税优惠。②

二 文化创意产业国际化发展的战略选择

文化创意产业发展的精髓是创意，关键是战略。国际经验表明，对文化创意产业发展规律的深刻把握和战略选择的高度重视，是世界主要发达国家文化创意产业国际化发展取得创新突破的重要经验，相反，对文化创意产业不加选择的发展和保护有可能导致事与愿违的结果。

1. 美国：以知识产权战略拓展海外市场

知识产权数量的多少与国家综合国力的强弱呈正相关关系。当今世界各国经济竞争的一个显著趋势是从资本竞争演变为技术竞争，而技术竞争的根本就是知识产权的竞争。从 20 世纪 70 年代起，为了更好地保护其文化创意产品在国际市场的竞争优势，美国采取了一系列法律措施，例如，根据国家利益的需要，对专利法、版权法等知识产权立法不断修改完善，扩大保护范围，强化保护力度；出台"337 条款"和"特别 301 条款"，为美国在国际贸易中保护知识产权提供直接的国内法律

① 侯博：《基于资源产业的文化创意产业研究——以北京市为例》，博士学位论文，中国地质大学，2009 年，第 46 页。
② 参见陈淑荣《欧洲文化产业发展及其对河北省的借鉴作用》，《商业时代》2013 年第 19 期。

依据；积极推进知识产权保护的国际化，力促世界贸易组织将知识产权保护纳入国际贸易体制，进而影响国际市场结构与产业价值链分工。[①]近几年，美国政府继发布《美国创新战略》之后，又推出了"21世纪国家知识产权战略"，从战略高度对知识产权领域进行主动参与和积极部署，以期通过知识产权政策的实施，影响创新垄断的形式、力度和内容等要素，提高文化创意产业的竞争力。

正如国际知识产权联盟组织总裁艾立克·史密斯所说："当我们目睹全球信息时代黎明的曙光到来时，美国信息和娱乐业已经成为经济增长和贸易的先导。"统计显示，美国知识产权集中产业占全美商品出口总额的60.7%，占服务出口总额的19%。美国电影协会2012年电影市场统计报告称，美国仍是全球最大的电影市场，其票房为108亿美元，同比增长6%。美国电影业以全球8%左右的产业规模，控制了全球近80%的市场。世界娱乐业巨头迪士尼公司在全球有3000多家授权经营商，仅中国内地就有80多家，版权授权收入高达4亿多美元。作为全球最重要的版权贸易盛会之一，美国书展（Book Exposition of American，BEA）每年吸引来自世界80多个国家和地区的业内人士云集于此，年交易额253亿美元。从1996年起，美国版权产品成为美国最大宗的出口产品，其收入首次超过飞机、汽车、农产品、食物、制药等其他传统产业。2007年，美国版权产业的海外销售总额为1280亿美元，2010年增至1340亿美元。

2. 英国：创意人才培养驱动世界品牌战略

"人民的想象力是国家的最大资源。想象力孕育着发明、经济效益、科学发现、科技改良、优越的管理、就业机会、社群与更安稳的社会。想象力主要源于文学熏陶。文艺可以使数学、科学与技术更加多彩，而不会取代它。整个社会的兴旺繁荣也因此应运而生。"[②] 基于英国国会报告的这一认识，英国在从幼儿教育到初等教育再至高等教育的完整教育链条中，始终贯穿和突出创意人才培养的理念，并着力构建与

---

① 参见董崇悦《战后美国知识产权对外保护战略研究》，硕士学位论文，吉林大学，2011年，第1页。

② 转引自李程骅、赵曙明《发达国家创意人才的培养战略及启示》，《南京社会科学》2006年第11期。

之相应的课程体系和人才培养评价体系。

英国政府设立"英国文创技能委员会"（Creative & Cultural Skills），通过实施六大计划——国家技能学院（The National Skills Academy）、创意学徒计划（Creative Apprenticeships Program）、创意职业选择计划（Creative Choices Program）、创意蓝图计划（Creative Blueprint Program）、专业标准计划（Professional Standard Program）、舞台后场排练中心（The Backstage Centre Program），培育包括工艺、文化遗产、设计、文学、音乐、表演艺术、视觉艺术等在内的各类创意人才，帮助英国的创意产品和创意企业实施走向世界的品牌战略。据统计，全英范围内开设的创意类专业学位课程高达 37000 多门。

开放性是英国文化创意人才培养机制的突出特征。英国政府确信，经济的全球化必定会带来人才的快速流动。为了更有效地吸引和培养全球一流人才，关键是要破除限制人才流动的壁垒，营建有利于人才发展的社会环境和工作平台。近些年来，通过推出"牛顿奖学金计划"、规定英联邦国家高技术人才不需签证就可在英国工作两年、改革移民制度等诸多措施，英国政府吸引并汇聚了众多的全球创意人才。此外，积极促进创意企业与国际级教育机构之间的合作，如在上海举办创意英国活动，启动伦敦艺术大学北京创意产业中心……也成为英国创意产业做强做大的重要因素。

3. 法国：以"文化多样性"提高国际能见度

法国政府在文化发展方面不太依赖市场的作用，而更相信国家的扶持和庇护。法国电影产业长久以来屹立不倒的原因很大程度上归功于法国国家力量对影视产业的调控和干预，但国家对影视产业的扶持并非简单的行业补贴或者财政拨款，而是通过一个科学而缜密的影视产业资助体系来实施，具体执行机构是法国国家电影中心（CNC）。每年约有 5 亿欧元的 CNC 基金对电影、电视、视听艺术、多媒体等相关产业进行扶助和调控。与美国电影"市场至上"的模式化工业生产不同，法国电影市场则显得类型多样，喜剧片、剧情片、动画片、纪录片、艺术片等百花齐放。2010 年，法国电影市场票房 12.37 亿欧元，列世界第四位，其中艺术和实验影片的票房份额达到了总票房的 26.4%。法国政府坚持"文化多样性"的方针，既提高了法国电影的国际地位，也有效地抵御了好莱坞电影的强势冲击。[①]

法国政府高度重视文化的多样性，通过扩大资金投入和资源整合，扶持和鼓励艺术家创作，帮助其走向世界，提高国际能见度。1984 年由文化部与外交部共同成立的"南方基金"，旨在扶持法国与其他国家的合拍片项目（故事片、动画片、纪录片），这些影片多为艺术电影或纪实类电影。每年大约有 240 万欧元的南方基金用于资助亚、非、拉及中东欧国家的合拍电影。"国家视觉艺术中心"提供的"鼓励创作基金"，资助对象包括艺术家、纪录片摄影师、艺术修复者、作家、理论家、艺术评论家、出版商、画廊、移动影像，主要补助法国和国外专业艺术家在法国或海外未曾举办过个人展览者。申请期间，艺术家必须向委员会证明申展作品是首次展览。该项补助也适用于部分艺术家团体申请。

4. 德国：国际会展、国际大奖唱响文化创意品牌

文化是会展的灵魂。作为世界最大的会展国，德国的会展无论是展览主题、展会氛围还是展会服务，都体现出浓郁的文化气氛。德国之所以成为世界会展巨头，是与其众多的知名会展品牌分不开的。世界各国许多的文化创意产品正是通过德国会展活动走向国际的。全球每年举行的 130—150 个国际专业展会中，有 2/3 是在德国举办。其间，来自世界各地的约 17 万家参展商和 1000 多万名观众参与其中，展出面积达 690 万平方米，每年会展业直接收入超过 27 亿欧元。德国的汉诺威展览中心、法兰克福展览中心、科隆展览中心、杜塞尔多夫展览中心占据了世界五大展览中心的四席，其中汉诺威展览中心是世界上规模最大的会展场馆，占地面积达 100 万平方米。全球十大展览公司中的五家来自德国。有"出版业奥运会"美誉的法兰克福书展是当今世界最大的书展，每年吸引世界上 100 多个国家和地区的业内人士前来参展。它在为全球出版商、代理商和图书馆人员提供一个洽谈版权贸易、出版业务和展书订书平台的同时，也成为展示和弘扬德国文化的重要窗口。

德国注重通过设立基金或举办大奖和大型节事活动，激励产业创

---

① 参见舒叶《法国电影产业国家资助体系浅析》，《东方电影》2011 年第 10 期。

新，促进产业发展，提升文化创意品牌的知名度和国际竞争力。德国几乎在所有文化创意领域都设立了"大奖"，如"IF 设计大奖"、"红点设计大奖"、"德国回声古典大奖"［德国回声古典大奖（Echo Klassik）与英国《留声机》（Gramophone）、法国戛纳国际音乐博览会（MIDEM）和美国格莱美奖（Grammy Award）齐名，并称世界四大古典音乐奖项］、"德国电影奖"、"德国年度游戏奖"等。作为世界最负盛名和影响力的设计竞赛之一，"红点设计大奖"以自己独特的标准，在各个行业和品牌中寻找最富创意、兼具技术与艺术的优秀作品。红点大奖的评选结果既能让我们了解当前各个行业的设计总结与评价，也能洞悉未来各行业设计的趋势与走向。[①]

5. 日本："酷日本战略"带动文化"软实力"输出

"酷日本战略"（Cool Japan Fund）是日本为推动日本文化"走出去"而实施的一项重大举措。2011 年，日本经济产业省针对中国、印度、东南亚、美国及巴西等不同国家，制定"酷日本"（Cool Japan）出口战略的 10 个重点项目，通过在世界各地设立临时展销窗口，促进日本的动漫、流行音乐、电玩游戏、家电产品、时装和美食出口。他们认为："优质的日本产品会使海外产生对日本的敬意。" 在马来西亚，"酷日本"机构与三越伊势丹的合作，广泛销售日本的大众美食、凯蒂猫（Hello Kitty）等动漫人物商品以及最新的家电等商品，有望将日本商品所占的比重从目前的不到 10% 提升至 90% 以上。在中国宁波，"酷日本"机构将与 H2O Retailing Corporation 携手投资约 510 亿日元，建设日本境外最大的日系百货店。该机构还计划未来 3 年向通过互联网向海外销售漫画和模型的东京御宅风尚（Tokyo Otaku Mode）投资近 15 亿日元。

2013 年，日本首相安倍晋三开始正式推进"酷日本战略"，将其定位为经济增长的原动力，新设相关阁僚并增加了预算。日本经济产业省媒介内容课的横仓干人曾向澎湃新闻阐述了实施这一战略的三个关键发展阶段：第一阶段是以动漫、时尚、饮食文化等为拳头产品向海外展示日本文化的魅力；第二阶段是让本国企业走出国门，进行海外动漫、时尚等关联产业的开发并因此获利；第三阶段是吸引更多的海外游客赴日

---

① 参见金然《跨界：2010 德国红点产品设计奖》，《设计》2010 年第 8 期。

旅游观光，带动文化消费的增长。日本政府希望通过向全球展现日本的"软实力"来提升对外形象，帮助"重拾日本人的骄傲和自信"。因为"本国文化得到世界认同的话，会令国民产生自信。有必要让其与重振经济齐头并进"①。对于安倍政府力推"酷日本战略"的终极目标，日本数字好莱坞大学校长杉山知之一言以蔽之：引领日本迈向文化大国之路。

6. 韩国："跨界整合模式"拉长国际产业链

在亚洲国家中，韩国的"跨界整合模式"最卓有成效。以电视剧为主要渠道，韩国从电视剧《大长今》的成功开始，即有计划、有系统地推动文化创意产业发展。在"文化产业振兴院"主导下，影视产业除创造产业价值之外，还发挥了龙头作用，为观光、医疗美容、餐饮、服装、时尚、消费性电子商品等产业的国际化奠定了基础。韩国近年来在亚洲多国掀起了一股"韩流"，成为公认的文化出口新兴国家。韩国最大的游戏公司天堂游戏公司的年生产收入和利润率比韩国最大的企业三星电子还要多；韩国网络游戏大举进军中国（两岸三地），市场份额超过56%；其他的韩国文化创意产品，如影视、唱片等，也占据了至少10%的中国文化商品市场份额。

韩剧《来自星星的你》（以下简称《星》）在华热播不仅延展了产业链，而且使"炸鸡和啤酒"成为流行语，被列为"2014中国文化创意产业最受关注十大热点事件"之首。数据显示，《星》的网站点播率仅爱奇艺一家即创下3.5亿次的记录，"百度贴吧"有关《星》剧的评论跟帖点击率突破373万。在"星星效应"的带动下，其相关周边产品也受到追捧。中英文版本的小说《爱德华的奇妙之旅》因都敏俊教授爱看的缘故而在图书网站上很快售罄；剧中的服饰装扮成为时尚热点；同款唇膏告罄断货；看剧尚不过瘾的星剧迷们，更是扎堆报名韩国游，千里迢迢远赴《星》剧拍摄景点追寻和体验都教授与千女神的爱的传奇。精明的商家则敏锐地捕捉住"星你"的趋势，决定开发一款手机游戏。

---

① 沈靓：《安倍政权的成长战略支柱之一："酷日本"计划》，澎湃新闻，2014年9月26日。

结　语

作为一种高附加值的新兴智慧型经济形态，文化创意产业对一个国家或地区经济社会发展的强劲推动和突出贡献显而易见。探究世界主要发达国家文化创意产业国际化发展的前提条件、强盛动因和战略选择，意在更加自觉地立足中国实际，理性地借鉴与分享"他者"的先进经验和创新模式，活化文化资源，提升文化价值，延伸产业链条，扩大消费市场，保护创意品牌。正所谓"各美其美，美人之美，美美与共，天下大同"。中国文化创意产业国际化发展若是能在统一性与多样性之间形成融合创新的张力，则有可能使人类文化精神在新层次上实现超越。

（原载《编辑之友》2016 年第 5 期，本文与王思齐博士合著）

中国文化体制改革面临的挑战

　　从"全球化"的视野看我国文化体制改革问题，或许能看得更透，想得更深，抓得更实。毋庸讳言，"全球化"对当今世界经济社会发展的影响是全方位的。在"全球化"背景下，世界文化产业的发展呈现出三个新趋势：一是文化产业已成为一些发达国家国民经济与社会发展的支柱产业。在许多发达国家，文化产业不仅是该国文化的基本形态之一，而且越来越成为强大的经济实体，创造出了可观的经济效益。今天的文化，已实实在在成为社会生产力的重要部分，并成为一个国家综合国力的最直观最具体的反映。文化产业已发展成为一个生机无限的经济生长点，蕴藏着巨大的利润空间。二是跨国文化产业集团将成为影响国际文化版图构成的重要力量。在全球化竞争中，跨国文化产业集团既能根据国际市场的变化迅速调整结构，开发出新产品，又能在全球范围内对各种资源和经营能力实现优化组合。这些到处安家落户的跨国文化产业集团不可遏止地制造出一种新的世界文化。三是文化产业的数字化趋势正在给文化产业的存在形态和发展趋势带来革命性变化。文化产业是知识密集、信息密集、技术密集的领域，各种先进的高科技正与高文化整合成高新文化产业形态，数字化、网络化已成为发展必然趋势，许多发达国家都借此壮大自己的文化产业。事实表明，数字化将使影视艺术突破实景拍摄的局限，走向更加广阔的表现领域。在加快节目创新的同时，也降低电视节目的制作成本。

　　在这样的背景下，我国的文化体制改革面临着以下几个方面的挑战。

　　首先，是面临大力提高文化市场竞争力的挑战。计划经济重视"总量"概念，市场经济则强调"竞争力"概念。在这个充满竞争的世界，中国要想在世界上获得应有的地位和尊重，中华民族要想生存和发展，必须提高自身的国际竞争力，而文化产业竞争是国际竞争的最主要内容。长期以来，我国文化市场的发育比较滞后，管理很不规范，许多规则和指令相互冲突与矛盾，没有形成真正意义上的市场。拿政府的钱搞活动，用结余下来的钱当利润；电视台的剧组长期以来是靠吃制作费过日子，所谓的利润也都是些伪利润。然而，时序代变，当我们置身于全球经济一体化、整体传媒国际化这样的现实背景时，要想赢得应有的"文化版图"，我们就必须融入市场经济的潮流，采用国际通行的规则和手法，提高文化产品的核心竞争力。因为产品没有商品品位，就构不成流通价值；没有流通，就形不成市场。因此，从某种意义上说，"市场份额"的占有也就是"文化份额"的占有。

其次，是面临制定和完善与 WTO 规则接轨的法律法规，切实保护知识产权的挑战。竞争作为促进文化产业发展的最佳手段已被普遍认同，但如果没有公开有力的法制保障和制约手段，文化产业发展的良性循环亦难以想象。加入 WTO 后，我国一要根据世贸组织规则和入世后的现状，制定相关的文化法律法规；二要按照 WTO 规则对现行文化管理法规（如影片分级制度）进行一次全面清理；在加强立法的同时，还要加大执法力度。文化产业的各行各业几乎都涉及知识产权问题。知识产权包括专利权和版权。它从法律上规定拥有专利权和版权的企业可以独占利益。国际版权保护已成为当今文化产业发展最重要的问题之一。美、德、法、日、英等 43 个国家的统计资料表明，凡版权保护不力的国家，其音乐出版业的收入也低，10 个版权保护最为严密的国家恰恰是从中获利最多的，占了全球音乐出版业总收入的90%。

再次，是面临严重的人力资源储备不足的挑战。以人力资本为代表的无形资产投资，在现代经济发展中发挥着极为重要的作用。文化产业是高科技与高文化相结合的产业，也是体现先进生产力发展要求的产业。因而这是一个特别需要高素质人才支撑的领域。在当今信息时代，数字化、网络化已成为必然发展趋势，各种先进的高科技正与高文化整合成高新文化产业形态。文化产业发展的这种先进性要求必然对文化产业的经营管理人才结构，特别是文化经营管理人才的知识、能力和综合文化素质提出更高的要求。面对入世后全球化竞争的挑战，从总体上说，我国从事文化产业经营和管理的人才数量不足，层次偏低，结构不合理，特别是懂得市场运作、熟悉和掌握国际规则、有较强经营管理能力的复合型文化产业人才更加紧缺。随着国外文化产业集团抢占我国文化市场，他们又提出了人才本土化的要求，这必将引发新的人才争夺战。据悉，时代华纳集团已委托北京大学培养高级经理人员。这透露出一个重要的信号：人才流失对于人才准备不足的我国文化产业来说，将意味着更加严重的"贫血"。从这个意义上说，培养文化经营管理人才已经成为一项刻不容缓的战略任务。

（原载《新闻界》2004 年第 2 期，此次出版有修订）

论中国传媒集团的成长机制

传媒集团是若干个关系密切的传媒机构，由于业务的发展或市场的扩张或出于竞争的需要，通过新建、资产兼并、股权运作或相关协议等方式所组成的空间集合体，它是传媒产业的规模效益和经济实力达至较高水准的显著标志。传媒集团的成长，一方面，会受到外部有效性资源的限制而呈现一个有限的规模区间；另一方面，也可以依靠内生成长动力，通过加大供给、优化结构、集聚人才、革新技术等手段，创造新的机会和成长的空间。综观中国传媒产业的发展特点和现实状况，政府引导机制、市场驱动机制、人才集聚机制、立法保护机制、文化整合机制和技术创新机制的建立，是中国传媒集团得以健康成长的重要保证。

一 政府引导机制

传媒产业虽然是一种市场行为，遵循的是市场经济规律，但这并不意味着政府在其发展过程中就无能为力或无须作为。相反，政府所起的作用是市场无法替代的，政府可以凭借其强大的公信力和丰富的资源，通过大众传媒的舆论引导、政府主导的资源配置、持续释放的行政牵引、精干高效的公共服务等方式，为传媒集团的健康成长创造良好的外部条件。质言之，对传媒集团成长的强力引导和科学规制，是政府在传媒产业发展过程中必须承担起的基本职责和应当履行的基本职能。

1. 舆论引导

借助大众传媒，在全社会范围内传播、普及有关传媒产业的知识与信息，提高人们对传媒产业的重要意义、基本要求及相关政策法规的认同度和支持度，为传媒产业发展奠定统一的思想认识基础，创造良好的舆论氛围，是政府责无旁贷的一项重要使命。

当前，舆论重点要解决的是解放思想、统一认识的问题。一方面，要引导人们不再简单片面地强调传媒的事业属性，不再将传媒生产视为光投钱不赚钱的社会公益性、事业性项目，而应真正自觉地形成传媒产业、传媒市场、传媒价值意识，要从市场经济的视角来界定、考量、经营传媒产业，传媒产业发展必须遵循市场规律；另一方面，要引导人们意识到，传媒产业是旨在满足物质生活已大大提高了的人民群众日益增长的精神需求的崭新产业形式，现在不是要不要发展传媒产业的问题，而是发展得早还是迟、快还是慢、好还是差的问题，是关系到能否抓住当前产业升级的重要发展机遇来发展传媒产业，以促进社会经济高效、均衡、持续、和谐发展的问题。

2. 政策扶持

经济调控、市场监管、社会管理和公共服务是政府的重要职能。世界上任何一个国家，都会充分运用其所掌握的行政手段，通过制定各种政策、法规或其他干预行为，引导和促进传媒产业的发展。经验表明，在传媒产业的发展初期，政策的扶持和拉动尤显宝贵和重要。在日本，将新闻、出版、音乐、广告甚至手机、汽车等多种产业结合起来的动漫、游戏产业，衍生出了与传统概念中的文化产业完全不同的"新文化产业"。为此，2003 年，日本政府成立了"知识财富战略本部"，正式把"新文化产业"确定为国家发展战略的一项重要内容，对这一产业放宽限制，增加预算，完善相关法律。同时，日本民间也开始积极兴办动漫学校，通过举办动漫和游戏大赛等各种方式，大力培养人才，壮大动漫和游戏的创作队伍。日本通过发展"新文化产业"，变"产品输出"为"文化输出"，推动了日本经济发展。

3. 宏观调控

强化政府的适度介入，对传媒集团的成长是必要且有效的。这个作用既包括地方政府的传统功能，如基础设施建设、产业规划、金融支持、市场规范等，又可以延伸到更新的服务领域，如实施区域营销战略、营建创新环境、建立社会信用体系等。2004 年 9 月，中央宣传文化部门对综合性试点地区建立文化市场综合执法机构提出了具体意见。其中明确在综合性试点地区，以属地管理对文化市场实施统一综合执法，在地级市、县级市和县域内，对其现有的文化局、广电局、新闻出版局实行合并，设立文化广电新闻出版局，同时履行原三个部门的行政管理职能。建立文化市场综合执法机构，是文化体制改革的又一项重大决策，尽管出发点是理顺文化市场执法体制，但是对我国文化管理体系的宏观结构将是一次重大调整，将为传媒产业的互融互通、加速发展提供新的空间和机遇。

4. 公共服务

在市场经济条件下，政府和市场是推动传媒集团成长的两个主要力量。政府是市场规则的制定者，而不应是市场竞争的参与者。因此，政府应成为市场经济的服务者，其主要职责是创造有利于市场经济发展的大环境，弥补市场缺陷，履行由市场、企业和个人无法有效提供的公共服务职能，从而使公共服务真正成为市场经济的稳定器和调节器，更大程度地发挥市场在资源配置中的基础性作用。传媒集团成长过程中需要政府提供的公共服务体系除基础设施之外，还包括信息咨询服务，负责为传媒集团提供市场信息、技术信息、政策信息和人才信息；培训服务，为传媒集团提供技术培训；诊断和经营指导服务，帮助传媒集团进行信息、资金管理；中介服务，为传媒集团与科研机构之间、集团与集团之间开展经济协作及产品出口牵线搭桥等。[①] 所有这些公共服务都是传媒集团成长壮大的基础。

二 市场驱动机制

在市场经济条件下，凡是有资源配置、能量配置的地方，都将在不同程度上导入市场法则。作为整个经济链条上重要一环的传媒产业当然也无例外。传媒集团成长的兴衰取决于制度的现代化，而制度的现代化就是市场化。今天，我们置身于经济全球化、传媒国际化的现实背景之

---

① 参见胡宇辰、吴群《基于产业集群发展的政府职能分析》，《经济问题探索》2004 年第 11 期。

下，若要赢得应有的"文化版图"，就必须融入市场经济潮流，建立市场驱动机制，提高传媒产品的核心竞争力。因为产品没有商品品位，就构不成流通价值；没有流通，就形不成市场。因此，从某种意义上说，"市场份额"的占有也即"文化份额"的占有。

1. 充分发挥市场对传媒资源配置的基础性作用，提高传媒产业要素集中度，逐步建立跨行业、跨地区的传媒集团

经济全球化必然伴随传媒全球化，传媒全球化使传媒市场逐渐整合成巨大的全球市场，而传媒市场化又使资本的力量得到空前释放。从20 世纪80 年代中期开始，随着真正的全球商业媒体市场的出现，国家媒体业发生了戏剧性的重新组合。控制全球媒体新系统的是30—40 家大型跨国公司，而雄踞全球市场顶峰的是10 家左右传媒公司，且其中大多数集团公司都把基地设在美国。全球传媒一系列兼并重组战略启示我们："孤立的单个资源利用率是最低的，而灵活组合的多种资源群的利用率则最高。不管今天的企业竞争力有多么强大，决策者必须对公司的资源不断投资，同时，把别人的资源有机地整合进来，成为集团化的领导者和牵头者。"①

2. 积极扩大社会融资渠道，放宽市场准入，形成投资主体多元化

美国传媒产业一条十分重要的成功之道，就是面向全球市场的产业化发展理念。借助贸易自由化潮流，美国传媒产业已经取得了向全球输出的主导权，且正在从资金、技术、信息等要素的全球自由流动中受益。在传媒产品制作中，立足于全球市场需求并引领潮流，牢牢把握海外销售市场，输出美国的文化价值观，通过影响人们的观念来进一步培育消费市场成了美国发展传媒产业的法则。为了有效地改善因投入不足而严重制约影视产业发展的问题，国家广电总局《关于促进广播影视产业发展的意见》明确今后将"扩大投融资渠道，放宽市场准入"，"吸引、鼓励国内外各类资本广泛参与广播影视产业发展，不断提高广播影视产业的社会化程度"。这一政策的出台，对形成广播影视产业投资主体的多元化具有重要促进作用。

---

① 花建：《经济全球化与中国文化产业的发展导向》，《上海改革》2000 年第12 期。

3. 高度重视对市场消费趋势及竞争态势的分析，全力打造独具特色的个性品牌，在竞争中争取最大的市场份额

凯文·曼尼在其著作《大媒体潮》中预测，21 世纪的媒介品牌将成为激烈的战场，无论是新兴媒介品牌对传统媒介品牌资源的争夺，还是同类媒介品牌之间的竞争，都将会使媒介市场更加不平静。媒介市场竞争已逐渐成为品牌的较量。以品牌来建立媒介产品在市场上的地位，树立媒介形象，已成为十分有效的媒介竞争手段。一些跻身于世界 500 强的跨国集团公司由于市场分析透彻、目标定位明确、资源配置得当，因而其每年经营的产品效益令人刮目相看：法国维旺迪环球集团经营的电影、电视、音乐、主题公园等娱乐产业，收入约计 240 亿美元；日本索尼公司自开发娱乐音像制品技术以来，年营业额曾高达 531.56 亿美元。这些风靡世界的著名品牌，在带给其所属集团公司滚滚红利的同时，更重要的是确立了它们在世界文化产业版图上的霸主地位。

三　人才集聚机制

20 世纪 60 年代，以舒尔茨为代表的经济学家提出现代人力资本理论，认为人的健康、生产技术和生产知识是一种重要的资本形式，人力资本比物质资本在社会生产和经济增长中的作用更加明显，贡献比重更大。因此，千方百计地聚集和开发各种人力资源，以优势产业集聚人才，以重点项目吸引人才，以合作方式招揽人才，并努力使之人尽其才，发展"激励性契约"，业已成为传媒集团保持竞争力和生产力的核心问题。

1. 着力集聚和培养经营管理型人才

经济学家熊彼特（Joseph A. Schumpeter）认为，企业家的创新行为是推动经济发展的一个革命性因素。一些企业通过企业家的创新活动，把一种全新的生产要素组合率先引入生产体系，从而带来了更高的利润，由此引起的竞争带动了一大批追随者和模仿者，使生产要素的新组合扩散到一般企业，最终导致整个社会经济结构的更新和生产方式的质变。对传媒产业而言，在其由事业转向产业，并建立起有效的产业可持续发展机制的过程中，谁能接替"政府能人"的作用，完成这一变革过程？

应该是一种特殊类型的企业家——一种能将传媒资源和经济资源有机整合的企业家。在我国,职业企业家特别是传媒产业领域企业家的缺席,是一个需要正视的问题。这也是造成传媒产业领域政企、企事、"管办"难以分离,传媒集团不得不始终依靠"政府能人"的原因之一。

2. 着力集聚和培养业务精湛的专业技术人才

现代产业社会正从一个受资本支配的世界转变为一个受知识支配的世界。在这个环境中,传媒集团的成长与发展,不仅需要带领中国传媒走向世界的企业家,也需要业务精湛的专业技术人才。据央视统计,2004 年上半年我国有 151 个电视台播出动画片,保守估计每个电视台平均每天播出 20 分钟,以 20% 首播来计算,那么我国动画片的总需求量将在 13 万分钟左右。按中小制作标准,我国动画制作人才需求量近4 万人;如果以实际需求量 25 万分钟来计算,人才需求则将近 9 万人。但是现有人才远远达不到这个数字。[①] "目前,国内缺乏的是动画技术熟练,同时又具有较强的包括原画、造型、场设、统筹、导演等方面的人才,或者是极其了解动画产业,又具有策划、编剧、推广、经营方面的人才。"[②] 这一窘状提示我们:着力集聚和培养业务精湛的专业技术人才迫在眉睫。

3. 着力建立一套行之有效的人才使用、激励机制

人力资本的一个重要特性,在于人力资本需要很强的激励才能最大限度地发挥作用。根据人才的这一基本特征,传媒集团的要务就是竭力认识、保护和提升已有的人才资源以超越市场上的竞争者。一方面,要彻底改变"见物不见人"的观念,切实做到以人为本,把发现人才、培养人才、吸引人才、稳住人才,让人才的创造性得到最大程度的激发作为集团的最重要任务,构建创新环境,完善创新服务,营造创新文化;另一方面,要深化分配制度改革,积极探索技术要素和管理要素参与收益分配的办法,实行业绩与收入挂钩,允许传媒品牌、创作和科研成果等要素参与分配,建立适合传媒创意劳动特点的分配激励制度。这样,就可能形成人才辈出的局面,避免造成人才资源的浪费或流失。[③]

---

① 参见郭虹《为中国动画业献言》,《光明日报》2005 年 5 月 6 日第 4 版。

② 卢小雁等:《论动漫产业的成长规律与政策引导》,《中国传媒报告》2006 年第 4 期。

③ 参见姜文艺《加快山东文化产业发展的对策建议》,《山东社会科学》2006 年第 5 期。

四 立法保护机制

市场经济本质上是法制经济。平等的市场主体、完善的市场体系、规范的市场规则、有效的宏观调控体系，是市场经济的基本构成要素。市场经济也是一种在市场机制作用下以追求尽可能多的利润或经济收益为目标的经济。从根本上说，市场经济的全部活动都是以产权为基础并围绕产权来展开的。产权归属一经准确界定并依法明确认定，就具有了排他性，并受到法律的严格保护，其他任何主体不可随意侵犯。健全的法律能为政府和主管部门提供切实可行的法律依据，成为调控传媒市场的手段并使之逐渐机制化，促进传媒产业与其他产业及整个社会和谐发展。根据当前我国法制建设的实际和传媒产业发展的需要，加快立法进程，加大执法力度已成为传媒集团成长的当务之急。

1. 在立法方面，必须建立和完善一整套符合国际惯例的法律法规体系

一是对传媒集团资产重组依法进行。法律法规作为一种制度，其对经济的作用就在于通过规定事物发展、运行的范围、形式及方向来减少经营活动中的交易成本而提高生产效率。资产重组是通过不同法人主体的法人财产权、出资人所有权及债权人债权进行符合资本最大增值目的的相互调整与改变，对实业资本、金融资本、产权资本和无形资本的重新组合。资产重组是一种市场行为，由国家制定出相应的法律、法规来引导传媒产业的结构调整和资产重组，由有关行政主管部门依法管理与监督，通过立法、行政加以规范，可以有效地防止国有资产流失或造成不必要的浪费，引导传媒产业健康发展。

二是对传媒产业制定法律法规予以保护。中国加入 WTO 不只是一个重大事件，而是一个漫长的过程。它需要中国的传媒集团不断适应WTO 的规则，从而促进全球传媒产业的利益平衡。加入 WTO 会提升中国传媒产业的竞争意识，从而把评价标准定在全球性的水准而非中国的水准上。我们要根据世贸组织规则和入世后的现状，制定诸如新闻法、出版法、知识产权保护法、电影法、电视剧（片）法等相关的传媒法律法规。同时，还要按照 WTO 规则对现行传媒管理法规进行一次全面清理，以尽快适应并对接国际规范。

2. 在执法方面，应当提高违法行为的必然成本，降低违法行为的收益

目前，制假售假仍是我国经济和社会发展的一大公害，劣币驱逐良币现象仍然难以消除，知识产权保护已成为影响传媒产业发展最突出的问题之一。国家新闻出版署收到的各地许多管理部门的报告显示，社会上常有一些部门单位游离于出版发行之外，偷漏税收，违规从事图书发行工作。初步统计，每年这些违规从事图书发行的数额高达几十亿元，这严重破坏了传媒市场秩序。为了加大执法力度，维护法律的尊严和社会正义，社会应当提高违法行为的必然成本，降低违法行为的收益。因为违法成本越低，人们就越倾向于选择违法，甚至选择通过违法获利，为此不惜付出受到较小处罚的代价。大幅地提高违法成本，可以遏止违法行为发生，或虽然发生了违法行为，也有利于对其造成的损害后果进行有效的救济。

五 文化整合机制

专家估计，农业经济对自然资源和能源的依赖程度大约为 90%，工业经济为 60% 多，而新经济可将这种依赖程度降至 20% 以下。如今，社会进步和文明程度正在越来越多、越来越显著地取决于知识的发现利用和文化的创新整合程度。①

丹麦未来学家沃尔夫·伦森预言，未来收入最高产业要数那些"故事大王"，一个文化产品价值的大小不再因其科学含量和艺术品位的高低，而是取决于他们给产品所编的故事。人们精神需求的多样化，为文化的发展提供超越国界的市场空间和市场活力，人们精神需求的无限性和文化发展的无限性，要求人类还要不断创造新的文化内容和形式，以引导和创造文化需求和文化市场，传播人类普遍认同的价值观念。② 依借迪士尼、好莱坞大片、皮卡丘、MTV 和 Internet，美国及西方主要发达国家将它们的意识形态、价值观念和生活方式"合法地"传遍了全球，这些崭新的人类文化载体形式，毫不费力地突破了社会体

① 参见马颂德《新经济的使命》，《中国科技产业》2001 年第 12 期。

② 参见丁言《主流文化的困惑与自省》，科技中国，http://www.tecn.cn，2006 年 8 月 28 日。

制的屏障，增进了各国间的文化交流与融合，极大地了促进全球范围内跨越民族的情感参与和心理认同，进而使其影响迅速扩大与涵化。

我国与西方国家在社会制度、文化传统、意识形态等方面存在差异，且又刚刚转向市场经济体制，传媒集团若要赢得更多的发展机遇，有赖于它将历史意识与时代意识、民族意识与世界意识结合起来，一方面以健康的心态对待历史文化，将现实中国文化植根于历史文化的深厚土壤之中，另一方面积极主动地融入"全球化"进程，以时代精神和时代文化来熔铸历史文化；一方面要有民族的自尊与自强，坚持中国文化的民族传统和民族形式；另一方面以开放的心态面向世界，广泛吸收世界其他民族其他国家的一切优秀文化成果，以充实和丰富民族文化，将中国文化汇入世界文化的大河中去。① 也即通过对异质文化的整合，在统一性和多样性之间重新构筑一种强有力的张力场，增大传媒产业的可能性空间，增强传媒集团的生命力。

业界人士至今仍津津乐道于美国迪士尼公司制作的动画片《花木兰》。与以往的美国动画片截然不同，花木兰替父从军这一动人心魄的中国故事，以其鲜明的东方艺术风格和独特的文化价值观念吸引了许多西方观众的眼球。中国人重视家庭荣誉、抱持个人应该报效国家的固有价值观念在片中得到了充分体现。显然，这种严肃的主题与迪士尼过去热衷于逗趣的风格大异其趣。在相当程度上，中国传奇故事被跨国公司西方化和全球化的过程，也是西方文化、美国文化为了自己的需要而改造其他文化、据为己用，并创造巨额利润的过程。

近年来，借助传媒产业，中国与西方主要发达国家举办的文化交流活动渐趋频繁。1999 年法国巴黎承办的"中国文化周"、2000 年中国主办的"中国文化美国行"、2000 年中日共同举办的中日文化观光交流大会、2004 年中德合办的"中德文化周"、2006 年和 2007 年中俄双方轮流举办中国"俄罗斯文化年"和俄罗斯"中国文化年"以及"亚洲艺术节"、"相约北京"联欢活动等盛况空前，影响深远。借此，中国文化与世界文化不仅进行了零距离的互补性交流，而且还将域外的资本、资源与经验同中华民族独特的文化资源相结合，形成更强大的民族

---

① 参见王哲平、何玲华《全球化语境下的文化自觉》，《广东教育学院学报》2003 年第 4 期。

文化产业。

六 技术创新机制

传媒产业是知识密集、信息密集、技术密集的领域。运用高新技术特别是信息、网络技术进行文化传播、发展传媒产业，已经成为全球传媒竞争和发展的大趋势。国内外有影响的传媒产业都在不断通过提高其传媒产品和传媒服务的科技含量来开发、转变和引导传媒产业市场的消费热点，增强自身的市场竞争力。因此，牢牢把握现代高新技术为传媒产业发展开拓新的空间，是传媒集团谋求更快更大发展的难得的历史机遇。

1. 突破介质壁垒，创新文化传播平台

进入 20 世纪 90 年代，传播科技进步的主要标志之一是数字压缩技术的异军突起，并且迅速促成了通信卫星的结构与功能的深刻变革。数字化技术带给大众传媒的最大惊喜，就是互动性、时效性空前增强，接收终端的音画质量大幅提高，并且可以突破过去那种以介质为壁垒的市场格局，实现跨媒体的融合互动和信息的海量储存、便捷采集，使产品的深度开发成为可能。2006 年 1 月，日本政府的 IT 战略本部发布了"IT 新改革"战略，明确提出将建设"遍在网络社会"的目标。"遍在网络社会"将方便人们在任何时间和地点，通过多种介质向任何人或终端，便捷地实现信息互换。为了适应这一网络融合、技术互通和普遍应用的发展趋势，日本新闻媒体作为主要的内容生产商，积极探索，应对新传播环境的挑战。不同媒介形态的努力进一步模糊了彼此的边界，呈现出媒体融合的发展态势。①

2005 年 6 月 1 日，中国第一门户网站新浪与山东广播电视台齐鲁频道正式携手，双方就新闻、节目、活动、无线业务等方面展开广泛合作。新浪网为齐鲁台提供强大的网络平台和信息资源，包括网络展示、信息支持和网络互动，并与齐鲁台实现新闻资源和优秀节目方面的信息共享，齐鲁台的多个精品节目将在新浪网上进行展示并获得强大的网络

---

① 参见翟娜娜《日本："遍在网络社会"带动媒体融合》，《中国记者》2006 年第 6 期。

互动功能，迅速扩大影响力。可以预见，随着网络的普及和宽带技术的进步，网络媒体与电视媒体的汇合交融，定将整合出多种媒体集成的传播优势与核心价值。

2. 瞄准新媒体新业务，开拓新型消费市场

在以消耗巨大能源为代价的大工业逐渐让位给高科技的文化产业时代来临之际，庞大的传媒产业越来越显露出它的市场价值，展现了它广阔的消费市场和潜力。瞄准层出不穷的移动电视、网络电视、IP 电视、手机电视、Flash 动画、网络游戏、数字电视图书馆、网络音视频业务等新媒体新业务巨大的市场潜能，主动寻求以自身的品牌和内容资源与新媒体良性合作，这将是传媒集团图强崛起的宝贵契机。

借助网络迅速蹿红的 Flash，由于具有制作成本低，周期短，产品可以多样化，且能把音乐、动画、声效及交互成功地融为一体等优势，业已成为一种全新的文化传播方式。在为人们传递轻松幽默的友情亲情的同时，Flash 的商业价值也日益凸显，带来一条快速挺进动漫领域、快速占领动漫市场的捷径。目前，全国最大的 Flash 制作团队之一——千龙新闻网 Flash 动画设计中心，正在潜心制作各种有着明确受众对象、明确市场地位的 Flash 系列动画，比如针对青少年的"中国成语 Flash 动画"，针对办公族的"e‐office"等等。而江苏电视台等电视机构则已为商业 Flash 动画开出了 200 至 600 元/秒的价格，[1] 其巨大的增值空间可见一斑。

（原载《中国传媒报告》2007 年第 1 期）

---

[1] 参见龙夫《Flash 动画"飘"出无限商机》，《科技创业》2002 年第 2 期。

风险社会中文化产业集群的风险规避

后现代社会的一个突出特征，就是人类面临着威胁其生存的由社会所制造的风险。德国社会学家乌尔里希·贝克在其《风险社会》一书中开宗明义地指出："在现代化进程中，生产力的指数式增长，使危险和潜在威胁的释放达到了一个我们前所未有的程度。"乌尔里希·贝克认为："风险可以被界定为系统地处理现代化自身引致的危险和不安全感的方式。"① 这就是说，它源自人为的方式介入自然和社会生活的结果。与传统风险相比，现代风险具有五个鲜明特征：决策决定性；难以认知性；后果延迟性；大灾难的可能性；全球性。风险的来临意味着未来不确定性的极度增长，预示着人们所追求的价值已由工业社会中正面的获利，转变为风险社会中的预防、规避风险，生活的动力亦已由工业社会中对物质的追求，转变成风险社会中对风险的处理、分散与整合。② 对此，人们务必保持高度警惕。置身于风险社会中的文化产业，如何理性地衡量和评判自身的经营状况与外部产业环境，确定产业经营战略目标并进行相应的风险评估，从而有效地规避可以预见的风险，应当成为其发展过程中必须给予高度重视的环节。

一 规避文化安全的风险

文化安全是风险社会中世界各国普遍关注的一个问题。它主要指人们认为自己所属"国家—民族"的"基本价值"和"文化特性"不会

---

① ［德］乌尔里希·贝克：《风险社会》，何博闻译，译林出版社2003年版，第19页。
② 参见刘莹《贝克"风险社会"理论及其对当代中国的启示》，《国外理论动态》2008年第1期。

在全球化大势下逐渐消失或退化的"安全感",具体包括政治文化和社会管理制度上的安全感,传统文化和独特价值体系上的安全感,民族语言和信息传播上的安全感,国民教育体系和国民素质上的安全感等。[①]文化安全的核心是意识形态安全。针对美国在关贸总协定的乌拉圭谈判中提出的文化产品贸易自由化,法国坚持"文化例外"政策,反对将视听产品纳入世贸组织贸易规章制度中,终使1993年欧洲议会采纳了"文化例外"原则。文化的力量虽然"没有导弹驱逐舰那样气势汹汹",却能够"改变人思想感情的归属"。美国学者布热津斯基曾一针见血地指出:"归根结底,控制人类共同命运的努力的成败取决于具有极端重要意义的哲学和文化层面,正是它形成了指导政治行为的重要观念和思想。"[②]

资料显示,日本几乎垄断了全球的唱片业和动漫卡通业;美国则占据了世界电影市场80%的份额,控制了世界75%的电视节目和60%以上的广播节目的生产与制作;德国的贝塔斯曼,10年间,其业务由邮购、网上销售发展到连锁销售再到批发,全面进入中国出版物的分销市场。反观我国的一些文化产业和文化产品,整体上重资本和技术,轻创意和研发,缺乏中国气派和中国特色,致使对内缺乏吸引力,对外缺乏竞争力,面临着中西文化交流中入多出少的巨大"文化赤字"。多年来,中国图书进出口贸易大约是10∶1的逆差,图书主要出口到一些亚洲国家和中国港澳台地区,面对欧美的逆差则高达100∶1。由于急功近利、浮躁和媚俗,一些内容严肃或比较严肃的作品不得不借助煽情的甚至有色情暗示的书名来保证市场销售的利益。

反思当前我国文化产业和文化安全的状况,下述三方面在决策应对时需要考虑:首先,建立国家文化安全预警系统,设置文化产业发展的安全"红线"。通过对国际文化市场文化商品的流动趋势及其以各种渠道影响和进入我国文化市场所可能导致对我国文化产业、文化市场发展构成的威胁,特别是可能对我国文化产业发展构成灾难性后果的不良趋势的分析,及时准确地预告或警示潜在的风险,并启动相应的国家机制

---

① 参见黄俊英《如何认识维护国家文化安全?——访浙江大学传媒与国际文化学院教授潘一禾》,《观察与思考》2007年10月17日。

② [美]布热津斯基:《大失控与大混乱》,潘嘉玢、刘瑞祥译,中国社会科学出版社1993年版,第128页。

和管理手段予以处置。①

其次，积极推进文化创新，增强中国文化的吸引力和传播力。《世界文化多样性宣言》第五条规定：文化权利是人权不可分割的一部分。创造多样性的繁荣有赖于文化权利的全面实现。文化产业的发展状况，在很大程度上决定国家文化吸引力和传播力的强弱。只有以文化建设引领文化产业发展，不断赋予文化产品以时代的内涵和创新的活力，才能提高文化产业的竞争力，占领国家文化安全的战略制高点，进而更好地捍卫民族文化的独特性。

最后，摒弃二元对立的思维模式，加强对外文化交流。积极参与国际文化市场竞争，既"走出去"，又引进来。只有中国的文化产品真正走出了国门，并赢得世界各国更加广泛的认同、欣赏和被吸收，中国的文化国力才能得以真正壮大，中国文化的世界影响力才能得到迅速提升。

二 规避企业文化抵牾的风险

生产力的提高是人类社会进步发展的驱动力。然而，"在提高生产力的努力中，相伴随的风险总是受到而且还在受到忽略。科技的好奇心首先是要对生产力有用，而与之相联系的危险总是被推后考虑或者完全不加考虑"。也就是说，我们对风险防范的研究要远远落后于从环境、进步和文化的视角对工业体系进行社会批判的学理研究。② 文化对社会政治经济秩序的威胁，有力证明了风险社会对当下乃至未来挑战的严峻性和紧迫性。

作为一种组织文化，企业文化是企业全体员工在长期的生产实践中形成的群体意识、历史传统、管理风格和行为方式，是企业价值观的表现。企业文化是不同形态的文化特质所构成的复合体，它贯穿于企业的日常生活和生产经营活动之中，根植于员工的心灵深处。建立文化产业集群，是为了更好地整合企业资源，节约管理成本，取得竞争优势，实现更高的经营利润。但是，不同的企业拥有不同的企业文

---

① 参见胡惠林《文化产业发展与国家文化安全——全球化背景下中国文化产业发展问题思考》，《上海社会科学院学术季刊》2000 年第 2 期。

② 参见［德］乌尔里希·贝克《风险社会》，何博闻译，译林出版社 2003 年版，第 71 页。

化，不同的企业文化塑造出不同的经营理念、品牌气质。在经营管理中，它们之间的冲突往往会抵消产业集群带来的好处，直接损害到产业集群的经济效益。约翰·科特和詹姆斯·赫斯克特在《企业文化与经营业绩》中已明确指出："企业文化在 21 世纪将成为企业兴衰的关键因素。"

文化产业集群的形成，客观上势必带来不同企业文化之间的相互碰撞。尽管这一现象有时隐蔽，有时显豁，但是，在企业的整合过程中，若不从深层次上进行文化的整合或提升，那就难免会造成貌合神离的局面，导致整合矛盾重重，发展步履维艰，甚至酿成整合的失败。

据联合国贸发组织统计，最近 20 年全球并购金额以年均 42% 的速度迅猛上升，到 2001 年跨国并购的规模已经达到 114000 亿美元。然而，波士顿咨询集团的研究发现，只有不到 20% 的公司在并购目标企业之前考虑过文化整合计划，忽视文化的整合是导致公司并购失败的重要原因之一。一个典型的前车之鉴是，1989 年，日本索尼公司出资 34 亿美元兼并美国哥伦比亚—三星（Columbia-Tristar）电影公司。但是，兼并之后索尼才发现自己对好莱坞电影业的管理一窍不通，最糟糕的是，以严谨著称的日本企业文化与有散漫传统的好莱坞文化无法整合，兼并后并未产生 1 + 1 > 2 的整合效应，经营出现了大量亏损。到 1999 年，累计损失已达 32 亿美元。

众多的跨国传媒并购失败的案例昭示：产业集群的效率与强制的文化是难以共存的，资源的重组和整合并非轻而易举之事，尤其是与意识形态密切相关的传媒领域，在遇到文化差异时更应该谨慎行事。文化产业集群要想健康发展，必须充分认识到企业文化整合的重要性，形成一种新的企业文化，这种新的企业文化应以原有的优势企业文化为基础，吸收异质文化的某些成分，组成新的文化体系，避免使企业陷入停顿状态的"文化模糊"。其中两点尤为重要：一是加强双方的信息沟通、情感交流和文化接触，建立彼此相互信任、相合尊重的关系，这有助于消除原先彼此间的误解或偏见，帮助员工更透彻地理解对方的各个方面，包括历史、产品、风格等，填充有可能产生流言蜚语的空隙。[1] 事实证

---

① 参见程兆谦、徐金发《企业文化与购并研究》，《外国经济与管理》2001 年第 9 期。

明，如果能够在两个组织之间以及被购并企业内部创造一种积极的气氛，就能够淡化企业文化差异的消极影响，促进能力的单向或双向转移。二是建立健全与预期企业文化相和谐的内部管理制度、行为规范，使企业和员工的行为有明确的方向，设置精简、合理而有效的企业组织结构形式，建立统一、协调、畅通和新的企业领导机制。特别是要培养企业高管善于接受不同思维方式、与不同文化背景的人共事的跨文化能力，使双方能在未来企业的价值取向、管理模式、制度等方面达成共识，为同一目标而努力。

三　规避资本投资的风险

在乌尔里希·贝克看来，风险与财富一样是要分配东西的。"就社会财富来说，就是去处理人们所需求的稀缺物品如消费品、收入、教育机会和财产等问题。相对来说，风险是以不可取的丰裕状况出现的现代化的附带问题。这些问题必须被消除或者否定并且加以再诠释。获取的主动逻辑对应着转嫁、规避、否认和再诠释的否定逻辑。"①

文化产业是现代经济各部门中最具有吸引力的产业之一，不断地吸引着资本的流入，促进文化产业所在地的资金条件趋于成熟。同时，文化产业的短时性、高投入特征，也要求文化企业不断进行开发创新，因此文化产业无形中就被引向拥有完善融资渠道和充裕资金的地方集聚。2011年《中国文化产业投融资发展研究分析报告》显示，从1992年至2010年底，我国文化产业的投融资速度加快，规模不断攀升，吸引投资的领域逐渐扩大，投融资主体除国有体系外，民营资本的身影更加清晰。

但是，由于目前我国文化产业环境并没有完全按照市场规律来操作，市场很不规范，存在许多无法预测和控制的特殊因素，一旦双方出现危机，投资方往往很难找到一个公平合理的解决平台，这就使得文化产业集群很难准确地预测其投资的未来成效。在这方面不乏前车之鉴。在2004年11月17日国家广电总局、商务部公布《中外合资、合作广

---

① ［德］乌尔里希·贝克：《风险社会》，何博闻译，译林出版社2003年版，第25页。

播电视节目制作经营企业管理暂行规定》之前，资本投资曾以各种"合法"的形式渗透到媒体领域。贝塔斯曼在上海成立合资公司；IDG投资国内 IT 媒体；三九集团投资的《新周刊》《焦点》杂志；民营资本介入经营《精品购物指南》《中国经营报》等，取得了一定的成绩。但是，由于产权不明晰，也曾发生过《精品购物指南》和《中国经营报》初期进入的民间资本被算作借款，从而最终被收归国有的事件。

因此，规避文化产业集群资本投资风险，首先，必须理顺产权关系，明确利益分配，规范商业行为，维护公正合理的社会经济运行秩序和市场竞争环境，这是规避资本投资风险的先决条件。

其次，通过对拟投项目进行科学客观的价值评估，减少或去除不确定因素，有效控制投资风险。现阶段我国文化产业企业的资质实力参差不齐，遴选合适的投资企业和项目往往很难，需要花费大量的时间和精力。借助社会中介机构和专业的第三方评估机构进行严谨细致的资产和效益评估，无疑是省时省力省心的理想选择。

再次，努力学习和积累文化产业的专业经验。文化产业对非文化产业的企业而言无疑有着巨大的吸引力，许多原本从事房地产、能源、矿业、物流等业务的企业纷纷参与文化产业的投资。但是，隔行如隔山。如何避免职场角色转换带来的"门外谈文"之险，真正谙熟文化产业的"门道"，以获得预期的投资回报，这是非文化产业的企业应该审慎思之的。

此外，还需戒除"时间偏好"、期望短期获益的急功近利心理。文化产业尤其是传媒产业固然是高投资、高利润产业，然而通常被忽略的是：它们专业化程度高，投资回报周期长，规模效应明显。对于那些有所谓"时间偏好"、期望短期获益的企业来说，若是看不到文化产业独特的生产规律和盈利模式，而只是出于炒作概念、盲目自信或者追求高回报的目的，必然是种非理性的行为。[①]

四 规避同质化竞争的风险

近代以来的社会经济变化塑造出现代风险的基本景观：人类对社会

---

① 参见童清艳、王卓铭《中国传媒并购行为动因及风险规避》，《新闻记者》2006 年第 3 期。

生活和自然的干预范围和深度空前扩大，决策和行为成为风险的主要来源，人为风险超过自然风险成为风险结构的主导内容。"生产力的增长是和越来越细致的劳动分工联系在一起的。不受约束的风险生产内在地侵蚀着科学理性目标所指的生产力理想。"① 在人类不断征服自然、迈向现代化的进程中，越来越多的破坏力量被释放出来，以致人类的想象力也难以穷尽。生产的同质化即是其中一种。

同质化是指同一大类中不同品牌的商品在性能、外观甚至营销手段上相互模仿，以致逐渐趋同的现象，在商品同质化基础上的竞争行为称为同质化竞争。同质化竞争不仅导致资源浪费，市场泡沫，还极大地提高了市场创新活动的成本。

当前，文化产业集群竞争中一个突出的问题就是同质化倾向严重。资料显示，北京市已有文化产业集聚区 21 个，文化企业 8000 多家；上海市有文化产业园区 75 个，集聚了 2500 多家文化企业和 2 万多名高层创意人才；江苏省建成或在建的文化产业园区有 60 多家。文化部和北京市、天津市分别共建的中国动漫游戏城和国家动漫产业综合示范园正式启动，中影数字制作基地建设工程也顺利实施。已开工或准备建设大型动漫主题公园或文化主题公园的城市在全国有几十座，不少风景区都拟上马大型实景演出。报业也不例外。办报宗旨和受众定位相近，报道内容和形式趋同，经营管理手段相似等现象司空见惯。仅武汉市，就有四家都市小报，湖北日报传媒集团的《楚天都市报》和《楚天金报》与长江日报报业集团的《武汉晚报》和《武汉晨报》，不仅在办报宗旨的表述上大同小异，甚至连出版和送报时间都相差无几。在这一点上，它们比南京、济南等地有早报和晚报之分，同质化来得更干脆、彻底。在同质化的过程中，技术升级的同质化是最常见的。你搞超大银幕，我也搞；你搞数字立体声，我也跟进；你是 3D 影院了，我也不甘落后。直到 IMAX 的效果在个别影片中胜出，方才知道有的地方是不可能同质化的。究其原因，是这些产业未能深入理解和遵循其内在生长机制，更注重外在形态的发展，轻视或忽视产业的自身性质和"软件"内容的

---

① ［德］乌尔里希·贝克：《风险社会》，何博闻译，译林出版社 2003 年版，第 84 页。

有力支撑。① 这不仅极大地限制了文化产业的增量释放，而且也严重影响了文化产业健康持久地发展。

针对业已出现的同质化竞争的态势，文化产业集群首先有必要根据自身的战略目标与要求对产业结构进行改造，注意整合资源，塑造核心业务，加强对集群内部的统筹规划、引导调控，确立特色发展的原则，坚持文化标准，突出产业特色，提高集群水平，谨防一哄而上或相邻集群产业结构的趋同化，促进资源合理配置和产业分工。

其次，有选择地建立和完善若干个集创意研发、产业孵化、产品交易、人才培训为一体的示范园区，为企业提供技术、信息、交易、展示平台，为产业规模化、集约化、专业化发展创造条件、奠定基础，提升产业的集中度和创新能力。

最后，优化政策配套措施，对符合规划的产业集群，在基础设施建设、土地使用、财政优惠、税金减免、税利返还、差别税率等方面给予充分的支持。

五 规避信息盲区的风险

尽管风险的威胁肆无忌惮，但这并不意味着人们对它束手无策。风险并不必然是机会的丧钟，它抑或可以转化成市场的机会。"与风险社会发展相伴随的是那些因风险受折磨的人和那些得益于风险的人之间的敌对。知识在社会和经济上的重要性类似地增长着，随之而来的是控制媒体塑造知识（科学研究）和传播知识（大众媒体）的权力。在这种意义上，风险社会同时也是科学社会、媒体社会和信息社会。"②

依照托夫勒的预言，当代社会将进入"谁掌握了信息，控制了网络，谁就将拥有整个世界"的时代。信息握有能力的高下，正越来越成为衡量现代国家社会发展水平的重要尺度。文化无论从精神层面还是从产业形态层面，都将最集中地反映出一个国家一个民族对信息的获取、反应和控制的能力及其所达到的深度和广度。倘若不能在一个较高

---

① 参见范周《破解制约中国文化产业发展障碍》，《中国社会科学报》2011 年 7 月 19 日。
② ［德］乌尔里希·贝克：《风险社会》，何博闻译，译林出版社 2003 年版，第 52 页。

的层面上，即与现代高新技术发展同步的层面上推进文化及其产业化的发展，要想在真正的意义上实现维护国家文化安全的目的是很困难的。①

信息具有无序、分散的特点。信息作为一种核心资源，贯穿于文化产业活动的全过程。只有对信息资源加以整合，才能形成新的有意义的资源。信息反馈失灵和信息缺失是文化产业集群发展的致命伤。据报道，我国新闻出版业同其他行业相比，在信息化方面差距很大。到目前为止，较为成熟的、适用的、能够涵盖出版业整体业务的信息管理系统很少，大多数出版社的资源不能做到有效整合，由于标准不统一，信息资源的开发利用相对滞后，无法实现资源共享，这不但极大地制约了出版社自身的发展，也影响了整个行业的信息化水平。

信息利用水平是构成文化产业集群核心竞争力的重要部分。文化产业集群若要规避信息盲区的风险，首先必须重视文化市场调研，重视国内外文化产业信息的收集、整理和研究，密切关注国内外文化产业的最新动态，抢占文化市场的制高点，为开发独特的具有良好效益的文化产品提供选题信息，防止信息失误、信息不对称，尤其是防止一些关键性信息的模糊不清，如产品交易主体无资格、产权交易客体不明确等。

其次，建立文化产业信息数据库，充分发挥数据库的搜索功能，方便企业用户进行信息检索。新技术与数字工具的使用彻底改变了寻找、展示和分析资料的方式，促进了数据库的建设，扩大了资料获取的范围。据中国互联网络发展状况统计报告，关于用户经常使用的网络服务/功能中，选择搜索引擎的比例高达 61.6%，仅次于电子邮箱的使用比例，位居第二位。而且在历年的统计结果中，虽然其百分比略有差异，但选择搜索引擎功能的比例都在 60% 左右浮动。② 可见，便捷高效的信息服务，是保障文化产业集群成长发展的基础性条件。

最后，借助中介服务机构力量，聘请有关专家对相关市场进行调查，提供管理决策咨询。努力通过政府引导与市场运作相结合的方式，让各为其主的资源在一个更大的空间里自由流动组合，最终达到最佳配

---

① 参见胡惠林《文化产业发展与国家文化安全——全球化背景下中国文化产业发展问题思考》，《上海社会科学院学术季刊》2000 年第 2 期。

② 参见朱红霞《信息整合：网络新闻发展的一道"坎"》，《中华新闻报》2004 年 4 月 21 日。

置，实现效益最大化，真正做到共享资源，合作双赢。

六 规避人才外流的风险

现代产业社会正从一个受资本支配的世界转变为一个受知识支配的世界。文化产业属于知识密集型产业，对人才有着更突出的要求。纵观世界文化产业发展的历史，往往是创意人才首先集聚，然后再出现企业的集聚。现代文化产业之所以集中在洛杉矶、纽约、巴黎、米兰或者东京这样的国际化城市，主要就得益于"当地复杂的生产者密集网络"①。正是这些"复杂的生产者密集网络"，才成就了当代世界文化产业的辉煌。

流动性强是现代人才的基本特征，这也是由生产力发展水平所决定的。在传统的工业社会，生产者对机器具有极强的依附性，其劳动力价值只有通过机器这一载体才能实现；而在知识经济时代，在人的知识、智力成为最重要的生产要素后，劳动力已开始从大机器中解放出来，尤其是文化工作者，主要是依靠自身的能量来创造价值的，因而其活动空间不易长久地被固定。人才外流，给文化产业集群带来的损失是巨大的。如果企业骨干留不住，职工违反合同随意跳槽，不仅带走了技术、市场甚至商业秘密，影响了集群的正常生产经营，而且还冲击了正常的劳动关系，引起企业之间、企业外流人员之间的劳动纠纷，影响劳动力市场的正常秩序。此外，跳槽使得企业的在职培训投资成本无法收回，给企业造成巨大的、长远的损失，同时还提高了其他企业技术开发能力、市场拓展能力或管理水平，从而将本企业推入更加激烈的竞争环境。

因此，规避人才外流的风险，首先，必须不断提高员工工作生活质量，建立满足员工自我实现需要的职业生涯规划，提供给他们施展个人才干的创业平台，这是增强员工对企业的忠诚度、防止人力资源外流的重要方法之一。华谊兄弟上市后业绩斐然，一个很重要的原因就是公司

---

① A. J. Scott，"The Culture Economy of Cities"，*International Journal of Urban and Regional Research*，1997（21）：323–339.

注重对核心人才资源（包括艺人、明星、导演、制片人）的签约和培养，体现了他们尊重、关心和爱惜人才的人本理念和企业精神。

其次，实行适应文化产业人才特点的人力资源管理方式，创造适宜创新的工作环境。文化产业人才在个性气质、心理需求和行为方式上的与众不同，决定了他们的工作更追求独立、自由、平等，因此，企业必须因人制宜，改变传统的人力资源管理方式，一方面对其工作给予充分信任和授权，不做过细的指导和监督，另一方面竭力为其创造性的工作提供资金、物资及人力保障，让人才在宽松和谐的工作氛围中，尽情释放他们的才情和创造力。

最后，建立"激励性契约"机制，最终实现委托者与受托者"双赢"的目标。企业里的人力资本保证了非人力资本的保值、增值和扩张。在有条件的文化产业集群中，充分动员各种人力资本，发展"激励性契约"——股票期权薪酬制（ESO），将经营者的薪酬与企业长期利益"捆绑"在一起，通过赋予经营者参与企业剩余收益的索取权，把对经营者的外部激励与约束变成经营者的自我激励与自我约束，这种分配激励制度不仅契合文化产业的特点，也是有效稳定人才队伍的杠杆手段。

从根本上讲，风险既是现实的又是非现实的。"即使作为猜测，作为对未来的威胁和诊断，风险也拥有并发展出一种与预防性行为的实践联系。风险意识的核心不在于现在，而在于未来。"[①] 在防范和抵御文化产业集群发展风险的博弈中，关心和研究呈现给我们感知的文化产业集群风险的性质、特点和规律，有助于我们从知识和规范层面降低甚至规避风险，进而减少或消除由此带给我们的不安全感和恐惧感。换言之，洞悉和研判文化产业集群风险的直接运动，可以成为我们探测和转移"无可触及的不可见威胁的'避雷针'"[②]。

（原载《广东行政学院学报》2012 年第 1 期，本文与研究生王偲合著）

---

① ［德］乌尔里希·贝克：《风险社会》，何博闻译，译林出版社 2003 年版，第 35 页。
② ［德］乌尔里希·贝克：《风险社会》，何博闻译，译林出版社 2003 年版，第 35 页。

文化:涵养城市气质和形象　活化产业结构与功能

——《创意城市与创意产业案例教程》前言

当前，世界范围内的科技革命方兴未艾，数字经济蓬勃发展，产业结构快速调整，价值观念和文化形态也正经历着深刻的变化。在这一时代背景下，文化创意产业在世界经济社会发展中发挥着越来越重要的作用。有关资料表明，全世界文化创意产业每天创造 220 亿美元的价值，并且还在以 5％ 的速度递增。城市和产业是文化的载体与容器，文化既涵养城市的气质和形象，亦活化产业的结构与功能。从创意城市和创意产业两个维度考察世界文化创意产业的赓续发展，或许可以为我们提供一个既有活力又具张力的研究框架。

2004 年，联合国教科文组织创设"创意城市网络"（UNESCO Creative Cities Network，UCCN），意在凸显创意作为可持续发展战略因素的价值，并借此促进全球各城市之间的紧密合作。这一网络迄今已有 246 个城市加入其中。一般而言，大凡称作创意城市的地方，必定在某一方面（或经济，或文化，或技术，或产业，或生活方式）具有独特禀赋和强劲实力，人才荟萃，特色鲜明。这些城市往往既创造过辉煌的物质文明成果，也贡献了杰出的文化艺术成就。例如英国伦敦，作为全球创意中心，它不仅在 1829 年就诞生了世界上第一辆公交汽车，1836 年通行了世界上第一条郊区铁路（从伦敦到格林尼治），1890 年运营了全球第一条地铁，而且在当代同样也创造了不少令人叫绝的创意设计，像伦敦奥运会开幕式、"性感巴士"、花园桥等；法国巴黎的巴黎圣母院、埃菲尔铁塔、卢浮宫、凯旋门、塞纳河左岸则成为世界各国游客令人神往的艺术殿堂或旅游胜地……类似的名单我们还可以开出一长串。

与传统产业物质资源消耗大、劳动力密集、经营粗放、生产模式为外源型迥然不同的是，创意产业高度仰仗人的灵感与智慧的照亮，其生产模式基本属于内生型，因此它具有突出的个性化、不可复制、无污染、高附加值等特征。正因如此，进入21世纪以来，创意产业已成为世界上许多国家产业创新发展的一股重要力量和重要的支柱型产业，创意实力亦成为显示一个国家经济强弱的重要指标。2020年8月，在胡润公布的"全球独角兽企业国家分布"排行榜中，新创立、未上市、估值超过10亿美元的企业，美国以233家位居榜首，中国以227家紧随其后，英国和印度分别以24家和21家排列第三位和第四位。这其中，中国占据了全球十大独角兽榜单中的6个席位，除蚂蚁集团和字节跳动以外，还有滴滴出行、陆金所、快手和菜鸟网络，而快手、菜鸟网络和加州大数据分析公司Palantir系首次进入全球十大独角兽榜单。这些异军突起的独角兽企业（其中许多属于创意产业）启示我们，其存在的价值不仅在于它们创造了巨大的社会财富，更重要的是，它们引领并推动了当今世界经济发展方式的转变。

实践证明，创意城市与创意产业互为交融，相辅相成。创意城市的繁荣为创意产业的发展提供了必要的前提条件，而创意产业的发展也进一步巩固和延续了创意城市的品牌影响。在创意城市和创意产业的交融互促中，创意阶层群体得以孕育发展并重塑着城市和产业的形态，影响着文化、工作方式和整个社会的发展。创意城市与创意产业或将是解决当代初露端倪的"新城市危机"的一剂良方，也为世界包容的可持续发展勾勒出未来图景。

《创意城市与创意产业案例教程》从"一城一品"的角度，撷取中外15个创意城市及其创意产业发展作为经典案例，围绕创意集群、创意内容、创意设计、创意活动、创意品牌、创意传播等方面进行有选择且具个性化的撰述，全面深入地考察文化创意城市与产业发展的内在规律和外在条件，既有宏观的环境透视，又有微观的对象把握，反映了时下文化创意产业实践的最新成果。

书中的每个案例包括案例内容和"思考、讨论、训练"题若干。有关创意城市案例的选取，以丰裕、惬意、人性为衡估标准；而创意产业案例的选取，则以创新、灵活、多元为取舍标尺。全部案例以适用于教学使用为原则。每个案例内容的写作体例，包括案例描述、案例分析、案例启示、延伸阅读或附录以及"思考、讨论、训练"题等。这些案例均适合教学使用，每章列出的"延伸阅读"资料和附录"创意城市和创意产业相关网址"可供学生深入学习时参考。

（原载中国社会科学网，2021 年 1 月 14 日，本文与博士生苏永华合著，此次出版有修订）

实现县域治理现代化动能转换的新思考

——《县域会展经济发展研究：经验、模式与路径》读后感

夏至时节，收到苏永华副教授快递来的新著《县域会展经济发展研究：经验、模式与路径》，既意外又欣喜。意外的是，庚子除夕前日尚在拜读书稿，倏忽几月散发着墨香的大作已呈眼前，甚是惊叹新冠疫情特殊时期的出版速度和效率；欣喜的是，作者近年来笔耕不辍，成果不断，继《会奖旅游研究前沿》（上海交通大学出版社 2019 年版）出版、"全域旅游背景下地方特色文化旅游资源的开发与利用研究"获批2020 年浙江省哲学社会科学规划一般课题后，又一力作面世。在我的印象里，在他身上，似乎始终保持着对学术研究的执着、对探究前沿问题的旺盛精力。

此著是"中国旅游智库学术研究文库"之一种，能纳入文库出版，意味着其研究水平已得到国内学界同行的垂青和认可。正如中国会展经济研究会会展经济专业委员会副主任兼秘书长丁萍萍在该著的序言中所言："这是我国第一部专论县域会展的专著，书中作者对县域会展经济的价值、县域会展经济的驱动机制、县域会展经济的类别模式和典型案例等方面进行了开拓性的系统研究，尝试建立了县域会展经济竞争力评价指标体系，并据此对浙江十县市做出竞争力排名，其中有着不少令人耳目一新的闪光点。"

一　深刻揭示会展经济与产业集聚之间的紧密交织的关联性

会展经济与中国正在经历的"都市化"运动密不可分。1992 年至

今，城市化快速发展，国家统计局统计数字显示，2018 年末常住人口城镇化率达 59.58%。2000 年到 2018 年，中等城市和大城市人口接近翻倍，超大城市人口增幅近三倍。据摩根士丹利发布的蓝皮书报告《中国城市化 2.0：超级都市圈》预测，到 2030 年中国的城市化率将升至 75%，即增加 2.2 亿新市民。这就意味这一个庞大市民阶层的形成，为会展经济异军突起提供了一个广阔的消费市场。①

基于"强县扩权"的改革为县域会展经济的发展所提供的历史性机遇，作者对时下我国会展经济特别是县域会展经济研究做了系统性的回顾和检视。作者认为，县域会展经济的内容已由一向专注于国家大事和国家行为的的宏大叙事转向对老百姓日常生活领域的微观考察，力图在文化创意产业牵引的框架中勾勒出一县一镇（区）可持续发展的全景。在"文化创意产业"的框架中，实践的主体不仅仅是政府官员和知名人士等社会精英，也包括芸芸大众；研究的重点不再是远离百姓的会议消息、政策传达或成就展示，而代之以关注普通百姓的生存空间；判断的标准也由是否重大转变为是否满足于人民对美好生活向往的需要。

该著把发展县域会展经济的必要性和迫切性置于"人民日益增长的美好生活需要和不平衡不充分的发展之间的矛盾"的战略背景下进行审视，立足于县域会展经济的新时代价值，从文化、经济与产业互融互嵌的角度探讨了会展经济与产业集聚之间的密切关系，阐释了会展经济产业的经济逻辑和经济结构，解析了县域城市成为会展经济产业基地的根本原因。作者对会展业所具有的强大"虹吸效应"有清醒的认识，能敏锐地把握到会展经济在县域治理战略制定中的重要性，它"通过对信息流、资金流、人流和物流的吸附与整合，将有效地带动旅游、餐饮、住宿、物流、交通、通信、商务等相关服务业的全面发展"。换言之，"会展业作为现代服务业的发展引擎，不仅自身产业链长，对周边产业的带动效应也十分显著，其所具有的调节供需、产业联动、技术扩散、整合营销、交易促进等功能，也有助于提升地方主体产业水平，并

---

① 参见王哲平、赵瑜主编《广播电视概论》（第二版），化学工业出版社 2020 年版，第 152 页。

能极大地促进县域经济一体化的发展"。① 因此，构建布局合理、结构优化、服务优质、融合共享的县域会展服务业体系，恰逢其时，机不可失。应当说作者的这一思考是全面的、深刻的，它进一步深化了县域会展经济研究的内涵。

二　细致剖析数字经济时代县域会展经济发展实现动能转换的可能性

尽管"与中心大城市会展业发展同质化趋向不同，县域会展业发展呈现出千姿百态的繁盛景象。它们中或以细分行业独角兽展会打造为优势，或以人民喜闻乐见的节庆活动为平台，走出了各具特色的县域会展发展道路"②。但是，随着我国由农业文明、工业文明跨入信息文明时代后，国家的经济增长方式、产业结构转型、生产方式调整、发展模式创新该如何与时俱进？数字经济和传媒技术为县域会展经济发展提供了怎样的战略性契机？此著的出版，适时因应了我国县域治理体系和能力现代化的发展战略需要，提出了富有启迪的思考。

纵观国际会展产业发展的生动实践，任何一次成功的大规模、高层次会展活动，都能形成强大的经济聚集内生效应，产生显著的引领、辐射、集散功能。在作者看来，考察县域会展经济发展常见的动力要素，可以从核心驱动和外围驱动的二元视角进行理解。核心驱动力主要包括政治因素、经济因素和资源因素，而外围驱动力无外乎社会因素、科技因素和生态因素。从动力机制的发生原理看，政府推动机制属于激发动力机制，它在产业发展孕育阶段发挥着主导作用，而竞争与合作机制、适应性机制作为内源动力机制，则是产业发展中的最重要动力。受推拉理论启发，作者给出了会展经济"作用力—平衡力—反作用力"的动力模型。通过对县域会展经济驱动机制的剖析，明确了县域会展经济发展的动力主体，归纳了我国县域会展经济发展的四种动力模式——政府

① 苏永华：《县域会展经济发展研究：经验、模式与路径》，华中科技大学出版社 2020 年版，第 4 页。

② 苏永华：《县域会展经济发展研究：经验、模式与路径》，华中科技大学出版社 2020 年版，第 11 页。

主导型、产业带动型、资源整合型、综合驱动型。作者展开的这一分析框架和理论体系，为数字经济时代县域会展经济发展如何实现动能转换提供了新的研究视角。

三 创新性地构建县域会展经济竞争力评价指标体系

如果说增强国家竞争力是经济全球化时代的核心要务，那么提升产业价值链则是增强国家竞争力的关键要素。时至今日，依靠传统的资源消耗、劳动力密集投放的简单粗放型经济发展模式，已无法实现经济高质量发展的目标期待，无法适应建设环境友好型社会、实现国家治理现代化的总体要求，因此，加快传统产业的供给侧结构改革，实现经济增长动能的新旧转换，实现产业价值链从低端向高端的跃迁进而实现与国际产业价值链的深度互嵌，是我国完成从工业经济向信息经济变轨超车的内在要求和必由之路。

该著扎根于大量数据资料，综括亚当·斯密的绝对优势理论、大卫·李嘉图等的比较优势理论、约瑟夫·熊彼特的创新理论、迈克尔·波特的五力分析模型和钻石理论以及经济增长理论，尝试从国家竞争力、城市竞争力、产业竞争力和企业竞争力四个维度，提出了构建县域会展经济竞争力评价指标体系的"O－C－W－I－S－D"——"目的性、完备性、可操作性、独立性、显著性和动态性"原则，在此基础上形成了由4个方向（即城市环境、产业基础、支撑条件、需求状况）、11个二级指标（即经济实力、科技力量、文化资源、人才支撑、基础设施、展会水平、旅游接待、交通运输、政府需求、企业需求、市民需求）和24个三级指标（即政府规模、经济效率、产业结构、科技人才、创新水平、文化人才、文化设施、从业人员、储备人才、场馆规模、场馆质量、展会规模、展会质量、旅游资源、住宿餐饮、旅游效益、客运服务、货运服务、专设机构、财政状况、国内贸易、国际贸易、购买潜力、消费状况）所包涉的"县域会展经济竞争力评价指标体系"，这一体系具有较强的阐释力和实践性。不仅如此，作者还选取浙江省十县市为例，验证该体系的科学性和客观性，从中得出五个方面的启示，体现了作者扎实的专业基础、严谨的治学态度以及较强的创新能力。

####　四　总结阐释县域会展经济发展不同模式的基本特征

截至 2017 年 12 月 31 日，我国共有 2581 个县级行政区划单位。要从一个全球人口最多的大国中去找寻县域会展经济发展的自身规律，其不易和艰辛可想而知。该著在对我国县域会展经济的发展概貌做一全景式的扫描后，随即进入以点带面、纲举目张的具体案例研究。这种不仅仅停留于只得出"抽象模式"的目标诉求，而是更进一步地去发现和总结"具体典型"的研究方式，显然是聪明且求实的。

该著第五章以琼海（博鳌）、厚街、桐乡（乌镇）和义乌四个会展经济地区为范例，详尽而全面地阐释了特定区域的会展经济是如何组织起来的，概括了政府主导型模式、产业带动型模式、资源整合型模式、综合驱动型模式等四种模式的基本特征。所举四个县市不仅有优良的会展经济环境和产业基础，而且拥有独特的文化资源和历史传统，彼此又能形成鲜明的对比，并具有很强的典型性、全面性和示范推广价值。

这些精选案例的一个富有深意的启示是，任何地域的经济发展都是根植于其文化血脉传承之中的。在文化经济及其最终的产品设计中，地域文化传统、规范和情感都会对其商业运作的结构与策略型构产生极大的影响。诚如艾伦·J. 斯科特所言："文化往往是一种具有鲜明地方特征的现象。地方文化有助于塑造城市内部经济活动的特点；同样，经济活动也成为特定地点文化生产与创造能力的动力要素。由于地点的文化属性与最终产品的品质之间关系密切，这种关联在文化产品工业中尤为显著。"①

整体地看，《县域会展经济发展研究：经验、模式与路径》一书既有对我国县域会展经济发展脉络的清晰梳理，又有对不同县域发展经验和模式的总结提炼，既有对其发展进程中遭遇的现实困境的理性反思，

---

①　［美］艾伦·J. 斯科特：《城市文化经济学》，董树宝、张宁译，中国人民大学出版社 2010年版，第6—7页。

也有对未来发展路径的前瞻思考，选题新颖，视角独特，思路清晰，方法科学，论证充分，资料翔实，亦有作者的独立思考。该著的出版将丰富和拓展我国会展经济研究的学术成果，提升县域会展经济研究在数字经济时代的理论价值和应用价值。

（原载《中国传媒报告》2020 年第 4 期）

第四部分

新闻传播教育研究

经典原著阅读与研究生创新思维能力的培养

美国心理学家布鲁纳认为，在科学技术知识大爆炸的时代，教学内容必须有所选择，但是每门学科的基本结构，即那些广泛地起作用的基本概念、基本原理和基本法则的体系以及研究该学科的基本态度和方法，一定要让学生掌握。整体先于部分的教育原理亦启示我们，教育应当从那些在这一整体中有代表性的作品开始，这些作品应当是对某一学科在历史上形成其整体风貌能起决定性影响的，是至今依然构成其整体骨架和精神实质的作品，这类作品即经典原著。

质言之，经典原著就是那些阐明真理、启人心智且历久弥新的原创性著作。无论是自然科学，还是人文科学、社会科学，各门学科都有自己的一些重要经典原著，它们既是昔日划时代科学成就的创造性总结，又是未来科学活动的理性依托。读者对经典著作的每一次重读，都能像初读那样获得新的感悟、新的发现、新的欣喜。因此，任何真正的创造者，总是善于从经典原著中吸收充分的资源与养料，作为自己创新的源泉。

令人遗憾的是，目前我国研究生普遍存在对经典原著研读重视不够、研读较少的现象，"两个不足"十分明显：一是创新意识不足，缺乏明确的创新目标和敢于怀疑、不满现状的意识，认知兴趣、求知欲不强；二是创新精神不足，缺乏勤奋努力、百折不挠的精神，讲求实惠，急功近利，害怕艰苦，不能面对失败。这也是当下研究生创新思维能力较弱的重要原因。

《中华人民共和国学位条例》特别强调，硕士学位获得者应具备从事科学研究工作或独立担负专门技术工作的能力，博士学位获得者应具有独立从事科学研究工作的能力并在科学或专门技术上做出创造性的成果。这些目标的实现必然要求研究生具有较好的创新品质。因此，加强对经典原著的阅读，是提高研究生创新思维能力、进行科学研究的最重要途径。

一　阅读经典原著，可以避免重复早已被纠正的前人的错误

致力于人类社会发展历史进程中的问题发现和答案求解是研究生学习阶段的重要任务之一。而科学研究贵在创新，简单重复前人的结果不是科学研究，没有创新就没有科学的前进与发展。因此，避免一切重复劳动，是对科学研究的基本要求。

研究生与本科生读书的一个重要区别，就是研究生以读原著、文献为主，而本科生以读教材为主。原著、文献与教材之间是源与流的关系。研究生掌握了原著、文献，就知道教材的来龙去脉、源头所在，就可以在更高的层次上去驾驭所学。[1] 阅读教科书虽然可以方便地学到经典著作中的科学知识，但是，教科书毕竟不是原创作品，它所提供的只是结晶状态的凝固知识和毫无生气的概念范畴，不能直观地反映科学知识生产的历史过程和创造背景、理论形成的社会基础和相关的事实；而经典原著中的科学研究活动则是历史的、创造的、流动的，读者在亲近它的过程中，可以切身地感受到其奔突回环的气势与脉动。

创新思维能力和专业理论功底是通过治学实践获得的，其中重要途径之一便是阅读经典原著。可是，阅读经典原著是件十分费力甚至艰辛的事。于是，有的人宁愿回避它去寻找简便的捷径。殊不知，阅读经典就是最便捷的途径。因为经典具有以一抵百的功效，经典可以使我们直接站在理论的前沿和巅峰上。[2] 阅读和研究前人的著作，可以发现其理论盲点，避免走弯路或重复劳动。倘若不读原著、不查文献，只是凌空蹈虚，主观预设，做一些宏大叙事、空疏义理的高头讲章，很可能落得"一声震得人方恐，回头相看已化灰"的结局。

---

① 参见陈国新、赵晓刚《谈谈文科研究生的读书、研究和论文写作》，《学位与研究生教育》2007年第2期。

② 参见张汝伦《今天我们如何阅读经典》，《文汇报》2002年7月1日。

叔本华说:"只有从那些思想的首创人那里,人们才能接受哲学思想。因此,谁要是向往哲学,就得亲自到原著那肃穆的圣地去找永垂不朽的大师。"① 只有不断地与具有创造性思维的第一流大思想家对话,才能锻炼我们的思想,激发我们的创造热情,避免重复早已被纠正的前人的错误。从这点而言,"遵循一位优秀的作者的线索,比自己完全独立地重起炉灶要省力些"②。

回顾中外学术发展史,我们不难发现这样的例证。西方解构主义大师雅克·德里达在著名的《马克思的幽灵:债务国家、哀悼活动和新国际》中坦陈,他是"在重读《共产党宣言》和马克思的其他几部伟大著作之后",才知道马克思、恩格斯曾经就"他们自己可能变得过时和他们固有的不可克服的历史性"有过明确的阐述。德里达几乎是怀着难以抑制的激动,赞颂马克思、恩格斯的这种敢于正视自己理论历史局限性的勇气和精神:"还有哪位思想家曾以此种明白的方式提出过类似的警告?还有谁曾经要求对他自己的研究主题的结论进行变革?"在德里达看来,"不去阅读且反复阅读和讨论马克思——可以说也包括其他一些人——而且是超越学者式的'阅读'和'讨论',将永远都是一个错误,而且越来越成为一个错误,一个理论的、哲学的和政治的责任方面的错误"③。这一史实无疑是对一部分或者是许多想要偷懒而借助二手资料来了解经典的读者一个非常诚恳的忠告。这也是为什么我们总要一再推荐读第一手文本,而尽量避免二手书目、评论和其他解释的原因。我们深信,任何一本讨论另一本书的书,所说的都永远比不上被讨论的书。

二　阅读经典原著,可以学会捕捉并反思生活中出现的重大问题

学术创新是对已有研究成果的继承与发展,学术创新需要持久深厚

---

① [德]叔本华:《作为意志和表象的世界》,石冲白译,商务印书馆1982年版,第18—19页。

② [德]莱布尼茨:《人类理智新论》上册,陈修斋译,商务印书馆1996年版,第1页。

③ [法]雅克·德里达:《马克思的幽灵:债务国家、哀悼活动和新国际》,何一译,中国人民大学出版社1999年版,第21页。

的学术积累，正所谓厚积方能薄发。对学科前沿的认识与把握，对资料的发掘与考证，对社会现象的分析与阐释，无一不是在创新思维能力的基础上进行的。

但是，创新的最后源泉不在文本，而是在生活中。只有善于捕捉并反思生活中出现的重大问题，并把他们上升到理论的高度，创新才会获得它的实质性内涵。

经典原著"提供了一种传达思想和信息的方式，这些思想和信息可能从大众传媒中是不容易得到的"。通过阅读经典原著中有关现实的各种阐述，可以"提高一个人的思考能力、反对文化规范的能力和为社会设想别种选择的能力"[①]。知古察今，可窥一斑。韩愈的古文运动理论，是针对六朝以来的绮丽文风而发的；袁枚的"性灵说"，则是对明代前期复古氛围中泯灭个性文风的反拨；麦克卢汉的"媒介即讯息"，是对当代信息社会的深刻洞悉与把握；恩格斯曾举黑格尔"凡是现实的都是合理的，凡是合理的都是现实的"著名命题为例，说明其哲学思想和美学思想绝不是脱离现实的。至于当今西方有影响的理论家，无论是法兰克福学派还是伯明翰学派，抑或是德里达、福柯、哈贝马斯、阿多诺，他们与现实的联系就更加明显了。

学术创新是一种对现存认识的质疑和反思，是一种打破砂锅问到底的智性的追问。"提出一个问题往往比解决一个问题更重要。因为解决一个问题也许仅仅是一个数学上的或实验上的技能而已，而提出新的问题、新的可能性，从新的角度去看旧问题，都需要有创造性的想象力，而且标志着科学的真正进步。"（爱因斯坦语）[②] 那些能够透过大量杂乱纷繁、莫衷一是的自然现象社会生活发现常人难以感觉的新问题，阐释各种不同事物之间错综复杂的相互关系，揭示人类社会变化演进的内在规律的智者，凭借的恰恰是创造性思维。

中国社会科学院民族所研究员郝时远在推荐《万历十五年》时说："任何事物的出现都有其内在和外在的联系，读史者在关注、考求某一人物、某一事件时需要发现这种联系，只有把握了这种联系才能更深刻

---

① ［美］贝尔·胡克斯：《女权主义理论：从边缘到中心》，晓征、平林译，江苏人民出版社2001年版，第127页。

② 转引自李祖超《创造性思维与创新教育》，《山东教育科研》2001年第6期。

地理解自己所要研究的对象，即便它只是个案。《万历十五年》正是通过一个普通年份的定位，分别论述了 7 个人物，然而这些人物及其形迹却为人们认识那个时代勾勒了生动的画面，而那个时代中地位、职务、思想、品行等各不相同的人物及其言行之间的联系，又为刻画和认识这些人物本身提供了不拘前人陈说的观点。"①

21 世纪以来，我国人文社会科学研究取得了很大成绩，但也存在一些令人担忧的问题，最突出的是自主创新不足，尤其是在当代中国的社会转型期和矛盾多发期，结合现实问题的学术创新能力尚未很好地凸显出来。一方面，有重大影响的社会科学成果比较匮乏；另一方面，低水平重复的社会科学成果又大量剩余。究其深层根源，与人文社会科学工作者未能科学地观察和把握所谓"挑战——应战"的社会状态，未能充分揭示时代变迁中的瓶颈因素，未能深刻地反映人类应对挑战的智慧及其成果不无关系。

因此，就培养更多的高素质的创新型人才、建设创新型国家的角度而言，是否拥有成熟的经典原著导读课程体系，当是人文社会学科研究生教学评估的基本指标之一；而在经典原著的教学中，能否激发研究生在理性的学习探索中进行感性的领悟，能否使他们的理性认知获得充分的情感支持，能否使理论学习和他们的精神与人格的升华融为一体，则应成为衡量经典原著教学成功与否的一个重要尺度。

三　阅读经典原著，可以领会科学精神掌握科学方法

经典原著是人类文化精华的代表形态之一。它不仅内蕴博大精深的哲学思想，饱含高尚的人文精神，而且承载了科学思想、科学观念、科学方法和科学精神，在推动人类文明进步的过程中起着特别重要的作用。

文化的传承与发展，离不开经典原著的阅读。通过个案性的研读，人们所能学习的不仅是知识与观点，而且是支撑知识观点的思想框架与运思方法，以及在更深层面上人文主体的个性创造、意志决断与情感态

---

① 李朱：《看看博导们在读什么书》，《中国青年报》2003 年 6 月 17 日。

度。① 创造性思维使科学发现和技术发明获得成功，其意义不仅仅在成果本身，更在于它给后人留下的方法论启示。正如拉普拉斯早就指出的那样："认识一位巨人的研究方法对于科学的进步……并不比发现本身更少用处。科学研究的方法经常是极富兴趣的部分。"②

学术研究的历史证明，研究方法的更新具有重要的意义。研究方法问题不只是一般的工具问题，还有一个哲学上的方法论层次和认识论深度问题。作为战后日常语言哲学（又称"语言分析哲学"）的先驱，维特根斯坦致力于冲破西方长久以来根深蒂固的传统美学观念，以一种批判性甚至"解构性"的思维方式，从否定方面对"美""艺术"作语义上的分析，独辟蹊径地开拓了美学研究的新路径，促成了西方20世纪哲学和美学的"语言学转向"，为后来的哲学家美学家进一步思考哲学和美学提供了一种强有力的知识背景和理论范畴。在维特根斯坦的影响下，一些语言分析学家从维特根斯坦那里获得方法，并把它奉若至宝。美国美学家莫里斯·韦兹认为，维特根斯坦已经给"当代美学的任何一种发展提供了出发点"③。事实上，在被誉为"哥白尼式革命"的20世纪西方哲学的语言学转向中，维特根斯坦的哲学、美学思想为西方后现代主义文化理论广为吸收，解释学、解构主义、新历史主义、文化批评、文本阅读理论这些名目繁多的西方现代文艺思潮无不内含着其思想基因。

"任何经典文本的个案性研读，都包含着两个基本的教学目标：（1）对特定经典文本的研读，是对该经典文本思想内容与学术史地位的知识学掌握。这一方向的研读指向客观性的经典学术研究目标。（2）对特定经典文本的研读，是人文科学个案方法的训练依托。这一方向下的研读不仅以特定经典文本学术知识为目标，而且是凭借特定经典文本个案研读的实践经历，学习掌握更为普遍的人文科学方法并培育文科学生基本素质的过程。研读经典文本对于文科生来说，是相当于理工科实验课一样的基本功训练。更具体地说，在经典导读这一教学方式中，学生

---

① 参见尤西林《经典文本导读在大学人文学科教学中的地位》，《高等教育研究》2003 年第 3 期。

② 转引自陶伯华、朱亚燕《灵感学引论》，辽宁人民出版社 1987 年版，第 20 页。

③ ［美］莫里斯·韦兹：《美学理论的作用》，《美学与艺术批评杂志》1965 年第 1 期。

较之一般课堂听讲更为主动。"① 倘若我们习惯于硬性地、填鸭式地喂养学生，养成学生学习的被动、怠惰，特别是思想的懒惰，长此以往，就丧失了原创性与思想的能力，只会人云亦云。

著名历史学家蔡尚思教授曾反复强调"必须读原著"。在他看来，原著是原创出来的东西，那里面通篇贯穿着一种原创精神。以牛顿的《自然哲学的数学原理》一书为例，牛顿从质量定义开始，一直推出了一座物理学大厦。你不去读牛顿的"定义Ⅰ"，你就不知道物理学大厦是这样建造起来的，也就很难弄清马赫、爱因斯坦等人在这座大厦里究竟干了些什么。

显然，把科学方法带进社会问题领域的人，"他将不满意仅仅皮相的陈述，不满足仅仅诉诸想象、激情、个人偏见。他将要求推理的高标准、对事实及其结果的洞见，他的要求不能不充分地有益于共同体"②。科学方法不仅是科学得以兴旺和统一的根据，而且它在科学自身之外也具有巨大的功能。科学方法在其他各个非科学学科或部门或多或少的应用，给这些学科带来新的生机或转机。科学的方法和思维方式，也有助于处理困扰我们的社会问题乃至个人问题，从而大大有益于人类共同体。

（原载《中国高教研究》2008年第2期，本文与何玲华教授合著）

---

① 尤西林：《经典文本导读在大学人文学科教学中的地位》，《高等教育研究》2003年第3期。
② 李醒民：《论科学的精神功能》，《厦门大学学报》（哲学社会科学版）2005年第5期。

新闻业的危机与新闻价值的坚守

——《新闻的十大基本原则》读书札记

历史学家米切尔·史蒂芬斯曾经写道："在不同历史时期和不同文化中，人类一直在交换着相似的新闻。"① 此言意指最基本的新闻价值从未因时间的流逝发生过变化。《一个自由而负责的新闻界》和《新闻的十大基本原则——新闻从业者须知和公众的期待》两部名著则为米切尔·史蒂芬斯的断言提供了最生动的注脚。

1942 年 12 月，美国时代公司老板亨利·R. 卢斯出于对美国新闻界自由的现状和前景的担忧，同时也有感于"一个自由和开明的社会不可能欣赏一个新闻界的危险的奢侈：它热衷于特权……与此同时却漠视应尽的义务"，于是慨然资助芝加哥大学校长哈钦斯组织人马对此作一次调查。在此次调查基础上形成的《一个自由而负责的新闻界》，至今仍被奉为新闻传播学的经典。

1997 年 6 月，比尔·科瓦齐和汤姆·罗森斯蒂尔等 25 位新闻工作者围坐在哈佛教工俱乐部，又一次审视出了问题的美国新闻界，惊讶"同行的工作与他们心中理想的新闻事业已经相去甚远，忧虑彼时的新闻业不仅没有为大多数公众的利益服务，相反，他们所从事的职业可能正在损害公众利益"②。于是，他们"述而不作"，从大量的经验研究中"概括出十条新闻工作者公认的、明确的原则——同时，公民也有权要

---

① ［美］比尔·科瓦齐、汤姆·罗森斯蒂尔：《新闻的十大基本原则——新闻从业者须知和公众的期待》，刘海龙、连晓东译，北京大学出版社 2011 年版，第 1 页。

② ［美］比尔·科瓦齐、汤姆·罗森斯蒂尔：《新闻的十大基本原则——新闻从业者须知和公众的期待》，刘海龙、连晓东译，北京大学出版社 2011 年版，第 2 页。

求新闻工作者达到这些标准"①。

依笔者之见,《新闻的十大基本原则》(以下略同)颇似当代的"哈钦斯报告"。这不仅因为两书所述问题的精神一脉相承,而且因为它们在各自的时代所产生的深远影响。本文仅就《新闻的十大基本原则》作一读书札记,以铭记那些久经检验的职业信条。

一 美国新闻业的危机

比较"热心新闻工作委员会"与半个多世纪前的"哈钦斯委员会"所处的媒介环境,我们很容易发现两者有一个相似之处,这就是美国的新闻界都处在一个关键的转折点,新闻业都危机四伏,病象环生。正是这严峻的形势,激发了他们对传媒现实问题的关注和思考。

(一)新闻价值的危机

与传播技术和传媒业态的多样化相伴随的,是全球范围内新闻传媒职业化、专业化程度的降低。"非新闻行业的大公司经营新闻媒体带来的新闻质量下降、新闻标准下滑和对多元观点的压制已经不是新鲜话题。"②

征象之一,是新闻专业主义屈从于商业利益已经是普遍现象。"在很大程度上,美国的媒体是资本主义的商业事业。他们由以盈利为目的的私人来操作,并且受市场系统运作原理的制约。即便是诸如公共广播或由一些组织操作、不以盈利为目的的媒体,也受到市场运作原则的影响,并因此而影响到这些媒体的运转方式。"③ 在全球化、市场化、产业化的多重影响下,哈钦斯委员会曾经期盼的"一个自由而负责的新闻界",悄然完成了向"商业化媒介"的蜕变转型。"在新闻编辑部里,我们不再谈论新闻事业本身。我们正在忍受商业压力和职业标准互相冲

---

① [美]比尔·科瓦齐、汤姆·罗森斯蒂尔:《新闻的十大基本原则——新闻从业者须知和公众的期待》,刘海龙、连晓东译,北京大学出版社2011年版,第4页。

② [美]比尔·科瓦齐、汤姆·罗森斯蒂尔:《新闻的十大基本原则——新闻从业者须知和公众的期待》,刘海龙、连晓东译,北京大学出版社2011年版,第7页。

③ 杨伯溆:《全球化:起源、发展和影响》,人民出版社2002年版,第379页。

突的煎熬。"新闻工作者的奖金越来越与公司的利润率挂钩，而不是工作质量。① "把新闻当作商品来看待，这是商业公司的既定目标……这里，媒体的社会责任荡然无存了。"②

征象之二，是新闻正变成娱乐和娱乐化的新闻。"新闻娱乐化是商业逻辑影响新闻价值观的后果之一。如果把新闻仅仅看成是吸引受众注意力的信息产品，新闻与娱乐的区别就会荡然无存。按照传统的看法，这样做就会导致新闻的目标由为公司服务转向俘获更多的消费者，新闻的公共性将遭到破坏。"③ 当新闻被包装成一种娱乐形式时，它就不可避免地起到了蒙蔽作用。电视新闻节目提供给观众的是娱乐而不是信息，这种情况的严重性不仅仅在于我们被剥夺了真实的信息，而且在于我们正在逐渐失去判断什么是信息的能力。④ 2012 年末，《纽约邮报》在其头版刊登"地铁死亡照"，受害人惊恐的表情和手扒站台试图挣扎逃命的动作清晰可见，配之以夸张煽情的大标题，视觉冲击力极强。公众对《纽约邮报》面对生命的逝去无动于衷，甚至当作哗众取宠的工具，以此谋求商业利益的行为予以了谴责。有网民在该报 Twitter 上留言："《纽约邮报》应为如此错误的报道手法感到羞耻。"⑤ 许多美国人认为，电视网的新闻忽视了真正有意义的大事，已走入煽情的误区，致使观众对电视新闻信任度与需求度越来越低。

征象之三，是新闻越来越缺乏精心生产，更接近于人们的自由言说。网络时代，新闻的采集方式变得更加公开和容易接近。"传统媒体面临的另一个挑战来自雅虎和谷歌这样的新闻集成商，它们发布的内容并不是自己的原创内容，只是转载全世界传统新闻机构的新闻。虽然大多数博客和个人日记相去不远，但是其中一些博主却成为美国各政治群

---

① 参见［美］比尔·科瓦齐、汤姆·罗森斯蒂尔《新闻的十大基本原则——新闻从业者须知和公众的期待》，刘海龙、连晓东译，北京大学出版社 2011 年版，第 2 页。

② 杨伯溆：《全球化：起源、发展和影响》，人民出版社 2002 年版，第 389 页。

③ ［美］比尔·科瓦齐、汤姆·罗森斯蒂尔：《新闻的十大基本原则——新闻从业者须知和公众的期待》，刘海龙、连晓东译，北京大学出版社 2011 年版，译者序言，第 8 页。

④ 参见［美］尼尔·波兹曼《娱乐至死》，章艳译，广西师范大学出版社 2004 年版，第 139 页。

⑤ 郭建良：《只顾吸引眼球，不顾道德操守——从〈纽约邮报〉发"地铁死亡照"遭抨击说起》，《新闻记者》2013 年第 1 期。

体的意见领袖。"① "由于几乎任何人都有能力制造和传播文字、视频和音频，用户对从其他资源获得的内容也产生了个人定制的要求……新闻越来越不像精心准备的演讲，而是更接近于任何人都能自由发言的对话。"②

（二）媒体经济的危机

正如作者所言，"新技术带来的变化削弱了 19 世纪以来美国生产新闻的经济组织的实力。它们面临的挑战是能否创造新的经济模式，为不断增加的网络受众提供服务"③。传统媒体与新媒体短兵相接的一个直接后果，就是打响了一场没有硝烟的广告大战。

2013 年 3 月，美国皮尤研究中心发布了《2013 年美国新闻媒体报告》（the State of the News Media 2013），对美国 2012 年度新闻业的状况进行了分析总结。报告显示，报业用户的流失速度非常惊人。继 2011 年用户数缩减 4% 之后，在 2012 年继续缩减了 0.2%。用户的流失导致报业广告收入不断下滑，2012 年美国报业广告收入较上一年度下降了 5.9%。广告主们正把他们的广告投放到其他平台上去，以报纸为代表的传统新闻媒体面临着商业危机。

相形之下，网络新闻媒体势不可当。皮尤研究中心 2012 年进行的新闻媒体消费调查显示，网络在线新闻是新闻业里唯一呈增长趋势的业务。2012 年，39% 的受访用户在接受调查的前一天通过在线或移动设备浏览新闻，这一数字较 2010 年增长了 5%。移动终端设备和社交媒体大大促进了数字新闻消费。④

根据英国 Internet Advertising Bureau（www. iabuk. net）提供的数据，在 2012 年底，三分之二的英国人拥有智能手机；移动平台广告投入增

---

① ［美］比尔·科瓦齐、汤姆·罗森斯蒂尔：《新闻的十大基本原则——新闻从业者须知和公众的期待》，刘海龙、连晓东译，北京大学出版社 2011 年版，中文版序言，第 13 页。

② ［美］比尔·科瓦齐、汤姆·罗森斯蒂尔：《新闻的十大基本原则——新闻从业者须知和公众的期待》，刘海龙、连晓东译，北京大学出版社 2011 年版，中文版序言，第 14 页。

③ ［美］比尔·科瓦齐、汤姆·罗森斯蒂尔：《新闻的十大基本原则——新闻从业者须知和公众的期待》，刘海龙、连晓东译，北京大学出版社 2011 年版，中文版序言，第 14 页。

④ 参见贾金玺、马可《读者仍然需要新闻——2013 年美国新闻媒体报告》，《新闻记者》2013 年第 5 期。

长了148%，达到52600万英镑。移动视频广告从2011年的80万英镑上升到2012年的1300万英镑。移动平台广告总量（包括视频）增长了121%，达到1.5亿英镑，而移动搜索增长了164%，达到36500万英镑，占移动广告投入的69%①。

对新闻媒体来说，广告收入的意义不仅在于支付新闻采访的费用，改善新闻从业者的工作、生活条件，更重要的是，可以使媒体避免过分依赖政府的财政补贴、消息来源，不必一味顺从于政府的立场，丧失自身的独立性。但是，传统媒体广告市场份额的切割和流失，致使新闻采访经费严重缩水、编辑部人员急剧"瘦身"。没有充裕的财力支持，新闻采访和新闻质量的下滑是自然的。

（三）理论阐释的危机

新媒体技术和新媒体产品在丰富传统的新闻媒介形态的同时，也给传统的新闻理论与新闻实践提出了许多亟待解答的新课题。正如梅罗维茨所说的："新媒介（或者其他因素如工业化、战争，或自然灾害）的出现造成了社会场所普遍的重组，因此，这不但影响了许多个人的行为，而且影响了整个同类人的行为。"②

新媒体时代，传统报纸理论面临的挑战主要有：第一，"什么是报纸"需要重新界定。过去人们对报纸的认识，常常是把它理解为印刷的"影印本"，即纸质文本，但是，媒体数字化之后，网络版报纸风靡全球，成为新宠，电子化阅读蔚为时尚。因此，"报纸"的传统概念是否需要予以新的阐释，注入新的内涵？第二，"谁是新闻记者"需要明确判断。如今，人人都可能成为新闻记者，都可以成为公民记者。任何一个公众都可以通过自己的iPhone、iPad、DV拍摄，提供采访线索、新闻爆料、音频视频……一时间"草根新闻"大量涌现。如果人人都能制作新闻报道，那么谁是新闻记者？新闻记者的职业边界又在何处？第三，"报纸的功能"需要准确定位。众所周知，报纸的职责主要是提

---

① UK mobile ad spend gets smartphone push, April 11th, 2013, by brand - e, http://www. brand - m. biz/uk - mobile - advertising - rose - to - 526 - million - in - 2012 - says - iab_ 27114. html.

② ［美］约书亚·梅罗维茨：《消失的地域：电子媒介对社会行为的影响》，肖志军译，清华大学出版社2002年版，第118页。

供资讯、信息和大众讨论，以区别于电视的娱乐诉求和感性呈现。但是，时下的报纸却常常背离自己的目标和公众的期待，不厌其烦、连篇累牍地报道娱乐八卦。若此，"报纸的功能"到底应该如何定位？①

愈益突出的新媒体环境下的隐私权被侵问题，为媒体伦理与规范研究提供了新视角、新思考。在用户使用互联网近乎"裸奔"的时代，UGC用户贡献内容日益被提上新媒体应用的议程。Web2.0所带来的人人参与、人人贡献和去中心化的理念使其在兴起不久之后就汇聚了海量的个人信息。然而由于个人隐私权保护意识淡薄、相关技术和法律保护滞后以及利益驱动等原因，个人的姓名、肖像、基因、财产、健康等隐私问题都程度不同地在新媒体技术的飞速发展过程中显现出来，而这在客观上也为黑客攻击提供了口实。②

当代新闻样式的创新十分惊人。有专家指出，它依次经历了1980年开始的精确新闻、1990年开始的电脑辅助新闻、2000年开始的数据库新闻、2010年开始的数据驱动新闻等阶段，③新观念、新理论、新方法层出不穷。例如，"资料新闻学"（Data Journalism）带来的媒体革命，意味着记者有可能退出历史舞台，编辑则成为各产业数据的分析专家。美国新闻业的新实践新经验，是否会颠覆或重塑一代又一代新闻人崇信和恪守的新闻基本原则？"传感器新闻"（Sensor Journalism）可预见的前景是，新闻机构借助传感器技术代替人工，通过搜集海量即时数据来进行报道。工具价值代替理性价值，由此引发的新闻伦理上的探讨尚需拭目以待。

二 新闻价值的坚守

新闻业存在的理由和最基本的目标，就是为公民提供他们在自由社

---

① 参见吴飞主编《数字未来与媒介社会》（2011年第2辑），浙江大学出版社2012年版，第6—7页。

② 参见张君浩、师栩栩《新媒体时代下UGC带来的隐私权问题探析》，《编辑之友》2012年第8期。

③ 参见祝建华《数据驱动新闻——大数据时代传媒核心竞争力》，人民网—传媒频道，2012年7月18日。

会中活动所需要的独立的、准确的、可靠的、全面的信息。"新闻满足了人类最本能的冲动。人们具有某种内在的需求（本能）——去了解直接感知的世界之外究竟发生了什么。"① 经验告诉我们，"当新闻的流动性受阻，'黑暗降临'，焦虑增加，世界变得过于寂静，孤独感油然而生"。对此，亚利桑那州参议员约翰·麦凯恩深有感触："我最想念的是信息——未经审查和歪曲的、丰富的信息"②。

作者比尔·科瓦齐和汤姆·罗森斯蒂尔尖锐地指出，当前的"新闻业危机其实是信仰危机"③。如何在一个广告、娱乐、电子商务、宣传、网络新闻集成商等事物杂糅的更大的传播世界里复兴正在消失的新闻事业，他们坚定地认为，走出当前危机的不二法门，就是在适应变化的同时，更加强调新闻工作的传统，"继续坚持那些曾经孕育了新闻自由的基本原则"，提倡通过修炼内功，来应对来自不同方向的挑战，赢得新闻事业"明确的目标、行动的信心和公众的尊重"。④

（一）确保新闻的公共品格

越来越多的有识之士认为，"必须将新闻业规范地定义为一个具有公共使命的领域。'新闻业的核心目的是（并且应当是）生产和传播有关社会、政治和文化的核心事物的信息和辩论'。"挪威传媒学者约斯泰因·瑞普斯诺德指出："新闻从业者在很大程度上决定着公众对于自己所处世界的认知，他们的这种活动对民主的运作至关重要。"⑤

保持新闻的公共品格，首先，是新闻媒体应为公民提供人人都可以自由言说的公共论坛。

为什么民主需要不可爱的新闻界？迈克尔·舒德森的见解是，"新

① ［美］比尔·科瓦齐、汤姆·罗森斯蒂尔：《新闻的十大基本原则——新闻从业者须知和公众的期待》，刘海龙、连晓东译，北京大学出版社 2011 年版，第 1 页。
② ［美］比尔·科瓦齐、汤姆·罗森斯蒂尔：《新闻的十大基本原则——新闻从业者须知和公众的期待》，刘海龙、连晓东译，北京大学出版社 2011 年版，第 1 页。
③ ［美］比尔·科瓦齐、汤姆·罗森斯蒂尔：《新闻的十大基本原则——新闻从业者须知和公众的期待》，刘海龙、连晓东译，北京大学出版社 2011 年版，第 4 页。
④ ［美］比尔·科瓦齐、汤姆·罗森斯蒂尔：《新闻的十大基本原则——新闻从业者须知和公众的期待》，刘海龙、连晓东译，北京大学出版社 2011 年版，第 6 页。
⑤ ［美］迈克尔·舒德森：《新闻社会学》，徐桂权译，华夏出版社 2010 年版，第 17 页。

闻业可以为公民提供对话的论坛，并使论坛能够促进社会中不同团体之间思想观念的碰撞、交流与沟通；可以为特定的政治方案以及政治观念宣扬鼓吹，并借此动员人们以行动来支持这些方案"①。从传播学角度看，"让思想得到传播，能使本来可能具有破坏性质的压力得以宣泄，当思想在市场上竞争时，充分和自由的讨论能揭露和孤立虚假"②。

哈钦斯委员会在《一个自由而负责的新闻界》中清楚地表明："公共讨论是维系自由社会的一项必要条件，而表达自由则是开展充分的公共讨论的一项必要条件。公共讨论能激发和拓展心智的力度和广度，它是培养心智强健之公众的基础，如果没有这种东西，一个自治社会就不可能运转。"③

人类文明的演进史表明，"文明社会是一个思想观点的运作系统，它靠消费思想观点来维系和变革。因此，它必须保证其成员所持有的尽可能多的思想观点能得到它的审视。它必须确保表达自由，最终实现思想观点流动的所有障碍都被一一排除"④。故此，美国宪法学者比克尔认为，事后惩罚性质的法律只是冷却言论，而事先限制则是冻结言论。事先限制比事后惩罚更加侵犯《美国宪法第一修正案》保障的表达自由。⑤

其次，是新闻媒体需切实承担起权力监督者的职责。

传媒是社会的公器。新闻监督的实质是代表大多数人监视少数掌握权力的人，防止暴政的出现。为此，芝加哥新闻记者芬利·彼得·邓恩把监督的意思翻译成"让难受的人好受，让好受的人难受"⑥。

美国最高法院大法官雨果·布莱克在纪念美国革命 200 周年时说："只有媒体受到保护，才能揭露政府的秘密，让人民知情。只有自由而

---

① ［美］迈克尔·舒德森：《为什么民主需要不可爱的新闻界》，贺文发译，华夏出版社 2010 年版，第 23 页。

② 邱小平：《表达自由——美国宪法第一修正案研究》，北京大学出版社 2005 年版，第 57 页。

③ ［美］新闻自由委员会：《一个自由而负责的新闻界》，展江等译，中国人民大学出版社 2004 年版，第 5 页。

④ ［美］新闻自由委员会：《一个自由而负责的新闻界》，展江等译，中国人民大学出版社 2004 年版，第 4 页。

⑤ 参见邱小平《表达自由——美国宪法第一修正案研究》，北京大学出版社 2005 年版，第 69 页。

⑥ ［美］新闻自由委员会：《一个自由而负责的新闻界》，展江等译，中国人民大学出版社 2004 年版，第 128 页。

不受限制的新闻媒体才能揭露政府的欺瞒行为。"① 他的话准确地表明了两层含义：一是必须保护新闻媒体的自由，这是其实现监督者角色的前提；二是新闻媒体有监督权力的责任。新闻媒体有效履行"第四权力"的一个经典案例，是 1964 年普利策新闻奖把一个新设的奖项颁给了《费城公报》，颁授理由是该报揭露了费城警察参与了多起非法彩票游戏的诈骗活动。

当前全球传媒公信力普遍下降，人们越来越将新闻媒体视为一种陌生疏远的异己力量，而不是代表公众的社会公器，从根本上说，这与传媒的动机诉求有着直接的内在关联。事实上，公众并不一定会苛求新闻工作者完美无缺，也不一定会专注于新闻中每个单词的拼写都须正确无误这样一些表面的现象，他们关心的更为根本的问题是，"新闻工作者是否愿意把自己看成人民的代言人，为了公众利益报道社会的最新问题"。然而现实是，公众对他们极度失望和不信任。"公众看到的是煽情主义和以权谋私，感到新闻工作者是为了金钱或个人名誉而从事这项工作，甚至更糟的是，没准认为他们是因为可以从他人的不快乐中获得变态的快感而乐此不疲。"② 值得指出的是，两位作者敏锐地发现，"在新世纪，新闻媒体不仅要监督政府，而且要把监督扩大到非营利组织、企业以及由新技术创造的公众讨论空间里去"③。

（二）恪守新闻的透明原则

如今，公民既是新闻的消费者，也是新闻的制作者。在新闻生产的过程中，发表见解本身没有错，但是，如果在观众不知情的情况下，以观点剪裁事实，甚至歪曲事实，则违背了新闻的基本原则。为此，比尔·科瓦齐和汤姆·罗森斯蒂尔提出了一个新原则——透明性（transparency）。他们认为，既然谁也无法保证自己不偏不倚，索性放弃这种

① ［美］比尔·科瓦齐、汤姆·罗森斯蒂尔：《新闻的十大基本原则——新闻从业者须知和公众的期待》，刘海龙、连晓东译，北京大学出版社 2011 年版，第 127 页。
② ［美］比尔·科瓦齐、汤姆·罗森斯蒂尔：《新闻的十大基本原则——新闻从业者须知和公众的期待》，刘海龙、连晓东译，北京大学出版社 2011 年版，第 66—67 页。
③ ［美］比尔·科瓦齐、汤姆·罗森斯蒂尔：《新闻的十大基本原则——新闻从业者须知和公众的期待》，刘海龙、连晓东译，北京大学出版社 2011 年版，第 142 页。

自我标榜，老老实实地把调查和判断过程、立场和预设向受众公开，让他们来评判、选择和监督，以方法和程序的客观来代替结果的客观。"互联网的互动特征使新闻实践受到公众更严格的监督。透明的核实方法成为区别新闻与以一己私利为目的的传播的重要手段。"①

所谓的透明原则，其基本要义仍然包括真实、客观、均衡。

人们之所以强调真实是新闻的灵魂和生命，恪守新闻的真实性是新闻从业者最高贵的品质，一个重要的依据是，新闻是人们了解和思考自己身外世界的主要窗口，期望获得真实的信息，这是人的社会生活的一项基本需求。因为真实给人以安全感，而安全感则来自知晓。② 然而，新闻所追求的真实，并非绝对的或哲学意义上的真实，而是一种操作性的或实用的真实——我们在日常生活中能够使用的真实。"仅仅真实地报道事实已经不够，目前更有必要的是报道事实中的事实。"③ 所谓"事实中的事实"，在笔者看来就是"真相"。因为"新闻和真相并不是一回事……新闻的功能只不过是使某个事件更加突出"，或使人们知晓而已。"而真相的功能则是说明隐藏的事实，让它们彼此联系，形成一幅现实的图像，以便人们以它为参照采取行动。"④ 换句话说，新闻真实不是一步到位的，它是一个复杂的、持续的过程。随着报道的不断深入和公众的讨论，真相慢慢浮出水面，这是一个不断变化、不断成长、越来越接近真实的真实。

为了保证新闻真实，新闻工作者必须对新闻内容进行核实，"建立一整套检验信息的方法——将所有证据公布于众——以保证个人的及文化的偏见不会损害其报道的准确性"⑤。由米德贝尔格和罗斯所做的以美国印刷媒体记者为对象的名为"网络空间中的媒体"（Media in Cy-

---

① ［美］比尔·科瓦齐、汤姆·罗森斯蒂尔：《新闻的十大基本原则——新闻从业者须知和公众的期待》，刘海龙、连晓东译，北京大学出版社2011年版，中文版序言，第15页。

② 参见［美］比尔·科瓦齐、汤姆·罗森斯蒂尔《新闻的十大基本原则——新闻从业者须知和公众的期待》，刘海龙、连晓东译，北京大学出版社2011年版，第32页。

③ ［美］比尔·科瓦齐、汤姆·罗森斯蒂尔：《新闻的十大基本原则——新闻从业者须知和公众的期待》，刘海龙、连晓东译，北京大学出版社2011年版，第37页。

④ ［美］比尔·科瓦齐、汤姆·罗森斯蒂尔：《新闻的十大基本原则——新闻从业者须知和公众的期待》，刘海龙、连晓东译，北京大学出版社2011年版，第35页。

⑤ ［美］比尔·科瓦齐、汤姆·罗森斯蒂尔：《新闻的十大基本原则——新闻从业者须知和公众的期待》，刘海龙、连晓东译，北京大学出版社2011年版，第74页。

berspace）的调查研究表明，对互联网的使用在很大程度上已经成为新闻业以及信息交流的核心和主要结构。该调查显示，目前记者"从报道思路和报道基调到文章研究和所需要的参考资料的搜索等几乎所有方面"都使用到了互联网。17%的记者提到他们会报道在互联网上搜寻到的信息，即使它们并不能在别的地方得到证实。调查报告的作者提到："我们的许多记者承认，在证据不足，甚至根本不经证实的情况下发布过互联网上的流言蜚语，承认曾使用过互联网上的、其可信性尚未得到充分肯定的新闻源"；调查还发现，很多记者不愿相信从网络取材的其他新闻媒体报道的东西。① 可见，核实是传统媒体与新媒体最大的差别之一，真实与核实是传统媒体需要坚持的原则，更是新媒体需要迫切解决的问题。

与真实同等重要的是客观。美联社华盛顿总部的一位资深人士用自己的从业经验生动地诠释了"客观"的内涵："我的工作就是传播事实：不允许我对我所传播的事实做出任何评论。我的新闻稿发送给了持各种不同政见的报纸，编辑告诉我们，他们会对我们发给他们的新闻稿进行评论。因此，我们的工作仅限于制作我认为符合规定的新闻。我不需要表现得像个政治家，一定要属于什么流派，但是我必须尽量尊重事实，不偏不倚。我的新闻稿只是一些干巴巴的事实和细节信息。一些特约记者可能会写一些合乎他们胃口的东西。虽然我努力避免涉及某人或政治，但是我写的东西有时候仍然会受到责备。"② 这种"朴实"的叙述事实的手法，不仅帮助美联社确立了客观报道的完美典范，而且也成为各种不同政治取向的报纸竞相订购美联社信息服务的一个卖点。

新闻工作的价值常常取决于是否全面均衡。因为新闻是对世界的一种再现，而所有的再现都是有选择性的。"一份报纸最有价值的资产是它的可信度"，《巴尔的摩太阳报》的编辑评论说，"如果人们认为我们没有报道一些新闻是由于某些人的介入，他们就会开始怀疑我们同样没

---

① 参见［英］卡伦·桑德斯《道德与新闻》，洪伟等译，复旦大学出版社2007年版，第235—236页。

② ［英］斯图亚特·艾伦：《新闻文化》，方洁等译，北京大学出版社2008年版，第14页。

有报道其他东西"。① 同样，生活的内容丰富多样，绝非一种色彩、一个声音。新闻媒体"对某一天的报道如果都是严肃认真的重大事件，没有任何轻松或人性化的内容，同样也有失衡之虞"②。因此，新闻工作者不可掉以轻心的是，新闻报道不全面不均衡，有可能给它的服务对象造成影响和遗憾：一方面"因为大量信息被遗漏，这部分受众得不到完整的信息，会导致他们无法对当前的趋势和自己的需求做出正确判断"；另一方面，"把某些社群整体排除在外还会造成一个问题，那就是对为之服务的那部分群体报道得过细，公民不但没有得到清晰的信息，反而更加困惑"。③

（三）增强新闻的服务意识

新闻工作者的宗旨是为全体公民生产准确的信息，满足他们多种多样的精神需求。新闻工作者通过自己的服务，"与受众建立一种关系，这种关系建立在价值观、判断能力、权威性、勇气、专业性以及对社会的忠诚之上"④。正如佛罗里达州调查传播公司负责人瓦莱丽·克兰所说："对某些人来说，新闻的功能是和社群建立联系。对另一些人来说，是为了生活得更美好、更健康、更安全、更舒适。还有一些人使用新闻帮助自己做决策。另一些人则是为了赢得社会的接受。"⑤ 这些需求会随着媒体的类型、媒体对新闻的分类方式和所研究的受众有所变化。

可是，今天的新闻公司很少有人把公民的需求放在心上。随着 21 世纪的开始，新闻公司拥有新闻事业这一传统已被破坏。新闻成为跨国联合企业中微不足道的一部分，ABC 新闻在迪士尼的所有利润中只

① ［美］迈克尔·舒德森：《新闻社会学》，徐桂权译，华夏出版社 2010 年版，第 48—49 页。
② ［美］比尔·科瓦齐、汤姆·罗森斯蒂尔：《新闻的十大基本原则——新闻从业者须知和公众的期待》，刘海龙、连晓东译，北京大学出版社 2011 年版，第 188 页。
③ ［美］比尔·科瓦齐、汤姆·罗森斯蒂尔：《新闻的十大基本原则——新闻从业者须知和公众的期待》，刘海龙、连晓东译，北京大学出版社 2011 年版，第 191 页。
④ ［美］比尔·科瓦齐、汤姆·罗森斯蒂尔：《新闻的十大基本原则——新闻从业者须知和公众的期待》，刘海龙、连晓东译，北京大学出版社 2011 年版，第 57 页。
⑤ ［美］比尔·科瓦齐、汤姆·罗森斯蒂尔：《新闻的十大基本原则——新闻从业者须知和公众的期待》，刘海龙、连晓东译，北京大学出版社 2011 年版，第 198 页。

有不到 2% 的份额。新闻过去是时代公司的主要收入来源，但是在美国在线—华纳集团之中只占很小一部分。NBC 新闻只为整个通用电气贡献了不到 2% 的利润。2002 年上线的谷歌新闻甚至不用人工编辑来进行新闻的选择和编排，全部工作由计算机的算法规则来完成。今天美国的新闻业"正在被娱乐产业和电子商务收购。今天的娱乐和电子商务就是 20 世纪 30 年代的钢铁和化工产业"①。不仅如此，"由于过度商业化等问题的影响，我们很难说究竟是新闻业的信誉衰退导致行业的经济困境，还是行业的经济困境导致了新闻业的信誉衰退，但无论如何，新闻业象征资本正在遭遇结构性的而非周期性的衰退"②。

对于新闻工作者来说，新闻的服务意识集中地体现在新闻质量上。真正能够确保传媒竞争力的做法，是忠于公民，保持新闻独立，将全体受众的利益置于商业利益、政治利益和个人利益之上，提高新闻的质量。也就是说，优质新闻是构建新闻企业的基石。美国报纸公司麦克拉奇之所以未受 2005 年裁员风潮的影响，得益于该公司始终秉持"专注于新闻质量，不断改进工作"的服务宗旨。③ 在加里·普鲁伊特（Gary Pruitt）眼中，所谓的优质新闻，就是"优质报纸完整、全面地提供本地、国内和国际的新闻及特稿，使人们能够充分知情，全面地参与公民生活和过上更幸福的日子——因为他们知道如何参与市议会以及联合国的行动。报纸是每个本地市场上硕果仅存的大众媒体，因此它们的重要性不仅在于向读者提供信息，还在于创造社群内部的凝聚力。任何其他的媒介和机构，包括政府在内，都无法扮演这一角色，因为其他所有媒体的受众都出现了细分化和碎片化的现象"④。虽然面临裁员和股价下降，纽约时报公司一直保持对优质新闻的承诺。该公司主席兼《纽约时报》发行人阿瑟·小舒兹贝格说："我们是一家把所有精力用于生产

① ［美］比尔·科瓦齐、汤姆·罗森斯蒂尔：《新闻的十大基本原则——新闻从业者须知和公众的期待》，刘海龙、连晓东译，北京大学出版社 2011 年版，第 25 页。

② 余婷：《"坚持到底"将无路可走，而转型没有不痛苦的——新媒体生态下传媒业的困境与作为》，《新闻记者》2013 年第 4 期。

③ 参见［美］比尔·科瓦齐、汤姆·罗森斯蒂尔《新闻的十大基本原则——新闻从业者须知和公众的期待》，刘海龙、连晓东译，北京大学出版社 2011 年版，第 61 页。

④ ［美］比尔·科瓦齐、汤姆·罗森斯蒂尔：《新闻的十大基本原则——新闻从业者须知和公众的期待》，刘海龙、连晓东译，北京大学出版社 2011 年版，第 61 页。

新闻的公司。这是我们最核心的力量，同时也是严防死守的阵地。我们不会涉足教育或餐饮业务。但你会看到我们对新闻产业进行投资。"①至此，我们可以初步得出一个结论：新闻质量的高低，是对新闻媒体履行信息提供、调查报道、分析评论、社会同情、公共论坛、社会动员等职能时表现优劣的判断。

（原载《浙江传媒学院学报》2013 年第 5 期，本文与研究生高姗合著，此次出版有修订）

---

① ［美］比尔·科瓦齐、汤姆·罗森斯蒂尔：《新闻的十大基本原则——新闻从业者须知和公众的期待》，刘海龙、连晓东译，北京大学出版社 2011 年版，第 62 页。

中国新闻传播教育:约束条件与可能的突破口

近些年来,新闻传播实践活动在现代国家治理过程中的作用日益凸显,由此带来了新闻学与传播学地位的提升。一个突出的例证是,新闻学被《中共中央关于进一步繁荣发展哲学社会科学的意见》列为国家重点扶持发展的九大学科之一。然而考察我国新闻传播教育的历史与现状,我们无法回避一个严峻的现实:新闻传播教育的外源性掣肘与内源性障碍,不仅桎梏了新闻传播学专业的人才培养,也影响了我国传媒竞争力、影响力的提升。如何因应新闻传播教育面临的挑战,探寻中国新闻传播教育可能的突破口,现已成为学界和业界共同关注的课题。

一

1. 新闻传播教育的过度意识形态化,窄化了新闻传播的内涵功能

毫无疑问,新闻传播教育具有意识形态属性,然而,这种属性却并非其全部要义。中华人民共和国成立后的一段时期内,新闻传播教育的一个突出特征就是浓重的意识形态化。这种过度的意识形态化,一方面,致使当代中国社会中的媒介更多地显现出意识形态媒介的性质,传媒成为传播意识形态的最主要工具之一,换句话说,"教化"民众对意识形态的认同成为传媒的一项根本职能;另一方面,导致我国新闻传播教育和新闻传播实践出现了一些禁区。在强大的意识形态力量的主导下,相当长的一段时间内,人们看到的是:由于对党报党刊等政党媒体"喉舌"功能的突出强调,导致了对新闻本体问题和传媒"公器"作用的忽视;新闻报道充斥着响亮的政治口号,信息内容空洞;新闻传播的

话语方式和风格更多地表现为情态上的不满、牢骚、指责甚至对抗,而非学理上的否定、怀疑、批判或对话;新闻传播学术研究/学术出版显露出根深蒂固的"前见"存在……总之,意识形态与新闻传播教育的彼此交织,如影随形,深刻影响着中国新闻传播教育的发展,尽管前者对后者的控制与渗透程度、影响的正负效应在不同时期有所不同,两者关系性质的多样性和多层面性也有所显现。

诚然,在知识社会学的视野中,从来不会存在纯粹的知识,当然也就永远不会存在纯粹或完全独立的新闻传播学研究。对置身于某一特定社会群体之中的新闻传播教育来说,要想完全摆脱其所在社会(群体)的意识形态影响,几乎是不可能的。新闻传播教育无法疏远意识形态,然而任何意识形态都属于历史的范畴,任何罔顾社会环境、制度文化等变化因素而偏狭地理解、运用、规制意识形态,显然不是历史唯物主义的态度。对某些缩小或窄化新闻传播功能内涵的意识形态或单一的宣传政见,人们应当有理由质疑或摒弃。换句话说,我们对过度意识形态化消解新闻传播教育的学术性与科学性的现象,应当保持清醒的认识和高度的警惕。

2. 专业设置标准的降低,导致了校际间的低水平竞争

高等学校的专业设置及其结构通常表征着高等教育资源配置的水平。20 世纪 90 年代的高校大合并,一方面,实现了高等教育资源的重新配置;另一方面,由此累积的"规模效应",也给新闻传播类专业的超常规发展留下了隐患。

据 2013 年 10 月结束的"2013—2017 年新闻传播学类专业教学指导委员会第二次全体会议"透露,目前全国高校新闻传播类专业布点 1080 个,其中新闻 307 个,广电 225 个,广告 365 个,传播 55 个,编辑出版 80 个,网络与新媒体 43 个,数字出版 5 个。在校本科生 23 万人。从所属学校类型看,新闻传播类专业几乎遍布理工类、师范类、财经类、政法类、农林类、体育类、艺术类院校,甚至不少地级城市院校也都开办了这类专业。

上述数据表明,进入 21 世纪以来,我国新闻传播教育呈现出狂飙突进之势,专业点的扩容 10 年间翻了 10 倍,平均每年增加 70—100 个。如今,新闻传播学专业连续多年成为高考和研考的热选,已是不争

的事实。然而，令许多学者、专家担忧的是：新闻传播类专业点的急剧扩张与其师资数量、教学水平、图书资料、实验设备的缓慢增长形成巨大的反差，由此导致近些年来我国新闻传播类人才培养质量的严重下降。

高校专业设置固然需要关注和适应经济发展、社会变革的需要，但是，高等教育的发展也须遵循自身的内在规律，切忌脱离实际，盲动冒进。就拟设新闻传播类专业而言，增列单位启动申报之前，首先需要明确两个关键性的问题：一是从学校层面看，拟设学科专业与学校的发展定位是否协调一致？是否能优化所在学校的学科专业结构，提升学校的办学水平和整体实力？二是从学科专业层面看，其方向设置、队伍结构是否合理？是否有助于减少低层次重复、定位不明晰的弊端？为了有效防止专业布局分散性、重复性、同质化的倾向，教育行政主管部门有必要对学科专业资源配置进行宏观调控，突出非均衡性原则，强化审核标准。

3. 一元化的学术评价制度，阻碍了业界优秀人才向高校合理流动

知识生产、知识谱系和知识传播的差异决定了学术评价的多元性。然而一个棘手的问题是，当下国内高校普遍实行的是以论文发表、著作出版、课题立项、成果获奖为基础的教师职称考核晋升机制，重科研、轻教学已成一种惯性；而传媒业界对从业者的考评标准更看重其新闻业务、公关策划、经营管理的能力以及行业影响等。这种制度设计与政策取向（理论与应用）的差异化与不兼容，使得新闻实务经验的价值很难在今天的高校新闻传播教育中获得应有的重视和实现，不少业界的行家里手，往往畏葸于"跨界"高校的转型要求而望而却步。由于从业经验丰富的实务型师资的普遍匮乏，导致新闻传播教育常常是自说自话，自以为是，显露出浓厚的"象牙塔"的色彩。

英国新闻教育学会会长罗德·艾伦曾说："如果做新闻教师，30 年的从业经历比一个博士学位有价值得多。"[1] 这句话意在强调新闻专业课教师特别是讲授实务类课程的教师应该具有相关从业经历。作为一种

---

[1]　钟新：《英国：新闻学与传播学严格分界——专访英国新闻教育学会会长罗德·艾伦》，《国际新闻界》2002 年第 5 期。

职业教育,记者与医生的培养体系的共通之处,就是实践环节的不可或缺。美国西北大学新闻学院教授比尔·克尔的类比非常贴切:病人不会让一个从来没有进过手术室的教授培养的外科医生来动手术。同理,任何一家媒体也很难冒险派遣一位从未有过新闻实战经验的"菜鸟"深入一线充任战地记者。业内人士广为所知的是,美国新闻院系普遍要求任课教师须有新闻实践背景,新闻从业经验被视为选聘专业教师的先决条件。全美新闻院校没有记者经历的教授比例只占17%,美国密苏里大学新闻学院60%以上的教师都曾在新闻一线担纲历练,美国南加州大学安纳伯格新闻传播学院原院长杰弗里·科恩曾任"美国之音"总编辑、现任新闻系主任迈克尔·帕克斯曾任《洛杉矶时报》总编辑并荣膺"普利策新闻奖"。

4. 过窄的专业教育视野,难以培养视通万里的社会瞭望者

任何一门学科,都有一套构成其基本架构的知识范畴和理论体系。那些已被广泛运用且必须掌握的基本概念、基本原理、基本法则以及学术研究的基本方法,是构建知识谱系、形塑人的整体素质的基石,它将产生持久而深刻的影响。

创新型、复合型人才是以多种学科知识与方法的整合与运用为特征的。在知识体系日益精密化、职业分工日益细密的今天,单一学科的知识积累和单个人的学术能力/素养越来越难以适应并胜任当代新闻传播实践的系统性、复杂性要求。新闻传播学的研究对象十分广泛,旁涉诸多学科,举凡政治学、经济学、管理学、社会学、心理学、文化学、历史学、哲学、伦理学、生态学等无所不包。不同学科之间的交叉与融合,不仅有助于拓展新闻学与传播学的学科疆界,更重要的是,相关学科的研究范式、研究成果能够给予新闻学与传播学有益的启迪。

因此,新闻传播工作者无疑应当视通万里,触类旁通。令人遗憾的是,由于诸多因素的掣肘,现今的新闻传播专业培养方案的专业跨度、知识融通度小,很难达到业界的人才要求。究其原因,关键是现有的教育模式弱化甚至忽视了心智训练和非专业知识的学习,过窄的专业教育、过强的功利主义和过弱的人文精神,一方面造成学生知识结构单一,视野狭窄,根基薄弱,另一方面则导致其人文精神与新闻理想缺失。

相对于我国新闻传播教育的课程设置尚不能完全满足现代社会对新闻传播人才的要求，美国南加州大学安纳伯格新闻传播学院不拘泥于传统的新闻学或传播学科框架，也没有仅仅按照媒体类别来划分教学领域，而是把一切与人类传播有关的理论引入课堂，一定程度上避免了传播教育的新闻学化或大众传播学化。在实践技术课程方面，其策略是紧扣传媒业界的变迁。与此同时，也鼓励学生除了掌握一般的专业理论和实践知识之外，以期成为专家型记者、编辑。①

5. 课程体系的结构性缺陷，导致学生就业后缺乏发展的可持续性

课程是锻造人才的模具。它关系到人的知识体系的建造，知识体系对一个人的品质、胸怀、眼界、思维方式和专业能力有着决定性作用。课程体系则是培养目标的具体化和依托，主要由特定的课程观、课程目标、课程内容、课程结构和课程活动方式所组成。

当前，我国新闻传播专业课程体系存在的突出问题是：知识分割过细，课程内容陈旧；课程过于趋同，教学方式单一；重理论课程，轻实践课程；课程体系结构不够合理。具体地说，就教学理念而言，不少教师仍习惯于对传统的大众媒介进行分门别类的介绍，而鲜于将其作为媒介融合格局中的有机组成部分来进行整体考察，同样是新闻采编播业务，他们很难教给学生与印刷媒体、广播电视媒体、新兴网络媒体的最新技术实践相匹配的知识和训练，多是陈旧的、呆板的职业经验讲述；就教学模式而言，在整个教学过程中，教师始终处于主导地位，学生被动地接受，很难发挥学生的主观能动性；从课程结构来看，理论课与实务课、必修课与选修课各自为阵，彼此之间的逻辑关联和相互支撑不够，难以有效地形成建构知识谱系的课程群，从而导致学生知识结构、理论素养及技能操作的"单一化"；从课程目标来看，往往注重理论知识而非实践技能、注重思考分析能力的培养而非利用媒介来表达自己的能力培养、注重对工作流程和规范标准的熟悉而非一线实践的经验积累；由于多数院校都没有开设"新闻传播学经典原著选读"之类的课程，以致学生们无法获得知识形态的全息结构，无法完成对他者致思方

---

① 参见刘燕南《访学归来话教育——美国南加州大学安娜伯格传播学院扫描》，新浪博客，http://blog.sina.com.cn/s/blog_628bf6a90100fptb.html，2009 年 10 月 31 日。

式的习得。

今天，我们需要的是一种赋予传统以新质的新闻传播教育。这种教育密切关注网络与新媒体带来的传媒业态的新变化，以及传播内容、传播形式、传播手段、传播模式、传播功能、传播方式的变化对新闻传播提出的新挑战、新要求和新任务，并以提高学生适应社会发展和求职择业的能力为己任。

二

1. 强化新闻传播的服务意识，回归传媒与大众对话、沟通、协调的本质

一个日趋达成的共识是：新闻是对话，是向社会大众提供公共信息服务，保护公共利益。以公众利益为出发点，以受众为最终服务目标，是新闻学的基本要义；拥有透明性和对话能力则是新闻的吸引力、公正性和诚信度的最佳证明。早在 1917 年普利策新闻奖创立之初，仅有"公共服务成绩优异奖"和"新闻奖"两项，后来增至 14 项，"优质公共服务奖"仍居首位。

"客观新闻学"走向"对话新闻学"的趋向表明，新闻不是"事实"单一要素的简单呈现，而应凸显对新闻生产人本主义的尊重。"对话新闻学"的核心理念是，新闻报道是记者与其报道对象之间相互对话和沟通的产物，也是不同话语和立场相互冲突、调和与协商的结果；新闻报道的首要功能是在政治和社会领域内引发建设性的"公共对话"[1]。所谓新兴新闻业的两大特色，即"公众参与"（public participation）与"连接性"（connectivity），强调的就是加强传媒与大众的对话、沟通与交流，以期提高新闻传播的服务水平和服务质量。

基于这样的认识，新闻传播教育的一项重要任务，就是去除"媒介中心主义"（media‐centrism）心态，增进对公众需求的真正了解，观察社会结构，分析社会现状，研究视听市场，提供诸如一站式新闻服

---

① 史安斌、钱晶晶：《从"客观新闻学"到"对话新闻学"：试论西方新闻理论演进的哲学与实践基础》，《国际新闻界》2011 年第 12 期。

务、新闻入口服务、针对不同共同体的服务、针对特定需求的新闻定制服务、新闻聚合服务、新闻沟通服务。以专业新闻服务，打破不同舆论空间的自说自话，寻求建立社会共识的可能。① 一言以蔽之，新闻传播工作者要视自身为"公共对话"的促进者，而不是"专家信息"的传播者。

2. 凝聚政府、业界、学界之合力，协同创制专业教学质量国家标准

标准决定质量。只有高标准才有高质量。由于我国尚未建立较完善的标准化人才培养体系，因此专业设置与行业需求、课程内容与职业标准、教学过程与生产过程难以有效对接。

学校和业界分别承担着不同的角色与任务，其自身的局限也显而易见。学校需要加强对业界的认识与把握，从变动不居的业界中找到专业教育最为合适的落脚点，或是洞察业界对某一类人才的空缺需要；而业界也需要专业人才和理论知识对实践经验的提升，需要学校从技术和专业教育的各个方面对其人才进行培养或培训。

从弥补"跨界"偏失的角度考虑，根据学校类型、层次和水平的差异性，在借鉴美国新闻传播教育评审标准对多样性和包容性的规定的基础上，高校、媒体、行业协会、行政主管部门从培养目标、课程体系、教材编写、毕业论文（创作/设计）、办学条件、教学质量管理与评价等方面，协同创制分类指导、分类评价的新闻传播学类专业教学质量的国家标准体系框架，不仅有助于实现共同性规范的要求，还可能满足多样化发展的需要；既可以使学术理论在实践中得到运用，又可以把实践经验融入理论教学当中，同时还可以在政府的参与下，使其不失国家的宏观调控。质言之，切实把握学校办学定位和人才培养目标与国家和区域经济社会发展需求的适应度，教师和教学资源条件的保障度，教学和质量保障体系运行的有效度，学生和社会用人单位的满意度等"四个维度"——以人才培养质量为核心，以行业需求为导向，促进人才的全面发展和适应社会需要，应当成为新闻传播类专业人才培养的基本规范与追求，成为检验和评估新闻传播类人才培养目标与培养效果的关键要素。

---

① 参见王辰瑶《作为公共服务的未来新闻业》，《新闻记者》2013 年第 8 期。

3. 以高校和媒体互聘"千人计划"为契机，促进学界与业界的深度融合

实践性是新闻传播教育区别于其他大学专业教育的一个突出特征。这也就意味着，没有一批从业经验丰富的实务型教师和传媒教学实习基地，学生就无法获得一线的实际操练机会，就无法内化传媒人的职业精神。

近些年来，我国一些高校如中国人民大学、清华大学、北京大学、复旦大学、暨南大学、汕头大学、重庆大学、郑州大学、青岛科技大学的新闻传播学院，纷纷聘请"传媒领袖"担纲学院院长。这些业界名流加盟高校，一方面为新闻传播教育的顶层设计和人才培养模式改革提供了许多新思路新举措，另一方面也为破除行业壁垒，密切高校与媒体的纽带联系，汇聚社会多方资源做出了有益探索。

从大力推进高校与传媒的深度融合，促进优质资源的充分共享，调整和优化高校新闻传播教育的师资结构着眼，教育部、中共中央宣传部《关于加强高校新闻传播院系师资队伍建设实施卓越新闻传播人才教育培养计划的意见》[教高（2013）7 号] 明确提出，2013 年 9 月至 2017 年 7 月，教育部、中宣部从新闻单位选聘 500 名优秀编辑记者到计划实施高校新闻传播院系兼职或挂职任教；从相关高校新闻传播院系选派 500 名骨干教师到新闻单位兼职或挂职。作为深化新闻传播教育综合改革、提高新闻传播教育人才质量的一项举措，"千人计划"为解决新闻传播教育与新闻传播实践"两张皮"的问题抑或提供了一个值得期待的前景：它一方面可以让新闻传播专业教师有机会走出"象牙塔"，面向传媒实际，了解传媒的运作与变化；另一方面也可以把业界英才请进学校，向学生传授媒体运营与管理的职业技巧、职业精神，使他们足不出校就能与行家里手"零距离"接触，面对面交流。

4. 把媒介融合内容纳入课程教学体系，适应新闻传播教育的结构性转型

课程体系的调整必须反映本学科当下和未来的需要，推动更新那些与行业未来需求有关的前沿课题相关的课程。在美国，已开始讲授媒介融合课程内容的新闻学教师和已经实践媒介融合的媒体高管的比例均已达到 80%。他们认为，媒介融合时代新闻传播教育内容的结构性调整

是必然趋势。为了因应时代的变化，新闻传播教育的课程体系应当及时纳入媒介融合的内容①。

从媒介融合时代的新闻传播类人才的培养目标上看，专门学科基础教学体系的引入和跨媒体工作能力教学体系的建构，是当下新闻传播教育课程体系改革的关键。例如，专业核心课程可将传统的采、写、编、评、摄等新闻学专业核心基础课程与基于媒介融合理念的网络与新媒体专业课程相结合，了解和掌握新闻传播业务整合和流程管理的变化特点与规律，力图通过这种课程体系的整合，培养具有"全媒体"技能的新型新闻人才。媒介融合要求突破传统的线性思维模式，提高思维的发散性，这就需要新闻传播教育加强学科的交叉、渗透，提高横向的联系与拓展。

当今新闻传播教育的一个重要内容，就是提高学生的媒介融合意识，掌握媒介融合的必要技能。媒介融合需要对新闻本质的深刻理解、对现代传媒技术及表现形式的娴熟运用，否则，是很难完成以多种不同的传播方式、技术手段来表达、呈现同一则新闻内容要素的任务的。遗憾的是，对大多数学生来说，这仍是一种挑战。

5. 铸就超出职业能力的理想与目标，回应当代传媒实践的价值关切

教化"不只在于懂得读、写、算以便成为良好的工作者，它也是要让人拥有成为一位良好公民不可或缺的工具"②。对新闻传播学专业学生来说，"能力素质"与"操作技能"不可偏废，但"能力素质"比"操作技能"更有价值。专业知识教育也许可以塑造一个职业技能娴熟的工作机器，却未必能够培养一个有思想、有热情、有价值判断的心智健全的人。记者的情感决定着报道什么、何时报道、报道规模、报道立场以及报道水平。倘若一味地强调新闻职业技能的培养，新闻则有可能远离它的初衷。化解新闻传播实践显露出的深刻的内在危机，一方面，有赖于对"价值理性"和人文精神的褒扬和形塑，无论是布莱尔的新

①　Andrea Tanner and Sonya Duhe，"Trends in Mass Media Education in the Age of Media Convergence：Preparing Students for Careers in a Converging News Environment"，*Studies in Media & Information Literacy Education*，Volume 5，Issue 3，August 2005.

②　［法］布赫迪厄：《布赫迪厄论电视》，林志明译，台北：麦田出版·城邦文化事业股份有限公司 2002 年第 2 版，第 100 页。

闻学教育课程结构观——四分之一的新闻学课程、四分之三的社会科学和人文学科的课程，还是由通识教育课程、文理基础课程、专业教育课程三大板块打造的"复旦模式"，其着眼点都不在于知识传授，而在心智训练；不在于追求具体的功利目标，而重在人格的培养，亦即通过构建人类文明基础知识体系和价值认知体系，完成对人的生命潜能的全面开发和人的健全的精神品格的塑造；另一方面，也取决于新闻从业者履职时能否始终铭记——对真相负责、忠于公民、核实事实细节、保持新闻独立、监督权力、倾听民意、生动有趣、全面均衡、恪守良知。① 上述这些不可或缺的"主体性"要求，有助于铸就新闻从业者身心挺立之根本和超出职业能力的理想与目标。

（原载《现代传播》2014 年第 10 期）

---

① 参见［美］比尔·科瓦齐、汤姆·罗森斯蒂尔《新闻的十大基本原则：新闻从业者须知和公众的期待》，刘海龙、连晓东译，北京大学出版社 2011 年版，第 5 页。

从理论视角看电视人离职潮

经济"新常态"是中国经济在向形态更高级、分工更复杂、结构更合理的阶段演进中呈现出来的一系列趋势性变化。与此相伴生的电视新常态的一个突出表征，就是电视人离职的消息频频传来。从邱启明、罗振宇、王志、马东、崔永元、李咏等央视名嘴，到李湘、曹颖、朱丹、曹景行等省级卫视当家主持，从杜昉、王刚、王培杰、张一蓓等幕后工作者，到不久前毅然离职的浙江卫视总监夏陈安、东方卫视副总监苏晓……这些频频跳槽的电视人，究其本质，实为现代管理学之父彼得·德鲁克（Peter Drucker）所谓的"知识型员工"（Knowledge Worker）。知识型员工是指那些掌握和运用知识或信息、具有创新思维和能力的人，其基本特点是"创新力强、自主性强、优越感强、成就性强、复杂性高、流动性大"①。德鲁克认为，"知识型员工不能被有效管理，除非他们比组织内的任何其他人更知道他们的特殊性，否则他们根本没用"②。可见，知识型人才犹如一把双刃剑，其使用效果取决于拥有者的管理智慧的高低。马汉·坦普（Mahen Tampoe）通过对75 名知识型员工的问卷调查，有力地佐证了彼得·德鲁克的创见。该调查发现，受访者最为看重的四个激励因素依次为：个人发展（personal growth）、自主性（operational autonomy）、工作成绩（task achievement）和金钱报酬（money），其比例分别是 33.74%、30.51%、28.69%

---

① 转引自王文惠、何有麟《东方管理学视角的企业知识型员工管理》，《企业经济》2013 年第 5 期。

② ［美］彼得·德鲁克：《21 世纪的管理挑战》，朱雁斌译，生活·读书·新知三联书店1999 年版。

和 7.07%①。依据"知识型员工"理论解析离职潮这一电视"新常态",抑或可以提供窥其堂奥的一个重要视角。

一 知识型员工更加追求个人发展的可持续性

电视传媒曾被认为是当代最具支配力量的媒介。"人类的文化和人类的价值观有史以来第一次为追求利润最大化的电子媒介所左右,人类社会几乎彻底地让商业市场来决定他们的价值观和模仿的榜样,这是前所未有的。"② 然而时至今日,网络和新媒体摧枯拉朽般地强势崛起,电视媒体则尽显疲态,应对乏力。电视会发生哪些变化?电视媒体又该如何生存与发展?

电视业态今非昔比的变化,带给知识型员工的是高烈度的心理震荡。褪去荣耀与自豪之后,知识型员工感受更多的是心理失落和职业困惑。直面电视"新常态",他们不得不思忖怎样才能守住自己的专业理想和职业操守?又如何能够破旧立新,寻找继续前行的支撑动力?

知识型员工由于大多接受过良好的教育,较之其他员工,他们的视野更为开阔,接受新事物更快,学习能力更强,综合素质更高,亦更勇于不断地挑战自我、超越自我。更重要的是,他们具有更强的开拓意识和竞争能力。就传统电视而言,摄像机、话筒、电视画面、非线性编辑软件可谓知识型员工的常规武器,但是在融媒时代,他们还需要掌握更多、更复杂的"新式武器",如手机、数码相机、视频编辑软件、图片编辑软件、网络视频制作软件等。这些技能何时使用、如何组合才能达到最佳融合效果,不仅仅需要假以时日,更需要敏锐、灵巧和年轻。然而所有这些事业发展中的新情况新难题,都难以阻挡知识型员工的铿锵步伐。一如央视离职潮男王凯对记者表白的那样:离开央视是自己希望能在今后的生活和工作中更自由一些,"现在我就像是一个便携式的 U

---

① Mahen Tampoe, "Motivating Knowledge Workers-The Challenge for the 1990s", *Long Range Planning*, Vol. 26, No. 3, 1993: 52.

② [美]莱斯特·瑟罗:《资本主义的未来》,周晓钟译,中国社会科学出版社 1998 年版,第 80 页。

盘，可以随时和任何机器连接，去尝试和更多电视台合作"①。

对于大量的知识型员工频繁跳槽的景象，美国哥伦比亚大学教授迈克尔·舒德森表达了他的关切与隐忧：由于电视记者频繁跳槽，他们创造了一种在各个电视台不胫而走的大众文化："为数众多的新闻记者在与全国差不多所有电视台的同行工作一段时间后……其如何制作电视新闻的观念已经完全同质化了。"②

二 知识型员工更加强调职场工作的自主空间

按照彼得·德鲁克的观点，"专业的知识工作者掌握着生产的方法，可以在任何地方工作，因此必须像对待志愿者而不是雇员一样对他们进行管理"③。这里的"专业的知识工作者"即指知识型员工。

电视媒体要使知识型员工转化为他者难以获得和难以模仿的专用型人力资本，关键在于培养他们的忠诚度——对媒体的情感依赖、价值认同和时间投入。"知识型员工对媒体的忠诚主要依靠情感来维系，他们不只是看重经济上的回报，更重视工作的意义与价值，重视媒体为其实践专业理念和应用专业技能所提供的空间和氛围。因此，媒体应给予知识型员工合理的回报和自主的空间，让他们感受到作为专业人士所应当受到的尊重，赋予他们开展专业工作所需的必要的权力和资源，让他们体会到新闻工作的乐趣。"④ 而不是处处耳提面命，事事置之度外，俨然没有个人意志抒发、没有自我决断能力的工作机器或职场木偶。

知识型员工的个性化色彩十分突出，他们往往更偏好独立自强，通过发挥自己独特的专业特长以满足其建功立业的成就感需要。知识型员工忠诚于自己所热爱的职业而非所服务的组织，当他们服务的组织目标不能与个人职业生涯规划有机契合时，他们兴许就会考虑另作选择。

---

① 张金菊、邹笑、李娜娜：《王凯谈央视主持人离职潮：我们可不是约好的》，中国新闻网，2013年4月12日。

② ［美］迈克尔·舒德森：《关于电视新闻精品生产的讨论》，《美国新闻评论》2008年7/8月号。

③ ［美］彼得·德鲁克：《在变化的世界中管理知识工作者》，载［美］鲁迪·拉各斯等编《知识优势：新经济时代市场制胜之道》，机械工业出版社2002年版，第58页。

④ 刘年辉：《基于核心竞争力的媒体人力资本策略》，《电视研究》2006年第1期。

有业内人士反思媒体的"体制"后指出："商业价值对新闻理想的捉弄，行政命令对个性的泯灭，使体制中人产生了对个体存在价值的迷惘。"不仅如此，"行业市场化的趋势与国有文化机构体制机制落后之间的矛盾越来越明显。如果不跳槽、不逃离体制，优秀分子个人会退步、竞争力会下降，最终会被市场淘汰"。① 显然，"体制"正在迫使知识型员工逃离。历任 SMG 东方卫视副总监、SMG 影视剧中心主任、SMG 尚世影业 CEO 的苏晓在离职感言中表示：尚世影业最大的优势和最大的劣势都是因为背靠 SMG；国有体制对文化内容产业来说，最核心的有两大问题无法解决：对核心人才的激励和运营效率不高；影视行业已高度市场化，本质上到今天，这个行业已经不需要国有化。

央视《新闻调查》一位制片人曾经坦言：几乎每一期舆论监督节目都会有公关行为的出现，有一段时间，节目的播出率只有 50%，致使部分节目"被贴上橙色标签永远锁入了柜子"。

人员管理的终极目标是为了某个组织的发展和获得最大的利润而充分调动内部员工的工作积极性，并使之与组织的发展融为一体。由莱茵哈德·莫恩创立的贝塔斯曼人员管理模式十分重视"以人为本，人性致胜"的文化理念。贝塔斯曼在兼顾员工与公司两者利益的基础上提倡相对独立、彼此信任、参与交流、共同决策，从而形成了一种平等、尊重、和睦、宽松的工作环境。这一职场实践的经典范例的确留给我们很多有益的启迪。

如果说在集体主义形塑普罗大众的共同意志的年代，知识型员工只是革命事业这部大机器中的一枚螺丝钉，个人利益必须服从于整体利益的需要，率性的跳槽行为有可能被斥为个人主义思想严重的话，那么，在价值选择日益多元的今天，知识型员工已经获得更多的自由选择职业的可能，他们不必担心或屈从于一职定终生的命数。换句话说，今天的知识型员工可以为某个媒体奋不顾身，却未必能够为某个媒体奋斗终生。

三　知识型员工更加看重事业成就的外在评价

美国著名社会心理学家戴维·麦克利兰（David Clarence McClel-

---

① 小方芳：《广电现离职潮　电视人集体逃离体制：为争口气》，腾讯娱乐，https：//ent. qq. com/a/20140807/001565. htm，2014 年 8 月 7 日。

land）认为：除了生理需要以外，友谊需要、权力需要和成就需要是人最主要的三种需要。三种需要的强弱程度因人而异。一般情况下，具有强烈的成就需要的人具有追求完美、注重外在评价的显著特征。他们喜欢能够独立解决问题的工作环境，喜欢独自做出决定和独立承担某项工作；具有追求成功的强烈动机，同时也更能敏锐地避免失败；非常关注每个阶段的工作结果，期望能够得到工作成效经常、明确和具体的反馈。[①] 心理学家马斯洛在调查一批有相当成就的人士时，发现他们常常提到生命中曾有过的一种特殊经历，"感受到一种发自心灵深处的颤栗、欣快、满足、超然的情绪体验"，由此获得的人性解放、心灵自由，照亮了他们的一生。马斯洛把这种感受称为"高峰体验"（peak experience）。

根据行为科学理论，成就需要的满足来源于人们对所取得的工作绩效的一种内在心理体验。这种心理体验既包括对工作成果中凝结的个人贡献的体验，也包括将个人贡献与他人比较获得的优势体验。

知识型员工力求完美，不满足于平常平庸，更在意自我价值的实现，并强烈期望得到同行和社会的认可。这种从经济收入之外获得的精神满足和心理效用，能够迎合知识型员工情感和心理更高层次的需要，提高其工作满意度和忠诚度。综观北京光线传媒总裁王长田的事业发展，可谓步步风生水起，每每卓尔不群。任职《中华工商时报》时是升职最快的记者；策划推出《北京特快》栏目，很快成为当时国内最优秀的电视新闻栏目；转创《中国娱乐报道》《音乐风云榜》《娱乐现场》等电视娱乐节目，旋即红遍大江南北；投资电影《泰囧》，票房超过 10 亿。矢志追赶并成长为中国娱乐传媒巨头是他不变的追求。

电视媒体属于知识密集型行业，无论是记者编辑还是技术制作人员，都具有较高的专业水准和强烈的成就需要。对于电视而言，注意是最好的奖赏，有了观众的注意一切才有可能。由此我们就不难理解为什么电视界的知识型员工会如此介意外在评价和臧否。

美国 CBS《60 分钟》节目表达的是一种新闻职业理念和信仰。担

---

① 参见邓蓉敬、陈宏彩《戴维·麦克利兰：成就激励大师》，《学习时报》2013 年 4 月 8 日。

任过节目执行主编的菲利普·席弗勒曾经无不自豪地说：《60 分钟》是新闻业的象征和代表客观公正立场的偶像，"为这个栏目工作，我感到骄傲！"

著名主持人丹·拉瑟在黯然离职前动情地说："当我走在街上时，我希望人们说，那家伙是一个真正的记者。"显而易见的是，对誉满全球的丹·拉瑟来说，赚钱并不重要，他更珍爱新闻职业，珍惜与观众分享和交流的过程。

值得注意的是，知识型员工一旦跳槽，对媒体造成的损失往往难以估量，轻则增加媒体的雇佣成本、培训成本、寻找新员工的时间成本等，重则影响其他员工的士气、降低组织机构的稳定性、损害媒体形象，甚或泄露媒体核心业务的机密。因此，电视媒体能否有效降低知识型员工的离职率，将直接影响其未来的可持续发展。

四 知识型员工更加关注知识成果的经济报偿

人力资源、物质资源和信息资源是人类社会发展最为重要的三种资源。其中，人力资源是具有灵魂力、意识力、情感力、推动力和创造力的第一资源，是支配利用其他资源的资源，也是唯一可以连续投资、反复开发利用的资源。美国著名经济学家西奥多·W. 舒尔茨（Theodore·W. Schultz）在《论人力资本投资》一书中将资本分为物质资本和人力资本两种形式，同时他强调："人的知识、能力、健康等人力资本的提高对经济增长的贡献远比物质、劳动力数量的增加重要得多。"因为以知识和技能为内核的人力资本不仅成了人的一个有机部分，还可以带来心理满足和物质收益。

薪酬是知识型员工自身价值和社会地位的象征。"情感＋高薪＋制度"是凤凰卫视规避名人离职的有效举措。凤凰卫视除了给予名主持人高薪之外，还有一定数量的配售股权奖励。根据一份凤凰卫视招股书，凤凰卫视向包括 2 名公司董事、4 名高级管理人员以及 146 名其他员工的授出股份中，位列承受人第 10 名的就是窦文涛，获得 1064000 股，陈鲁豫和许戈辉与他并列，而吴小莉更是高达 1596000 股，他们获得的配售股权仅次于凤凰少数几位总裁级的高级管理人员。另外，凤凰卫视还为主持人提供了一套很好的制度保障以及对明星的培训和提升机制。凤凰卫视的这些保障给了名主持人一种强烈的归属感。[①]

美国的很多电视节目都是以主持人的名字来命名的，如《拉里·金现场》《温弗瑞脱口秀》《麦克尼尔/莱赫新闻时间》《大卫晚间秀》等。主持人一旦跳槽，就会带走一大批观众。为了应付同行间的激烈竞争，各大电视网都把有经验的主持人当成"宝贝"，支付高薪。2005年3月16日，为了保证CNN在和老对手FOX新闻频道的血战中能立于不败之地，有线电视新闻网（CNN）宣布，公司与拉里·金的合同延长到2009年，每年付给他700万美元。奥普拉·温弗瑞（主持NBC的谈话节目）在《福布斯》的名单上净资产高达10亿美元，成为登上《福布斯》杂志亿万富翁排行榜的第一位黑人妇女。CBS《大卫晚间秀》节目的主持人大卫·莱特曼年薪高达3150万美元，被视作"赚钱机器"。

与境内外同业相比，国内电视媒体长期工酬不对称的现状仍未得到根本性改变，知识型员工收入低要求却不低，压力大空间小。他们常常干的是雇主的活，拿的却是雇员的报酬，责权利的不明晰导致他们产生一种智力付出与经济回报不平衡的感觉。据某电视台工作人员透露："长达十年的工作状态一直是'出差、赶片、熬夜、加班……'恶性循环不说，工资体现和劳动付出从来不成正比。但我们出去的同事，到影视公司做一个小总监少说年薪也是30万，比央视主持人工资都高，更何况还有创业的、被大资本吸纳去做CEO的，总之都比在台里强很多。"[②] 因此，面对其他媒体和单位给出的更优厚的收入待遇、更高的发展平台的诱惑，已是媒体核心骨干的知识型员工纷纷改换门庭，另觅高枝，以期通过获得较高的收入来改变自己的生活条件，规避职业风险。知识型员工的缺乏与非知识型员工的过剩于是形成巨大的反差。

知识型员工的流失对于精英人才储备不足的电视媒体来说，意味着

---

① 参见钟大年、于文华主编《凤凰考：建构一个新传媒》，北京师范大学出版社2004年版，第66页。

② 小方芳：《广电现离职潮 电视人集体逃离体制：为争口气》，腾讯娱乐，https：//ent.qq.com/a/20140807/001565.htm，2014年8月7日。

更加严重的"贫血"。如何通过制定公正、合理又不失灵活的薪酬标准，激活媒体现有的各种人力资源，增强知识型员工的自信心和工作满意度，提高媒体的整体绩效，日益成为电视传媒保持生产力和竞争力的关键问题。

（原载《视听界》2015 年第 2 期，本文与王子轩合著）

"三跨""四向":移动互联时代新闻传播教育的新向度[*]

新闻之"新"、传播之"快"的内在规定性，要求新闻传播教育"因事而化、因时而进、因势而新"。把握开放共享、创新驱动的时代特征，运用互联网、智能移动终端、大数据及云平台进行知识习得、问题探讨、信息整合、真相辨析、资源拓展和社会交往，造就具有"新质"的卓越新闻传播人才，是时代赋予新闻传播教育的重要使命。

一 "三跨"：新闻传播教育的战略定位

第四次科技革命浪潮席卷全球、经济社会与国际深刻变革导致高等教育更加强调与经济社会的联结和互嵌，更加强调对经济社会发展的驱动和引领，由此也带来我国新闻传播教育理念和格局的重塑，跨媒体、跨学科、跨文化成为新闻传播教育改革的着力点和突破口。

1. 跨媒体：因应媒介形态的颠覆重构

进入 21 世纪，传媒技术的迭代周期已从传统媒体时代的几十年甚至更长压缩至 5 至 10 年，且有加速趋势。以报纸、广播、电视为代表的传统媒体的接触率持续走低，手机、Pad 等移动终端的接触率则保持高速增长；移动智能终端和新闻类 APP 形成了对传统媒体的实质性冲击，改变了受众的阅读和收听、收视习惯。据统计，截至 2017 年 6 月，

* 基金项目：本文系浙江省哲学社会科学规划课题——"大数据时代新闻生产的生命周期及其可视化研究"（编号：16NDJC214YB）成果之一。

中国网民规模达到7.51亿，占全球网民总数的五分之一。互联网普及率为54.3%，超过全球平均水平4.6个百分点。我国手机网民规模达7.24亿，网民中使用手机上网的比例由2016年底的95.1%提升至96.3%①，移动互联网的主导地位进一步增强。由大数据和人工智能等新技术催生的"美国十大新兴新闻岗位，包括受众分析员、应用技术创新引导员、社交媒体和社区编辑、社会发现总监、移动项目经理、消费体验总监、直播编辑、创新实验室主任、虚拟现实编辑和拼接员等"②，让人们对未来传媒职场的角色分工充满了想象空间。

诚如"互联网之父"温特·瑟夫（Vint Cerf）所言："社交网络革命、互联网革命和移动革命正在人们身边发生，并逐步改变着人际关系、家庭、工作等各方面的游戏规则。人们的社会生活已经从原先联系紧密的家庭、邻里社区和群体关系转向了更加广泛、松散、多元化的个人网络。"③ 媒介融合使得新闻传播从原来单一的大众传播模式逐渐转化为融大众传播、组织传播、群体传播和人际传播于一体的多模态全媒体传播模式，新闻传播的主体也不再局限于新闻机构、政府部门或社会组织，越来越多的个人参与到新闻信息的生产、发布和传播中来。有人预计："未来的二十年，互联网与各种行业的跨界和渗透会更加深入，所产生的机会和市场空间会远远超过现在的互联网规模。"④

2. 跨学科：构建多元复合的培养模式

现代科学技术的发展呈现出既高度细分又高度融合的显著特征。"构建多学科集成与交叉的培养环境与机制，培养未来能够解决综合性重大科技和社会问题的复合型创新人才，已经成为世界高等教育人才培养的共识和趋势。"⑤

---

① 参见中国互联网络信息中心（CNNIC）《第40次中国互联网络发展状况统计报告》，中国互联网络信息中心官网，http：//www.cnnic.net.cn/hlwfzyj/hlwxzbg/hlwtjbg/201708/t20170803_69444.htm，2017年8月3日。

② 陈昌凤：《工具理性 vs 价值理性：智能算法时代的信息价值观》，"中国传媒领袖大讲堂"，2017年8月1日。

③ ［美］李·雷尼、巴里·威尔曼：《超越孤独：移动互联时代的生存之道》，杨伯溆、高崇等译，中国传媒大学出版社2015年版，封底推介。

④ 曹政：《中国互联网二十年啪啪打脸简史》，大象阅读，2017年4月15日，ID：caozsay。

⑤ 高磊：《研究型大学学科交叉研究生培养研究》，博士学位论文，上海交通大学，2014年，第1页。

从知识生产角度看，多元聚合俨然是新闻传播学科知识版图的鲜明特色。无论是克雷格（Craig）和罗伯特（Robert）声称传播研究内涵了修辞学、符号学、现象学、控制论、社会心理学、社会文化、批判理论等七大传统，还是"近年来国内学者开始努力通过跨学科的传播研究，推动理论创新和学科发展……取得了令人刮目相看的研究成果"①，抑或是风头正劲的数据挖掘、数据可视化、计算新闻学、机器人写作，凡此无不表明新闻传播学科的知识体系和理论范式极具张力和活力，它与其他学科特别是与自然科学保持着深入互动和深度融合。

就人才规格角度而言，多元复合是新闻传播从业者素质能力培养的内在要求。在哥伦比亚大学新闻学院开列的第一批专业方向和课程中，既包括报纸加工、报纸文本形式、报业管理等技能性课程，也不乏逻辑学、经济学、政治学、历史学等基础课程。威拉德·G. 布莱尔（Willard G. Bleyer）要求威斯康星大学的新闻专业课程设置须由 25% 的新闻专业课程加 75% 的人文社会科学课程构成。在他看来，经由人文社会科学知识内化的批判性思维，可以帮助学生在新闻采访与报道课程中怎样发现新闻、在编辑课程中怎样评价一则新闻、在新闻写作课程中如何用"仔细的、逻辑的"手法取代"流利的但粗浅的"写作②。

3. 跨文化：确立新闻传播的全球视野

互联网和移动智能终端为人类提供了一种崭新的进行社会交往和文化联系的工具，并使通信手段或工具发生了革命性的变化。"伴随着社会的信息化和网络化，无论是企业还是国家都更加注重提升品牌形象，吸引人们的注意力，增强人们对其的了解程度。"③ 为了巩固国际传播中的主导权和话语权，美国新闻传播院系着力调整和优化课程体系，增加跨文化传播知识和技能的传授，如宾夕法尼亚大学传播学院开设《国际大众传播学》《世界媒介系统》课程；加州大学伯克利分校新闻

---

① 陈韬文、黄煜等：《14 位主编对谈学术期刊如何引领传播研究的趋势》，《传播与社会学刊》2017 年第 41 期。

② Carolyn Bronstein, "Stephen Vaughn, Willard G. Bleyer and the relevance of Journalism Education", *Journalism and Communication on Monographs*, June 1998, Iss. 166: 38.

③ ［日］渡边靖：《美国文化中心：美国的国际文化战略》，金琮轩译，商务印书馆 2013 年版，第 2 页。

学院新增《全球化博客》《拉丁美洲的国际报道文化》课程；北卡罗来纳州立大学传播学院增列《跨文化传播》《跨国与跨文化》《传播与全球化》《国际与跨文化传播》课程；明尼苏达大学新闻与大众传播学院设置《全球传播》《媒介与全球化》《全球传播系统》课程。

数据显示，"全世界每天传播的国际新闻中，96%的新闻由美联社、路透社、塔斯社、法新社和合众国际社等五大通讯社发布，而其中仅有10%—30%的新闻用来报道发展中国家。这种巨大的'信息逆差'直接或间接影响了我国对外交往和参与国际事务的主动权"[①]。面对新的传播环境和历史使命，我国的新闻传媒要实现从"向中国（受众）介绍世界"和"向世界（受众）说明中国"的双向沟通转向"向世界报道世界"——从中国的立场出发在总体上把握和阐释世界局势的风云变幻[②]，改变跨文化传播中的"不对称"、不平等和"单向度"的局面，亟须我们培养和造就一大批具有多元文化理解能力和"文化协同"意识的全球化人才。

二 "四向"：新闻传播教育的战术选择

"万物皆媒，人机共生"的智媒时代，昭示我们按传统媒介类别来设置专业方向和课程体系或单一学科的培养模式，既不适应现代科技发展综合化和工程实践复杂化的趋势，也不符合新闻传播教育改革的基本走向。如何以网络化思维改造新闻传播学的专业设置、课程体系、教学方式和教学内容[③]显得尤为迫切。

1. 向教改要出路

基于跨媒体、跨学科、跨文化战略定位的新闻传播教育改革，十分重要的是，要深刻把握"卓越新闻传播人才"培养的要求和规律，以创新模式为载体，以提高能力为重点，以符合专业认证标准为导向，提

---

① 高晓虹、赵晨、赵希婧：《中国特色国际新闻传播人才培养模式与创新》，《对外传播》2015 年第 6 期。

② 参见史安斌《论我国对外传播事业的"短板"与国际新闻传播人才培养模式的创新》，《新闻界》2012 年第 14 期。

③ 参见黄旦《重造新闻学——网络化关系的视角》，《国际新闻界》2015 年第 1 期。

升专业教育的整体水平和核心竞争力。

一是明确培养目标。"培养目标是大学与社会连接的纽带。"[①] 新闻传播教育改革的首要方面是根据社会需求和学校的办学特色、目标与定位，培养"卓越新闻传播人才"——拥有健全的人格、个人心灵和意志的自主性、批判性思维能力、连接社会的公共表达能力和国际视野，受过扎实的专业理论和专业技能训练，其行为活动能体现工具价值与理性价值、职业角色与社会角色的内在统一。

二是制定人才标准。就通用标准而言，培养方案以人文社会科学为基本知识框架、以交叉性学科为主流的专业教育模式，有助于学生的人文精神、审美意蕴、价值判断等通识素养的建构；从职业标准来说，着重提升全媒体新闻信息采集、整合、策划处理实务能力和创造性解决媒介行业实际问题能力[②]，是媒介融合环境下传媒发展对人才规格的必然要求。

三是优化学分配置。移动互联网的出现，意味着大学生拥有更多的信息接近渠道、更多的选择可能和选择权利。科学设定本科专业的总学分要求，合理配置必修课与选修课和理论课与实践课之间的学分比例，依据认知规律和教育经验有效安排各学年、学期所修学分的比例，尊重并满足学生个性发展的需要，让其根据自己的兴趣和能力自由地选择专业、课程和教师，对于实现卓越人才的培养目标至关重要。

四是强化实践创新。实践是新闻传播学专业的内在要求，创新是传媒发展的不竭动力。高校新闻传播教育亟须加强对业界的认识与把握，业界也有待专业人才和理论知识对实践经验的提升，并根据学科专业特点，充分整合、挖掘和利用传媒基地及实践类课程资源，尽可能多地设置多类型、多层次、交叉型的技能训练和实践项目，协力培养"卓越新闻传播人才"发现问题、解决问题的能力和创新能力。

2. 向课程要质量

课程是人才培养的基本载体，课程质量的保证是实现人才培养目标的关键，而课程质量主要体现在课程资源的建设程度及其配置水平上。

---

① 邬大光：《大学分化的复杂性及其价值》，《教育研究》2010 年第 12 期。

② 参见李荣《职业标准与通识素养的价值平衡——媒介融合环境下新闻传播专业硕士培养模式探析》，《教育研究》2016 年第 5 期。

新闻传播教育能否根据媒介环境和培养目标及时更新、调整和完善课程体系，不断优化和科学配置课程要素，如课程目标、课程内容、课程组织、课程条件等，将直接影响到社会对人才培养质量的评价。

评判新闻传播教育的课程质量，通常可以需求、结构、内容、条件、实施等要素为考察依据①：一是需求，即课程的期望值和有益程度。新闻传播类专业的课程设置，一方面要充分关注学生对课程的兴趣和需求，以满足他们的"期待视野"；另一方面还应密切关注传媒职场对课程的要求和反馈，以体现与行业实践的适配性。罔顾知识目标在层次需求上的变化、知识结构与实际运用的有效联结，其课程质量很难有所保障。二是结构，即课程之间的组合关系。着眼于学生的职业发展潜力，史论课程需遵循人文主义取向，坚持固本强基，培养学生的人文情怀、批判思维。着眼于学生的首岗胜任能力，实务课程应依照行为主义取向，紧扣传媒变迁，锻造学生的媒体表达能力和操作技能。三是内容，即课程指向的知识和技能。例如有关媒介融合，首先是课程内容的融合，为了避免知识重复、体系分割等问题，需要打破课程壁垒，使课程内容相互贯穿渗透，实现策、采、写、编、评、播整体化运作；其次是教学模块的融合，根据目前媒介融合的趋势，实现平面媒体课程群、电子媒体课程群、网络媒体课程群、实战应用课程群有机融合。② 四是条件，即实施课程所需要的支持要素。鉴于新闻传播学课程突出的实践性特征，课程开设前需要论证的条件保障包括：是否具有全媒体生产从业经验的师资？教材及教学参考资料是否体现了教学内容和教学改革的基本要求？是否有能够接受一定数量的学生进行见习或实习的教学基地等。五是实施，即师生角色的投入状态。通过对教师的课程大纲、备课教案、督导听课、同行评价和学生评教等环节，考察教师的"乐教"情况；通过对学生的课堂专注度、讨论表现、作业质量、试卷分析等要素，判断学生的"乐学"程度。

3. 向学科要支撑

所谓"专业建在学科之上"，说的是学科与专业的关联性和支撑度

---

① 参见徐国庆《高职教育课程质量评价指标研究》，《中国高教研究》2013 年第 2 期。

② 参见周鹍鹏《媒介融合背景下卓越新闻传播人才培养模式探析》，《传媒》2014 年第 21 期。

将直接影响专业建设的质量。强化学科和科研对专业教育的支撑和引领，是高校新闻传播学科建设的重要使命。

一是方向引领。学科的要务是问题发现、知识生产和理论创新，以及依照专业分殊履行人才培养的使命。专业则"通过对学科动向的把握，保持应对市场变化的敏捷性，适时调整人才培养方向，因而，对专业培养目标的考察，应视其是否反映相关学科前沿发展状况和趋势，以保证专业设置和人才培养符合国家和地区、行业经济建设的需要，适应科技进步和社会发展的需要"[①]。

二是科研反哺。学科的本质是学术和学理。优势特色学科、高层次人才、原创性学术成果、课题和科研获奖数量以及对政府决策的影响力等，不仅是一流大学享有盛誉的根基，也会对人才培养产生直接而显著的影响。科研成果对专业教学的反哺，一方面深化了教学内容，扩展了知识扇面，使学生可以在更高的层次上去驾驭所学；另一方面可能激发学生的学术兴趣，使其学会捕捉并反思生活中出现的重大问题，锤炼其创新思维能力。

三是平台聚合。人才培养、科技创新和服务社会是学科平台的主要功能。"优势特色学科建设以产出一流学术成果与吸纳最优秀的科研人才为基础，以具有雄厚资金、人员、设备的学术平台为依托。"[②] 一流学科、博士后流动站/博士点/硕士点、创新团队、教学团队、重点实验室、研究基地、高端智库、工作室等各级各类平台是创新人才培养的摇篮、科研成果生产的基地。学科平台与人才培养相辅相成，互相依存。离开了学科平台的支撑，人才培养无异于缘木求鱼。

4. 向社会要资源

办学资源紧缺是高校普遍面临的难题。"随着新闻传播学科向更广泛领域的渗透，新闻传播教育改革也比以往更加需要外部的支持……对资源的整合利用是新闻传播教育与时俱进的必要条件。"[③] 时下，新闻

---

① 宋孝金：《大学专业评价：以学科支撑论品质》，《教育评论》2014 年第 10 期。

② 闵祥鹏：《国际学术机构、一流研究成果与优势特色学科建设——基于全球主要学科评价标准的分析》，《教育现代化》2016 年第 15 期。

③ 蔡雯：《新闻传播教育的使命与创新——基于中国人民大学新闻学院教改实践的思考》，《青年记者》2016 年第 1 期。

传播教育急需的社会资源主要包括以下三类。

一是智力资源。积极运用政策杠杆撬动社会智力资源供给，往往成效显著。如以"海外引智"项目、"国际教授工作坊"、"暑期国际化课程"等为载体，聘请世界一流大学的学者担任客座教授；借助不为所有、但为所用的柔性引进机制，聘请国内知名学者、专家担任兼职教授/业界导师。此外，还可以邀请业界精英、杰出校友来校讲座，缩短学界与业界、名人与学子间的距离，加深职场认知。

二是课程资源。互联网和移动智能终端为优质教育资源共享提供了现实的可能。主动对接互联网，探索"互联网＋"的教育新模式，使新闻传播教育与新媒体新技术高度融合，有助于课堂教学"活"起来，从而提高教学的实效性。在用好用足课堂教学主渠道的同时，积极开发和利用"网络示范课程"、"精品资源共享课"、"大规模在线开放课程"、MOOC课程及新闻传媒公众号等，以有效延伸和补充课堂主渠道。

三是实训资源。加强高校与媒体、政府、社会之间的互动合作，是从根本上缓解实训资源供需矛盾的重要途径。"部校共建"新闻院系开启了校媒合作的"旋转门"，扩大了新闻传播专业教学与实践的空间和半径，也为解决长期困扰新闻传播教育的瓶颈问题——"双师型"师资和教学实践基地匮乏——提供了新思路。产学政研合作机制的深化，促进了新闻传播教育对传媒业态的快速反应、新闻传播理论对实践经验的阐释张力。

（原载《中国出版》2018 年第 8 期）

智媒时代新闻传播教育的价值塑造、知识重构和能力再造

2018 年 10 月 14 日，是北京大学新闻研究会创建百年的华诞。一百年来，遵循蔡元培先生确立的"灌输新闻知识，培养新闻人才"的宗旨，一代又一代新闻传播教育工作者"以研究新闻学理、增长新闻经验、以谋求新闻事业之发展"[①]，矢志靡他，躬耕不辍，逐渐建立起我国现代新闻传播教育的完备体系，培养了一大批卓越新闻传播人才。当历史把我们带进人机共生、万物互联的智媒时代，回溯新闻传播教育的赓续演变，检视新闻传播教育的现时情状，有助于我们更好地把握新闻传播的本质规律，传承新闻研究会的精神传统，促进新闻传播教育的持续发展。

一　问题的提出

1. 治国理政战略的需要

媒介融合意味着从作为技术的媒介转向作为实践的传播，它对整个社会组织结构所产生的影响十分深远。

2014 年 8 月 18 日，中央全面深化改革领导小组第四次会议审议通过了《关于推动传统媒体和新兴媒体融合发展的指导意见》。会议强调，要强化互联网思维，遵循新闻传播规律和新兴媒体发展规律，积极推动传统媒体和新兴媒体在内容、渠道、平台、经营、管理等方面的深

---

①　何微:《关于中国古代新闻思想发展研究》,《武汉大学学报》(社会科学版) 1990 年第 1 期。

度融合，从而形成立体多样、融合发展的现代传播体系。

2016 年 2 月 19 日，习近平主持召开党的新闻舆论工作座谈会并发表重要讲话："如果我们党过不了互联网和新兴媒体这一关，可能就过不了长期执政这一关。"① 媒体融合发展是一场事关我们党能否牢牢掌握意识形态工作主动权和话语权的重大而深刻的变革，我们一定要善于运用网络传播规律，解决好"本领恐慌"问题。

2017 年 10 月 18 日，习近平在十九大报告中指出："坚持正确舆论导向，高度重视传播手段建设和创新，提高新闻舆论传播力、引导力、影响力、公信力。"②

2018 年 8 月 21 日，习近平在全国宣传思想工作会议上再次强调："我们必须科学认识网络传播规律，提高用网治网水平，使互联网这个最大变量变成事业发展的最大增量。"③

综观习近平上述一系列重要讲话内容，我们分明可以感受到，科学认识和把握网络传播规律，切实提高用网治网水平，业已成为国家治理现代化的一项紧迫任务。构建立体多样、融合发展的现代传播体系，新闻传播教育责无旁贷。新闻传播教育的使命在于一方面通过对人类最新传播研究的密切关注和传媒实践的敏锐观察，突破学术研究的传统范式，发现新规律，创建新理论；另一方面，积极回应传媒变革的挑战，促使教育内容因势而新、教育手段因时而进、教育方式因事而化，造就一大批有思想的新闻人，负责任的传媒人，进而提升新闻舆论的传播力、引导力、影响力、公信力。

2. 信息技术革命的倒逼

互联网和移动互联网的普及催生了媒介化社会的到来。根据 CNN-IC 第 42 次《中国互联网络发展状况统计报告》，截至 2018 年 6 月，我

① 秋平：《新闻舆论工作要过好互联网这一关——写在习近平总书记"2·19"重要讲话发表一周年之际》，求是网，http://www.qstheory.cn/wp/2017 – 02/18/c_ 1120489647.htm，2017 年 2 月 18 日。

② 习近平：《决胜全面建成小康社会　夺取新时代中国特色社会主义伟大胜利——在中国共产党第十九次全国代表大会上的报告》，《人民日报》2017 年 10 月 28 日。

③ 张晓松、黄小希：《习近平在全国宣传思想工作会议上强调　举旗帜聚民心育新人兴文化展形象　更好完成新形势下宣传思想工作使命任务》，新华网，http://www.xinhuanet.com/2018 – 08/23/c_ 129938245.htm，2018 年 8 月 23 日。

国网民规模达 8.02 亿，普及率为 57.7%；2018 年上半年新增网民 2968 万人，较 2017 年末增长 3.8%；我国手机网民规模达 7.88 亿，网民通过手机接入互联网的比例高达 98.3%。①

以高速度、泛在网、低耗能、低延时、万物互联、重构安全为特征的 5G 技术，带给人们不可思议的变化是从人与人之间的通信开始转向人与物的通信，直至机器与机器的通信，物联网、工业自动化、无人驾驶被引入日常生活。VR 技术逼真地模拟了现实环境的人机交互界面，形成的亦真亦幻的视、听、触觉感知令用户产生身临其境的代入感和体验感。② 移动场景的到来，将实现人与技术、人与商业的无缝对接，由此所创造的极致体验感将为媒体带来新的、巨大的商业价值。

毋庸置疑，移动技术和物联网正在催生一个万物互联、传感器主宰一切的社会。"移动终端功能无比强大，网络覆盖无处不在，用户遍布天南地北，几种力量集结到具备了横扫一切的力量，组织之间从封闭孤立走向开放互联，组织内的信息冲破了组织间的壁垒，奔涌而出，相互作用，影响之大，范围之广，没有一个组织可以置身事外。"③ 面对信息技术革命浪潮的惊涛拍岸，传统新闻传播教育的内容、方法、手段以及培养模式等已很难适应新技术的变化要求。

3. 教育改革方兴未艾

新闻传播教育的改革从未停止过脚步，这一方面源于外部社会需求对它的期望，另一方面也来自学科自身发展的内在驱动。传播技术、传播方式、传媒业态的变革，必然对学界和业界专业人才的素质能力和培养模式提出了新的要求。

从国际上看，无论是来自代尔夫特理工大学 2014 年的研究报告 "Engineering Education in a Rapidly Changing World"，还是美国工程院发布的《2020 的工程师：新世纪工程的愿景》报告均表明，被视作 "21 世纪能力" 的批判性思维、学习能力、沟通能力、协作能力和创造力，

---

① 参见《业界资讯》，《新闻战线》2018 年第 17 期。

② 参见苏宏元、贾瑞欣《VR 新闻的局限及其伦理风险》，《中国编辑》2018 年第 7 期。

③ ［美］玛丽贝尔·洛佩兹：《指尖上的场景革命：打造移动终端的极致体验感》，平宏伟等译，中国人民大学出版社 2016 年版，第 10 页。

无可争议地成为当今人才培养的共同素质要求。① 与此相映成趣的是，"美国麦肯锡公司在对各大新闻机构领导人的调查中，得出了未来新闻业从业人员最需要的三种素质：一是具有强烈道德感，同时有分析思考能力的专业人员；二是有特别专业的技能，例如能深入研究经济学、医学或其他复杂的主题，对宗教、文化、社会、语言等方面有直接的了解和认知；三是最好的写作者及严肃的报道者"②。

从国内看，围绕媒体融合要求和"双一流"建设目标，许多新闻传播院系自发进行了各具特色的教改探索。中国高等教育学会新闻学和传播学专业委员会第七届理事会四次会议公布的"媒体融合发展教学十大经典案例"，不仅展示了媒体融合的最新成果，也表明学界与业界的互联互嵌进一步加深。复旦大学新闻学院举办的"发现、重构和共享：国际互联时代的新闻与传播人才培养"国际论坛，邀请30位中外院长和专家就国际互联网时代的人才培养问题献计献策。中国人民大学新闻学院2018年连续举办8场"人大新闻深研会"，对"新媒体时代中国新闻史课程教学改革"、"旧知识与新问题——互联网新闻学及其可能性"等问题进行深度探讨，诊断回应未来新闻传播教育的"不确定性"。中山大学传播与设计艺术学院"以通识教育为基础，以创意教育为中心，以实践教学为重点"，致力于培养既具有科学及人文素养又具有应用能力的复合型人才。

二 新闻传播教育的时下困境

1. 真相和信任沦为 Web2.0 时代的"受难者"

在一个内容丰裕而注意力稀缺的数字时代，如何吸引受众是传统媒体和新兴媒体共同面临的一道难题。"新闻媒体对于社会的主要作用在于，它日复一日地成为文化领域的行动者，即扮演着意义、符号与讯息的生产者或信使的角色。"③ 它理应坚守披露真相、捍卫真理、伸张正

---

① 参见钟登华《新工科建设的内涵与行动》，《高等工程教育研究》2017 年第 3 期。

② 曹磊、白贵：《培养全球化的文明观与"共情"的沟通能力——"构建人类命运共同体"背景下对新闻传播教育未来的思考》，《新闻记者》2018 年第 2 期。

③ ［美］迈克尔·舒德森：《新闻社会学》，徐桂权译，华夏出版社 2010 年版，第 29—30 页。

义、关怀弱势和边缘人物的价值准则。可是，在公共利益的"社会行销"与流量变现的商业逻辑艰难博弈的媒介环境下，公众在日常生活中看到的常常是另一幅媒介景象：若不是博主们以迅雷不及掩耳之势拿出有力的分析和证据指控文件作伪，美国著名主持人"Rather门"丑闻的揭发也许还需假以时日；英国著名杂志《经济学人》的封面图片利用 Photoshop 刻意隐匿了站在奥巴马总统左右两侧的拉福什县县长和美国海岸警卫队司令，目的是营造出一种"孤独"的气氛。

"由于几乎任何人都有能力制造和传播文字、视频和音频，用户对从其他资源获得的内容也产生了个人定制的要求……新闻越来越不像精心准备的演讲，而是更接近于任何人都能自由发言的对话。"① 业余玩票凌驾于专业人士之上的显见结果便是，"素不相识的网民可以向不计其数的读者提供未经核实的信息，各种各样的意见、观点可以绕过传统媒介'把关人'的过滤得以传播，甚至反过来进一步影响传统媒介的观点，以致传媒的无知、误导和误报不断循环往复。安德鲁·基恩把这种现象形象地称为'盲人牵盲人'"②。

加西亚·马尔克斯认为，如今许多有悖伦理、让当今新闻界羞愧难当的事并非都出于道德败坏，而只是缺少职业约束。他在《我不是来演讲的》中列举了种种症象以警醒世人："真真假假的话语，无处不在的引号，有意无意地犯错，恶意操纵，恶意歪曲，让新闻报道成为致命的武器。出处来源都'绝对可靠'——来自消息灵通人士，来自不愿透露姓名的高官，来自无所不知、但无人见过的观察家……借此肆意中伤，自己却毫发无损。不公布消息来源的做法成为作者手中最有力的挡箭牌……"③

在一个正见和八卦日益难分伯仲、"人肉搜索"和"污名化"司空见惯的世界里，新媒体或网络平台上呈现的是真的民主还是伪民主？网民对于一个事件发表的看法是否真的是在自己了解事情全貌后发出的理

① ［美］比尔·科瓦齐、汤姆·罗森斯蒂尔：《新闻的十大基本原则——新闻从业者须知和公众的期待》，刘海龙、连晓东译，北京大学出版社 2011 年版，中文版序言，第 14 页。
② 转引自王哲平《新媒体时代影响美国传媒公信力的三要素》，《编辑之友》2013 年第 9 期。
③ 加西亚·马尔克斯：《新闻业，世上最好的职业》，搜狐网，https://www.sohu.com/a/331549776_120231845 2019－08－05。

智的声音？网络上的"意见领袖"都是些什么人？网络中的公民发表观点或者披露事情是出于社会责任感还是私欲？网络运营商们选择新闻或者选择话题（即议程设置）的动机是什么？公共曝光的界限在哪里？在"全球化"背景下对于民主的理解又是什么？所有这些问题有待媒体从业者和新闻传播教育工作者给出自己的回答。

2. "工具性知识压倒了反思性知识而居于支配地位"①

依美国著名社会学家麦克·布洛维之见，社会科学"走在人文和自然科学之间，因为社会科学既包括了工具性知识，也存在反思性知识"②。所谓"工具性知识"是指从事专业技术性工作所不可或缺的常识性知识，而"反思性知识"可以理解为一种能够提供捕捉并反思生活中出现的重大问题、反对文化规范、为社会设想别种选择能力的知识形态。新闻传播学科既归属于社会科学范畴也可纳入人文科学之列，这就决定了其知识构成包括工具性知识和反思性知识两部分。

大学的本质在于心智的历练。"新闻传播教育的重心应该放在思维训练而不是技巧训练成为一些学院的重要办学理念。""因为思维定式往往影响行为方式，通过基本技术关的新闻传媒人最终较量的是思维和思想。"③

然而令人担忧的是，过强的功利指向、过窄的专业知识、过弱的人文精神成为时下新闻传播教育的"软肋"。受价值理性让位于工具理性潮流的影响，以服务于社会目标达成为旨归的工具性知识压倒了以关心和思考人类社会发展终极指向的反思性知识并渐占上风。许多学生或为了就业的考量，盼望压缩心智历练的时间以尽早进入实习实训；或由于满足于知识的简单了解而未能在学习中导入批判意识，致使自我迷失甚至消解于所学的知识中。

以工具性知识学习为导向，很大程度上是专业标准屈从于行业标准所致。在这种功利单一的职业化教育模式锻铸下，"新闻学院并没有担

---

① ［美］麦克·布洛维：《公共社会学》，沈原等译，社会科学文献出版社2007年版，第33页。

② ［美］麦克·布洛维：《公共社会学》，沈原等译，社会科学文献出版社2007年版，第45页。

③ 钟新、周树华：《新闻传播教育的若干核心问题——对国外20所新闻传播院系的调研报告》，《国际新闻界》2006年第4期。

当起报章的批评者的角色，也没有训练出学生评判社会事务的能力。新闻教育所需要的，并不只是窍门与方法的教授，而要比那更多"①。

反思性知识常常质疑社会以及我们所从事职业的价值前提②，其不可替代的价值在于，它不仅能够洞悉大量纷繁芜杂的社会生活现象中的新问题，揭示彼此之间错综复杂的相互关联，阐释时代变迁和社会演进的自然规律，还能够对潜在或显在的社会风险进行预警和矫正。例如，为什么常说新闻记者离事实很近，却又离真相很远？读报活动为什么不是一个"孤立的、个体的过程"？为什么迎合人们偏见的做法不符合任何一条新闻职业标准？网民的构成是否真的就扩大到了底层那些原本没有话语权的公民？女教师吐槽网络小说《魔道祖师》遭"人肉"的行为是否有助于民主社会的建构？……可以肯定的是，缺少了反思性知识塑造的精神气质，新闻传播从业者不免有沦为功利市侩的庸者、唯唯诺诺的犬儒或弯曲脊梁的佞人之虞。除非有反思性知识的推动，以及扎根于丰厚的人文社会科学沃土，否则，新闻传播学的学术研究或业务实践亦很难有可持续的发展。事实上，形而下的工具性知识与形而上的反思性知识不可偏失。在众说纷纭的媒介化社会，清醒的审视与反思显得弥足珍贵。

3. "本领恐慌"扼制了创新型人才培养的内在驱力

本领是指一个人的才识和能力。较之于传统的大众传媒时代，融媒时代采、写、编、评、摄、播等生产要素的创新不仅突破了既有的传媒格局，也加快了从事新闻传播教育教师的知识折旧速度，他们由此滋长的职场"本领恐慌"严重掣肘了创新型新闻传播人才的培养。且不说"美国十大新兴新闻岗位，包括受众分析员、应用技术创新引导员、社交媒体和社区编辑、社会发现总监、移动项目经理、消费体验总监、直播编辑、创新实验室主任、虚拟现实编辑和拼接员等"③ 对许多教师来说是头一次见识，即便是无人机新闻采集、《人民日报》创作大脑、中

---

① Commission on Freedom of the Press, *A Free and the Responsible Press*, Chicago：University Press，1947，p. 77.

② 参见［美］麦克·布洛维《公共社会学》，沈原等译，社会科学文献出版社 2007 年版，第 49 页。

③ 陈昌凤：《工具理性 vs 价值理性：智能算法时代的信息价值观》，"中国传媒领袖大讲堂"，2017 年 8 月 3 日。

央厨房编辑处理、虚拟演播室制作、弹幕和网络评论、用户场景体验、无主持人演播等转型升级的技术和流程，也非多数教师亲身体验或实践过。

新技术、新业态、新产品呈指数级的爆发式增长极大地挑战了教师们的学习能力和应变能力，如今他们不仅要知晓传播的偏向、六度空间、创新扩散等理论学说的内涵特征，而且还要了解大数据、云计算、人工智能、场景化、区块链等新兴技术的机理运用。也就是说，仅仅拥有单一学科知识的教师已经难以满足融媒时代的教学要求，只有那些具有打通人文与技术、理论与实践"任督二脉"本领的教师方能所向披靡。例如，时下备受追捧的新职业——数据科学家，就是一个集 MBA、数学家、技术专家和设计者的才能于一身的"超人"角色。"数据科学家就像大数据时代人力资源里面的瑞士军刀，它是一种职业的综合体，一部分是软件研发人员，一部分是数据分析师，一部分是商务分析师，另一部分则是统计学家。他可以把所有这些因素都综合统一起来去寻求具体的解决方案。"① 倘若不能对数据采集、数据清洗、数据分析、数据利用诸环节熟稔于心，显然无法为管理决策提供有效的智力支持。来自麦肯锡公司的一则数据表明，美国目前面临着 14 万—19 万的人员短缺，这些人既需要能够做具体分析，也能够管理和理解大数据，并能够做决策。② 位居世界科技前沿且人才资源丰沛的美国尚且如此，对于原本就已人才"贫血"的我国就更是雪上加霜。

需要承认的是，今天的新闻传播专业教师中能够同时解析电子表格、温度读数、文本文件等结构化数据和视频、图片、文本短消息等非结构化数据的教师还很有限；擅长技术开发、内容生产、产品设计、运营维护、营销推广等媒体融合重点领域的全媒型专家型人才可谓凤毛麟角；通晓今日头条、搜狐新闻、腾讯新闻、爱奇艺、优酷、哔哩哔哩、秒拍、抖音、快手、喜马拉雅、考拉 FM、企鹅 FM 等不同类型社交媒体平台上内容生产的人才十分稀缺。媒体的竞争力靠人才，而人才的培

---

① ［美］玛丽贝尔·洛佩兹：《指尖上的场景革命：打造移动终端的极致体验感》，平宏伟等译，中国人民大学出版社 2016 年版，第 22 页。

② 参见［美］玛丽贝尔·洛佩兹《指尖上的场景革命：打造移动终端的极致体验感》，平宏伟等译，中国人民大学出版社 2016 年版，第 246 页。

养靠教育。消除智媒时代新闻传播教育工作者的"本领恐慌"已是当务之急。

三　新闻传播教育的因势而新

1. 价值塑造

移动互联网的多中心特征导致分权，多元化的社会意识势必削弱了传统的共同文化的基础，网络无政府主义的蔓延对社会共识的形成产生巨大的离心作用。现代传媒作为形塑媒介化社会的决定性结构要素，在凸显其传播力、影响力和构建力的同时显然也赋予了新闻传播教育更大的社会责任。技术没有对错，但技术运用却有选择。只要存在选择，就有价值判断。要使互联网变成'最大增量'，就需要在新闻传播领域用主流价值驾驭技术发展，规范技术运用。任何算法都不应抽离价值标准，都应是在主流价值驾驭之下……实现舆论导向与分发效率的总体平衡，实现价值引领与技术驱动的有机统一。[①]

价值塑造是人才培养的关键要素，新闻传播教育从其创立之日起就肩负着价值塑造的重要使命。从文化建构的角度看，价值塑造是"真正的新闻事业"避免可能沦为"浅薄的信息娱乐文化"的"安全阀"[②]。因为新闻记者的手若是没有价值重力的支撑，是很难端平那面观照国家和整个世界的镜子的。优秀的新闻记者带给媒体的"不只是可信度和认同率"，还有他们"从业多年形成的职业道德标准、社会关系和经验知识"[③]。他们矢志"去捍卫媒体的属性和内容的尊严，去守护新闻的基因，去定义新闻媒体的专业边界"[④]。在一个媒介化社会里，没有比培养有思想、有判断力、有责任感、有正义精神的媒体从业者更重要的事情了。

---

① 参见卢新宁《融合让最大变量成为最大增量》，人民网，m. people. cn/n4/2018/0907/c1188 - 11576534. html，2018 年 9 月 7 日。

② ［英］斯图亚特·艾伦：《新闻文化》，方洁等译，北京大学出版社 2008 年版，第 7 页。

③ ［美］安德鲁·基恩：《网民的狂欢：关于互联网弊端的反思》，丁德良译，南海出版公司 2010 年版，第 185—200 页。

④ 曹林：《北京晨报退场和山东新媒体村刷屏的转型隐喻》，《吐槽青年：曹林的时政观察》2018 年 8 月 27 日。

当前，新闻传播教育的价值塑造要着力培养"有思想的新闻人，负责任的媒体人"。所谓"有思想"，即要有传媒专业眼光、职业素养，能甄别信息真伪，避免人云亦云，切实履行好后真相时代信息管家、时事顾问和意见领袖之责。对于时下流行的观念认知（如"你关心的，才是头条"）能够做出自己的独立思考；对众口铄金的媒介事件（如"人肉搜索"）能够予以理性审视；对扑朔迷离的网络舆论（如深圳佳士公司工人"维权"事件）能够进行正本清源。所谓"负责任"，就是要对历史和职业怀有敬畏之心，努力"使'我们以为发生过的事情'最大程度地接近'真实地发生过的往事'"。① 不仅需要"将政治家和专家的决议和行动用公众能够接受的语言来最大限度地告知尚不能自治的公众"②，而且需要"关注那些被大时代遗忘、被功利主义的同行们以及被新闻时效忽视的冷话题、边缘人物"③；要警惕"网络空间这种对注意力的捕捉靠的是大声吆喝和制造耸人听闻的噱头"④ 的鼓噪，防止因价值迷失而导致的道德绑架和媒体审判，忠实地履行伸张公平正义、凝聚社会共识、确立国家认同的神圣职责。

2. 知识重构

在霍尔看来，"新闻价值是凭借每一位新闻工作者自身关于新闻内容构成的'知识储备'（the stock of knowledge）来形成的"⑤。信息技术革命的深远影响在于知识链接更加便捷，学科互嵌更加深入，思维突破更加常态，创新创业更加频繁。由此导致的传媒业态的整体性变革，亟待新闻传播人才的知识结构进行战略性、系统化的重构和优化。

学科交叉要求人文社会科学突破"学科割据"的樊篱进行自由的"跨界对话"。在科技革命日新月异的今天，传统的知识形态、理论范

---

① 蓝田：《一个无专著的教授的学术观——访姚大力》，《中华读书报》2012 年 4 月 25 日。

② ［美］坦尼·哈斯：《公共新闻研究：理论、实践与批评》，曹进译，华夏出版社 2010 年版，第 8 页。

③ 张涛甫：《非虚构写作：不可缺席的记录者》，《青年记者》2017 年第 34 期。

④ ［美］迈克尔·舒德森：《为什么民主需要不可爱的新闻界》，贺文发译，华夏出版社 2010 年版，第 129 页。

⑤ ［英］斯图亚特·艾伦：《新闻文化》，方洁、陈亦南、牟玉涵、吴娱译，北京大学出版社 2008 年版，第 63—64 页。

式的局限性日益凸显，它们对社会变迁中出现的新现象、新问题有时无法提供有力的阐释。因此，"如何重新界定人文学科与自然科学的关系，人文学科如何既从自然科学的发展中汲取营养，又对它的发展保持批判性的反思，这是整个现代人文学科的使命之一"①。中国人民大学新闻学院携手蓝色光标传播集团共同打造"未来传播学堂"平台，"培养跨媒体、跨学科、跨文化高级新闻传播人才。通过课程体系调整，完善通识教育、专业教育和人格训练三位一体的人才培养模式。同时，未来传播学堂将不断尝试各种观念创新和机制创新，创新教学内容和教学形式，积极推广翻转课堂、研究型课堂、案例教学和情境教学"②。华中科技大学走"应用为主、交叉见长"的特色发展之路，通过深化与校内信息科学、光电、公卫、公管等优势学科的深度融合和嫁接，发掘和培育新媒体学科方向新的增长点。

媒介融合要求网络化的个人尽快补给图像素养、导航素养、语境和连接素养、聚焦素养、多重任务素养、怀疑素养和伦理素养等新素养，以便知晓如何熟练地在网络操作系统（个人、组织和数字化）中活动，而不被锁定在某个世界中。③ 着眼于互联网和移动互联网对传播形态的重塑以及人工智能对未来世界的统治，北京师范大学新闻传播学院联合四川报业封面传媒、微软公司成立了全国第一个"人工智能与未来媒体实验室"，"开展包括机器写作运用于媒体的规则探索、人工智能技术在新媒体领域的交互方式和用户群体数据画像以及媒体领域的大数据和知识图谱应用研究的探索"。④

全球传播要求新闻传播人才具有"思接千载"的历史意识和"视通万里"的国际视野。有学者指出：在今日知识全球化的背景下，单纯依靠局限于"在地"化的研究，不可能引发知识的更新与再造，唯有将眼光置于国际学界研究进展的背景下，才能真正使得"在地"化

① 汪晖：《人文科学在当代面临的五个挑战》，澎湃新闻，2016 年 12 月 29 日。

② 韩秉志：《中国人民大学与蓝色光标合作成立"未来传播学堂"》，中国经济网，news. hexun. com/2016 - 07 - 21/185086027. html，2016 年 7 月 21 日。

③ 参见［美］李·雷尼、巴里·威尔曼《超越孤独：移动互联时代的生存之道》，杨伯溆、高崇等译，中国传媒大学出版社 2015 年版，第 221—223 页。

④ 《中国传媒科技》编辑部：《封面传媒联手微软、北师大成立全国首个 AI + 媒体实验室》，《中国传媒科技》2017 年第 9 期。

研究的贡献与边界了然于胸。① 北京大学通过"中欧对话：媒介与传播研究"暑期班、"传播大讲堂"、"健康传播前沿讲座"等载体，把"跨文化视野下的传播政治经济学重构""纪录片创作与传播的国际化与民族化"等内容带给学生，让他们感受异国学者视野中的知识框架和言说中的修辞力量。浙江大学 2018 年暑假，通过浙大传媒—俄亥俄州立大学暑期项目访学之旅、浙江大学—华谊兄弟新影人国际交流项目、浙江大学暑期赴香港浸会大学夏令营、浙江大学—香港大公国际传媒学院暑期夏令营、浙大—牛津媒体创业创新工作坊等游学考察活动，拓展了学生的国际视野和全球传播能力。

3. 能力再造

"没有通识教育的专业教育，学生获得的专业技能只能是没有灵魂的躯壳；而缺乏专业教育支撑的通识教育，也容易成为一种缺乏根基的空中楼阁。"② 素质与能力相辅相成，二者不可偏废。

随着数字化、网络化、智能化知识的大规模迁移，一个媒介化社会已经到来。智媒时代的传播方式及其特征和传媒行业对人才能力的期望要求，是我们确立新闻传播教育人才培养规格和方式的逻辑起点。未来新闻传播实践活动主体的能力素养应该怎样完善和提升？有识之士认为："一要注重面向智媒时代、锻炼他们对最新智媒技术的动手能力，这是传媒人才的安身立命之本；二要训练学生扎实、开阔的理论视野，创新意识，以及基础的数据和研究方法素养，从方法基础角度去理解数据、培养数据敏感度，能洞悉和发现数据背后的问题。"③

为此，中国传媒大学根据"国际新闻传播后备人才培养"专项工程的规格要求，积极探索"全媒体、专家型"的新闻人才培养模式。"新闻传播学部教师身体力行，组成了一支新闻传播专业教师'飞行队'，集体学习无人机航拍技术。"④ 学生团队则运用 H5 技术全程参与

---

① 参见［美］麦克·布洛维《公共社会学》，沈原等译，社会科学文献出版社 2007 年版，总序，第 2 页。

② 柴葳：《学科跨界原来可以这样搞》，《中国教育报》2016 年 5 月 14 日第 1 版。

③ 李晓静、朱清华：《智媒时代新闻传播学硕士培养：业界的视角》，《现代传播》2018 年第 8 期。

④ 高晓虹、赵希婧：《融合时代新闻传播教育的坚守与创新》，《新闻与写作》2017 年第 1 期。

全国"两会"报道。

复旦大学新闻学院加大社会资源配置力度，与财新数据可视化实验室、中美教育基金会、中国记协和台湾知名高校联合举办高校数据新闻报道比赛、彭博数据新闻写作大赛、海峡两岸大学生新闻营等一系列赛事和活动，激发学生"好学力行"。

清华大学新闻与传播学院秉持"素质为本、实践为用、面向主流、培养高手"的教育教学理念，重点锻造学生的跨文化传播能力和媒体表达技巧。学院与国际知名媒体及公司联合建立清华—路透联合新闻研究室、清华—拜尔公共健康与媒体研究室、清华—日本经济新闻社媒体研究所等，为学生参与国际合作研究提供条件；选派优秀学生到路透社北京分社、韩国 KBS、香港《南华早报》等国际知名传媒机构实习。

上海大学影视艺术技术学院表示未来将力争二分之一以上的专业课程由来自业界的具有丰富实践经验的高层次专业人员教授，并要求他们积极参与教学实践过程、项目研究、论文考评和答辩等工作。[①]

深圳大学传播学院广告学专业以"融合型、实战化"为主题，探索本科教学新体系和人才培养新机制，以多层次的实战化教学手段探索全程紧张型教学，实现作业构思—作品呈现—产品转化的创意增值，培养优秀的创意创新创业型人才。其本科毕业设计由业界专家评判成绩的改革举措，获得良好的社会声誉。

（原载《中国广播电视学刊》2019 年第 2 期，此次出版有修订）

---

① 参见中国人民大学新闻学院新闻传播教育课题小组《媒介融合时代的中国新闻传播教育：基于 18 所国内新闻传播院系的调研报告》，《国际新闻界》2014 年第 4 期。

智能时代新闻传播教育"操作系统"的再审视

伴随全球进入以大智移云（大数据、人工智能、移动互联网、云计算）技术为标志的智能时代，新闻传播教育的背景与场景已悄然转换。面对更加广泛而深刻的社会和文化环境的变化，以及信息技术变革的冲击，重新审视新闻传播教育的"操作系统"显得十分必要与迫切。

一 智能时代：新闻传播教育的新场景

智能时代不仅构建了全新的认知世界和生活场景，导致了传播格局、传媒业态的调整，也实现了人们思维方式、生活方式和文化心理结构的嬗变。智能时代成为影响新闻传播教育的重要力量。

大数据正在改变我们的生活，也在改变我们理解社会、组织社会的方式。"社交网络平台不只是能够寻找朋友同事并保持联络，更是撷取了我们的日常生活点滴，将它们转化成资料，用于新的用途。"①

不仅如此，"由于大数据的优势是基于相关关系预见和创构未来，可以根据对人的需要及其发展的了解进行预测，大数据为未来决策创造了前所未有的条件"②。

人工智能为人类提供了崭新的生活体验。"智能新闻以其快捷、准确以及成本低廉等优势，已经在金融、体育、突发事件等消息的报道中

---

① ［美］麦尔荀伯格、库基耶：《大数据》，林俊宏译，台北：远见天下文化出版股份有限公司 2013 年版，第 129 页。

② 王天恩：《大数据、人工智能和造世伦理》，《哲学分析》2019 年第 5 期。

发挥了重要的作用。未来随着技术的进一步改进，其势必在更大的领域引起新闻生产的变革，传统的新闻生产关系以及新闻生产结构将受到冲击，新的围绕着智能机器建立的新闻生产关系将逐渐成型。"①

移动互联网的问世，意味着大众传播的传受关系被解构，取而代之的是一种由网络传播、大众传播和人际传播共同形塑的全新"社会操作系统"。新闻从专业化的精英生产转向泛社会化的平民生产，传播权力亦从专业媒体转向平台媒体，移动互联网成为信息的获取、传播、交互和消费的主流入口。"激进者甚至认为，技术带来的媒体性质改变对社会的影响要超过媒介内容对社会的影响。"②

基于互联网的云计算技术，颠覆了传统的资源配置方式，能够将其共享的软硬件资源和信息按照需求提供给计算机各种终端和其他设备。从一屏到多屏，意味着媒体的受众/用户可以在同一时间内自主切换媒体多任务处理视窗，而不再受到分身乏术的困扰。依照"多任务时间观"展开的多视窗处理、多种活动组合，极大地提升了个体的注意力配置能力和信息处理效率。

尼古拉斯·卡尔在《数字乌托邦》中指出："在技术带来的一切美好繁荣景象背后，当我们兴致勃勃地拥抱互联网，享受智能设备所带来的便捷的同时，忽略了一个极具危险的事实——我们正渐渐地被技术工具所奴役。"③ 为此，新闻传播教育需对下述数字传播现象进行关注。

一是数据监控。"数码信息技术本来就是一把双刃剑，既可以为表达的自由创造条件，也可以为监控的强化创造条件，甚至还有足够的手段和力量布置起无所不在的眼线和防线。"④ 时下，人们越来越感受到大数据可能对其生活带来的更多监控，而且它还使得过去许多保护隐私的方式不再奏效。

二是数据垄断。它会人为造成严重的信息不对称。"'大数据杀熟'

---

① 杨保军、杜辉：《智能新闻：伦理风险·伦理主体·伦理原则》，《西北师范大学学报》（社会科学版）2019 年第 1 期。

② ［美］凯斯·R. 桑斯坦：《信息乌托邦：众人如何生产知识》，毕竞悦译，法律出版社 2008 年版，封底。

③ ［美］尼古拉斯·卡尔：《数字乌托邦》，姜忠伟译，中信出版集团 2018 年版，封三。

④ ［美］凯斯·R. 桑斯坦：《信息乌托邦：众人如何生产知识》，毕竞悦译，法律出版社 2008 年版，中文版序，第 4 页。

是算法歧视中被讨论最多的现象。商家基于消费大数据对用户进行精准的差别定价，以隐蔽的方式对价格不敏感人群实施高定价。这是商家利用信息的不对称最大限度地攫取消费者剩余价值的一种手段。"①

三是数据交易。如今，数据亦成为"新的商业生产原料、重要的经济资源投入，可以创造出新形式的经济价值"②。全球最大的网络社群公司 Facebook 继被曝泄露 5000 万用户信息后，日前又被媒体披露近7000 页内部机密文件被它走漏，其中约 1200 页被标记为"高度机密"。

二 "新文科"建设：新闻传播教育的新机遇

教育部启动的"新文科"建设，旨在适应新时代哲学社会科学发展的新要求，推进哲学社会科学与新一轮科技革命和产业变革交叉融合，优化学科专业结构。从长远发展角度看，它为新闻传播教育的改革与创新无疑提供了新机遇。

（一）"新文科"建设要求亮化新闻传播学科的三大特色

一是应用特色。彰显新闻传播学科服务于地方经济社会发展和文化建设、服务于国家治理体系和治理能力现代化战略的应用型特质，是新闻传播教育的使命和担当。新闻传播学科在人才培养上，要以高级应用型人才为主体，为社会输送更多的行业精英和领军人才；在学科建设上，要强化学科的应用导向，凝练重点方向，有力支撑重大行业、产业需求和经济社会发展；在科学研究上，要聚焦国家和区域发展中的重大理论问题和现实问题，加强理论和对策研究，提升服务水平和资政能力。

二是行业特色。进一步强化新闻传播学科与影视制作、文创设计、动漫娱乐等重点行业/企业的深度对接，推进创新成果在重大产业领域的广泛应用，是提升新闻传播学科影响力的重要途径。智能改变未来，产业促进发展。随着大智移云技术的广泛应用和产业结构的快速调整，

① 孙保学：《人工智能算法伦理及其风险》，《哲学动态》2019 年第 10 期。
② ［美］麦尔荀伯格、库基耶：《大数据》，林俊宏译，台北：远见天下文化出版股份有限公司 2013 年版，第 13 页。

新闻传播学科充满机遇，新闻传播教育大有可为。

三是区域特色。围绕区域经济社会高质量发展的需要开展科学研究和社会服务，密切与区域发展互动，构建与区域重大战略相适应、与新兴战略性产业相对接的学科专业体系，培养一大批在区域经济社会发展中大显身手的行业精英和领军人才，通过人才培养质量的提升，提高学科专业的美誉度。

（二）"新文科"建设要求优化面向未来的课程内容体系

高等教育的一项重要使命就是帮助学生确立适应时代的经济和职业角色。"21世纪的大学不应培训学生从事那些在科技浪潮中即将消失的职业，而应把学生从过时的职业模式中解放出来，让他们可以掌握自己的未来。大学应让学生具备在科技定义的新经济环境下掌握其需要的读写能力与技能，并继续为学生提供在多样化全球环境中面对生活挑战所需要的继续学习的机会。"[①]

新闻传播教育因应智能时代的一项明智选择，是构建以新闻传播史论、人文社科研究方法、文理工交叉为内核的课程体系。一方面，课程设置要富有人文精神，重视原典研读，借此涵化学生的人文素养，深化他们对世界多样性的理解，培养他们的价值理性。因为人性的良善是构成美好生活的基础和文明思想的要件，即使置身强大的网络空间，它仍然摆脱不了人际关系的包围。另一方面，要重视学科融通，重视新知识的创造和传播，帮助学生借助"深度学习"系统、合作机器人、慕课等了解深刻变化了的世界和学科前沿动态，掌握理解和适应未来生存与发展需要的知识与能力。

（三）"新文科"建设要求强化大智移云技术的训练与应用

有学者预言，数据素养、科技素养和人文素养是致胜未来的关键。[②] 当代信息传播技术的广泛应用，使得新闻传播学科的研究范式从

---

① ［美］约瑟夫·E.奥恩：《教育的未来：人工智能时代的教育变革》，李海燕、王秦辉译，机械工业出版社2019年版，前言，第7页。

② 参见［美］约瑟夫·E.奥恩《教育的未来：人工智能时代的教育变革》，李海燕、王秦辉译，机械工业出版社2019年版，封面。

研究领域、研究内容、研究思路、研究方法等方面不断突破，因此，新闻传播的人才培养既应注重基础理论，也要追踪技术前沿，尤其要强化大智移云技术的训练与应用。

以 2019 年立项的国家社科基金重大招标项目为例，大数据时代计算传播学的理论、方法与应用研究，我国新闻传播业人工智能应用现状与发展趋向研究，5G 时代互联网传播方式的变革和治理对策研究，基于机器博弈的网络信息传播安全多准则动态管控策略研究，媒体深度融合发展与新时代社会治理模式创新研究等赫然在列，这标志着新闻传播学的研究领域在不断拓新。不仅如此，继 2018 年 7 月"多讯道导播虚拟仿真实验"等 10 个项目获教育部国家虚拟仿真实验教学项目资助后，2019 年 11 月，科技部批准依托中国传媒大学、人民日报社、新华通讯社、中央广播电视总台分别建设"媒体融合与传播国家重点实验室""传播内容认知国家重点实验室""媒体融合生产技术与系统国家重点实验室""超高清视音频制播呈现国家重点实验室"，这表明跨学科、跨媒体、跨行业的融合创新将成为新闻传播业的新常态，新闻传播教育的产教融合、实操演练开始从应然转向实然。

（四）"新文科"建设要求创新人才培养的协同共享模式

"新文科"建设的一个重要指向，就是要摆脱人才培养的"路径依赖"，突破浅层次的学科交叉、校企联合，实现深度的学科融合、产教融合。新闻传播教育对技术设备、实践场所、经验禀赋等社会资源具有高度的依赖性。强化社会需求导向，实现优质教育资源在更大空间里的自由流动和配置，是改变社会在新闻传播人才培养过程中"缺位"的有效途径。

可喜的是，2019 年 10 月 30 日，教育部发文批准浙江越秀外国语学院与新西兰东部理工学院联合创办"越秀东部理工数据科学与传播学院"，通过国际合作办学，实现学科交叉、专业融通，切实加强新文科建设。2019 年 11 月 15 日，中国科学院大学和中国社会科学院大学举行战略合作签约仪式，双方将通过学生互换、课程互认、学分互认、教师互聘等方式开展深度合作，共同构建自然科学与人文社科教育交叉融合的人才培养模式。2019 年 11 月 22 日，上海交通大学与光明日报社签订战略合作协议，共建上海交通大学—光明日报媒体联合研究院，旨在发挥多学科汇聚、大平台协同的优势，探索 AI 赋能融媒体、学科融合发展的新机制和新路径。上述实践表明，除传统的书院制、国学院、人文科学实验班等之外，导师制、学分制、协同共享等模式的探索已引起社会的广泛关注。

（五）"新文科"建设要求警惕全球主义意识形态和技术意识形态的影响

新闻传播学科具有显著的意识形态性。作为一种体系的意识形态，"它包含了广泛共享的观念、模式化的信仰、具有导向性的规范和价值观以及特定人群认可为真理的理想"①。在"全球化"趋势日益加深的今天，我们一方面要警惕"电子族群"因全球主义意识形态，如全球公民社会、政治全球化、民粹主义、保守主义等的行销、扩张而引致的信仰、身份的重塑；另一方面，要防止作为"意识形态"的技术与科学形成对人的新的控制形式。

毋庸置疑，热衷于个性化的算法新闻分发，其取向有可能影响人们对人类的公共交往、公共空间和公共利益的关注；活跃于社交平台的"数字佃农"，其活动隐含着传播政治经济学分析的范本价值；时有曝光的新闻反转、信息拼接以及数据贩卖，其后果有可能逆转受众/用户对某个媒体机构公信力的认同，甚或引发社会恐慌。面对技术赋能日益增强的趋势，新闻传播教育亟须增强人文社科知识对人的主体性的涵化，避免人为"物役"或"异化"的危险。

（六）"新文科"建设要求破除唯论文、唯课题的考评体系

遵循人文社会科学的内在发展规律，摒弃精细化管理中的工具理性思维，强化学科分类评价机制，从根本上破除目前过度量化、单一标准、缺乏弹性的考评体系，激发文科教师的创新动力与活力，是"新文科"建设的重要突破口。降低论文、课题在新闻传播学专业教师业绩考核中的比重，建立更具符实性和学科个性、更符合"新文科"特

---

① ［美］曼弗雷德·B. 斯蒂格：《全球化面面观》，丁兆国译，译林出版社 2013 年版，第 80 页。

性的评价体系，有助于新闻传播学科教师凝神静气，远离功利，彰显人文社会科学的特质与魅力。

美国密苏里新闻学院周树华教授的研究表明，SCI 论文具有鲜明的理工科倾向，其设定的衡估论文价值的影响因子十分不利于对人文社会科学学者的贡献评判。实践经验也表明，"传媒业界对从业者的考评标准更看重其新闻业务、公关策划、经营管理的能力以及行业影响等。而以论文发表、著作出版、课题立项、成果获奖为基础的一元化的学术评价制度，不可避免地会阻碍业界优秀人才向高校的合理流动"①。

三 "四力"融合：新闻传播教育的"压舱石"

无论传播技术、媒体平台、报道方式如何演进，向公众提供真实、准确、全面、均衡的有益信息，始终是新闻业存在的理由和最基本的目标，是新闻工作者职业生命的背景性存在。《一个自由而负责的新闻界》呼吁，对新闻专业要建立高层次的学术—职业中心，新闻学院要让学生得到最广泛、最全面的训练。《新闻的十大基本原则——新闻从业者须知和公众的期待》认为，在主张适应变化的同时，更强调坚守新闻工作的传统，提倡通过修炼内功，来应对来自不同方面的挑战。"作为手艺的新闻工作"②，脚力、眼力、脑力和笔力始终是新闻工作者的立业之基。促进"四力"融合，帮助学生确立适应时代的社会角色和职业角色，当是新闻传播教育的题中应有之义。

（一）脚力

脚力是新闻工作者勤于深入一线采集新闻、访谈对象、核实事实、体察社会的行动能力，是新闻工作者的必修课和基本功。新闻职业的特征决定了新闻记者必须深入基层，深入生活，了解世间百态，触摸社会痛点，"仰观天地之异变，俯察万物之来去"，把握和展示新闻事件发生、发展的来龙去脉。如果没有央视记者长达一年的暗访，"中华老字

① 王哲平：《中国新闻传播教育：约束条件和可能的突破口》，《现代传播》2014 年第 10 期。
② ［美］比尔·科瓦齐、汤姆·罗森斯蒂尔：《新闻的十大基本原则：新闻从业者须知和公众的期待》，刘海龙、连晓东译，北京大学出版社 2011 年版，译者前言，第 4 页。

号"南京冠生园常年以次充好地用陈馅料制作新月饼的内幕也许至今仍没有被发现。倘若不是记者揪住新闻事件的关键，在当事双方之间一遍又一遍地往返采访，完整地呈现了患者在哈尔滨医科大学第二附属医院住院 67 天、却花费 540 多万人民币的真相，"天价住院费"的"传说"可能还无人知晓。可见，接近事实是抵达真相的必要前提。智能时代的传感器采集、用户画像、数据分析、算法推送等新科技，无法代替新闻工作者俯身躬行走基层。抢险救灾、骚乱爆发、疫情蔓延等重大突发新闻事件发生的历史性时刻，新闻记者不"在场"，于其职业生涯而言委实是一种缺憾。

（二）眼力

眼力是新闻工作者见微知著抑或视通万里的目光，是洞察社会、洞悉人生、洞彻人性的卓识。新闻业存在的理由和最根本的目标，就是满足人类最本能的冲动，揭示新闻事件的真相。央视《新闻调查》制片人张洁认为："真相有时被权力遮蔽，有时被利益遮蔽，有的被道德观念和偏见遮蔽，有的被集体无意识遮蔽。我们要做的，就是通过我们对事实的再收集，为社会大众还原真相的完整画面，让它变得更易于理解和思考。"①《"非典"突袭人民医院》节目，反映的是记者柴静冒着被 SARS 病毒感染的风险，深入彼时"非典"疫情最严重的北京人民医院采访，探查该院 93 名医护人员缘何被感染的痛心事件。柴静通过捕捉并细致踏勘没有任何通风设备的天井、临时改造的隔离病房、条件简陋的消毒室，通过与几乎是跟 SARS 肉搏的急诊室主任、护士长、患者等多人的访谈，揭示了那场悲壮遭遇战的真实原因。

（三）脑力

脑力是想象力和思考力的集合。未被知识照亮的大脑是一个黑暗的洞穴，唯有用知识、理论、学说、信仰武装起来的大脑才能放射出思想的光芒。新闻职业充满未知、挑战和风险，需要用超强的脑力去支撑。

---

① 田嘉力：《说真话的代价越大　社会文明程度就越低》，人民网，http：//www.people.com.cn/GB/32306/33232/5605196.html，2007 年 4 月 12 日。

面对交织在一起的若干个新闻事件，记者需要全面地梳理、系统地思考，把报道对象作为一个整体加以把握，从片段中找出每个片段之间的关联性和逻辑关系。经过深思熟虑，他们常常会有独到的发现和独特的感悟，写出看似平常却奇绝的佳作，让观众感受到逻辑思辨的力量。前不久去世却备极身后哀荣的新华社记者徐勇，在审读同事写有"威廉王子阁下"的新闻稿时，劈头就问："谁的王子？你的王子还是我的王子？就是威廉！我们是中国的通讯社，不要西方媒体叫王子阁下你也跟着叫，要不卑不亢。"敏锐犀利的质疑中透射出一股不阿与峻厉。

（四）笔力

笔力，包括新闻工作者叙述故事、表情达意、阐析义理的写作能力与沟通能力，它是文化的积淀、智识的象征、竞争的王牌和创新的动力。新闻工作者的脚力、眼力和脑力，最终要通过笔力来体现。1982年全国好新闻奖中唯一的会议新闻报道是新华社记者郭玲春采写的艺术家金山追悼会新闻稿。作者首先用一对微电影式的挽联概括了逝者光彩照人的一生："雷电、钢铁、风暴、夜歌，传出九窍丹心，晚春蚕老丝难尽；党业、民功、讲坛、艺苑，染成三千白发，孺子牛亡汗未消。"读后给人以"凌云健笔意纵横"的深刻印象。智能时代的笔力除了良好的文字表达能力外，还包括善用融媒体技术的媒介表达能力。随着融合新闻生产越来越偏向为网络平台、平板电脑和其他移动设备服务，数字化成为智能时代不可忽视的必要改变，了解数字技术、理解媒介环境、掌握融媒体叙事方式的新闻写作能力显得至关重要。

（原载《中国新闻传播研究》2020 年第 1 期）